实用对外汉语教学丛书

对外汉语词汇教学系统性与有效性研究

DUIWAI HANYU CIHUI JIAOXUE XITONGXING YU YOUXIAOXING YANJIU

陆庆和　林齐倩　陶家骏　著

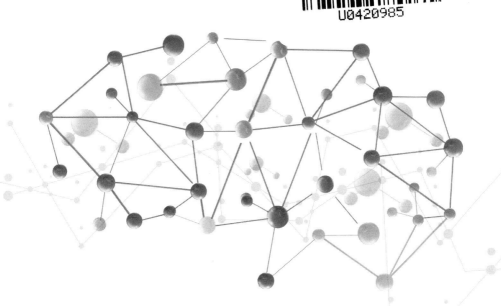

北京大学出版社
PEKING UNIVERSITY PRESS

图书在版编目 (CIP) 数据

对外汉语词汇教学系统性与有效性研究 / 陆庆和，林齐倩，陶家骏著.—北京：北京大学出版社，2017.9
（实用对外汉语教学丛书）
ISBN 978-7-301-28758-3

Ⅰ. ①对… Ⅱ. ①陆… ②林… ③陶… Ⅲ. ①汉语—词汇—对外汉语教学—教学研究 Ⅳ. ① H195.3

中国版本图书馆 CIP 数据核字 (2017) 第 222173 号

书　　名	对外汉语词汇教学系统性与有效性研究 DUIWAI HANYU CIHUI JIAOXUE XITONGXING YU YOUXIAOXING YANJIU
著作责任者	陆庆和　林齐倩　陶家骏　著
责任编辑	孙　娴　路冬月
标准书号	ISBN 978-7-301-28758-3
出版发行	北京大学出版社
地　　址	北京市海淀区成府路 205 号　100871
网　　址	http://www.pup.cn　新浪微博：@北京大学出版社
电子信箱	zpup@pup.cn
电　　话	邮购部 62752015　发行部 62750672　编辑部 62752028
印　刷　者	北京溢漾印刷有限公司
经　销　者	新华书店
	650 毫米 ×980 毫米　16 开本　29.75 印张　518 千字 2017 年 9 月第 1 版　2019 年 2 月第 2 次印刷
定　　价	88.00 元

未经许可，不得以任何方式复制或抄袭本书之部分或全部内容。
版权所有，侵权必究
举报电话：010-62752024　电子信箱：fd@pup.pku.edu.cn
图书如有印装质量问题，请与出版部联系，电话：010-62756370

本书系国家社会科学基金项目(项目号:08BYY033)成果,由国家社科基金和江苏省优势学科(中国语言文学)建设经费资助出版。

目 录

绪 论 ·· 1
  第一节　本项研究的缘起与目的 ··· 1
  第二节　与本课题相关的研究成果概述 ································ 2
    2.1　词汇研究的新思路与重要成果 ·································· 2
    2.2　词汇教学的新构想、新趋势与新模式 ························· 3
    2.3　各类汉语词汇大纲与教学大纲 ·································· 6
  第三节　本项研究的理论与方法 ··· 7
    3.1　系统认识论是本项目总的指导思想 ··························· 7
    3.2　第二语言教学的理论与研究方法是重要的依据 ············ 7
    3.3　"词汇—语法"理论的启迪 ······································· 8
    3.4　充分借助计算语言学分析方法 ·································· 9
    3.5　树立"二语词汇教学的构式观" ································ 10
    3.6　认知语法理论的采用 ·· 18
  第四节　本项研究的思路与框架 ··· 20
    4.1　本项研究的总思路 ··· 20
    4.2　本项研究的基本框架 ·· 21

第一章　结合构式的动词分类教学 ·· 23
  第一节　动词偏误概况与动词分类教学的必要性 ·················· 23
    1.1　动词偏误概况 ··· 23
    1.2　动词分类教学的必要性 ·· 25
    1.3　动词的分类标准与类别划分 ··································· 26
  第二节　不同动词类别与相关构式的系统教学 ····················· 29
    2.1　结合语义及构式的动词内部类别的划分 ··················· 29
    2.2　动词小类结合相关构式的教学 ································ 30
  第三节　动词小类与处置、被动构式的系统教学 ·················· 50
    3.1　与处置类构式相关的动词小类的系统教学 ················ 51
    3.2　与被动类构式相关的动词小类的系统教学 ················ 60

第二章　使役动词的系统教学 …… 68
第一节　使役动词的类别与偏误 …… 68
1.1　使役动词的类别 …… 68
1.2　"让""使""令"等混用偏误的分析 …… 69
第二节　从系统性的角度看"使""令""让""叫"的异同 …… 70
2.1　从表意的不同看"使""令""让""叫" …… 70
2.2　从致使系统看"让""叫""使""令"的异同 …… 71
第三节　从系统性角度看"让""叫""使""令"的教学安排 …… 84
3.1　"让"教学安排的已有研究 …… 84
3.2　我们对"让""叫""使""令"的教学安排 …… 86
第四节　从系统性角度看其他使役动词的系统教学 …… 88
4.1　其他使役动词的系统教学 …… 88
4.2　几组使役动词的系联与辨析 …… 90

第三章　心理动词的系统教学 …… 98
第一节　心理动词的分类标准 …… 98
1.1　心理动词分类的已有研究 …… 98
1.2　我们的分类主张 …… 100
第二节　心理动词的分类 …… 100
2.1　情感心理动词的分类 …… 100
2.2　意向心理动词的分类 …… 103
2.3　认知心理动词的分类 …… 104
第三节　易混心理动词的辨析角度与方法 …… 105
3.1　心理动词偏误多混用 …… 105
3.2　对易混心理动词如何加以辨析 …… 106
3.3　结合构式的多视角辨析举例 …… 108
第四节　心理动词的系统分析及其教学 …… 113
4.1　系统分析与教学应注意心理动词的类别差异 …… 113
4.2　感知类心理动词的系统分析与教学 …… 122

第四章　助动词的系统教学 …… 133
第一节　从助动词的偏误情况看教学大纲的安排 …… 133
1.1　两个大纲对助动词的教学安排 …… 133

1.2　助动词偏误概况 ………………………………………… 133
　第二节　意愿类助动词的系统教学 ……………………………… 134
　　2.1　意愿类助动词的偏误与分析 …………………………… 134
　　2.2　意愿类助动词的系统分析 ……………………………… 135
　第三节　表示能力、可能与允许的助动词的系统教学 ………… 140
　　3.1　多义助动词"会""能""可以"等 ……………………… 140
　　3.2　可能类助动词的内部辨析 ……………………………… 144
　　3.3　表允许的"可以"和"可能"的辨析 …………………… 147
　第四节　情理判断类助动词的系统教学 ………………………… 148
　　4.1　情理判断类助动词的偏误及辨析 ……………………… 148
　　4.2　表估计助动词的辨析 …………………………………… 155
　　4.3　小结 ……………………………………………………… 157
　第五节　从认知看"可能"类助动词的系统性 ………………… 158
　　5.1　对"能""会""可以"语义分析的已有成果 …………… 158
　　5.2　从语法化过程看"能""会""可以""可能"的语义系统 …… 159
　　5.3　"能""可以""会""可能"在言域中的不同功用 ……… 165

第五章　名词和形容词的系统教学 ………………………………… 170
　第一节　名词与构式相结合的系统教学 ………………………… 170
　　1.1　名词的教学内容与偏误概况 …………………………… 170
　　1.2　错词率较高的名词偏误例析 …………………………… 171
　　1.3　抽象名词结合构式的系统教学 ………………………… 174
　　1.4　时间名词结合构式的系统教学 ………………………… 179
　　1.5　方位名词的系统分析与教学 …………………………… 181
　第二节　形容词与构式的综合教学 ……………………………… 199
　　2.1　形容词的教学内容与偏误概况 ………………………… 199
　　2.2　形容词小类的系统整理 ………………………………… 204
　　2.3　与形容词相关的常用构式 ……………………………… 208

第六章　副词与介词的系统教学 …………………………………… 218
　第一节　副词的系统教学 ………………………………………… 218
　　1.1　副词高频偏误的概况 …………………………………… 218
　　1.2　结合构式对成组副词微系统的整理 …………………… 218
　　1.3　从复句构式看"就"和"也"的系统性特征 …………… 226

1.4　用法复杂的副词的系统分析与教学 ………………………… 228
　　1.5　关联副词结合复句构式的辨析与教学 ……………………… 244
　第二节　介词结合构式的分析与教学 …………………………………… 245
　　2.1　介词教学的内容与偏误概况 ………………………………… 245
　　2.2　空间介词结合构式与相关动词的教学 ……………………… 247
　　2.3　施事介词结合构式与相关动词的分析与教学 ……………… 250
　　2.4　对象介词结合构式与相关动词的分析与教学 ……………… 256
　　2.5　方向介词"向"与"往"结合构式与相关动词的
　　　　分析与教学 …………………………………………………… 267

第七章　助词与连词的系统教学 ………………………………………… 272
　第一节　助词的系统教学 ………………………………………………… 272
　　1.1　助词的教学内容与偏误概况 ………………………………… 272
　　1.2　结构助词的教学层次与内容安排 …………………………… 273
　　1.3　动态助词的系统教学 ………………………………………… 282
　　1.4　语气助词"了"与"的"的教学 …………………………… 295
　　1.5　从辨析看高频助词的系统特征 ……………………………… 305
　第二节　连词结合构式的分析与教学 …………………………………… 308
　　2.1　从总体上看连词的教学内容与偏误 ………………………… 308
　　2.2　因形近或用法部分相近而易混的连词 ……………………… 310
　　2.3　对表示目的的一组连词及相关词语的辨析 ………………… 320
　　2.4　关于连词系统教学的设想 …………………………………… 326

第八章　与词汇教学有效性相关的几项调查 …………………………… 329
　第一节　外国学生汉语词汇学习策略的调查 …………………………… 329
　　1.1　学习策略的调查目的与方法 ………………………………… 329
　　1.2　学生认为有效的词汇学习策略概述 ………………………… 330
　第二节　外国学生"在＋NL"构式习得情况的调查与研究 ………… 339
　　2.1　介词结合构式的习得情况调查研究的必要性 ……………… 339
　　2.2　外国学生"在＋NL"构式习得情况的调查与分析 ………… 340
　　2.3　对"在＋NL"构式教学的启示 ……………………………… 345
　第三节　多义词"就"的偏误及习得情况的调查与研究 ……………… 347
　　3.1　多义词偏误与习得情况调查研究的必要性 ………………… 347

3.2　应教授的"就"的多个义项 …………………………… 348
3.3　"就"的主要偏误类型分项统计与初步分析 ………… 350
3.4　外国学生对"就"习得情况的调查与分析 …………… 353
3.5　有关"就"不同义项的教学层次的建议 ……………… 356

第九章　词汇教学有效性研究(一) ………………………………… 359
　第一节　从教学和教师等角度看教学的有效性 ……………… 359
　　1.1　从"学习的有效性"看"教学的有效性" …………… 359
　　1.2　从教学策略的角度对"有效教学"的研究 ………… 359
　　1.3　"有效词汇教学"对教师的要求 …………………… 361
　第二节　从方法上看教学的有效性 …………………………… 362
　　2.1　与词汇教学方法相关的已有成果 ………………… 362
　　2.2　从宏观角度看已有的词汇教学方法的研究 ……… 363
　　2.3　从学生的角度看教学方法的选择 ………………… 363
　　2.4　从微观的角度看词汇教学的方法 ………………… 368
　第三节　语素教学法的有效性 ………………………………… 368
　　3.1　从大纲和调查看语素教学法 ……………………… 368
　　3.2　语素教学法在词汇教学中的作用 ………………… 369
　第四节　汉字教学与字素教学法 ……………………………… 374
　　4.1　汉字教学在词汇教学中的地位 …………………… 374
　　4.2　汉字教学与词汇教学互相促进的教学模式介绍 … 375
　第五节　语素教学法和字素教学法相结合的有效性 ……… 382
　　5.1　语素教学法和字素教学法相结合的理论依据 …… 382
　　5.2　语素教学法与字素教学法相结合的实验 ………… 383
　　5.3　中级阶段学生汉字偏误与对策 …………………… 388

第十章　词汇教学有效性研究(二)
　　　　——基本教学法的有效性 ……………………………… 393
　第一节　促进思考的教学方法 ………………………………… 393
　　1.1　要求学生提问法 …………………………………… 393
　　1.2　讨论提升法 ………………………………………… 397
　　1.3　自学能力培养法 …………………………………… 400

第二节　系统归纳整理法 …………………………………… 402
   2.1　系统的整理才高效 ……………………………………… 402
   2.2　多义词的系统整理与教学 ……………………………… 403
   2.3　词语子集的系统整理与教学 …………………………… 410

第三节　比较分析法 ………………………………………… 419
   3.1　汉外比较法 ……………………………………………… 419
   3.2　语内比较法 ……………………………………………… 422

第十一章　词汇教学有效性研究（三） ……………………… 425

第一节　语块教学法的有效性 ……………………………… 425
   1.1　语块教学与构式教学的区别 …………………………… 425
   1.2　语块教学应注意的几个问题 …………………………… 425

第二节　"词不离句"法的有效性 …………………………… 431
   2.1　"词不离句"法的心理学依据 …………………………… 431
   2.2　例句要典型 ……………………………………………… 432

第三节　词语与构式结合整理法的有效性 ………………… 434
   3.1　"同词异构"系统整理法 ………………………………… 434
   3.2　"同构异词"系统整理法 ………………………………… 435
   3.3　同语块异构比较法 ……………………………………… 439

第四节　语篇组织衔接法的有效性 ………………………… 442
   4.1　语篇与语言系统 ………………………………………… 442
   4.2　以语篇为背景的词汇教学 ……………………………… 444

参考文献 ………………………………………………………… 452

绪　论[①]

第一节　本项研究的缘起与目的

赵金铭(2006:序言,13)指出:"长期以来,在汉语作为第二语言教学中,比较重视语法教学,而在某种程度上却忽视了词汇教学的重要性,使得词汇研究和教学成为整个教学过程中的薄弱环节。"尽管近年来对外汉语词汇教学的研究越来越受到人们的重视,相关成果也多了起来。但是,与对外汉语语法教学的效率相比,词汇教学的效率相对较低。这主要是因为对外汉语词汇教学至今还没有一个较为系统、科学、细化的教学大纲和较为详细、系统的说明。

关于对外汉语词汇教学的系统性,胡明扬(1997)指出:"语汇本身是一个开放性的系统,每一个词语几乎都有自己的个性,共性不那么多,不便于进行系统的教学。"孙德金(2006:12)指出:"注重词汇的系统性,是近十年对外汉语词汇及其教学研究中的一个趋势。""在词汇系统性问题上各家意见并不一致,……但有一点学界是有共识的,和语法、语音相比,词汇的系统性是比较差的。站在对外汉语教学的角度,要不要强调词汇的系统性?这涉及究竟是零散地教授还是系统地教授的问题,涉及对外汉语教学的效率问题。"因此他认为,对外汉语词汇教学需要系统性。

李明(2011:25-26)指出:"现代汉语词汇是一个有机结合的整体,具有系统整合性和分级层次性的特征。""词汇的系统整合性体现在,它不同于语法的组合序列结构形式,而是各种词汇成分的聚合。这种聚合……是各种词汇成分彼此之间相互制约、相互联系的一个有机系统……整个词汇系统可被视为一个庞大的网络化的聚合总体。""汉语词汇系统的另一个特征是各成分之间的分级层次性。从整个词汇系统着眼,现代汉语

[①] 本章的部分内容曾以《论汉语词汇与构式的综合教学——作为二语的汉语词汇教学的新思路》为题,发表在[韩]中国语文研究会《中国语文论丛》第60辑,2013年12月,作者陶家骏、陆庆和。

词汇成分可以分属三个层次,语素、词和熟语。"

李明主要是运用传统的方法讨论词汇的系统性的。而我们主张,作为第二语言教学的汉语词汇系统与教学的系统性研究,应以词汇的大、中、小、微系统的整理归纳为基础,结合学生的习得情况,制订出分层次的教学计划,配以行之有效的教学方法。本项研究就是想在这方面做一些尝试。

第二节 与本课题相关的研究成果概述

近年来,在对外汉语教学学界的专家与学者的努力下,有关对外汉语词汇教学的研究已取得了不少成果,主要表现在以下几方面:一是注重词汇用法研究的词典的不断问世,二是关于对外汉语词汇教学的新模式与新构想的提出,三是兼顾词汇教学或以词汇教学为重点的汉语教材的出版,四是结合对外汉语教学的汉语词汇本体研究与词汇教学研究成果的大量涌现。下面有选择地介绍一下对本项研究影响较大的成果。

2.1 词汇研究的新思路与重要成果

2006年以前,有关对外汉语词汇教学研究的许多重要论文都已被收入赵金铭总主编的《汉语教学专题研究书系》(2006年,22本)之中。正是参考了当时的这些研究成果,我们在2008年提出了"对外汉语词汇教学的系统性与有效性研究"这一课题,并有幸获得了国家社会科学基金的资助。下面重点介绍本项研究开始后,对我们的研究颇有帮助的一些成果。

在研究视角与方法上,张博(2007,2008,2011,2013)提出的关于第二语言学习者汉语易混淆词的研究成果对我们颇有启发。

张博(2007)指出:"对外汉语教学中的词语辨析不宜固守'同义''近义'这类汉语本体研究提供的标尺,应当转换视角,基于中介语词语偏误的现实更有针对性地进行易混淆词辨析。""在观察易混淆词时,不能把眼光局限于一对一的混用,有时需要从概念出发对近义词进行聚类观察。""对于多义词,应当以义项为单位而不是以词为单位进行观察,要注意其在不同义项上是否都有误用,分别与哪些词混淆,混淆的规律如何。"

我们十分认同张博的主张,所以在研究一开始,就把对大规模中介语语料库中词汇偏误的全面调查统计与分析放在了首位。

几年来,我们摸索着从语义、语法、语用和认知等角度来观察和分析词语的各类系统。邵敬敏(2013)提出"以义项结合功能为纲,为每个虚词的每个义项建立起'定位框架'"的创新思路,更坚定了我们上述做法的决心。他指出:"所谓'框架',不能简单理解为形式标记,必须做广义的理解,包括多个层面的:语音的、语义的、句法的、语用的、认知的,关键在于是否能够揭示该虚词义项的制约条件,以及与其虚词或其他义项的鉴别条件。"参照邵敬敏的思路与方法,我们在对词语系统的梳理方面,借鉴了框架语义学与认知语言学的方法,注意对词语的语义框架的揭示,突出了词语的语义、语法和语用特征的挖掘,把词语的制约条件等作为重要的考察标准之一。

近年来,为我们的研究提供了较为系统和丰富的参考资料的研究成果还有:杨德峰(2008)《面向对外汉语教学的副词定量研究》、周文华(2011)《现代汉语介词习得研究》、齐沪扬(2010)主编《现代汉语虚词研究与对外汉语教学》、王海峰(2011)《现代汉语离合词离析形式功能研究》、程娟(2011)《L2学习者汉语易混淆词与汉语同义词比较研究——以心理动词为例》、任海波等(2013)《基于语料库的现代汉语近义虚词对比研究》等。

在从认知的角度分析词汇的各类系统,探求更有效的词汇教学方法方面,崔希亮等(2008)《汉语作为第二语言的习得与认知研究》、(2010)《欧美学生汉语学习和认知研究》、崔希亮(2011)主编《认知语法与对外汉语教学论集》、冯丽萍(2013)《认知视角的对外汉语教学论》等著作的研究方法与结论对我们都极有帮助。

此外,朱志平(2003,2013)、周上之(2006)、张旺熹(2006)、邵菁与金立鑫(2007)、吴琳(2008)、方绪军(2008)、肖奚强(2008)、高燕(2008)、张和生(2010)、毛悦(2010)、李绍林(2010)、李明(2011)、邵菁(2011)、洪炜与陈楠(2013)等研究成果,也对我们的研究颇有借鉴意义。

2.2 词汇教学的新构想、新趋势与新模式

针对对外汉语词汇教学效率低的现状,陈贤纯(1999)提出了在中级阶段进行"词语的集中强化教学"的改革思路,主张在教学中"要利用类似、对比、联想、连接等方法,使词语进入网络,并且把整个网络端给学生"。"语言中还存在着大量的不同于基本句型的语法现象,这些在中级

阶段都必须解决。中级阶段以词语强化为目标,语法教学应该在词语强化的同时完成"。

杨惠元(2003)提出了"强化词语教学,淡化句法教学"的主张,他认为在整个对外汉语教学中,"词语教学自始至终都应该放在语言要素教学的中心位置"。"在词语教学中,老师不仅仅要讲清楚词语的音、形、义,更重要的是讲清楚词语的用法。词语向下可以延伸到语素,使学生掌握基本的语素构词的规律;向上可以延伸到词组,使学生学会把词正确排列组合成词组和句子。""所谓'淡化句法教学',不是取消句法教学,而是说在对外汉语教学中不必自始至终强调句法教学,只教最基本的句型,句法规则宜粗不宜细。""对于那些讲不清楚的,或者不能把所有的语言事实都框住的,不从句法的角度讲,从词法的角度讲,从词语搭配的角度去讲,让学生学会搭配和组装。"

李晓琪(2004)指出,目前对外汉语语法教学存在着"语法和词汇分家"及"语法和语境脱离"的问题,因此语法教学的效果不佳。针对这一现状,她提出,对外汉语语法教学应从功能出发、重在应用;语法、词、语境共同作用才能达到理解。李晓琪还根据现代语言理论的"语言由语法化的词汇组成,语言由大量的板块(chunks)构成"的观点,提出了建立以虚词为核心的词汇—语法教学模式;主张词汇教学中加强词语搭配的学习;着眼语篇,在语法与语篇之间建立起有机的联系。

李晓琪指出对外汉语语法教学存在的两个问题其实也是目前词汇教学存在的问题。她在文中提到的"板块"教学理论,也称为"词汇组块教学",是二语教学的一种新趋势。刘晓玲、阳志清(2003)是这样介绍的:

> 词汇组块这一术语首先由 Becker 于 1976 年提出。简单地说,词汇组块就是以整体形式储存在大脑中的一串词,可整体或稍作改动后作为预制组块供学习者提取和使用。Lewis(1997)将词汇组块分成四类:
>
> 1) 多词词(poly-words),如:in a word, for instance, back and forth 等,它们是学习者需要熟记的基本词汇;
>
> 2) 高频搭配组合(high frequency collocations),如:have a walk,它们是自然言语中频繁出现的词汇组合;
>
> 3) 固定表达(fixed expressions),惯用话语(idioms)。如:How are you doing? Good night;Can you tell me the way to …?

4) 半固定表达(semi-fixed expressions),如:It isn't over until that fat lady sings;make hay while the sun shines.

词汇组块形式从完全固定的表达到半固定表达构成一个连续统一体。

上面所说的词汇组块,既包括传统意义上的"词汇",也包括比单词和短语更大、较固定的结构,固定的句子开头,句子的框架,或是完整的句子。

刘晓玲、阳志清(2003)还指出,Lewis(1993)提出的语言的词汇组块观的根本原则是语言是语法化的词汇而不是词汇化的语法。这是他这种观点所依据的语言理论。Nattinger和DeCarrico(1992)主张,流利程度不取决于学习者大脑中储存了多少生成语法规则,而取决于词汇组块储存的多少,是词汇组块使人们流利地表达自我。这些预制组块具备有效提取的优点,同时还能使说话者的注意力集中在语篇的层次结构而不是局限于单个的词上。Richards和Schmidt(1983)也指出:"除生成规则外,语言的语法就是一本包括许多语法注解的词汇组块书。"

Peters(1983)和Vihman(1982)指出,无论是在一语还是二语习得中,儿童的语言习得都是从选用适合不同情境的不经分析的词汇组块开始的。只有当词汇与语境间的联系不足以满足新的交际目的时,学习者才会通过句法或语法规则逐渐扩充其原有的组块结构。通过规则生成句子的创造性过程在使已有程式适应新语境时起着辅助性作用。一句话,从语言习得的角度看,语言最好被看作是语法化的词汇,而不是词汇化的语法。

在对外汉语教学学界,较早提出语块教学构想的是周健(2007)。他指出:"语块在第二语言习得有重要价值,它有助于产出规范和习惯的汉语表达,形成汉语语感;在对外汉语教学中有助于克服中介语及词汇搭配错误,避免语用失误,提高语用水平。对外汉语教学中应从培养语块意识入手,将语块训练法贯穿于语法、口语、书面语教学之中,提高教学效率。"他还指出:"事实上,一个句子通常含有几个意群,这些意群或其中的固定结构都可以视为语块,但在教学中我们更关注的是那些构句性强的常用语块。因此,我们所界定的语块是一种经常出现在各类句子中的、具有构句功能的、比词大的单位。"

赵金铭(2010)从理论与实践两方面论证了重视词组和短句教学方法

的优势,他在向我们介绍了一些日本从词组入手进行汉语教学的早期教材后,指出这样的教材的优点是,通过词组和短句的学习,掌握汉语基本语言结构,会说简短的话,能用简单的语句进行汉语表达,这就为进一步的汉语篇章学习打下基础①。

赵金铭提出的上述构想对我们极有启发,成为本项研究总思路的基础,对于总构想的形成起到了关键的作用。

2.3 各类汉语词汇大纲与教学大纲

针对汉语词汇教学的大纲主要有《汉语水平词汇与汉字等级大纲》(1992,下简称《等级大纲》(1))、《汉语水平词汇与汉字等级大纲》(2001,下简称《等级大纲》(2))、《高等学校外国留学生汉语教学大纲》(长期进修,2002)(下简称《长期生大纲》)、《高等学校外国留学生汉语言专业教学大纲》(2002)(下简称《本科生大纲》)。《长期生大纲》和《本科生大纲》是最近十几年新出版的汉语教材词汇选择编排的主要参考标准,也是学者们讨论词汇教学时主要参考的对象,因此是本项研究重点参照的对象。

2009年12月至2010年2月国家汉办考试处推出了《新汉语水平考试大纲》(HSK1—6级)与《新汉语水平考试大纲》(HSK口试)。该大纲提出了一个分层级(1—6级)的5000词表。2010年10月刘英林和马箭飞等人经多年研发的《汉语国际教育用音节汉字词汇等级划分》(下简称《等级划分》)正式出版。刘英林、马箭飞(2010)在介绍该大纲研制的论文中提出了推行"普及化等级水平"的观念。

苏向丽(2012)认为,《等级划分》的研制则体现了最新语料库和词频统计成果,词表的筛选依据当代大型动态语料词频统计表,结合现代汉语词典、等级大纲、常用字表和词表,增强了时代性和现实性,补充了与现代生活密切相关的新词语。

我们认为,《等级划分》在词汇的选择、分层次编排等方面,较前面出版的诸大纲有了一些改进,对本项研究也有较重要的参考价值。

---

① 着重号为笔者所加,下同。

第三节 本项研究的理论与方法

除了参考上述对外汉语词汇教学研究的新成果外,以下的理论与方法对本项研究具有重要的指导意义。

3.1 系统认识论是本项目总的指导思想

系统论的理论与方法是本项研究的总的指导思想。黄正元(2009)指出:"贝塔朗菲的系统论认为,整体性、关联性、等级结构性、动态平衡性、时序性等是所有系统的共同的基本特征。这些既是系统所具有的基本思想观点,也是系统方法的基本原则,表现了系统论不仅是反映客观规律的科学理论,而且还具有科学方法论的含义。""系统认识观,不再把认识当做一个简单的认知活动,而是当做认识系统内部各个子系统相互影响、相互作用的系统工程。认识系统论要求人们以系统观点看待人、自然和社会及其他内部间的关系。……从系统的观点出发的认识论,是系统认识论。"

若以系统论的观点来看,汉语词汇是一个整体,词与词之间是相互关联、相互影响、相互作用和相互制约的。过去的汉语词汇研究以孤立分析某类或某个词的用法居多,如何将各类词语放在整体系统中加以考察,揭示各类词与词之间的关系,揭示词与词义、语法和语用之间的联系,则做得很不够。我们将着力在这方面下功夫。另外,学生学习词汇,是一个个地学的,如何让他们将分散习得的词语有机地系联起来,即使学生学习的词语逐步形成系统,也是本项研究的一个重要的方面。

3.2 第二语言教学的理论与研究方法是重要的依据

从第二语言习得的角度看,怎样才算是习得了一个词呢?

Cohen 与 Nation 认为,掌握一个词就等于知道该词的字面意义、多层意思、句法特征、语义特征、使用限制、与其密切相关的词以及该词的转化词(吴霞、王蔷,1998)。

Henriksen 和 Schmitt 定义的词汇知识包括下面六点:形式(发音和拼写);词义(词义的联想知识包括同义词、反义词、上下义词等);语法行为(词类、与之相关的屈指和派生以及在句子中的句法形式);搭配;使用;语体风格和语域限制。运用词汇知识的能力分为:接受性能力(receptive ability)和产出性能力(productive ability)(张华,2007)。

黄瑞红(2008)指出,等级数量含义(scalar quantity implicature)的概念是 Horn(1972)在 Griee(1967/1975)的第一数量准则的基础上率先提出的。这个概念被广泛用来解释量词、连接词、情态词、频率副词的语义和语用,也常用来解释形容词、动词、上指关系和冠词的语用意义。我们也将用这一概念来分析汉语词汇的小、微系统的语用差异。

外语词汇教学理论与对外汉语词汇教学理论有相通之处。束定芳、庄智象(2008:107—109)在讨论"外语词汇教学的最佳途径"时指出,应注意"系统原则、交际原则、文化原则、认知原则和情感原则"。强调系统原则,是因为"语言是一个系统,它由各种子系统组成,词汇系统便是其中一个重要的子系统。系统的一个重要特点是它内部成分之间的相互联系性。在外语词汇教学中,必须充分注意到各个单词之间的各种系统内关系"。强调认知原则,是因为"外语学习是在学习者已经有一个较为完整的认知基础的情况下进行的。外语词汇学习的性质已与母语词汇学习完全不一样。学习者的母语知识、对语言的一般知识和整体认知能力都将对外语的词汇学习产生影响。因此,一定程度上的比较和分析,不但是可能的,而且是必要的"。

3.3 "词汇-语法"理论的启迪

Eric Laporte、郑定欧(2004)在介绍"词汇-语法"理论时指出,格罗斯早就指出:"人类的语言本来就是一部有限—形态语法(finite-state grammar)。穷尽性的分类通过形式化的图式(sentence scheme)可以使人们清楚地看到语言的全貌"。"通过对词项句法矩阵图、电子词典、有限状态图、句法参数图库的构建,'词汇-语法'至今仍然是世界上各种语言研究中最完备的、基于句法的词库"。他还指出,法国学者 Eric Laporte 在《句法知识的可接受性》一文中,在讨论可接受性判别时是用以下词的串列来说明的:

My(father+cat+cactus+? * hair dryer)died
我的(父亲+猫+仙人掌+吹风机)死了
My(father+? * cat+ * cactus+ * hair dryer)passed away
我的(父亲+? * 猫+ * 仙人掌+ * 吹风机)去世了

符号"*"表示不可接受的串列,符号"?"表示对串列的可接受性的存疑。这个词汇置换的实验表明,可接受性在很大程度上取决于词项内容,即使彼此是近义词也一样。

我们将全面运用上述方法,从词语能否进入某个或某些构式来考察,整理出词汇的中、小、微系统,进而指导汉语词汇的系统教学。

3.4 充分借助计算语言学分析方法

冯志伟(2010)指出:"语料库中蕴藏着无比丰富的知识等待我们去挖掘,如果我们使用'文本数据挖掘'(text data mining)的技术,从语料库中挖掘知识,既可以挖掘语言学的知识,也可以挖掘非语言学的知识,就像从矿石中挖掘出黄金一样,这些知识可以弥补传统语言学的不足,克服研究者的主观性和片面性。我们在 text data mining 这个术语中使用 mining(挖掘)这个单词,而没有使用 extraction(抽取)这个单词,正是为了强调在从语料库中获取知识的时候,要开动脑筋,要经过一番'去粗取精,去伪存真,由此及彼,由表及里'的深思熟虑的功夫来加工数据,而不要被海量的数据所迷惑。数据就像矿石,我们的任务是从海量的数据中挖掘出隐藏在其中的有规律性的东西,把海量的、离散的'数据'(data)变为精炼的、系统化的'知识'(knowledge),从而把经验主义方法和理性主义方法紧密地结合起来。"他还指出:"越来越多的学者认识到,基于语料库的分析方法(即经验主义的方法)至少是对基于规则的分析方法(即理性主义的方法)的一个重要补充。因为从'大规模'和'真实'这两个因素来考察,语料库才是最理想的语言知识资源。"

本项研究将充分运用计算语言学的分析方法。不管是研究重点的确定,还是对于词汇的系统整理、归纳和分析等,主要依赖对两类语料库语料的调查与分析。一是对北京大学语言研究中心的现代汉语语料库(下简称 CCL 语料库)的调查,二是对外国学生中介语语料库的调查。后者除了特别注明的之外,主要引用、分析两个语料库的语料,一是北京语言大学 HSK 作文动态语料库(简称 BYDT 语料库),二是苏州大学海外教育学院外国学生中介语语料库(简称 SUDA 语料库)。[①]

[①] 张博(2008:8-9)把外国学生的词汇错误概括分为三种类型:词语误用、自造词语、径用母语词。本项研究调查分析的中介语中词汇方面的偏误主要是张博所说的第一类。

3.5 树立"二语词汇教学的构式观"

3.5.1 "构式语法理论"的价值与二语教学

构式语法理论近年来越来越受到人们的重视。将它运用到二语教学中已成为一种新的潮流。陆俭明(2008)指出:"构式语法理论提出了这样一种思想:'构式表示与人类经验有关的重要情景','是语言系统中的基本单位'。'构式本身也有意义',不同的构式有不同的构式意义;任何一个构式都是形式和意义的对应体。"

他认为"构式语法理论"的价值在于:

第一,这种理论可以帮助我们来解释一些先前不好解释、或先前想不到去解释的语法现象。

第二,有助于我们进一步探索影响句子意思的因素,进一步探索句子意思的组成。

第三,有助于我们说明语言中各种不同句式产生的原因与理据——由于各个句式(即这里所说的"构式")本身能表示一定的语法意义,所以为了表达的细腻,人们在交际过程中就不断创造新的表达格式,来满足表达的需要。

第四,可以避免将句式的语法意义误归到句中某个虚词头上。

第五,更重要的一个方面,那就是将扩大我们语法研究的视野,引起我们对以往语言理论的新的反思和思考,开拓"句式"研究的新领域,从而将有助于人们把语言研究引向深入。

陆俭明还分析了构式理论存在的局限性,并认为今后的研究目标是构建一个构式的网状系统。

陈满华(2009)在介绍了构式语法理论之后,提出要"树立二语教学的构式观"。

陆俭明是较早将此理论运用于解决对外汉语教学中的语法问题的。苏丹洁、陆俭明(2010)针对存在句"NPL+V+着+NP"(如"门口站着三个孩子""墙上挂着两幅地图")在第二语言教学中存在的问题,在人类认知和语言的共性基础之上,运用构式语法理论进行了语块的抽象语义分析,认为这一构式可以抽象为"存在处所—存在方式—存在物"。他们还就汉语语法研究与教学提出了以下三个观点:

> 第一,语法研究、语法教学不能囿于"主—谓—宾""施—动—受"

这一传统的句法研究和教学思路。

第二,在语法研究中要树立"从认知角度去认识语言共性和个性"这一观念。

第三,"构式—语块"分析法和教学法是一种新的补充性的句法研究与教学的理论和方法。这一方法建立在人类认知和语言的共性基础之上,在分析和教授一些汉语句式方面,优于传统的思路。

上述研究促使我们认真思考,如何在词汇教学中运用构式语法理论?词汇、语块与构式到底是何种关系?

3.5.2 增效构式与无增效构式

据熊学亮(2009)介绍,"构式"译自 construction,与结构 struction 不同的地方,可能是从认识的视角来说更加关注其动感因素,如更注重小单位构成大单位的过程。根据 Adele E. Goldberg(2006)的新定义,所有的语言单位都是构式①。熊学亮认为,维持该定义的办法,就是把构式进一步分析成有增效构式和无增效构式。按照我们对熊文的理解,所谓无增效构式是原型构式,是词语常用语义的组构,如"吃面包";而增效构式属于"语义组构乖戾",如"吃父母",它是在原型组构产生的变式,其结构整体产生了新意——依赖父母,即增效。

目前国内学者运用构式语法理论研究汉语时,较多地研究增效构式。由于本项研究的重点在词语的系统教学上,所以我们研究的重点则放在无增效构式即常用构式上,重点关注"具有建构实际语句功能的"、对揭示词语系统有帮助的常用词组、语块、句式与复句结构。对于与之有密切关联、可以有助于学生对前一部内容的理解和记忆的固定短语、惯用程式和习语(包括增效构式)等有时也会涉及②。

---

① 转引自熊学亮(2009)《增效构式与非增效构式——从 Goldberg 的两个定义说起》,《外语教学与研究》第5期。

② 王寅(2011:104-105)指出:"有些习语是符合语法的表达,有些则属于'半语法表达',有些根本无语法规则可言,但它们都是人们正常交际中的一个组成部分,而且相当重要,甚至有学者认为,掌握习语的多少可标志着一个人语言水平的高低。""正如 Östman & Fried(2005)在《构式语篇》(Construction Discourse)一文中所说:'构式语法最基本的一个信条就是追求覆盖所有语料,覆盖特定语言中的所有构式。知道一种语言,就意味着可准确地使用该语言中所有合乎规范的语源和构式总库,特别是,一些边缘性语言表达,包括那些诸如'谢谢''再见'等固定短语,以及各种惯用程式和习语,它们就像传统句法研究对象(如 SVO 句型)一样,对于语言和语法都具有重要性和中心性。'"

3.5.3 词汇与语法构式密不可分

兰盖克(2013:2)指出:"在语法和词库之间无法做出有意义的区分。词库、语素、句法构成一个由象征结构组成的连续统,这些象征结构在多个参数上存在着差别,只能人为地将其分成不同的部分。"

Adele E. Goldberg(2007:7、65)指出,"在构式语法中,词库和句法之间没有严格的界线。……词汇构式和句法构式……都是形式和意义的配对。""如果两个构式在句法上不同,那么它们在语义上或语用上也必定不同。"

王寅(2011:9-10,273,289)指出:"人们早就认识到,句义是由词汇义和结构义共同决定的。""构式语法指出了'词汇投射法'之不足,主张将动词与构式两者紧密结合起来研究语言,并认为这两者的结合构成了语言中的基本句型。""不同的近义构式,就像处于同一框架中的不同词汇一样,它们都处于一个微观系统的统辖之下,这个微观系统就是一个框架,因此,我们可以用一个'框架'概念将其统领起来。"

上述观点归结到一起,就是词汇与语法构式是密不可分的,应该结合起来加以研究。

3.5.4 从构式的角度审视词汇偏误

如果用 3.5.3 节所引述的观点来重新审视中介语语料,便会发现,在以往被看作是词汇的偏误中,与构式相关或纠结的偏误占了相当大的比重。这一结论主要是从以下几项调查中得出的。

第一项调查是对"BYDT 语料库"中词汇偏误数量较高的词语语料的统计和分析。下面是该语料库中错词、缺词和多词偏误例总数在 100 例以上的 95 个词:

的 8782　了 4806　在 2025　是 1382　对 1688　个 980　有 773
上 760　就 756　得 682　也 647　而 625　从 622　会 600　地 498
要 485　到 478　中 469　人 427　能 412　给 429　着 407
和 403　都 365　过 363　里 341　不 332　为 312　而且 305
很 283　于 246　以 239　还 237　二 236　来 234　做 234
因为 233　时 207　发生 205　多 204　这 203　我 203　可以 200
用 179　说 173　好 170　为了 166　去 166　爱 163　看 156
跟 155　那 153　大 153　应该 150　由 150　下 150　所 150
种 149　让 148　产生 147　把 144　吧 140　才 134　之 131

想 130　作 129　经验 128　再 128　**没 127**　**与 126**　**使 125**
这样 123　还是 122　呢 122　还 121　没有 121　**因 121**　间 119
当 118　又 117　**被 116**　**进行 116**　时候 116　少 113　您们 111
受到 111　如果 110　向 110　他们 109　以后 107　更 103
互相 102　吗 101　了解 100　**但 100**

  上面黑粗体字标出的词共有 62 个。通过对这些词的中介语语料的分析,我们发现它们的偏误不是单纯词语偏误,而是与构式或比构式更大的语言单位相关的偏误(包括语篇方面的,如"这、那、我"等)。换言之,在偏误例较多的 95 个词语中,65.2%的词语偏误是与构式相关的。

  即使是在目前归为单纯词汇偏误的 33 个词中,在有的词的编误中,与构式相纠结的偏误也占了较大的比重。如"看"的错词偏误共有 111 条,其中有 62 条是与相关的介词或动词构式混用的,占总偏误例的 55.8%。如将"对……的看法""对……来说/讲"中的"对"误作"看"的分别有 4 条和 16 条;将"从……看/看出""从/拿……来说/讲"中的"从""拿"误作"看"的分别有 6 条和 2 条。将"用/靠+V"中的"用""靠"误作"看"的也各有 2 条。这说明,不少表面看起来的词语误用,实际上是构式的误用。另外我们还对该语料库中偏误数超过 10 例以上的 68 个动词及词组(如"是、有、到"等)的语例进行了分析,发现其中 69.4%是与构式相关的。

  第二项调查是对苏州大学 22 名外国学生当堂作文语料的调查分析。

  这项调查分析立足于语篇,将作文中与构式以上语言单位相关的偏误同单纯词汇偏误分别标注,然后统计这两类偏误各占多大比例。下表 1 是对从苏州大学留学生当堂作文中随机抽选出来的 22 篇作文的统计。为了了解学生用汉语写作时构式与词语使用的特点是否与学习时间、层次、国别与性别有关,我们在选择调查对象时,注意了这几方面的因素。下面是统计结果:

表 1　留学生作文中词语与构式偏误比率统计

	国籍 性别	班级 学习时间	全文 词数	词语误数 /比率%	句数	构式误数/ 比率%	词语误数与构式 以上误数/二者各 占比率%
1	韩国 女	初一 两个多月	87	9/10.34	27	8/29.62	9:12/42.9:57.1

续表

	国籍 性别	班级 学习时间	全文词数	词语误数/比率%	句数	构式误数/比率%	词语误数与构式以上误数/二者各占比率%
2	柬埔寨 女	初一 两个多月	73	5/6.85	22	7/31.18	5∶8/38.5∶61.5
3	美国 男	初一 三个多月	41	2/4.87	12	10/83.33	2∶14/12.5∶87.5
4	法国 女	初二 六个多月	68	6/8.82	13	8/61.5	6∶9/40∶60
5	日本 女	初二 六个多月	57	1/1.77	16	9/56.2	1∶9/10∶90
6	老挝 男	初二 七个月	74	3/4	17	7/41.1	3∶8/27.2∶72.8
7	巴西 女	初三 一年六个月	41	3/7.3	9	6/66.6	3∶7/30∶70
8	日本 男	初三 一年六个月	108	6/5.5	31	34/109	6∶34/15∶85
9	俄罗斯 男	初三 一年三个月	95	6/6.3	20	19/95	6∶21/22∶78
10	韩国 女	初三 两年	180	13/7.22	61	39/63.93	13∶50/20.6∶79.4
11	韩国 男	中一 一年三个月	126	9/7.14	40	18/45	9∶23/28.1∶71.9
12	日本 女	中一 一年八个月	102	6/5.88	36	14/39	6∶15/28.5∶71.5
13	澳大利亚 男	中一 一年六个月	94	7/7.44	31	6/19.35	7∶9/43.75∶56.25
14	美国 女	中二 两年	214	13/6	81	38/46.9	13∶42/23.6∶76.4
15	日本 女	中二 两年三个月	197	5/2.53	42	13/30.9	5∶14/26.3∶73.7

续表

	国籍 性别	班级 学习时间	全文词数	词语误数/比率%	句数	构式误数/比率%	词语误数与构式以上误数/二者各占比率%
16	俄罗斯 女	中二 两年半	128	6/4.69	54	17/31.4	6∶21/22∶78
17	韩国 男	高一 两年半	115	3/2.6	30	27/90	3∶33/4.5∶95.5
18	美国 男	高一 两年七个月	167	5/3	64	12/18.7	5∶12/29∶71
19	日本 男	高一 一年七个月	111	7/6.3	23	11/47.8	7∶13/35∶65
20	俄罗斯 女	高二 三年	159	9/5.7	54	12/22.2	9∶15/37.5∶62.5
21	韩国 女	高二 三年	61	1/1.6	18	5/28	1∶5/16.6∶83.4
22	日本 女	高二 三年半	104	4/3.8	33	11/33.3	4∶14/22.2∶77.8
			词语误与构式以上误之比(平均值)				26.17%∶73.83%

说明：

1. 上表调查统计的22篇作文的作者，分别来自9个国家：韩国5人、日本6人、美国3人、俄罗斯3人、法国1人、澳大利亚1人、老挝1人、柬埔寨1人、巴西1人。女生13人，男生9人。学生的学习层次分初级一、二、三，中级一、二，高级一、二，共7个层次。

2. 此22篇作文基本上是从参加我院作文比赛的当堂作文中选出的。作者都是比较喜欢用汉语写作的学生，大部分在班里属于汉语写作能力较强者。作文内容大多是"看图作文"，只有两篇是当堂命题作文。

3. 表中有词语误比率，是误用词占全文用词的比率。构式误比率，是构式占全文句数的比率。由于所计构式的语言单位比句子小，所以这一比率只作为参考。为了使句数的基数大些，统计句子时，将逗号标出的分句与短语等（如"有一天""过了一个小时"）都计入其中。文中从语篇角度看，缺少句子与短语的，都作为构式误缺加以统计。所以有的构式误的数量超过或与句数接近，如第3位学生，缺句子或构式就有9例。类似的还有第 8 位和第 17 位学生。

4. 表 1 最右一栏中的比率是词语误数与构式以上误数之比率。后者误包括构式误、衔接词和表回指或省略(主要是代词在语篇中的用法)之误。据统计,22 人该项比率平均值是 26.17%∶73.83%,也就是说,构式以上的偏误比率大大超过了词语偏误的比率。从统计数字看,这一比例与作文作者的国籍、性别无关。

5. 初级的 10 位学生的词语偏误与构式以上偏误比为 25.87%∶74.13%;中、高级以上的 12 位学生的词语偏误与构式以上偏误比为 26.42%∶73.58%。初级学生的构式偏误较中、高级学生略高 0.55%。仔细分析那些学习时间长,层次高的学生作文可以发现,他们因掌握的词汇较多,写作较初级水平的学生更为自由,文章更长,内容更复杂,因此在构式方面出现的问题并不少。因此,从调查结果看,构式以上的偏误在初、中、高阶段的学生中都占到了 70% 以上。

3.5.5 词语偏误与构式相纠结的四种现象

如从构式的角度看,外国学生作文中的非单纯的词汇偏误,以下几种现象值得研究:

1. "近构异词"现象;
2. "同词异构"现象;
3. "同构异词"现象;
4. "同范畴异词异构"现象。

下面分别举例说明。

1. "近构异词"现象

在 BYDT 语料库中,当作介词"从"而误作"在"的有 105 例,当作"在"而误作"从"的有 45 例。例如:

(1) a. *在{CC 从}边上的小路上,老爷爷们看舞蹈,老婆婆们刺锈。
    b. *在{CC 从}很好的家庭成长的孩子,一般性格比较好,因为他天天所受到的影响就是这样好。
    c. *我觉得所有的人都从{CC 在}自然来到现在的世界……
    d. *走在街上,我们时常看到吸烟不停的人们从{CC 在}我们身边走过,留下一种令人恶心的烟草味。
    e. *我们也可以从{CC 在}各种各样的报道中知道,吸烟对青少年发育的恶劣影响。

  f. ＊从{CC 在}弟弟的话中,我感觉到了他的成长。

  从构式的角度可以解释上面偏误的成因。"在"和"从"都可与 NL (处所名词短语,有时包括方位名词,下同)组成"在/从＋NL",即"近词组配①"组成的简单构式很相似。但是,可以出现这两个简单介名构式后面的动词是很不一样的,即从"远词组配"的、"在/从＋NL＋V"复杂构式才可看出差异。这类混用偏误是因"近构异词"的相似而产生的。

  2."同词异构"现象

  曾有几位高级班的日本学生问教师下面的句子有何不同:

(2) a. 我给你借书。

   b. 我借给你书。

  同词异构,可以细分为三种情况:第一种是由相同的、数个词语根据不同的组配顺序构成了不同的构式(包括句子),用词虽同,但句义不同,如上例(2)所举。但学生会因不明其差异而产生混淆(辨析见第六章 2.4.8 节)。第二种是简单的构式用词相同(如"在＋NL"),但因在句中有不同的位置,形成了不同的复杂构式,这类复杂构式外国学生也极易混淆(详见第八章 2.2 节)。第三种是以同一个词为中心,可以组成很多不同形式的构式(详见第十一章 3.1 节),学得多了,学生可能会分不清它们之间的差别。

  3."同构异词"现象

  学生在用"成功"一词完成"只要你努力……"的句子时,造出了下面四个合法的句子:

(3) a. 只要你努力,你就可以成功。

   b. 只要你努力,你就会成功。

   c. 只要你努力,你就能成功。

   d. 只要你努力,你就可能成功。

  上面四句结构相同,只是在同一位置用了四个不同的词语,句子均可成立。语义和语用功能略有差异,形成了表示"可能"范畴的一个微系统(详见第四章 5.3.3 节)。

  4."同范畴异词异构"现象

  这是指所表示的语义范畴相同的一组词往往组成的构式有异。如汉语表示"目的"范畴的词语有很多。孟柱亿(2006)指出:"汉语中有'为''为了''为了……而''为的是/是为了''以''以便''用以''借以''好''好

---

① "组配"是"组合"与"搭配"之义,着眼于构式与所包含的语义或语用等。

让''以免''免得''省得''以防'等表示目的的标记成分。"他在引用了李迎春的研究成果后指出:"在说话人不强调其目的性时,更多情况下是与汉语中表示动作发生顺序的连动句式相对应。表示极强目的性的表达方式比较简单,而且具有明显的标志。韩国人对于表示极强目的性的汉语的表达方式轻车熟路,但对于表示一般的目的性或较弱目的性的汉语表达方式则显得生疏,因此不少学习者常常不恰当地用表示极强目的性的表达进行过度泛化。"问题在于,"现在通行的汉语教学语法对这种差异几乎没有提到"。

孟柱亿所指出的这组词语,内部再细分,有的属于"同构异词",如"免得、以免、省得"常可以出现在相同构式的句中,但它们与"为了、以便"则属于"同范畴异词异构"。如将这一组同表"目的"的词语及构式归纳到一起,从语义、语法和语用特征入手加以全面分析,那么就能揭示出表示"目的"的这一组词语及构式的微系统(详见第七章2.3节)。

从对大量中介语语料的分析看,上述四类与构式纠结在一起的词语混用的现象相当普遍。但以往的词汇研究对此类现象关注较少,词汇教学也很少有人提及,可这些却是学生词汇学习的难点。当我们结合现代汉语语料加以分析后发现,在上述四类与词汇相纠结的现象中,往往隐含着词语在语义和语用方面的微系统。本项研究的重点就是把这类系统性知识挖掘出来,为教学服务。

3.6 认知语法理论的采用

3.6.1 词汇和语法应相互结合

认知语法理论认为,词汇和语法是不可能区分开来的(详见前3.5.3节)。

张旺熹(2006:2、176)认为,句式语义跟词汇语义之间是一种"互动"的关系,主张将汉语语法的研究与词汇的研究结合起来。他指出:"我们在研究语法时,要学会在词汇特征的基础上抽象语法关系,在语法关系中挖掘词汇特征的集合。""我们如果能够尽力把词汇的分类和语法的分类配合起来,就可以很好地运用到语法教学当中去,帮助学生更好地理解语法项目。词汇和语法相结合所进行的教学,能够使语法教学不那么抽象,也会使词汇教学不那么零碎。"

我们十分赞同上述观点。在本项研究中,我们将构式与词汇结合的方法贯穿始终。这一结合不仅使我们发现了上一节所谈到的各种语言现象,而且也使我们在汉语词汇的系统研究中找到了方向——利用常用构式把一些词语系联起来,从词语的大系统中分出中系统、小系统与微系统,并注意揭示各自的语义与语用特征。当我们将这类研究成果运用到教学中时,我们有了和张旺熹相似的体会:词汇与构式相结合,可以使语法构式的教学简化和具体化,可以使词汇的教学细化和系统化,能够大大提高词汇教学的效率。

3.6.2 运用认知语法的多个视角分析词语

在词语的分析与教学中,除了语义与语法外,语用分析是我们较为重视的。认知语法所强调的"语域"、主观性、认知视角等是我们观察的重点。

所谓"语域",董秀芳(2009:48)在克鲁斯(D. A. Cruse)的《〈词汇语义学〉导读》中指出,"语域有三个维度的变异:一是话语的话题或领域(field),由于话题或领域不同,相同的所指可能有不同的名称。法律话语、科技话语、广告话语、政治演讲、足球解说、食谱等,各有自己的用词特征(和语法特征)……二是语式(mode),指信息传递的不同方式,如口语、书面语、电报等就具有不同的语式。不同的语式也有用词的差别……三是风格(style),风格反映具有不同关系的言谈参与者的语言特征,言谈参与者之间的关系可以从以下方面说明:角色(如采访者与被采访者)、熟悉度、社会地位、人际关系的亲疏等。在一定程度上,风格可以从正式—非正式这个维度来考察,但实际情况往往比这个复杂。"

所谓"主观性",沈家煊(2001)指出:"'主观性'(subjectivity)是指语言的这样一种特性,即在话语中多多少少总是含有说话人'自我'的表现成分,即说话人在说出一段话的同时表明自己对这段话的立场、态度和感情,从而在话语中留下'自我'的印记。"

冯光武(2006)将主观性的代表观点概括如下:

(1) Lyons:主观性与表现自我

Lyons(1982)认为,人具有主体意识,这种主体意识在语言中是有体现的。换言之,人从本质上讲是主观的,我们都拥有"自我"。"自我"包括认识、感知、情感、态度和意图等。语言的"主观性"就是说话人言语时表现出的立场、态度、情感等"自我"标记。

(2) Langacker:主观性与认知视角

认知语法认为话语和感知有关。感知主体是说话人,话语的意义也就不可能简单存在于客观世界里,而是不可避免地含有感知主体对感知客体的认识。语言除了有一个形式系统以外,还具有意义值(semantic value)。意义值体现人们用不同的方式构建和理解某一范畴的能力,这种能力叫"意象"(imagery)。"意象"是多维的,其中包括说话人视角。视角又有多个层面:视点(vantage point)、定向性(directionality)和主观性。影响语义值的因素有若干,其中之一就是主体视角。语言的主观性首先源于感知主体的不同视角,并和感知主体如何过滤感知客体有关,这可以称为"视角的主观性"。视角的主观性,归根到底是由感知主体和感知客体之间的不对等造成的,而不对等是由观察的单向性造成的。

根据"视角的主观性",Langacker 提出了最佳观察排列(optimal viewing arrangement)和自我中心观察排列(egocentric viewing arrangement)。

沈家煊(2009)曾指出:"在对外汉语语法教学中,要使学生掌握汉语语法的特点,一项重要的工作是设法使学生体会到汉语一些重要的句式所包含的主观意义。"我们认为,这一观点同样适用于词汇教学。

沈家煊(2003)在 Sweetser(1990)的基础上区分和界定了三个既有区别又有联系的概念域,即行域、知域、言域。"行"指现实的行为和行状,跟"行态"或"事态"有关;"知"指主观的知觉和认识,跟说话人或听话人的知识状态即"知态"有关;"言"指用以实现某种意图的言语行为,如命令、许诺、请求等,跟言语状态即"言态"有关。这三个概念域在语言的许多方面都有反映,区分这三个域有利于厘清许多复杂的语义现象。

在对外国学生易混的词语进行分析时,我们将注意综合运用上述观察视角,在揭示词汇的内部系统性,特别是语用差异方面下功夫。

第四节　本项研究的思路与框架

4.1　本项研究的总思路

我们研究的总思路是:以系统论理论为指导,以常用构式为线索,对各类词语(包括实词与虚词)进行分类与系联,整理出各类词语中的大、中、小类,并尝试对其中具有代表性的成组词语进行系统研究和分析。这之中,高频易混的成组词语微系统的揭示是研究的重中之重。

由于动词常作为构式的核心,因而动词系统的分析研究占了较大的比重。除此之外,我们还对常用的形容词、名词、副词、介词、助词、连词进行系统整理,打破不同词类之间的界限,从系统整体性的角度,揭示它们之间的系统性关联。

我们认为,词汇教学的最终目的,不只是看学生学了多少词,而是要看他们能否正确地运用所学的词语配成词组,结成句子,进而组织成语篇,进行正确、得体的表达。

如果从这个角度来看外国学生的词汇水平,大致可以分为三个层次:

第一个层次:词汇使用正确(基本符合语法规则);

第二个层次:词语运用连贯而流畅;

第三个层次:词语运用得得体。

这三个层次都需要语音、语义、语法和语用知识的综合运用,只是层次越高,要求越高,实现的难度越大。我们在探讨汉语词汇本身的系统与系统性教学时,上述的三个层次是我们的着眼点。

4.2 本项研究的基本框架

本项研究的基本框架是:

第一步,对外国学生的中介语语料库中的词语偏误进行调查统计,找出难点与重点。

第二步,从系统性的角度入手,对汉语词汇系统及其教学进行研究。

1. 从宏观入手,以常用基本构式为中心,将相关的词语成组、成类地串联起来,进行分层次、有系统的教学,并结合构式的辨析说明它们不同的语义、语法和语用特征,揭示"同构异词""同词异构""近构异词""同范畴异词异构"中的系统性。

2. 从中观入手,讨论如何针对以某类词语和某个语义范畴为中心的词语子集进行系统的分析与教学。

3. 从微观入手,讨论如何围绕着某个词语(单义或多义的)、某小类词语进行系统的教学,帮助学生在脑中构建成以该词或该小类词为中心的词语网络。

第三步,通过与学生面谈与发放调查问卷的办法,对学生词汇学习策略做深入了解;将外国学生的汉语词汇学习策略的调查分析作为提高教学有效性的一个重要参考因素。

第四步,对汉语词汇教学方法进行有效性的尝试、考察与总结。

简而言之,我们希望本项研究能在系统论理论的指导下,注重词汇教学的"整体性、关联性、等级结构性、动态平衡性、时序性",运用现代语言学理论,参考已有的相关成果,在探讨作为二语的汉语词汇教学的系统性和有效性等方面有所发现。这本是一个巨大的系统工程,绝非是我们少数几个人能够完成的。本项研究只想起到一个抛砖引玉的作用。

本书各章节作者如下:

陆庆和:绪论(部分)、第一章、第二章、第三章、第四章、第五章、第六章(第一节、第二节(大部分))、第七章、第八章第三节、第九章(第一节、第二节、第四节、第五节(5.3节))、第十章、第十一章(第一、二节,3.1、3.2节,第四节)。

林齐倩:第六章第二节(2.5节)、第八章第二节、第九章第五节(5.1—5.2节)、第十一章(3.3节)。

陶家骏:绪论(部分)、第八章第一节、第九章第三节,以及负责图示、古文字制作、全书的编排、表格的统一等。

第一章 结合构式的动词分类教学

第一节 动词偏误概况与动词分类教学的必要性

1.1 动词偏误概况

我们对 BYDT 语料库中动词的偏误作了全面的统计。表1中有些词是按"错词数/缺词数/多词数"等进行统计的。词后只有一个数字的是错词数。

表1 动词偏误统计

A				
是 1382	有 773	到 478	来 234	去 166
303/195/884	353/138/282	159/152/167	114/67/199	66/34/66
用 179	说 173	看 156	得到 102	受到 111
72/79/28	85/32/56	111/16/29	92/7/3	受 44/18/19
做 234	作 129	当 118	进行 116	开始 76
134/33/67	119/0/10	72/9/37	81/11/24	31/31/14
使 125	让 148	令 20	像 89	随着 63
61/25/39	51/56/41	15/1/4	26/45/18	24/15/24
B				
发生 205	产生 147	造成 90	引起 64	导致 22
189/6/10	139/8/0	79/2/9	57/0/7	生产 50
C				
想 130	了解 100	以为 93	认为 90	觉得 62
66/24/40	理解 52	90/1/2	82/3/5	49/3/10
希望 48	感到 42	认识 58	满足 36	关心 35
38/2/8	35/4/3	知道 33	尊敬 20	感觉 17

续表

D				
帮助 44　帮忙 26　帮 11			改变 42 变 18/6/0 变化 16/2/0	
E				
起 132	出 90	出来 70	成 64	变成 46
33/87/12	57/12/25	56/1/13	39/11/14	41/0/5
成为 70	起来 61	下去 22	带来 43	看见 28 看到 14
63/4/3	39/6/16	8/0/14	35/5/3	当作 19 当成 17
作为 39 提出 30 做出 14 做为 13 收到 16 想起 16 遇到 15 遭到 14 留下 12 回来 11 考上 11				
F				
来看 8/16/9	来说 9/97/0			

说明：

表1是偏误数量较大的一些动词，我们将它们分成了A、B、C、D、E、F六组，便于从总体上观察动词偏误主要集中在哪些类别的词语上。

A组动词除了"做、作"等动词外，80%以上的动词偏误与构式相关。

B组动词除"生产"外都是非自主动词。

C组词都是表示心理活动的动词。

D组是两组有同一语素的词语。

E组的动词一般都在句中充当补语（其实A组中如"到""来""去"等词的偏误中有不少也属于补语的偏误）或本身是动补短语。

F组的词语表示看法时才用，同样与构式有关。

在以后的章节我们将结合动词系统对上表中很多词加以讨论。

下面是错词偏误数在20以上的动词，以抽象动词为主。

　　发展 81　损害 84　采取 79　危害 75　表示 73　解决 57
　　考虑 54　提高 53　决定 51　伤害 51　无 46　行动 46
　　生长 46　无 45　制定 45　经过 44　需要 44　达到 43　影响 43
　　经验 43　思考 41　发 41　生 38　保持 36　成长 35　创造 35
　　制定 35　发现 33　学 32　拿 31　接受 31　上 30　改善 30
　　增加 30　主张 30　说话 29　培养 29　教育 28　实现 27

找 27　负责 26　继续 26　离开 26　消灭 26　形成 26　存在 25
减少 25　学习 25　度过 24　放 24　吸烟 24　参加 23　对待 23
要求 23　吸引 22　听 22　出生 22　适合 22　必需 22　听 22
养成 22　表现 21　破坏 21　取得 21　完成 21　避免 21
饥饿 20　使用 20　实施 20　实行 20

1.2　动词分类教学的必要性

吕叔湘(1987)指出:"在某种意义上,动词是句子的中心、核心、重心,别的成分都跟它挂钩,被它吸住。"因此,动词一直是汉语词汇教学中的重点。上节的统计说明,汉语动词偏误在词汇偏误中是最多的。究其原因,正如张俊萍(2007)指出的:"目前的《汉语水平词汇与汉字等级大纲》……以及各种汉语教材的汉语动词分类仍然过粗,各类教材没有提供汉语动词的小类细分词表,这些都不利于对外汉语教学的进一步发展。""当前我们亟需一个适用于对外汉语教学领域的汉语动词的再分类系统(subcategorization)体系,来使数目庞大的汉语动词的学习变得有规律可循。"

卢福波(2010:102－103)指出:"对外汉语动词教学最为重要的是:尽可能地突出动词小类的用法教学,甚至可能的话在小类中再分小类。""学习动词的小类范畴就是为了帮助学习者尽快建立起各类动词相互区别的语法、语义乃至语用的关系类型、用法系统和结构框架,以便成规则、成系统地加以学习和认识。因此,突出动词小类教学绝不是为了让学生了解或记住汉语有多少动词小类、有什么动词小类,而是为了突出学习、掌握小类中的共性、具体规则、特定的搭配组合机制以及共有的制约性条件等,即掌握各小类动词的具体用法。这样学习者不是一个一个地学习动词,而是一小类一小类地学习动词,并在小类学习的同时在头脑中建构一个一个相对的类别系统和内在的、有机的认知性联系,使学习最大可能地发挥功效。"

我们十分赞同卢福波的观点,正是出于动词系统教学目的,本章将结合构式对动词进行中、小类的划分。

1.3 动词的分类标准与类别划分

1.3.1 动词分类的参考标准

从词汇系统的角度看,汉语的动词属于词汇的大系统。中系统则是指根据语义与语法功能的标准对大类进行的第一层次的分类。小系统是对中系统的再分类,再进一步的分类便是微系统。这一分类原则同样适用于其他实词与虚词。

邵敬敏(2012:237—238)从语法功能上把动词分为"及物动词和不及物动词"两类,然后又按意义并且参考功能分为以下八类:动作、使令、心理、存现、趋向、能愿、判断、形式。这是从词汇本体研究的角度进行的分类。

卢福波(2010:103—106)从第二语言教学的角度出发,认为至少有以下21类动词应进行分类教学。它们是:动作行为类、心理类、移动类、状态类、操作类、存现类、趋向、能愿、复指、方向性、使令、判断、称认、认知、遭受、感觉、及物不及物、自主非自主、持续不持续、离合动词等。

1.3.2 动词内部类别的划分

我们对动词的分类,第一层次的划分参考了邵敬敏的观点,与他不同的是,考虑到构式与词语的综合教学的连贯性,对形式动词的归类做了调整(详见下)。

据对中介语语料库的调查,我们发现外国学生动词学习的难点大多集中在卢福波所说的动词小类上。因此在小类划分上主要采纳了她的观点,分类上比她更细一些,并归为不同的层次。下表是我们从系统的角度对动词的初步分类(表中凡用▲标出的类别是《长期生大纲》和《本科生大纲》(下简称"所引两个大纲")未列为语言点的,下同)。

表 2 动词分类表

中系统	准中系统	准中系统	小系统	微系统
关系动词	▲非自主		判断动词等	
	▲自主		称认动词	
存在动词	非自主			

续表

中系统	准中系统	准中系统	小系统	微系统
动作动词	自主	▲及物	单及物动词	
			双及物动词	述说类
				给予类
				取得类
			▲位移动词	主体位移类
				携带位移类
				受事位移类
			趋向动词	简单类
				复杂类
			▲行为兼状态类动词	姿势类
				放置类
				挂贴类
				穿戴类
				栽种类
				写画类
				蒸煮类
		▲不及物	▲互向动词	见面类
				交谈类
				合作类
				相聚类
▲使役动词	自主	不及物	▲形式动词	
	自主/非自主	不及物	离合动词	离析率高
				离析率低
	非自主	及物	非离合动词	"发生"等
		不及物		"迟到"等

续表

中系统	准中系统	准中系统	小系统	微系统
▲使役动词	自主	及物	使令	请让类
				要求类
			致使	
			容许	
			任凭	
	非自主	及物	导致类	
▲心理动词	自主/非自主	及物/不及物	情感类	担心类
				讥笑类
			意向类	意愿类
				计划、决定类
				意志类
			认知类	认为、推测类
				思考分析类
				知晓、理解类
助动词	自主/非自主			表意愿类
				情理判断类
				条件判断类
				表准许类
				表可能类

说明：

1. 表中的"关系动词"包括判断动词"是"等，并兼顾到"姓、属于"等其他表示关系的动词。

2. "存在动词"是指可进入常用的存在构式的动词（详见下第三节）。而"存现动词"中有些动词（如"跑、死"等）是由于受到"存现构式"的压制才带上了"存现或消失"的意义。① 因而我们还是根据"跑、死"等较为常

---

① 所谓"构式中的压制"，是指"因为构式往往占据主导地位，可能'赋予'或'强加于'动词额外的角色，改变其用法类型或意义，这就叫 Construction Coercion（构式压制）。"详见王寅（2011:332—341）。

用的语义与功能将它们归的类。

3. 我们把形式动词归为动作动词之下的小类,主要是考虑"Vxs＋V"构式表示的是动作行为,与其后的 V 在语义上有密切的联系。这样的分类有利于教学。

4. 心理动词中的情感类心理动词根据能否受"很"修饰,再分两类:一类是可以受"很"修饰的担心类;一类是不能受"很"修饰的讥笑类(详见第三章)。

5. 根据所引的两个大纲,我们把能愿动词称为助动词。

6. 从表中的分类看,自主与非自主、及物与不及物动词,和中系统与小系统的动词分类并不十分对应,换句话说,在同一中、小类动词中,可能既有及物动词,也有不及物动词;既有自主动词,也可能有非自主动词。如使役动词和心理动词中大多数是自主动词,但使役动词中的导致类动词,心理动词中的"害怕、怕、入迷"等就是非自主动词。离合词大多是自主动词,如"帮忙、洗澡、打工"等,也有少数是非自主动词,如"出事"等。

7. 非自主动词可以分为及物与不及物两类动词,前者如"发生、产生、引起"等,后者如"迟到、失败、失礼"等。

第二节　不同动词类别与相关构式的系统教学

2.1　结合语义及构式的动词内部类别的划分

从卢福波(2010:106—107)所举动词教学要点的实例看,她主要是从语义分析入手,并适当结合与其他词语(主要是补语)的搭配来进行说明与辨析的。与她不同的是,我们将各动词小类与常进入的构式进行双向系联——既以构式串联出成组的动词,又以相同或不同的动词(包括相关的名词、形容词以及虚词等)的组配来反观构式间的差异。换句话说,不仅重视语义分析与词语搭配,而且重视词语及构式选择的语用分析。

从系统论的观点看,动词的分类教学不能仅仅考虑动词本身的分类,还要结合与之经常组配的其他类的词语,即从动词与名词、动词与形容词、动词与介词、动词与副词、动词与助词组配的构式反观成组词语的语法、语义与语用特征等(这一原则同样适用于其他实词与虚词的分类教学)。本章第四节讨论与处置类构式、被动类构式相关的动词小类的教学和第六章讨论介词系统教学时应结合相关的动词小类等做法都是在此原则指导下进行的。

2.2 动词小类结合相关构式的教学

本节结合构式全面讨论动词的分类教学,下面三类动词将另立章节详细讨论,本节不加分析。

1. 使令动词及相关构式▲(详见第二章);
2. 心理动词及相关构式▲(详见第三章);
3. 助动词及相关构式(详见第四章)。

2.2.1 存在动词、关系动词与相关构式

表3 存在动词、关系动词与相关构式

小类名称	例词	教学层次的安排
1.存在动词	有、在、是	

构式1:NL+有+MQ(数量词)/A 的+N(存在物/人,不定)
 构式2:NL+是+N(存在物/人,确定)
 构式3:N(存在物/人,确定)+在+NL
 (1)a.教室里有二十个学生。
     b.阅览室里有很多书。
     c.汉语词典在桌子上。
     d.教学楼的左边是图书馆。
 "有、在、是"分别进入上面三种不同的构式以表示存在。三个构式的差异详见陆庆和(2006:409—410)。
	初级一、二

2.关系动词	是、姓、叫、属于、等于	
这一构式与关系动词,表示主事的属性类型。"有"还可以出现在下面构式3、4中,表示某种抽象的关系。		初级一、二、三
构式1:N_0+V+N_1 (2)a.他是大学生。 b.这辆汽车属于她。		初级一

续表

小类名称	例词	教学层次的安排
构式 2：N_0＋有＋MQ＋N_1 (3) a.他的存款已有一百多万。 　　b.我们班有二十五个人。		初级三
构式 3：N_0＋有＋A＋的＋V(笼统、模糊的表达) (4) a.马克的汉语水平已经有了很大的提高。 　　b.工人工资有了一定的增长。 [近义构式]N_0＋V＋了(概括的表达) 　　　　　　N_0＋V＋了＋MQ(精确的表达) a′.马克的汉语水平提高了。 b′.工人的工资增加了10%。 可进入该构式的 V 有：提高、进步、增长、增加、发展。		初级三 中级一 近义构式学过之后，可将"提高"等动词归纳成组，进行复现，与构式 3 进行比较
构式 4：N_0(主事)＋很＋有＋N_1(系事) (5) a.老刘很有能力。 　　b.小伙子很有前途。 常充当该构式 N_1 的名词有很多(详见第五章 1.3.2 节)。		中级一
构式 5：N_0＋之间＋有/没有＋N_1(关联义名词)▲ 　　　　N_0＋跟＋N_1＋有/没有＋N_1(关联义名词) (6) a.这两个事物之间有/没有联系。 　　b.他跟这件事有关系。		

2.2.2　及物动词和不及物动词及相关构式

表 4　及物动词和不及物动词及相关构式

3.单及物动词	动作	a."吃、喝、打、看、踢、卖、买、洗"等	初级分散学，中级按小类结合构式归纳复现
		b."学习、参观、研究、讨论、宣传、调查"等	
	行为	c.打算、计划、主张、建议	
		d.开始、结束、继续、决定	
		e.看见、听见	
		f.喜欢、希望、盼望、渴望、相信、怀疑	

续表

构式1：N_0+V(及物)$+N_1$(受事) 构式2：N_0+Nt(时间)$/NL+V$(及物)$+N_1$(受事) 构式3：N_0+V(及物)$+(Nt)+VP$ 构式4：N_0+V(及物)$+N_1+VP$ (7)a. 我吃饭了。 　b. 小林在图书馆看书。 　c. 他打算明天去北京。 　d. 老师决定下星期考试。 　e. 哥哥喜欢打篮球。 　f. 我听见她在唱歌。		初级二教"及物"概念与部分词语； 初级三、中级按小类结合构式归纳复现
4. 不及物动词 （包括离合动词）	a. 走、睡、躺、休息、生活、劳动、死、旅游、睡觉(可带"着、了、过") b. 旅行、迟到、出发、失眠、毕业、开演、及格(可带"了、过") c. 死、醉、醒、倒、丢、碎、掉、输、赢 　(可单独作谓语，也常作补语表结果) d. "见面、结婚、帮忙、洗澡、道歉"等 　(如带"着、了、过"，要插在词中间)	初级二教"不及物"概念与部分词语； 初级三、中级按小类结合构式归纳复现； 另可结合改错练习再复习
构式1：N_0+V(不及物)$+($了$)$ 构式2：$N_0+[Nt/NL]+V$(不及物) 构式3：N_0+跟$+N_1+V$(不及物,多为离合词) (8)a. 马克迟到了。 　b. 小李明天走。 　c. 妹妹在屋里睡觉。 　d. 李丽跟朋友见面了。		
连动构式1(目的式)：N_0(施事)$+$来/去$+NL+V+(O)$ (9)a. 弟弟去屋里睡觉了。 　b. 大卫来中国学汉语。 连动构式2(推进式)：N_0(施事)$+VP_1+VP_2$ (10)a. 我们吃完饭去散步/看电影吧。 　b. 他下了课就回家了。		初级二

说明:

1.《长期生大纲》未将"及物与不及物动词"作为语言点,如果不讲这方面内容,像下面的偏误(粗黑体标出,下同)就难以说明与纠正。

(11) a. *马克常常**迟到**上课。
　　 b. *医生**失败**了抢救这个病人。
　　 c. *我**成功**了减肥。
　　 d. *他进来看见我睡着,就**醒**了我。

2. 及物动词根据所带宾语的不同,可分为体宾类动词、谓宾类动词、体谓宾类动词等。及物动词前面常可以用"开始、结束、继续、正、正在、在"分别表示动作的起始、持续和完成,后面常可带各类补语,表示动作结果、程度、状态等,也常可以带表示动作不同态(持续、完成、经历)的助词"了、着、过"等。这类动词大多可以进入"把"字句和"被"字句。汉语及物动词虽然数量大,但学生较少出现偏误。

3. 不及物动词中的 c 类动词常可以放在动词后作补语,表示结果。如:

打死、喝醉、睡醒、摔倒、弄丢、打掉▲

4. 上表中有少数动词是多义词。同一动词,有的义项是及物的,如"丢垃圾",有的义项是不及物的,如"钱包丢了"。类似的动词还有"输、赢"等。在讲这样的动词用法时,可作一些分析。

2.2.3 双及物动词与相关构式

表5　双及物动词与相关构式

双及物动词[①]	述说类	问、教、告诉、回答	初级二,成组学习;中级,结合练习或偏误纠正复现,下同
	给予类	a. 给、送、找(钱)、寄	
		b. 还、借(出)、卖、交、发(发送、分发)	初级三,成组学习;中级,复现
		c. 租、付、递、让	中级一,归纳成组
		d. 奖、赔、赠、退、传	中级二,归纳成组

---

① 张伯江(1999)指出:"为了突出这个句式整体的语法语义独立性,我们打算放弃带有强烈分解色彩的'双宾语'的说法,而使用'双及物式'这个术语来指称讨论的对象。从现实语料统计中的优势分布,到儿童语言的优先习得,乃至历史语法的报告,都表明'给予'意义是双及物式的基本语义。"

续表

		e. 泼、灌、喂、输	高级,将"给予"整类词归纳到一起复习
取得类		a. 买、拿	初级三,结合构式学
		b. 要、收、借(入)	中级一,成组结合构式学
		c. 罚、赚、骗、抢、调、分	中级二,成组结合构式学
		d. 赢	高级,将"取得"整类词归纳到一起复习

说明:

1. 此处讨论的"双及物动词"采用的是张伯江的说法,即以往所说的双宾语动词(卢福波称之为"方向性动词"①,《本科生大纲》列为二年级语法项目)。主要分三类:

(1) 给予类;

(2) 取得类;

(3) 述说类。

《本科生大纲》列出了词语,看样子是主张一起教的,其可行性值得怀疑。因为动词数量很多,类别也较复杂。目前通用汉语教材对这类动词都是分散进行教学的,不过,教过后复现与归纳整理不够。

从难易度上看,这类动词较容易的有"送、给"等,较难的是述说类动词。后一组动词一般都在初级第二阶段就学了。初学时看起来不难,但由于和不少国家学生的母语表达法不同(如日语与韩语对应于汉语的间接宾语与直接宾语时,各自所带的助词是不同的),偏误率很高。下面是我们在中高级阶段的日本、韩国、波兰、泰国等学生的作业、作文中多次看到的:

(12) a. *我**对**老师问:"……"　　b. *我**向**老师问:"……"
　　　c. *爸爸**告诉给**我:"……"　　d. *他**给**我**告诉**:"……"
　　　e. *王老师**教给**我们汉语。

---

① 参见卢福波(2010:107—109)。

鉴于上述情况,表5对此类动词内部作了分类、分层次教学的设计。有的动词可以进入的构式较多,还可像下面那样以构式系联小类,再进行分层次教学。

1. 施事给予式[①]

$N_0+V+N_1+N_2$(初级二、三)

(13) a. 我送她一个生日礼物。

　　　b. 我给他一本书。

可以用于该构式的动词有"送、还、借、给、卖"等。

2. 施事动前给予式(双及物式的变式)(初级三、中级一)

$N_0+给+N_1+V+N_2$

(14) 他给我寄了一个包裹。

可以用于该构式的动词有"寄、买、借、租"等。

3. 施事给予终点式(中级一)

$N_0+V+给+N_1+N_2$

(15) 他寄给我一个包裹。

沈家煊(1999)在给该构式做语义分析时用的是"惠予",我们将"惠予"改为"给予",因为可进入该构式的动词有以下两类,只有a组动词用"惠予"比较合适,b组有的动词用"惠予"就不太合适。

a. 送、借、租、发、传

b. 递、卖、扔、寄

4. 施事给予到达分离式(中级二)

$N_0+V+(了)+N_1+给+N_2$

(16) 他寄了一个包裹给我。

[①] 关于"施事给予式"的语义描述,采用的是张伯江(1999)的说明。2—4三个构式的语义描述,参考了沈家煊(1999)的说明。考虑到可进入这几个构式的动词有的不带"惠予"义,故作了如上的改动。

2.2.4 位移动词、趋向动词与相关构式

表 6 位移动词与相关构式

类名	例词	特点	教学阶段与备注
a.主体位移动词	走、跑、跳、爬、跨、奔、飞、游	表示 N_0 自身的移动	初级二、三
构式 1: N_0(人)+V+Vq+NL+Vq(趋向动词) N_0(人)+从+Nf(方位名词)+V+Vq (17)a.老师走进教室来。 　　b.他从后面跑上来。 构式 2: N_0(人)+V+Vq+NL 　　　　N_0(人)+V+Vq+NL+Vq (18)a.玛丽爬上了山。 　　b.她跑回宿舍去。			初级二、三
构式 2: N_0+往+Nf/NL+V+Vq 　　(Nf/NL 表示移动方向,远距离) 　　N_0+朝/冲+N(表人)+V+Vq 　　(N 表示移动终点,近距离) 　　N_0+向+Nf/NL/N(表人)+V+Vq 　　(Nf 表示移动方向,远距离) 　　(N 后要跟指代词,表移动终点,近距离) (19)a.火车往北京开去。 　　b.汽车朝/冲我开过来。 　　c.飞机向南/飞去。 　　d.那孩子向我们这边走来。			中级一 (先分头学习,再归纳加以辨析)
b.携带位移动词	拿、带、领、端、搬、运、抬	施事携带受事一同移动	初级三 中级一
构式 3: N_0(人)+V+(着)+N_1(人/事物)+Vq ▲ (20)a.我带你去教室。 　　b.小李抱着鲜花走了过来。			
c.受事位移动词	拿、摸、掏、塞、发、递、传	受事移动	中级一
构式 4: N_0(人)+从+NL+V+Vq+N_1 (21)a.她从口袋里摸出来十块钱。 　　b.大卫从门缝里塞进去一张纸条。			

表 7　趋向动词与相关构式 1

		例词	特点	教学阶段与备注
趋向动词	本义用法	简单趋向: 上、下、进、出、回、过、起	以施事或受事空间位置为视点	初级二
		来、去	以说者位置为视点	
		构式 1：N_0（人）＋V＋NL (22) a. 他进屋了。 　　b. 大卫回国了。		
		复合趋向: 上来、上去、下来、下去、过去、过来、回来、回去、起来、进来、进去	综合以上两点	初级二、三
		构式 2：N_0（人）＋V＋NL＋Vq (23) a. 你进屋来吧。 　　b. 他下来了。		
	引申用法	上、下、进、出、起；上来、上去、下来、下去、过去、过来、起来	由空间义向状态、结果、时态等义引申	中级一、二 高级 （需要将相同动词带的不同补语进行比较辨析）
		构式 3：N_0（人）＋V＋Vq＋(N_1) (24) a. 马克想起来一件事。 　　b. 那人醒了过来。 　　c. 这个风俗是从古代传下来的。		

说明：

1. "位移"是表 6 中 a—c 动词的语义特征，有的是动作者自身的移动，有的是动作者（施事）与受事一起移动，还有是受事通过动作发生移动。这三类动词只要初级阶段学到数个，就可以讲基本构式，到了中级遇到新词再通过构式成类复现。

2. 表 6 中的位移动词常与趋向动词（Vq）一起用。

3. 表 7 中构式 3 是由非位移动词与趋向动词（Vq）组成的，常表示与动作相关的结果、状态及时态等。

表 8　趋向动词与相关构式 2

构式 1：N_0（人或事物）＋V＋（了）＋到＋NL 　　　　N_0（人或事物）＋V＋Vq＋（了）＋NL (25) a. 他跑到了学校。 　　 b. 包裹寄到了北京。 　　 c. 运动员走进了球场。 　　 d. 行李搬上了车。	表示施事或受事位移到了某个终点	初级三 中级一、二
构式 2：N_0（人）＋把＋N1＋V＋Vq 　　　　（另见下表 21） 　　　　N_0（人）＋把＋N1＋从＋NL＋V＋Vq 　　　　N_0（人）＋把＋N1＋V＋到＋NL＋Vq (26) a. 你把车开出来。 　　 b. 小刘把钥匙从口袋里掏了出来。 　　 c. 把书送到我家来。	表示经动作者的处置之后事物的位移	初级三 中级一、二
构式 3：N_0＋从＋N_1（处所名词）＋V（位移） 　　　　＋过▲① (27) a. 汽车从学校门口开过。 　　 b. 那匹马从我面前跑过。 　　 c. 老人从一个个菜摊前走过。	施事通过式	中级一

说明：

1. 表 8 中的构式 1 表示人或事物移动至终点 NL。表 6 和表 7 中的构式内容在《长期生大纲》和通用教材中，大多是放在趋向补语的语言点中讲授，不强调构式本身。从绪论 3.5.5.2 节所举"在"与"从"的混淆偏误可知，这样处理会使学生只注意处所词的使用和补语，却忽略了动词与介词词组的组配关系。因此，我们主张应采用词语与构式相结合的方法，即把"介＋NL＋V＋Vq"构式结合整组、整类位移动词一起教，这样的教法，可使学生逐步掌握汉语位移表达系统。

2. 表 8 中的构式 3 的 N_0 一般是动作主体。表 6 中的 a 类动词常用于此构式，表示人、动物或交通工具等通过某场所或某个坐标。

---

① "老人从一个个菜摊前走过"是陈灼主编《桥梁》（上）第十一课课文中的一句话，我校一位 2008 年考过 HSK 6 级的中级班学生问，这句中的"（走）过"能不能改成"过来"？教师从这一问题意识到，这个构式应该单独教，因为它有别于"位移动词＋过来"。

2.2.5 动作动词与相关构式

表9 动作动词与相关构式

类名	例词	特点	教学阶段与备注
动作类	吃、喝、看、听、打、洗澡、说、玩	动作主体实施某个动作,动作性强	初一、二
行为类	学习、研究、宣传、考察		初二、三
构式1:N_0+V+N_1 (28)a.我喝啤酒。 　　b.他看电视。			
构式2:$N_0+正/正在/在+V+N_1+呢$ (29)a.他正洗澡呢。 　　b.妈妈在打电话。 　　c.我正在学习呢。			
构式3:$N_0+V+了+MQ(时量补语)+N_1$ (30)a.我看了一个小时电视。 　　b.马克学了两年汉语。			
构式4:$N_0+V+过+MQ(动量补语)+N_1$ (31)a.小林去过三次北京。 　　b.他租过一次房子。			

2.2.6 动作兼状态类动词与相关构式▲

表10 动作兼状态类动词与相关构式

类名	例词		教学阶段
a.姿势类 聚居类	坐、站、睡、躺、靠、蹲、跪、趴、依、立 聚、住、居住、集中、生活、陪、养		初级二、三学习最常用的部分动词与相关构
构式		构式的特点	
构式1:$N_0+V+在+NL$ (32)a.老师站在黑板前面。 　　b.狗趴在地上。 　　c.马克住在上海。		表示有生的主体以某种方式存在于某处,主体为视点	

续表

类名	例词		教学阶段
构式2：N_0＋在＋NL＋V＋着 (33)a. 他在床上躺着。 　　b. 我在他身边陪着。	表示有生的主体以静态存续方式存在于某处，以存续方式为视点		式；中级再结合新学动词联系构式多次复现，下同
构式3：NL＋V＋着＋N_0（主体，不定） (34)a. 教室里坐着很多学生。 　　b. 院子里养着几条狗。 　　c. 这个地方居住着很多外来人口。	表示某处以某种状态存在着某些人或动物，以某处为视点		
b. 放置、存留类	放、插、摆、搁、摊、堆、晾、存、插、盛、泡、藏、留、剩、挡、点、垫、顶、晾、晒、停、保留、保存、打1①、顶、堵、翻1②、盖、横、糊、混、夹、架、竖、拴、锁、烫、腌、淹、扎、沾、埋葬、排列		
c. 挂贴类	挂、贴、粘、钉、安、缝、绣、补、捆、织、镶		
d. 穿戴类	穿、戴、披、套、搭、顶、盖、裹、梳		
e. 栽种类	种、栽、长、生长		
f. 写画类	写、画、记、涂、抹、描、印、印刷、抄、签(字)、题、批(字或话)		
g. 蒸煮类	煮、熬、蒸、烤、煎、冻、炼		
	构式	构式的特点	
构式4：N_0＋V＋在＋NL（N_0为有定） (35)a. 书放在书架上。 　　b. 那张画挂在墙上。 　　c. 桃树种在院子里。	表示受事经过动作附着或固定于某处，以受事为视点		同上
构式5：NL＋V＋着＋N_0（N_0为不定） (36)a. 墙上贴着一张画。 　　b. 他身上穿着一件皮夹克。 　　c. 黑板上写着一行字。 　　d. 炉子上蒸着鱼呢。	表示某处以动作完成后的状态呈现某事物（如左例a—c）；或某处以动态持续状态呈现某事物（如左例d）。以某处为视点		
构式6：(N_0)＋把/将＋N_1（事物）＋V＋在＋NL (37)a. 王师傅把空调安在墙上。 　　b. 把广告贴在外面。 　　c. 把这些花栽在花盆里。 　　d. 把大衣披在她的身上。	表示事物经人的处置后以某种静止状态附着或固定在某处，以动作结果为视点		

① "打1"，例如"地板上打着一层蜡"，引自齐沪扬(2000)文注。
② "翻1"，例如"沟里翻着一辆车"，引自齐沪扬(2000)文注。

说明：

1. 上表列出的 102 个动词参考了齐沪扬（2000）的分类与戴耀晶（1997:13）的观点。齐沪扬指出此类动词的语义特点是状态性。卢福波（2010:107-109）称之为"状态动词"。我们则称之为"动作兼状态动词"，这是因为它们除了常进入表示动作主体或客体以某种静态方式存在于某处的构式外，还可进入表示行为动作的构式，表动作正在进行、变化或结果，如"正在贴广告""站起来""画下来"等。

2. 上表 a 类动词包括姿势动词"站"等和"住、聚、生活"等聚集类动词。后一类动词中除了"集中"不能用于构式 2 之外，其他动词都能用于构式 1-3。上表中 b、c、d、e、f 类动词一般都可用于构式 4-6（"长、生长"不能用于构式 6）。而 g 类动词则主要用于构式 5，表示的是一种动态（如"蒸着"）的存续，这是与其他小类动词的不同之处。

3. 上述 6 个构式与相关的主要动词学习后，可以把已学的构式归纳到一起，并结合成组的动词，对不同构式的细微差别进行比较讲解。

4. 上表中的很多动词还可以出现在下面的几个构式中（构式后括号内是对教学层次的安排，为节约篇幅，仅举少数例子）：

构式 7：$NL+N_f+V+满+了+N_0$（中级一）

构式 8：$N_0+把/将+N_1+V+V_q$（中级一）

构式 9：$N_0+把/将+N_1+V+A$（结果补语）▲（中级一）

构式 10：N_0+V+A（中级二）

构式 11：N_0（叙事）$+把+N_1$（身体部位）$+V+A$▲（中级二）

(38) a. 地上坐满了人。

　　b. 墙上挂满了奖状。

　　c. 我把画贴上去。

　　d. 你把衣服穿上。

　　e. 我把肉烤焦了。

　　f. 帽子戴歪了。

　　g. 饭煮糊了。

　　h. 他把腿都站酸了。

　　i. 我把屁股都坐疼了。

构式 7 是以某处所为视点，表示某处所为施事或受事充满了，这是与表 10 中构式 3 与构式 5 的不同之处。表 10 中的 a、b、c、d、f 类动词大多可用于此构式（"靠、依、病、聚、安"等除外），描写的意味较重。构式 8 是表示经处置动作，受事最终附着于某处。表 10 中的 b、c、d、e、f 类动词可用于这一构式("长、生长"除外)。构式 9 是表示经处置动作,受事出现了某种状态。构式 10 表示受事动作之后出现了某种结果。表 10 中的 b、c、d、e、f、g 类动词可用于第 9、10 构式。构式 11 表示人体的某个部位因动作的影响而产生了某种状态。表 10 中的 a 类姿势类动词可用于这一构式("靠"除外)。

2.2.7 离合动词和相关构式

离合词对外国学生来说是一大难点。最常见的偏误有两种,一是误让不及物的离合动词带上了宾语,二是离合动词当分开插入成分而未分开。如:

＊明天我要见面我的朋友。

＊我看病完了。

因此,在教离合动词时,除了强调它们大多不能带宾语外,还得教会学生记住离合词的主要离析构式。

下表中的构式是在参考了周上之(2006)和王海峰(2011)的研究成果后整理成的(用 V_A、V_B 表示离合词的前后语素)。

表 11 离合动词和相关构式

例词	教学阶段
上课、下课、游泳、睡觉、洗澡、见面、聊天、理发、散步、跑步、发烧、看病	初级三
结婚、离婚、打工、出事、帮忙、谈话、罚款、化妆、当面、吃亏、生气、让座	中级以上

构式	
构式 1:N_0+V_A+了$+V_B+$(就)$+VP$ 　　我下了课就回家。 构式 2:N_0+V_A+过$+V_B$ 　　我们见过面了。 构式 3:N_0+V_A+补$+V_B$ 　　他洗完澡了。 构式 4:N_0+V_A+过$+MQ($动量$)+V_B$ 　　他们见过两次面。 构式 5:$N_0+V_A+MQ($时量$)+V_B$ 　　她想睡一会儿觉。 构式 6:$N_0+V_A\ V_A+V_B$ 　　咱们在这儿散散步吧。	初级三

续表

例词	教学阶段
构式 7：$N_0 + V_A + 个 + V_B$ 　　你头发长了，去理个发吧。 构式 8：$N_0 + V_A + 一 + V_B$ 　　我想见他一面。 　　鞭炮吓得他吃了一惊。 构式 9：$N_0 + V_A + N_1（表人）+ 的 + V_B$ 　　大家都来帮他的忙。 　　你在生谁的气呢？ 构式 10：$N_0 + V_A + 着 + N_1（表人）+ 的\ V_B……$ 　　你当着大家的面把事说清楚。	中级阶段结合具体用法讲

说明：

1. 我们主张在初级第三阶段开始学习这类动词及使用规则，并教授构式 1—6。其他构式 7—10 到中级阶段结合具体的离合词再教。据语料调查，前 6 个构式是大部分离合词都可进入的，而能进入后 4 个构式的离合词不多，且使用的语境有一定限制。

2. 有的离合词还有一些像下面这样的离析形式，这类用法可结合具体语境讲。如：

　　洗冷水澡、放春假

　　帮了大忙、帮倒忙、拜个早年

　　吃了大亏、吃了不懂技术的亏

3. 王海峰（2011:249—252）认为，离合词离析形式是一种构式。"构式语法理论认为，语言中存在大量非常规语法规则结构，这些结构不能通过掌握某些语法规则推导出来，而必须经过专门的学习才能掌握。"据此，他提出的教学思路之一是离合词要"逐个习得"。

我们则不这样认为。据观察，同属一个语义场的离合词往往用法上有些相似。如下面是对 CCL 语料库中以"握手"这一组表示礼貌动作的离合词能进入构式的统计。如表 12 所示，这组的 6 个离合词可进入的构式都在 6 个以上。所以我们主张表 11 中前 6 个构式在初级阶段最初教离合词就可一起学，并把它们作为串联其他成组离合词的纲。

表 12 "握手"一组词的离析形式

词/构式数	了	过	着	动量补/时量补	一/个	重叠	补语	定语或宾语
握手 8	376	92	990	19/0	0/31	132	1194	2911
鼓掌 6	36	0	37	8/1	0/0	13	212	13
问好 8	7	5	4	3/0	0/31	2	1	68
敬礼 7	194	3	7	2/0	0/148	0	5/0	39
行礼 7	489	29	15	1/0	40/110	0	19	336
鞠躬 8	565	4	28	6/0	400/160	1	8	29

2.2.8 互向动词和相关构式

表 13 互向动词和相关构式

类名	例词	特点	教学阶段与备注
互向动词	a. 见面、聊天、谈话、结婚、离婚、订婚 b. 商量、讨论、协商、交谈、会面、对话	动作双向或某方主动	初级二、三 中级一
	c. 合作、交流、共享、联欢、联合、结伴、结盟	动作主体为双方或多方	中级一、二
	d. 相聚、相遇、勾结	带"相互"或"相向"义 A→←B	中级二 高级一

构式1：N_0(人，复数)＋V＋了
构式2：N_0(人)＋跟/和/与/同＋N_1(人)＋V＋(了)
(39) a. 我们结婚了。
　　b. 杰克跟玛丽见面了。

上表中的几组动词所表示的动作是双方或多方相互、相向进行的，一般要求主体必须是两人以上的复数。卢福波(2010:107－109)称之为"复指意义"的动词。我们用"互向动词"的名称来称呼它们。如构式2所示，动作的对象一般用介词"跟""和"引进，在书面语中也可用"与"和"同"。a类为"见面类"，都是离合动词；b类为交谈类，c类为合作类动词，d类为相聚类动词，后三类是非离合词。

表中"商量、讨论、协商、交谈、合作"等动词还可以出现在下面的构式中：
构式3：N_0(人,复数)＋一起＋V＋了＋MQ(时量)
　　　　N_0(人,复数)＋一起＋V＋过＋MQ(动量)
(40) a. 那天他们一起交谈了十分钟。
　　　b. 我们一起合作过一次。
"商量、讨论"也可以出现在下面的构式中：
构式4：N_0(人)＋V＋了＋N_1(事物)
构式5：N_0(事物)＋N_1(人)＋跟/和/与/同＋N_2(人)＋VV/一下
(41) a. 大家讨论了这个问题。
　　　b. 这件事你得跟大家商量商量。
此类动词和相关构式应安排在初级阶段学习，中级阶段再结合新学动词加以复现。

2.2.9　称认类动词和相关构式

表14　称认类动词和相关构式

类名	例词	教学阶段
称认类动词	叫、称、认、选、封、算、看、当	初级三 中级一
构式1：N_0＋V＋N_1＋N_2 构式2：N_0＋V＋作＋N_1 构式3：N_0＋V＋N_1＋为＋N_2 构式4：N_0＋把＋N_1＋V＋作＋N_2 构式5：N_0＋把＋N_1＋V＋为＋N_2 (42) a. 我们叫他叔叔。 　　 b. 同学们称他为"百事通"。 　　 c. 他把这种药叫作"万金油"，一抹就灵。 　　 d. 全体代表把他选为会长。 　　 e. 他虽然领导我们，可我从来没把他看作领导。 　　 f. 他应该算作是自己人。		

说明：
上表构式中最后的 N_1 或 N_2 都是表示称谓或职务的名词，但根据谓语动词的不同，有的表示称谓，如例 a—c；有的表示动作主体通过动作对某人的职位加以确定，如例 d；有的则表示主体对某人的看法，如例 e、f。只有"叫"可以进入构式1。

2.2.10 出现、消失类动词与相关构式

表 15　出现、消失类动词与相关构式

类名	例词	特点	教学阶段
消失动词	死、走、逃、跑	表示人或动物的消失	中级一
构式1:NL+VP+(MQ)+N₀(施事/叙事) (43)a. 张家死了一条狗。 　　b. 监狱里跑了一个犯人。			
出现动词	出现、生；走来、出来、跑(过)来、开过来、跳出来	表示人、动物或交通工具等的出现	
构式2:(从)+NL+V+Vq+N₀(施事/叙事) (44)a. 从远处开来一辆汽车。 　　b. 公园里来了一对男女。 　　c. 办公室走出来一位老师。			

说明：

上述两类动词除了可表示一般动作外，还常进入构式1、2表示人、动物或事物的出现或消失的构式中(一般称之为存现句)。这类构式对有些国家(如日本与韩国)的学生来说，难度较大，因为在他们的母语中没有与之相应的句式；而且这类构式的使用往往有语境限制——常作为新事件语段的第一句出现，所以放在中级阶段并结合语段表达来说明比较好。

2.2.11 自主与非自主动词

自主与非自主动词的知识，所引两个大纲都未作为语言点。而像下面的偏误就必须得用这一知识来加以分析。

(45) a. 因为路上堵车，我不得不**迟到**。
　　　("迟到"当改为"绕道"，后者是有意识的，下"中断"同)
　　b. 无论我怎么样恳求他，他都不肯原谅我，从此我们**失去**了关系。
　　　改:无论我怎么样恳求他，他都不肯原谅我，从此我跟他中断了联系。
　　c. 我把钱包**放**在公共汽车上了，倒霉透了。("放"改为"忘")
　　d. 我来中国不久，就开始**改变**了。("改变"改为"变")
　　e. 这个商人在半路上**见面**了大卫。("见面"改为"遇到")

从汉语词汇本身的规律和词汇学习的效率两方面看，这部分内容都是不可或缺的。只不过由于要理解并分清这两类动词，需要有一定词汇量的积累以及一定的语法知识和理解能力，所以放在中级第一阶段讲为好。

表 16　自主与非自主动词

类名	例词	特点	教学阶段
自主动词	帮助、包、安排、保护、处理、控制、加强	动词表示动作者有意识的行动，可控制的	初级三至中级
非自主动词	a. 忘、懂、听见、看见、迟到、入迷、着迷、表明、表现 b. 发生、产生、引起、造成、导致、带来、形成、出现	动作与人的意识无关，自然发生	中级归纳比较 高级复现

说明：

1. 汉语中自主动词是大量的，而非自主动词比较有限，容易归纳，因而在教学中可以把重点放在非自主动词的介绍与讲解上。自主和非自主动词的差别主要在于动词所表示的动作是有意识的还是无意识的。这一特征在不少近义词和形近动补短语中都有表现。

在初步介绍了这类知识之后，可以反复结合具体的、成对的自主与非自主词语的辨析对这一知识加以强化。如下面成对的词语，前面的是自主动词，后面的就是非自主动词：

　　生产：产生　　扔：丢（钱包丢了）　　做：成为
　　提高：升高　　改变：变、变化

2.2.12　形式动词与相关构式

在动词的教学中，由于形式动词的用法主要出现在书面语，属中高阶段的内容，目前还没有受到足够的重视，在教学安排上，所引两个大纲都有疏漏。《等级划分》的安排比较科学。请看下表：

表 17　各大纲中形式动词的教学层次[①]

形式动词	长期生大纲	本科生大纲	等级大纲	等级划分
做	初等最常用	无	甲级	一[①]
作	无	无	甲级	二

[①] "等级大纲"，是指国家汉语水平考试委员会办公室考试中心《汉语水平词汇与汉字等级大纲》，经济科学出版社2001年版。"等级划分"，是指国家汉办、教育部科司《汉语国际教育用音节和汉字词汇等级划分》课题组《汉语国际教育用音节和汉字词汇等级划分》，北京语言大学出版社2010年版。

续表

形式动词	长期生大纲	本科生大纲	等级大纲	等级划分
进行	初等最常用	一年级	甲级	一②
加以	中级词汇	一年级	乙级	二
给予	中级词汇	二年级	丙级	二
予以	高级词汇	无	丁级	三

形式动词(以 Vxs 标记)的词数不多,共同可以进入的构式数也不多。请看下表:

表 18　形式动词与基本构式

形式动词 Vxs	教学阶段
作、进行、加以、给予、予以	中级、高级
构式 1:$N_0 + Vxs + V$ (46)a. 我去医院作(做)检查。 　　b. 关于这个问题,全班同学要进行讨论。 　　c. 长城是世界文化遗产,应千方百计加以保护。 　　d. 交通拥堵的问题政府应及早予以解决。	
构式 2:$N_0 + 对/对于 + N_1 + Vxs + V$ (47)a. 对于低收入家庭或个人给予补助。 　　b. 对工作负责的员工要给予宣传和鼓励。 　　c. 据说司马光对这种风气曾加以抨击,但终于愈演愈烈。 　　d. 他对上述事实都予以否认。	
构式 3:$N_0 + Vxs + 了/过/着 + V$ 构式 4:$N_0 + 正在 + Vxs + V$ 构式 5:$N_0 + Vxs + 一下 + V$ (48)a. 关于这个词,老师向同学们作了进一步的说明。 　　b. 有人作过统计,这条街上的火锅店有 20 多家。 　　c. 小张对论文进行过多次修改。 　　d. 场上正在进行着激烈的比赛。 　　e. 现在他正在乡下作调查,不能回来。 　　f. 我来作一下自我介绍。	

续表

构式6：N_0＋对＋N_1＋作＋C＋(了)＋V
(49)a.我们已经对此作好了充分的准备。
　　b.他们对国家的建设作出了贡献。

形式动词常与书面语的双音节动词相组配。请看下表：

表19　常与5个形式动词组配的动词

	作(做)	进行	加以	予以	给予
可组配的动词	a.斗争、交涉			a′.严惩、重罚、撤销、撤职	
	b.观察、实验、设计、交流、测试			b′.信任、服务、优惠	
	c.调查、研究、比较、统计、改进				
	d.指挥、检讨、思索、部署、改变、改良、改革、规范、纪念、访问、预防				
		e.实践、完善、整治、冻结、执行、组织、思考、培养、借鉴			
	f.分析、安排、加工、指导、指示、说明、解释、解答、回答、回应、反应、答复、总结、修改、介绍、宣传、报道、登记、调整、订正、改正、修正、纠正、校正、清理、处理、准备、记录、交代、补充、汇报、决定、监督、补助、补贴、补偿、赔偿、考虑、限制、抵制、考察				
	g.报告、讲话、讲座、贡献、发言	h.奖励、鼓励、表扬、表彰、嘉奖、重奖、赞扬、支持、扶持、落实、贯彻、指点、查询、创新、评价、评论、评介、推荐、肯定、帮助、协助、援助、审视、合作、退换、否认、抢救、照顾、照料、安慰、恢复、减免、教育、培训、训练、改造、平反、保护、保证、保障、解决、明确、证实、配合、关注、批准、控制、制止；批评、管制、制裁、讽刺、处分、处罚、惩罚、惩戒、惩处、罚款、没收、拍卖、曝光、查处、取缔、打击、押击、反击、还击、批驳、驳斥、反驳			
	i.剥削、欺骗	i.学习、抗议、破坏	i′.撤除		
	j.诈骗、欺骗、敲诈、勒索、服务、选举、投票		j′.开除、清除、排除、清除、采纳、发表	j′.建议	
	k.比赛、商量、谈判、会谈、商谈、交谈、讨论、协商、会面、对话、交流、联欢、勾结		k′.拒绝、警告、重视、关心、关怀、理解、谅解、尊重、同情、对待		

说明：

构式 1、2 是"作（做）、进行、加以、给予、予以"等形式动词都能进入的，可以说是形式动词的基本构式。构式 2 说明，形式动作的对象常用"对、对于"引进，放在形式动词之前。

从表 19 看，有些双音节动词只能与一个形式动词组配。[①] 有的（如 b—e 类和 h 类）可以与 3 到 4 个形式动词组配，还有的（如 f 类）可以与 5 个形式动词组配。需要注意的是，尽管组配相同，但使用的形式动词不同，语义和语用方面是有细微的差异的。

构式 3—5 是"作、进行"经常进入的，用例较多。"给予、予以、加以"能与"了、过、着"组配的用例依次递减。下表是统计：

表 20　CCL 语料库中形式动词与"了、过、着、正在"组配例统计

	作	进行	给予	予以	加以
～了＋V	31146	65208	4528	118	13
～过＋V	4065	2595	31	0	0
～着＋V	503	1860	4	0	0
正在～＋V	278	4759	3	3	10

从表 20 的统计看，"作（做）进行＋V"还保留着动作动词的某些特征，动作性较"给予、予以、加以"强。这几个形式动词中，"加以"的动作性最弱。

表 18 中的构式 6 只有"作＋C（补语，由动词或形容词充当）"能进入。从表 20 看，"正在进行"的用例是"正在作"的 17 倍。由此看来，"作＋V"侧重表示动作结果，"进行＋V"则侧重表示动作的过程。

经对用例的分析，使用"加以"时，视点在施事。"给予"的视点在受事（获益或受损），"予以"的视点兼顾施事与受事两方面。这一区别和这三个词的构成与演变有关（详见第九章 3.2.2 节）。

第三节　动词小类与处置、被动构式的系统教学

本节主要分析讨论动词小类与"处置类构式"和"被动类构式"的系统

[①]　之所以说组配，是因为不仅可说"双方正在进行谈判"，也可以说"谈判正在进行中"。

教学。前一类构式即通常讲的"把"字句;后一类构式即表示被动的"被""让""叫"构式以及遭受类动词(包括"受、受到、遭、遭到、挨")后带动词的构式。

3.1 与处置类构式相关的动词小类的系统教学

尽管有的"把"字句并不表示处置,但为了说明的方便,我们暂且延用旧称,把用"把"的构式统称处置类构式。由于这类构式比较复杂,可进入的动词类别也较多,故分下面四类列表说明:

第一类:表施事使受事移动的处置构式与相关动词;
第二类:表施事使受事出现结果的处置构式与相关动词;
第三类:表主体主观看法的构式与相关动词;
第四类:表致事影响的构式与相关动词。

3.1.1 表受事位移的处置构式与相关动词的教学

这类"施事处置受事位移构式"是"把"字句中使用频率最高的。据张旺熹(2006)统计,在他所搜集到的2160个"把"字句中,有一半VP结构明确表示物体发生空间位移。

这类构式的基本式在初级阶段肯定会讲到。目前教学中存在的问题是,这类构式使用范围的广度与深度没有受到足够的重视。下表中凡是带▲的构式都是所引两个教学大纲未提及,但在实际交际中经常使用的。

表21　表受事位移的处置构式与相关动词

构式及例句	常用动词	学习阶段
1. N_0＋把＋N_1＋V＋在＋NL (1)a. 王老师把书放在桌子上。 　b. 妈妈把孩子抱在怀里。 　c. 她把大衣披在身上。	放、抱、挂、贴、插、盛、包、摆、搁、系、捆、摊、堆、泡、埋、搂;穿、戴、披、套、裹、别	初级二、三 中级一、二
(2)a. 他总是把人民的利益放在首位。 　b. 你为什么不把孩子的事放在心上?▲ 　c. 老李从来不把别人放在眼里。▲ 　d. 要把精力放在工作上。▲	放、摆	中级二 高级

续表

构式及例句	常用动词	学习阶段
2. N_0＋把＋N_1＋V＋到＋NL 　N_0＋把＋N_1＋V＋到＋NL＋来/去 （3）a.把这本书放到书架上去。 　　b.服务员把行李拿到房间里。 　　c.不要把国家利益抛到脑后。▲	放、摆、贴、搁； 领、端、搬、运、抬； 拉、推、铺、洒、捧、泼、 喷、涂、浇、刷、抹、铺、 筛、撒、抛、甩	初级三、 中级一、二 高级
3. N_0＋把＋N_1＋V＋给＋N_2 （4）a.我把礼物送给了朋友。 　　b.你把那本书递给我。 　　c.他总是把方便让给别人。▲	a. 送、带、交、拿、还、 寄、发、传、踢、扔、让 （亦可用于构式2）； b. 借、卖、递、找、租、 付、奖、赔、赠、退	初级二、三 中级一、二 高级
4. N_0＋把＋N_1＋V＋向＋NL （5）a.他把汽艇开向大海。 　　b.他故意把汽车撞向大树。	开、撞	中级二
5. N_0＋把＋N_1＋V＋Vq （6）a.你把钥匙拿出来。 　　b.把作业交上来。 　　c.把中华民族的优良传统保持下去。 　　d.他早把这个秘密泄露了出去。 　　e.把书收起来。	拿、带、交、摸、掏、发、 递、传、端、搬、寄、踢、 扔、运、抬； 保持、泄露； 放、装、塞、收、存、藏	初级二、三 中级一、二
6. N_0＋把＋N_1＋V＋Vq＋NL （7）她把衣服放进箱子里。	放、装、塞、收、存、藏	初级三 中级一
7. N_0＋把＋N_1＋从＋NL＋V＋(了)＋Vq （8）a.马克把书从书包里拿了出来。 　　b.她把钱从银行里取了出来。	拿、摸、掏、取、搬、抬	初级二、三 中级一、二
8. N_0＋把＋N_1＋V_1＋Vq＋V_2＋Vq＋NL 　N_0＋把＋N_1＋V_1＋Vq＋VP_2 （9）a.他把地上的瓶子捡起来扔进垃圾箱里。 　　b.我把桌上的那张报纸拿起来，翻看了一下。 　　c.你把大家召集起来开个会。 　　d.村长把村民叫到一起宣布了一件事。	拿、放、摸、取、端、 搬、抬、捡、扔、捆； 叫、召集	中级二 高级

说明：

1. 表中"趋向补语"用 Vq 表示。

2. 第 1 构式表示的是施事经过有目的的动作，将受事最后放置或固定在某处。可进入这一构式的多为"动作兼状态类动词"（即 2.2.6 节表 10 中 b—f 类中的绝大部分动词）。第 2 构式的特点是：施事经过带目标的移动性的动作，使受事到达某个终点。可进入这一构式的动词有：双及物动词中的发送类动词（详见 2.2.3 节表 5）和位移动词中 b、c 类动词（详见 2.2.4 节表 6）。第 2 构式多用于动作的完成，如要表示尚未发生的动作，处所名词后还要接"来"或"去"，一般用于祈使句，表示处置动作的终点与方向。如：

(10) a. 你把资料搬到楼上去。

b. 你把茶端到这儿来。

第 3 构式的特点是：施事经过某个动作，将某物交予或赠予某人。可进入这一构式的动词有：双及物动词中的给予类动词；位移动词中 c 类动词，该类动词也常用于第 5 构式。

3. 用"把"的处置类最基本的构式都在这类位移式中。在通用汉语教材中，一般都放在初级第二、三阶段来教。但从上表可进入这类构式的词的小类看，动词难易度不同，分别在初级、中级和高级阶段几个层次才能学到。因此，这类构式不仅初级班要教，中、高级班还要结合新学的词语重复出现，并加以归纳、辨析和总结。只有这样，学生才能将这些构式和相关的动词整类地联系起来，并能熟练地加以运用。

4. 表中带▲的构式所表示的"位移"义都是比较抽象的、比较高级的用法。但在现实语言中也很常用。

5. 第 8 构式属于处置式与连动式的套句，目前的通用教材一般不把它们作为语言点，但据调查，它们的使用频率也很高（详见陆庆和(2003)），学生在实际生活中肯定会接触到。故中高级阶段应作为语言点。教学实践证明，这类构式对于已能熟练运用处置式的基本式与连动式的中级以上的学生来说，并不难。

6. 在上面这些常用基本构式学完以后，应将下面这些不能用于"把"字句的动词和词组归纳整理，作为规则教给学生。

1) 表示等同、指称、类似、存在、所属的动词，如：

是、等于、叫、姓、像、当、有、在、属于

2) 认知、感觉类的动词,如:
   知道、明白、懂得、感觉、发觉、感到、觉得、看见、听见
3) 心理活动类动词,如:
   希望、盼望、渴望、喜欢、讨厌、同意、赞成、反对、愿意、主张、关心、担心、生气、害怕、怀疑、相信、决定、认为、以为
4) 表示趋向的动词,如:
   进、出、上、下、起、过、回、来、去、进去、进来、出去、出来、上去、上来、下去、下来、回去、回来、过来、过去、起来
5) 可能补语短语。例如:
   *我把这些菜吃不下。(应为:我吃不下这些菜。)

3.1.2 表受事结果的处置构式与相关动词的教学

"表受事结果的处置式"目前教学都被安排在初级二、三阶段。但实际涉及的动词较多,难易度不同。故我们主张在中级阶段应结合新学动词再加以复现归纳,有些动词在高级阶段才出现,就应在高级阶段结合构式再加以复习。

表 22　表受事结果的处置构式与相关动词

常用构式	常用的短语或动词	教学层次
1. N_0(人)+把+N_1+V+C (11)a.他把作业做完了。 　　b.把邮包拆开。 　　c.妈妈把房间打扫干净了。 　　d.他把腿摔断了。	做好、办好、做完、看完、打开、打死、打碎、打断、关上、扔掉、拆开、弄坏、拆下来、写错、记错、洗干净、摔伤、摔断	初级二、三 中级一、二
2. N_0(人)+把+N_1+V+得+很+A (12)a.他们把房间布置得很漂亮。 　　b.妈妈把房间打扫得很干净。	洗、收拾、打扫、布置、弄、安排、处理	初级三 中级一
3. N_0(人)+把+N_1(人或事物)+V+成/为/作+N_2+(了) (13)a.他把这篇文章翻译成英文了。 　　b.大卫把"因"写成了"困"。	写、画、翻译、改、修改、译、改编	初级三
c.政府把这个古代园林列为全国文物重点保护单位。 　　d.同学们把大卫选为班长。	称、列、评、命名、选	中级一、二 高级

续表

常用构式	常用的短语或动词	教学层次
4. N_0(施事,人)+把+N_1+V+了 (14)a.大卫把汽车卖了。 　　b.把房子拆了。 　　c.学校把他开除了。 　　d.他把我骗了。 　　e.大家都把他看穿了。 　　f.我把这事忘了。	a.吃、喝、卖、丢、忘、放、还(huán)、脱、拆、扔、输掉、消灭、解决、解脱、瓦解 b.害、杀、骗、毁、坑、甩、开除、除名、解雇、错过、玷污、败坏、荒废、扼杀 c.推迟、提前、缩短、延长、放大、缩小、提高、降低、升高、减少、打倒、打通、打破、推动、推翻、澄清、撤销、切除、驳倒、冲淡、分开、看穿、看破、看透	初级三 中级一、二 高级
5. N_0(人)+把+N_1+VV (15)a.你把这个房间再打扫打扫。 　　b.我把事情的经过给大家讲讲。 　　c.把他的账查一查。	a.洗、擦、抹、打扫、收拾、掸(dǎn)、整理、整顿、修理、理(发)、练(动作); b.介绍、谈、讲、说; c.查、检查、对、核对、看、背、读、调查、试	中级一、二
6. N_0(人)+把+N_1+V+了+MQ(动量) (16)a.你把这件事调查一下。 　　b.他把这篇文章反复看了好几遍。 　　c.我把他骂了一顿。	大多及物的动作动词可以运用于该构式	中级一、二
7. N_0(人)+把+N_1+V+了+一+NL (17)a.他不小心把瓜子洒了一地。 　　b.你怎么把东西摊了一床?	洒、摊、堆、扔	中级一
8. N_0(人)+把+N_1+V+了+MQ(时量) (18)a.我们把考试的时间延长了30分钟。 　　b.他把孩子关了半天。	关、憋、延长、缩短、提前、推迟	中级二

续表

常用构式	常用的短语或动词	教学层次
9. N_0(人)＋把＋N_1＋V＋着 (19)a. 别忘了把护照带着。 　　b. 把窗开着吧,屋里有点儿闷。 　　c. 把菜留着给小妹回来吃。	抱、背、带、提、拿、装、戴； 摆、放、盖、搁、留、保存； 开、关、睁、闭、盯	初级三 中级一

说明：

1. 这类构式"把"前一般都是人,大多表示某人有意识地对 N_1 作出了处置,使之发生了某种变化。不过,有时也可陈述某人无意识的动作结果,如例(11)d 和(17)a。

2. 从使用频率看,此表中的 1、2、3 式较为常用,使用时所受限制较少。

3. 可用于构式 4 的动词是受限制的。主要有如表中 a 类那样表示"消失、失去、脱离"类动词,如 b 类那样表示受损类动词,如 c 类那样带有明显结果意义的动补式词语。这几类动词大多用于陈述,表示施事主动对"把"后的 N_2 进行的各种处置。其他动词则不能进入这一构式,即使是这类动词的反义词,如不能说"把汽车买了""把房子盖了"等。

4. 第 5、6 构式一般用于祈使句中,表示说话人对听话人的要求。可以用于这两个构式的动词也有一定限制,主要有如表中 a 类那样通过动作可使"把"后的宾语的状态发生明显变化的动词；如 b 类那样的言谈类动词；如 c 类那样"检查、核对"类动词。除了这些动词外,其他动词一般不能出现在单句的"把＋VV"中,如：

(20) a. ＊你把他帮助帮助。
　　 b. ＊你把这件衣服试试。

凡是与动量补语组配后不表示动作对受事产生影响的动词,不能用于此构式。例如：

(21) ＊我们把他等一下。("等一下"不能对"他"产生什么影响)

如"把＋VV"后还有后续句,有少数本来不能进入这一构式中的动词就可以了。例如：

(22) a. 你把我新公司电话记一记,这几天,我可能要搬家。
　　 b. 他轻轻地把椅子往前挪了挪,一字不漏地听着。

5. 可以进入第7、8式的动词很少。第8式或者表示动作者对时间的处置,或者表示处置动作完成后(如"关")状态持续的时间。凡是不能使动作的受事产生明显的变化性结果的动词都不能进入这两个构式。如:

(23)＊师傅把我的自行车修了一上午。

　　("一上午"仅表示动作持续的时间,不能成立)

6. 可用于构式9"把＋N_1＋V＋着"的动词也不多,一般是有条件限制的——出于某个目的或原因,有意识地通过某个动作的完成使某事物呈某一种状态(我们把这种状态也看成是一种动作的结果)。

据丁薇(2013:114)的观察,当句中有下述画线的状语时,"把＋N_1＋V＋着"构式一般表示动作的反复进行。

(1) 句中有表示运动反复进行的成分:他把球在他们之间来回传着。
(2) 表运动强度的成分:我把铅笔轻轻地咬着。
(3) 表运动处所的成分:他把背在墙上擦着。

第9构式右栏中的动词最常见的用法是用于祈使句,有时也用于描写动作的状态。一般是连动句或有状语的陈述句,表示主体处置动作的持续状态(陆庆和 2006:436)。

(24) a. 他把我的手紧紧地握着。

　　b. 妈妈接过去,抱婴儿一样把书紧紧抱着。

　　c. 他们更忘不了带床棉被,等孩子们看困了,把他们裹起来抱着。

3.1.3 表主观看法的构式与相关动词

可以用于"主观看法处置式"的动词并不多,构式难度也不大。下表中的构式是从系统性的角度归纳列出的,构式3是对外汉语教学大纲中没有的。

表 23　表主观看法的构式与相关动词

常用构式	常用动词及短语	教学层次
1. N_0(人)＋把＋N_1＋看作/成＋N_2 (25)他把马克看作是自己最好的朋友。 2. N_0(人)＋把＋N_1＋当作/成＋N_2 (26)李老师把学生当成自己的孩子。	叫作、称作、看作、看成 当作、当成	初级三 中级一、二

续表

常用构式	常用动词及短语	教学层次
3. N_0(人)＋把＋N_1＋当作＋N_2＋送给＋N_3(人)▲ (27)我把领带当作生日礼物送给了爸爸。	当作	中级二 高级
4. N_0(人)＋把＋N_1＋比作＋N_2 (28)a.他把商场比作战场。 　　b.鲁迅先生把自己比作牛,"吃的是草,挤的是牛奶"。	比作	高级

说明：

1. 在口语中,构式1中的"当作"可以说成"当"。如：

(29) a. 我的病已经好了,你们别总把我当病人。

　　 b. 不要总觉得自己聪明,把别人当傻瓜。

2. 构式3在交际中比较实用,故应该列入教授的范围。结构看起来好像很复杂,实际是"把"字短语再加动词短语,我们用分解成语块的方式在中级第二阶段的汉语课上教过此构式,学生很快就掌握了。

3.1.4　表致事影响的构式与相关动词

"表致事影响的构式"也是"把"的一个常用构式。《长期生大纲》未将这一构式列为语言点。但此构式在实际语言交际中有它独特的表达功能,使用频率也并不很低。能够进入这类构式的除了动词外,还有一些形容词。这也是前面几个构式所没有的特点。从提高学生的理解与表达能力的角度看,应该单列出来加以讲授。目前,我们只见到《桥梁》(上)在"把"字句教学中把"她的样子把我吓了一跳"作为语言点,不过是把它作为"把"字句动词后使用动量词的例子来讲的(仅从语言结构入手),并没有把它作为有别于上述几类处置构式的"致事影响构式"来教。

下表的内容,我们在中级第二阶段的汉语课作为补充构式的内容集中讲授过。大多数学了三四年汉语的学生感到很新奇,说从来没有见过这样的用法。

表24 表致事影响的构式与相关动词

常用构式	常用词语	教学层次
1. N_0(事物)＋把＋N_1＋V＋了▲ 2. VP(动作)＋把＋N_0＋V/A＋得＋C▲ 　　　　　　　　(状态补语) 　(VP)……＋把＋N_0＋V/A＋得＋N_1＋ 　也/都＋AP▲ (30)a.他的真情把大家都感动了。 　　b.这件事把大哥气得浑身发抖。 　　c.干了一天活儿,把我累得腰也直不起 　　　来了。	a.感动、打动 b.气、高兴、乐、急、 　冻、累	中级一
3. N_0(事物)＋把＋N_1＋V＋C＋了▲ 　　　　　　　　(结果补语,下同) 　N_0(人)＋把＋N_1＋V＋C＋了▲ (31)a.马克的话把大家都逗乐了。 　　b.你快把你妈气死了。 　　c.那场景把在场的人都惊呆了。	气死、累死、急死、 累坏、逗乐、吓坏、 惊呆、吸引住	中级二 高级
4. N_0(事物/事件/人)＋把＋N_1＋V＋了 　＋MQ (32)她的样子把我吓了一跳。	吓	中级一
5. N_0(事物/事件)＋把＋N_1＋V＋了▲ (33)a.这件事把小李毁了。 　　b.红尘的尘埃把你的心都污染了。 　　c.你吸烟的烟雾把你暴露了。 　　d.大海把小船吞没了。	毁、污染、暴露、充满、 吞没	中级二 高级
6. N_0(人)＋把＋N_1(人体某个部位)＋V＋C 　＋了▲ (34)a.他把脚都站肿了。 　　b.我把屁股都坐疼了。	站酸、站肿、走肿、 坐酸	中级二 高级

说明:

这类构式中的"把"前一般不是主动、有意施加动作的"施事",而是"致事"(事件、事物或人)。构式中"把"后的动作及结果大多是自然发生或产生的。这类构式强调的是致事的影响力,即 N_0 影响、致使 N_1 产生了某种变化。

3.2 与被动类构式相关的动词小类的系统教学

3.2.1 "被""让""叫"等被动式与相关动词的系统教学

"被""让""叫"等被动式在所引的两个大纲中是放在同一个语言点并在初级阶段就讲授的。如从它们的使用频率与相关动词的组配上看,"让""叫"构式最好放在中级阶段单教(原因详见下)。

表 25 "被""让""叫"等被动构式与相关动词

常用构式	常用词语	教学层次
1. N_0＋被＋(N_1)＋V＋C＋了 2. N_0＋被＋(N_1)＋V＋到＋NL＋Vq 3. N_0＋被＋(N_1)＋VC＋N_2 (35)a. 花瓶被弟弟打破了。 　　b. 锁着的箱子被他打开了。 　　c. 这几个字都被他念错了。 　　d. 老李被公司派到国外去了。 　　e. 他被表彰为"杰出企业家"。 　　f. 黄河被人们看作是中华民族的摇篮。	"被"后谓语以动补结构为主： V 为(如"视为""作为"等)、V 作/做(如"看作、看做、当作"等)、V 成(如"当成、看成"等)、V 住(如"记住"等)、V 进(如"关进"等)、V 起来(如"关起来"等)、V 下来(如"画下来"等)、V 出来(如"提出来"等)、V 回(如"带回"等)、V 到(如"派到"等)、V 掉(如"消灭掉"等)、V 入(如"列入"等)、V 死(如"打死"等)	初级三教 中级一、二复现
4. N_0＋被＋(N_1)＋V＋了 (36)a. 房子被他卖了。 　　b. 机器被拆了。 　　c. 她被人骗了。 　　d. 他被学校开除了。 　　e. 照片被放大了。	a. 吃、喝、卖、丢、忘、放、脱、拆、扔掉、消灭、解决、瓦解 b. 害、杀、骗、毁、坑、甩、开除、除名、解雇、错过、玷污、败坏、荒废、扼杀、暴露、充满、吞没、解散、淘汰、否定、取缔、污染 c. 推迟、提前、缩短、延长、放大、缩小、提高、降低、升高、减少、打倒、打通、打破、推动、推翻、澄清、撤销、切除、驳倒、冲淡、分开、看穿、看破、看透、夸大、惊动 下表 26 中 a—d 类动词大多可进入构式 4(详见表 26 下说明)	初三中级一

续表

常用构式	常用词语	教学层次
5. N_0(受事)＋V/VC 　N_0(受事)＋V/VC＋了 (37)a.工厂规定：在厂区抽烟者开除。 　b.企业纷纷倒闭,大量人员解雇。 　c.我的摩托车丢了。 　d.水和食物都吃光了。 　e.期末考试提前了,来不及复习了。	卖、丢、忘、放、脱、拆、扔掉、消灭、解决、开除、除名、解雇、错过、荒废、污染、暴露、推迟、提前、缩短、延长、放大、缩小、提高、降低、升高、减少、切除、激活、撤换、消灭、动补短语(如"做完、吃光、打破"等)	中级一
6. N_0(受事)＋叫/让＋N_1(施事)＋V＋C 　N_0(受事)＋叫/让＋N_1(施事)＋V＋了 (38)a.东西全让人卷走了。 　b.人都叫你丢尽了。 　c.孩子都叫他惯坏了。 　d.她让男朋友甩了。	吃、喝、卖、丢、忘、放、脱、拆、扔掉、害、杀、骗、毁、坑、甩、开除 动补短语(如"打破、分光、上交、丢尽、搞糊涂、吓得……闹得……"等)	中级一
7. N_0(受事)＋为＋N_1(施事)＋所＋V 　N_0(受事)＋被＋N_1(施事)＋所＋V (39)a.这首歌为年轻人所喜爱。 　b.要了解世界和被世界所了解,就必须大力开展旅游业。 　c.我们的要求没有被对方所接受。 　d.这位科学家的观点已被事实所证明。 　e.如果跟不上时代的步伐,将为时代所抛弃。 　f.他的情况已经被警察所掌握。	d.喜爱、喜欢、注意、关注、重视、崇拜、尊敬、拒绝、理解、谴责、遗忘、控制、局限、左右 e.吸引、感动、感染、感召、迷惑、了解、承认、公认、认识、认同、熟悉、陶醉、纠缠、惊叹、震慑、慑服、崇敬、崇尚、遵从、遵循、接受、采纳、证明、证实、抛弃、遗弃、摒弃、唾弃、掌握、垄断、吞噬、腐蚀、取代、替代、代替、取消、淘汰、选中、吓倒、击倒 f.知、灭、杀、用、谋、惑、动、迷、扰	中级一、二

说明：

1. 上表第1构式是初级阶段最先教的被动基本构式。大多及物动词都可以进入这个构式，不过多以动补结构的形式出现。只有构式4右栏那些带"失去、消失"义和动补结构的动词可以"V＋了"形式出现。

2. 可进入"被"构式1—4和构式7的动词大多是消极意义的，表示不如意；但也有积极意义的，表示如意的（如"表彰、评为"等）；还有如"看作、当作、认为"等中性词。"看作"这类词进入"被"构式，常用于客观陈述某人或很多人的看法或认知，如(35)例f。

3. 第5构式一般称作"受事主语句"。这对很多外国学生来说，比较难。因为在很多外国学生的母语中，是翻译成有标志的被动句的。在所引的两个大纲中，也把它作为被动句处理。但它是汉语被动表达系统中被动意义最弱的构式。它的使用语境是，说话者的视点在受事的情况（不考虑被动，不涉及施事）下，往往是作为新信息出现的。

4. 第6构式是用"叫""让"表示被动的构式。按照我们所引的两个大纲，原来是与"被"构式一起作为被动句教授的。但实际上，它们与"被"在使用频率与语用上存在较大的差距（详见第六章2.3.3节）。最好单独放在中级阶段讲。

5. 第7构式是强调施事的被动构式，一般来说，N_1是不可以省略的。除了像"不为所动"这样固定的短语，如下(40)例c。可进入此构式的动词较受限制，多为双音节书面语词。可用于此构式的单音节动词较少，如f类，有的单音节动词进入该构式，常以排比的形式出现。有时双音的V后带"着"，也会以同样的形式出现（频率较低）。例如：

(40) a. 作为一个领导干部，应做到：任何时候都不为名利所惑，不为金钱所动，不为色情所迷，不为人情所扰。
 b. 连日来，他们始终被爱心所温暖着，所包围着，所感动着。
 c. 任凭别人怎样说，李志仁不为所动，他在朝着自己的既定目标行进。

第7构式所表示的动作即使已经完成，动词后的"了"常可以省略不用（详见(39)下例句）。

3.2.2 遭受类动词构式与相关动词的系统教学

表 26 遭受类动词构式与相关动词

常用构式	常用词语	教学层次
1. N_0＋受到＋(了)＋(N_1＋的)＋V▲ (41) a. 他受到大家的赞扬。 　　 b. 罪犯受到了法律的制裁。	a. 保护、表彰、表扬、嘉奖、奖励、奖赏、提拔、抵制、抵抗、反抗、拒绝、批评、批判、训斥、责怪、惩罚、重惩、惩处、处罚、处分、处理、监管、审判、约束、制止、束缚、制裁、审讯、起诉、追究、摧残、报应、感谢、理解、维护 b. 关心、训练、包围、围攻、损毁、辱骂、污染、爱护	中级一、二学习构式1—5，结合新词成组复现，并与"被"构式进行比较
2. N_0＋很＋受＋(N_1＋的)＋V▲ (42) a. 这种产品很受欢迎。 　　 b. 这部电影很受孩子们的喜爱。 　　 c. 他的诗很受年轻读者们的欣赏。 　　 d. 刘老师很受学生们的尊敬。 　　 e. 听了大家的发言，我很受教育，很受启发。	c. 欢迎、尊重、尊敬、重视、关注、信任、肯定、支持、鼓励、赞扬、赞赏、赞许、礼遇、崇拜、关照、照顾、珍爱、限制、教育 d. 喜爱、好评、喜欢、珍视、赞誉、称赞、称道、推崇、追捧、启发、启迪、启示、影响、感动、鼓舞、触动、震动、敬重、敬佩、尊崇、爱戴、拥护、拥戴、钦佩、怀念、赏识、器重、怜惜、欣赏、注意、宠爱、青睐、珍爱、钟爱、疼爱、损失、损害、刺激、排挤、打击、折磨、伤害、影响、破坏	
3. N_0＋受/受到＋(N_1＋的)＋A＋的＋V▲ (43) a. 他每到一处都受到群众热烈的欢迎。 　　 b. 她违反了法律，就得受严厉的惩罚。	欢迎、款待 冷落、影响、打击、迫害、指摘、污染、批评、制裁、抨击、监视、检查、审查、惩罚、惩处、处理、破坏、挫折、袭击、挑战、损伤、失败	
4. N_0＋受＋V＋了▲ 　 N_0＋受＋(了)＋(N_1＋的)＋V▲ (44) a. 你受委屈了。 　　 b. 小王受了那人的骗。	骗、欺骗、伤、委屈、冤枉、欺负、惊	

续表

常用构式	常用词语	教学层次
5. N_0＋受＋A＋受＋A/N▲ 　　N_0＋受＋V＋受＋V▲ (45) a. 孩子们也不能不无端受屈受苦。 　　 b. 他觉得穷人受苦受罪，都是命里注定，没法抗拒的。	A：苦、累、穷、热、潮 N：罪、气、冤 V：冻、饿、压、挫、辱、骂、屈、批、迫、损、骗、欺、奚落	中级二
6. N_0＋挨＋(N_1)＋V▲ (46) a. 他挨打了。 　　 b. 我挨爸爸骂了。	打、骂、冻、饿、整、揍、斗、批、训、克、宰、罚 (雨)淋、(蛇)咬 责备、批评、批判、欺负	中级一
7. N_0＋挨＋V＋受＋V▲ (47) a. 要求想尽一切办法，保证不让一个乡亲挨饿受冻。 　　 b. 他小时候经常挨打受骂。	打、骂、冻、饿、整	中级一、二
8. N_0＋遭到＋(了)＋$(N_1$＋的)＋(A＋的)＋V▲ 　　N_0＋遭受＋(了)＋(A＋的)＋V▲ 　　N_0＋蒙受＋(了)＋(A＋的)＋V▲ (48) a. 公司为此蒙受了巨大的损失。 　　 b. 他的意见在会上遭到了严厉的批评。(？遭受＊蒙受) 　　 c. 我们的请求遭到了对方的拒绝。(＊蒙受＊遭受) 　　 d. 他的事业遭受了严重的挫折。(√遭到＊蒙受)	a. 损失、损害、打击、失败、侮辱、影响、浩劫、迫害、重创、挫折、攻击、折磨、污染、伤害、剥削、批判、批评、压迫 b. 谴责、摧残、质询、质疑、饥饿、失利、挑战、袭击、唾弃、责骂、伤亡、破坏、歧视、威胁、腐蚀、侵害、侵略、踩躏、屠杀、屠戮、审判、严惩、惩罚 c. 拒绝、抵制、反抗、抵抗、压制、反击、回绝	中级二学"遭到、遭受"构式，并与"受、受到"类构式比较； 高级学"蒙受"构式，并与"遭到、遭受、受、受到"类构式比较
9. N_0＋遭受＋(N/A＋的)＋N_1▲ 　　N_0＋蒙受＋(N/A＋的)＋N_1▲ (49) a. 长期内战使国家蒙受了巨大的灾难。 　　 b. 爷爷曾经遭受过战乱的痛苦。 　　 c. 去年我国北方地区遭受了严重的干旱。(＊蒙受) 　　 d. 他不知自尊自爱自律，也使作协蒙受了羞辱。(＊遭受)	N： a. 灾难、灾害、自然灾害、地震 b. 水灾、旱灾、火灾、干旱、雪灾、蝗灾 c. 压力、痛苦、苦难、创伤、伤亡、危害、重创、浩劫 d. 屈辱、耻辱、不白之冤、冤屈 e. 羞耻、羞辱、恶名	高级复习、归纳遭受类动词构式的主要特征，并与"被"构式比较

说明:

1. 上述使用"受、受到、遭到、遭受、挨、蒙受"的构式,我们统称为遭受类构式,在所引的两个教学大纲中都没有作为语言点。但是在中介语语料库中有一些这类构式与用"被"的构式相混的偏误。

2. 从表26第一、二右栏看,"受、受到"可以带的动词相当多,有积极意义的,也有消极意义的。a、b类动词只可进入构式1,c、d类动词则可进入构式1和构式2。

3. 将表25和表26中动词比较发现,常进入表25"被"构式的动词多带结果和变化义。还有如"视为、看成、当作、认识、理解"等可客观陈述施事看法或认知的动词,而这两类动词一般不能进入遭受类构式,因为遭受类构式只允许表示动作方式的动词进入。

需要指出的是,表26中a—d类动词中大多也可进入表25的"被"构式(除了"爱护、好评"等少数动词外)表示受动的方式。只是相同动词进入"被+V"的用例比进入"受到+V"的要少得多。以"保护"为例,"被保护"除了常作定语或构词语素(如"被保护者"等)外,以句子形式出现的只有32例,其中带补语("起来""下来""到"等)的有25例,带"着"的有6例,还有一例就是下面的例(50)。该句表示受事名义上"被保护"(似乎能受益),但事实并非如此,隐含言者对此类"虚假受益受动"的不满,这类用法近年在增多。"受到保护"以句子形式出现的有244例,无一例上述用法。

(50)于是乎,他们就发现了一两个阶级敌人,不管他是否危害了人民利益,是否已经造成了事实,就把他打翻在地,有些更是不经过审判就枪毙,"人民"据说很高兴,因为**他们的利益被保护了**。

4. 可进入"遭到/遭受"的词都是消极意义较重的。看构式8右栏,"遭到"可以与a—c组词组配,"遭受"只能与a—b组词组配,不能与带有"→←"[−接受][＋回应][＋抵制]义的c组动词组配。只有a组词能进入"蒙受"构式,而且"蒙受"只与"损失"组配率高些,与其他动词组配率都不高。

5. 从表26看,可进入"挨"构式的动词一般是消极义的、单音节口语动词。可进入第9构式的名词也是消极意义的。其中a—d组名词可以与"遭受"组配,a、c—e组名词可以与"蒙受"组配。同是带表精神损失的宾语(如"羞辱"等),"蒙受"的组配率比"遭受"的高,且能带的宾语多些。但在带灾难类宾语时,情况正相反。在CCL语料库中,"遭受/蒙受灾难

(多表战乱)"的用例比为 163∶44。"遭受/蒙受＄4① 灾(自然灾害)"用例比为 1761∶13。

6. 调查发现,不少受动构式中的动词可受"极大、严重"等表程度词语的修饰,也可受表示施事态度的"严肃""严厉""热情""热烈"等词的修饰。但用例数很不一样。下表是对这些词语在不同构式中动词前出现的用例数(不包括构式作定语的)的统计。

表 27 受动构式中动词前受"极大"等词语修饰的用例统计

	挨	蒙受	被	遭到	遭受	受到
～极大(的)V	0	8	22	35	20	433
～＄2严重(的)V	0	44	196	896	1172	2425
～＄4严肃(的)V	0	0	36	1	0	203
～严厉＄1V	0	0	35	27	3	299
～热烈的 V	0	0	7	0	0	382
～热情的 V	0	0	12	0	0	101

据表 27 的统计可知,就构式可表示受动程度轻重方面看,"受到"的使用范围最广,"遭受""遭到"次之,"被"和"蒙受"再次之。在兼表施事主观态度方面,也是"受到"构式适用范围最广,不管态度积极还是消极,程度是重还是轻,皆可表示;"被"和"遭到""遭受"构式则只能表示消极的态度,且后两个构式只能表示较重、较严的态度。"挨""蒙受"构式没有这类用法。

现将上述对"被"构式与"遭受"类构式的异同分析归纳为下表:

表 28 "被"构式与"遭受"类构式用法的异同

构式类型	所带动词语义			表达侧重				语用	
	积极	中性	消极	结果	方式	受动程度		客观陈述事实	兼表施事态度
						轻	重		
被	＋	＋	＋	＋	＋	－	＋	＋＋	＋
受/受到	＋	－	＋	－	＋	＋	＋＋	－	＋＋
遭到	－	－	＋＋	－	＋	－	＋＋	－	＋

---

① 本书中出现的"＄",是 CCL 语料库设置的固定的检索符号,表示"间隔×字"。

续表

构式类型	所带动词语义			表达侧重				语用	
	积极	中性	消极	结果	方式	受动程度		客观陈述事实	兼表施事态度
						轻	重		
遭受	－	－	＋＋	－	＋	－	＋	－	－
蒙受	－	－	＋	－	＋	－	＋	－	－
挨	－	－	＋	－	＋	－	－	－	－

表 28 显示,遭受类构式与"被"构式在语义和语用方面各有分工,互为补充,因此应列为中、高阶段的语言点,进行系统讲授。

第二章 使役动词的系统教学

第一节 使役动词的类别与偏误

1.1 使役动词的类别

江蓝生(2000:221)指出,使役动词是"有使令、致使、容许、任凭等意义"的动词,一般出现在"$N_0+V_1+N_1+V_2$"使役构式的 V_1 位置。据此定义,在参考了李临定(2011:192)的研究后,我们把此类动词作了如下分类:

1)表示使令意义的动词

此类动词所构成的构式一般表示 N_0 通过 V_1 动作让 N_1 做某事,V_1 有"指使、使令"义。主要有三小类:

a. 请让类:

请 让 叫

b. 要求类:

要求 请求 央求 恳求 邀请 派 吩咐 嘱咐 命令
指示 指使 指挥 打发 领导 号召 安排 招呼 约 托
委托 劝 劝说 催 催促 鼓励 鼓动 鼓舞 勉强 强迫
迫使 逼 逼迫 怂恿 纵容 动员 留 惹 提拔 提升
分配 收 组织

c. 推选类:

培养 选 选举 选拔 挑选 推荐 推举

a组动词使令义较强,进入使役构式的频率较高。b组动词除了常进入使役构式外,还有其他的动词用法。与a组动词相比,多带有动作方式的特征。c组动词进入使役构式后,其后的 V_2 限于"当、作为、成为"。除"培养"外,其他动词构式中的 V_2 还可以是"担任"。

2) 表示致使意义的动词

此类动词所构成的构式一般表示 N_0（致因）致使 N_1 出现了某种情况、状态或结果，V_1 有"致使"或"导致"义。主要有两类：

a. 让使类：

　　让　叫　使　令

b. 导致类：

　　引致　引起　引导　引发　促使　致使　导致　造成

3) 表示容许和禁止意义的动词

此类动词所构成的构式一般表示 N_0（人）允许或禁止 N_1 做某事。主要有：

　　让　叫　准许　准许　允许　容许　批准　禁止　阻止

4) 表示任凭意义的动词

此类动词所构成的构式一般表示 N_0（人）听任 N_1 做某事。主要有：

　　让　叫　任　任凭　听任

在所引的两个大纲中，除了第一小类中 a 类"请""让""叫"常作为兼语句式的语言点外，"使""令"和1)类中的 b 组动词和2)—4)类动词都没有作为语言点。这不能不说是一个很大的疏漏。因此，本章将从系统教学的角度出发，把它们放在使役动词内加以讨论。

1.2　"让""使""令"等混用偏误的分析

在 BYDT 语料库中，当用"让"而误用"使"的有 17 例，当用"使"误用"让"的有 5 例，当用"让"而误用"令"的有 3 例，当用"使"而误用"令"的有 2 例。还有与"造成、以致、引起"等致使性动词混用的。例如：

(1) a. 因为我在日本学过汉语，所以我的分班考试的成绩比较好，老师们就决定让{CC使}我念二年级了。

　　b. 试把自己的日常生活情况、自己的计划与目标告诉父母，不开心或有压力时可尝试与父母倾诉，尽量让{CC令}父母了解自己，那么，他们便不会罗嗦你们了。

　　c. ……曾经被派去出国设计与宣传，使{CC让}公司的业务蒸蒸日上……

　　d. 这样就会使{CC1造成}更多的人因缺少粮食而挨饿。

e. 我看这题目的内容使{CC 让}我思考。

　　改：这一题目的内容引起了我的思考。

以上偏误说明,"让"等使役动词内部的辨析是很有必要的。

此外,BYDT 语料库中"让"的缺漏有 56 条,"使"的缺漏有 25 条,"令"和"令人"的缺漏分别有 1 条和 8 条。下面 a、b 例选自 SUDA 语料库,括号内词语是原偏误缺的,加粗、斜体标出的是错词(下同)。这些偏误说明,有些学生对使役构式并没有掌握。

(2) a. 她自己说身体没有问题,很健康,(**叫我**)不要担心。

　　b. 这里的学习条件**真够**满意的。

　　　改：这里的学习条件**让我**很满意。

　　c. 但妈妈一次也没打过我,只是用{CQ 令人}感动的几句话说服我。

　　d. 我不会失望{CJX}{CQ 让}您的。

　　e. 这样,才能{CQ 使}社会稳定起来。

第二节　从系统性的角度看"使""令""让""叫"的异同

2.1　从表意的不同看"使""令""让""叫"

首先,从"使"等四个动词各自不同的意义来看它们的差异。

1. "让""叫"均可表示"使令、指使"义,"使""令"不能。例如：

(1) a. 他让你给他回个电话。

　　b. 妈妈叫我去买东西。

2. "让"常表示"容许、允许"义,"叫"有时也可以,"使""令"则不能。例如：

(2) a. 后来,我爹不让我到朱家去了,连村里也不叫我呆下去。

　　b. 医生说,必须要等到我身体全部康复,检查之后没问题了,才能让我出院。

　　c. 而母亲一个人的收入,只能让我们住简陋的小板房。

　　d. 您能不能让我摸摸您的画？我最大的心愿就是摸摸您的画。

　　e. "大哥!"江浩懊恼的喊:"你能不能让我把事情说清楚？你能不能等一会儿再研究我的认真问题？"

　　f. 改日你能不能叫我见见她？

"让"表示"容许、允许"的用例可分为两种,一是某人(包括集团、制度等)是否"容许"其后的人做什么,如例(2)a、b;二是客观条件能否"允许"其后的人做什么,如例(2)c。"叫"有用于前一种情况的,如例 a,未见用于后一种情况的。再者,"让"表示"容许、允许"义的范围较宽,有用于言域表委婉请求的,如例 d,也有请求中带不满情绪的,如例 e;还有比较中性的、客观陈述的"容许"。我们查询 CCL 语料库,"叫"在"能不能"后表示委婉请求的只有 2 例,而相同用法的"让"有 53 例。上述差异可整理为下表:

表 1 "让""叫"表"容许、允许"义时的差异

	某人(包括集团、制度)容许做某事			客观条件能否容许做某事
	客观陈述(中性)	委婉请求	请求带不满	
让	+	++	+	+
叫	+	+	−	−

3. "让"还可表示"听任"义,"叫"这类用法也较少。"让/叫 $4 去吧"在 CCL 语料库中分别收集到 66 条、6 条。"让"的用例是"叫"的 11 倍。"使""令"也没有这样的用法。例如:

(3) a. 天要下雨,娘要嫁人,不要阻拦,让他去吧。

b. 咱不管,让他逞能去吧!

c. 嘿,还是咱们这屋子里清静——他们闹,叫他们闹去吧。

2.2 从致使系统看"让""叫""使""令"的异同

本节从系统的角度考察同属"致使"范畴的"让""叫""使""令"的异同。

2.2.1 关于"让""叫""使""令"异同的已有结论

李临定(2011:199-202)在比较"让、叫、要、使"的异同时指出:"'叫''让'前边经常用指人名施,但是'使'的前边几乎不用指人名施,而是用表示某种事件的语句。""尽管'让''叫'和'使'都有致使义,但是侧重方面则有所不同:前者侧重于人,后者则侧重于事件;前者经常表示某人致使了某种动作,后者则总是表示由于某个事件而引起了什么结果;前者常和人的主观意志相联系,后者则不和人的主观意志相联系。"

周红(2005:91)指出:"致使力的传递具有有意性和无意性,有意性指

的是致使力有意识地施加于被使者,无意性指的是致使力无意识地、客观上作用于被使者。致使力的传递为有意性的致使是有意致使,致使力的传递为无意性的致使是无意致使。"

朱琳(2011:151)通过对使役动词发展历史的考察,将"使""令"的虚化演变过程概括如下:

    动作义＞社交性致使＞间接致使

她认为,使役动词"教、叫"和"使、令"的最初发展类似,由命令动词变成表示社交性致使含义,并逐渐向间接致使含义转化。"教、叫"与"使、令"不同的是,在社交性致使向间接致使含义转化的过程中,动词的致使主语可以是施动者,对动词行为的控制性比较强,属于有意的社交致使。有意社交致使可以用来表明言者的决心,多用于表达主语的意愿、建议、威胁等。因此,它们在表示间接致使义时,其动作意义逐渐减弱的程度不如"使、令"。她把使役动词"教、叫"的虚化演变过程如下:

    动作义＞社交性致使＞间接致使

    动作义＞社交性致使＞有意致使

朱琳(2011:126)还认为,现代汉语中,"使"字句的主语已经不能表示施动者,而只是表示致因性的原因。

肖奚强(2008:51—53)在分析表示致使的"让"字句时指出,N_0(指物指人名词)是导致"让"后情况产生的原因,但不是 N_0 有意识地导致后面的结果。①

2.2.2 从古今某些构式的比较看"使""令""教""叫""让"

下表是我们对"使""令""教""叫""让"等使役动词的某些构式在 CCL 古今两个语料库中的调查结果。结果说明,它们的古今用法发生了较大的变化。

表 2 使役动词的数个构式在 CCL 古代与现代汉语语料库中的出现次数

古代汉语语料	使	令	教	叫	让
我要～……(使役)	0	0	1	24	4
～$2如何……(反问)	6	2	202	136	0
真～人……(致使)	6	101	5	30	5

---

① 笔者按:为了表述的前后统一,我们把肖奚强称为 N_1 和 N_2 的词改称为 N_0 和 N_1。

续表

现代汉语语料	使	令	教	叫	让
我要~……/一定要~(使役)	112/90	0/2	3/1	48/29	266/237
想~……/努力~(使役)	572/891	9/0	6/0	401/2	2705/94
敢~N$_1$(事物+VP[变化]	0	0	24	14	0
~荒 N$_1$(事物)+VP[变化]	0	0	0	1	20
真~人……(致使)	71	313	34	432	314

上表的数据证明,李临定、朱琳、肖奚强等人的有些观点与语言事实并不符合。下面分几点说明。

2.2.2.1　现代汉语中"使"前 N$_0$ 是施事的很常见

从表2可知,在古代和现代汉语中,"令、教、使"前的 N$_0$ 极少是表人施事的。但"使"到了现代汉语却发生了很大的变化。以"我要使、一定要使、想使、努力使"为关键词,在 CCL 语料库中进行搜索,共得到 1665 条用例。这说明,"使"前是指人名施的现象很普遍,而且"N$_0$＋使……"表示主观意愿的用例也很常见,而"令"类似的用法却极少。例如(例中粗体为笔者所加,下同):

(4) a. **我要使**全世界的人都手拉手,一起唱歌。

b. 谭善和同志保证,**一定要使**道路畅通无阻,成为钢铁般的运输线。

c. 沈文荣说……**我要使**我的工程一开工就能赚钱,即投产之日也就是赚钱之日。

d. 诸葛亮兢兢业业,治理国家,**想使**蜀汉兴盛起来。

e. **美国想使**北约进驻伊拉克,一是为取得合法性,二是为减轻自己的军事负担。

f. 这里着重说一下**周恩来**关心邓小平的安全和**努力使**他重新出来工作。

g. **要使**干部认识到,对上级定下来的事,不是可办可不办,而是必须办……

h. 几个销售部门正在北京、沈阳、大连、天津等城市展开活动,**兴发人想令**全中国吃惊。

i. "不行的,安娜,就算我肯解除婚约,妈妈也不会答应,**我不想令**母亲伤心,我宁愿委屈一点儿,这是我命中注定。"

上述用例证明,现代汉语的"使"前边可以是施动者。不过,搜索到的122条的"我要使"中有106条均出自翻译作品,由此可以推测,"使"前为指人名施的用法很可能是受到翻译的影响而产生的、现代新的用法。而且,这类用法主要出现在政论性文章(理论著作及相关报道)中,言者为领导者的较为多见。"使"比"让"更多地用于书面语,如"一定要使"有4例出自《邓小平文选》。但用例比"使"多1.6倍的"一定要让"中却只有1例是书面语体。

我们统计了"一定要叫/让/使……"各自用于言域(包括转述某人的讲话、决心和誓言)的比例,分别是96%、81%和57%。"叫"的比率最高,"让"次之,"使"相对较低。

从上表2看,"令"用于指人名施的用例很少,其后的 V_2 基本上都是表情绪和情感的心理动词,而"让、叫、使"后 V_2 大多是动作动词或变化动词。而且,"想令"中有5例和仅有的2例"一定要令"的用例均出自港台作家的作品,如例 i。

比较发现,"使"前 N_0 为指人名施的用例与同类的"让""叫"用例有以下几点不同:

1. 用"使"的"有意社交性致使"的用例,一般都是表示言者决心的,像下面(5)中"让、叫"用例那样表示对他人的威胁、警告、诅咒等主观性很强的用法未见。

2. "使"前不出现人名施的比率较高。90条"一定要使"用例中有38.8%的句中没有名施,而255条"一定要让"用例中只有7%的用例没有出现名施。再如"要让/使$4认识到"分别有17条、13条,"使"和"让"用例中未出现名施的分别是98.24%和53%。看来,同是表示名施主观意愿的致使构式,"让"构式比"使"构式更注意明确致使者。这一情况说明,这类"使"构式的语义重点不在致使者,而在被致使者和结果。

这一差异与"使"和"让、叫"的常用义项有关。现代汉语中的"使"主要用于"致使",其"使令"的使用频率极低。"让"和"叫"在表示"致使"义的同时,"使令"也是常用义项。受此影响,"让"和"叫"在表示"致使"义特别是"有意社交致使"时,较之"使",致使者的可控度更高,主观性更强。而用"使"构式则可控度低,相对客观。因此,上面例(4)a—g,无论从主观意志的强弱、语义的精准,还是言者态度的客观等方面看,都是用"使"比用"让"更合适、更得体。经查,当名施主观意愿是"国家兴盛、企业振兴、生意兴隆"等,前面一般都用"使"而不用"让"。这表示致使者的可控度是有限的。这类表达可使名施的意愿相对客观,留有一定余地。

综上所述,我们认为,"使"的N_0是名施的用法是现代新产生的,属于"弱有意致使"构式,它与"让、叫"所表示的"强有意致使"构式在语用上呈现出弱与强的系统分布。

2.2.2.2 同表有意致使的"让"与"叫"的异同

"让"和"叫"都可以表示"有意社交性致使",两词组成的构式都常用来表达意愿、决心、建议、威胁、警告、诅咒等。例如:

(5) a. 要好好奋斗,不混出个人样来,我是绝不会提"回家"这两个字的。**我要让赵梅擦亮眼睛好好看看**,他曾经的男朋友是个很有出息的男人。

b. 娘,侯得财在村里放出风来,**一定要让你死在他手里**,他才甘心。

c. 那时,他太不冷静了,**我要让他冷静下来**。

d. 你爷爷这辈子不容易,过年了,**我要让他想吃点儿什么,就吃点儿什么**,想看看什么就看看什么。

e. "你听着,我既然不能叫你爱我,那我就得叫你恨我,反正我要让你想忘也忘不了我!"当着自家亲戚的面,她含着热泪向张正若发出了警告。

f. **我要让队员们认识到团队的力量是多么伟大……**

g. 但总有一天,**我要叫你死在我手上**,慢慢的死……慢慢的……"

h. 徐承宗忽又发作起来,咬牙切齿,"我恨他,咒他,变着法折腾他!**我要叫这忘恩负义的老东西不得好死!**我要给你屈死的翠花姑妈报仇!"

i. "你,就凭你,还有什么蹦儿?!你打听去吧,我有个名姓!**我要叫你安安顿顿的作主任,我不算是我妈妈养的!**"

j. 夏洛克:我要摆布摆布他,**我要叫他知道些厉害**。

k. "笨?我正要叫爷爷知道!**我要叫他知道我们是'人',我们并不是任人割宰的猪羊**。"

l. 耶稣将他扶起来说:"不要怕,来跟从我,**我要叫你们得人如得鱼一样**。"

例(5)a—f 说明,"让"可以表示各类"有意社交性致使",使用范围很广,积极意义与消极意义的都有。这说明,肖奚强认为"让"所表示的"致使""不是 N_0 有意识地导致后面的结果"的观点是不符合语言事实的。从例 e、g—l 中的"叫"用例同样能明显看出 N_0 的主观意志。据统计,"我要叫"用例中带"诅咒"等意味的用例(如例 e、g—i)有 20 例,占总用例的 40%;而"让"类似的用例只有 21 例,占总用例的 8%。这说明,同表"有意社交性致使"的"叫"比"让"更多地用于表示致使者的主观情绪和情感。

2.2.2.3 "事件+让/令+VP"构式与同类"使"构式的差异

李临定(2011:192—202)指出,"让""叫"前如果是表事物或是表事件的语句的话,句中的"让""叫"可以用"使"替换。语言事实是怎样的呢?我以"事件 \$2 叫/让/使/令"为关键词语在 CCL 语料库进行搜索,分别找到 0 条、45 条、318 条和 61 条。例如:

(6) a. 获悉丑闻之后,棒球联赛执委会委员塞利格向媒体发泄道:"这种**事件**让我感到恶心,它会极大影响到联赛的公正性,也会伤害到球员的身体健康。"

b. 虐囚**事件**让美国颜面扫地,使得美国在争取延长豁免权问题上底气严重不足。

c. 最近发生的一连串**事件**让人无法容忍,它们极大地损害了西班牙的国际声誉。

d. 透过这些极端的**事件**让我们体会到,经济体系中有一套机制存在,而宏观经济理论应该能对这些机制提出说明。

e. 外交部发言人刘建超 10 日在回答记者提问时说,在伊美军和英军虐待伊拉克战俘和囚犯**事件**令人震惊,中方谴责这种违背国际公约的行径。

f. 这一**事件**令她心绪不宁,她感到自己悔恨不已。

g. 只听"轰"的一声,一团电火闪过,他的夫人应声倒下。这意外的**事件**使富兰克林意识到,天然雷电可能与人工产生的电一样。

h. 珍珠港**事件**使第二次世界大战的范围进一步扩大。

i. 南非暴力**事件**又使多人丧生。

j. 关于美军虐待伊拉克战俘事件,布什说,美军虐待伊拉克战俘**事件**使他受到"极大震动",他对此表示"抱歉"。

语料调查说明,表示"致使义"的"叫"前 N_0 没有用"事件"一词的。"让"和"令"前 N_0 虽可以是"事件",用例数只是"使"的 14.1%和 19.1%。这说明"使"前 N_0 确实多为表示事件的词语。那么,这类 N_0 同为"事件"

的"让""使""令"用例有无区别?

经比较发现,"事件"后是"让"的用例或是用于言域,对事件表示主观态度与评价,如例 a;或是用于行域兼言域,叙述中带有主观评议,如例 b、c;或用于知域,表示人们从事件中获得的主观认识,如例 d。用"令"的用例其后的谓语一般都是表示被致使者情绪的心理动词或形容词,有的用于言域,表示言者的主观态度,如例 e;有的用于行域,陈述致使事件引起被致使者的情绪变化,如例 f。用"使"的用例一般不带主观评议,大多如例 g—i 那样用于行域,只是客观陈述事件引起的致使结果,常出现在新闻报道或说明文中。"使"也有像例 j 那样用于言域的(该例见于新华社 2004 年新闻稿),句中的言者实际上是事件的责任人,但他采用的是"使+N+受到+V(被动构式)"以回避主观评价。据统计,在 318 条用例中,"使"后谓语是"受、受到、遭受、遭到+V"等构式以回避主观评价的就有 87 条,占总用例的 27.8%,而 N_0 同为"事件"的"让"与"令"的用例中则无此类用法。

周红(2005:93)在分析"这个故事令他感动"和"这个故事感动了他"两例时指出,"当被使者具有控制度时,这时的致使我们称之为'积极致使',反之我们称之为'消极致使'。"从被致使者是否具有控制度看例(6)下各句,可以说用"让"的用例属于"积极致使"的多,其次是用"令"的用例,而用"使"的用例则多属于"消极致使"。

为了进一步证实这一点,我们以"让/使＄2体会"为关键词在 CCL 语料库中搜索,分别得到 67 条和 66 条。用"让"的用例基本上都用于"有意致使",而用"使"的用例大都用于"无意致使"。例如:

(7) a. 他们鼓励儿子去扫雪,用劳动去赚钱。他们认为,最重要的是让孩子体会一下什么叫劳动,什么叫自立。
  b. 规划要凸显老城魅力,恢复老建筑,把古迹活化,让现在与过去对话,让市民体会生活的艰辛。
  c. 实践使我们体会到,搞好伙食,美化环境是整个戒毒工作中的重要一环。
  d. 丰富的经历能使作家体会多种多样的感情……

据上分析,致使动词前 N_0 同为事件时,"使""让""令"的差异可归纳为下表:

表 3　N_0 为事件的"使""让""令"构式的差异

事件~+VP	言域:表示对事件的		表示事件引起的		被致使者可控度		行域:陈述致使结果	
	评价	态度	情绪	兼态度	积极	消极	兼带评议	纯客观
使	回避	+(被动)	+	+	-	-	-	+
让	++	++	+	-	++	-	++	-
令	-	-	++	+	+	-	-	-

从表 3 看,N_0 同为"事件","让"构式的主观性最强,侧重表示事件致使人产生某种评价或态度;"令"构式次之,侧重表示事件致使人产生某种情绪或态度;"使"构式的主观性最弱。

2.2.2.4　"动作＋让/令/叫＋VP"构式与"使"构式的不同

为了解 N_0 同为动作时不同致使动词的用法,我们做了以下两项调查。

一是以"叫/让/使/令＄2 认识到"为关键词语,在 CCL 语料库中进行搜索,分别找到 1 条、58 条、317 条和 2 条。例如:

(8) a. 无论是提高水价还是实行阶梯式水价,目的是让人们认识到水资源严重短缺已制约了北京市的经济发展。

b. 在危机状况下,所以为了让创造力出来,有时候要制造一点儿危机,让大家认识到有危机感。

c. 环境污染使人类认识到环境保护的重要性。

d. 遗传学和医学的发展使人们认识到人的素质既受先天遗传因素的影响,又与出生前后的环境条件有关。

e. 通过宣传,让大家认识到,节电是全社会的任务,也是我国经济工作中一项长期的战略任务。

f. 要通过宣传,使人们感到党和国家开展反腐斗争的决心和行动。

因"叫"和"令"前 N_0 是表事物名词的用例极少,故不举例。"让"前 N_0 可以是表事物的名词,但较用"使"的用例要少很多。当"让""使"前同是动词短语时,"让"前多为人有意识的动作,如例 a、b、e。而"使"前是动词、动词短语或由动词转来的名词及短语时,大多是与人的意识无关的动作,如例 c、d。像例 f 那样表示有意识动作的用例很少。

再以"经过＄5 让/使"为关键词语,在 CCL 语料库中搜索,得到"让"和"使"的用例分别为 4 条、101 条。例如:

(9) a. 凡是能栽常绿树的地方都要栽起来,先抓西安,再抓地、市、县城镇,经过几年努力,让绿色把黄土盖起来,彻底改变关中和黄土高原地区在冬季一片凄凉的景象。
b. 自制肉制品时,如用冷冻鲜猪肉,应该先经过自然放置让其解冻以减少水分。
c. 地方大多是海洋。后来因气候干燥、高温,使海水蒸发结晶成盐,再经过海陆变迁,使海盆地变成了陆地,海盆地中的盐聚集在一起便形成了盐矿。
d. 电视机天线接收信号后,经过放大,使阴极射线管中所形成的电子束起变化。
e. 他们经过革新,使大电铲寿命提高1倍,节省资金120万元。
f. 包装部门经过努力,使每台机子的包装费用降低6元……

从用例看,"让"前的"经过"后的 VP 都是致使者有意识或有目的的行动,如例 a、b;"使"前的"经过"后的 VP 分两类,一类是非自主动词或忽略主观意志的自主动词,如例 c、d;另一类则是致使者有意识的动作,如例 e—f。

以上用例说明,当 N_0 同是动词短语,用"让"构式的视点一般在致使者的主观努力与目标上,用"使"构式的视点则在被致使者与结果上。所以,"使"后的谓词往往有表示明确变化、结果的词语,最具体的结果常以数字说明,如上面的例 e—f。"叫"没有上述用法,"令"只有一例,其后的谓语是表示心理状态的。

陈长虹(2011:22)曾对表致使的"使"与"令"的用法进行了较为全面细致的比较。她指出,"使"字句常常表示 N_0 客观地导致 N_1 发生量的变化或质的变化,包括数量上的变化以及心理、状态等的变化,是动态的。因此,"使"后的 V_2 多为"达到、增加、升高、延长、缩短、突破、减少、提高、恢复到、控制在、稳定在、徘徊在、攀升、下降、翻番、推迟、提前",再带数量词。例如(例后括号内数字是用例数):

a. 石油输出国组织将采取措施,使国际原油价格稳定在每桶30美元。(80)
b. 官兵们经过顽强奋战,终于使机舱提前20天竣工。 (87)
c. 缺水使每年粮食减产25亿多公斤,工业产值减产700多亿元。(83)
d. 深圳等地因该种商场的出现,使零售物价下降了5%～10%。(84)

从用例看,这类"使"构式中的 N_0(某种情况或动作)导致 N_1 产生某种量变,既有主观、有意致使的,如例 a、b;也有客观致使的,如例 c、d。以数量短语来具体而详细地说明致使的结果,是表"致使"的"使"构式独有的用法,这是其客观性强、主观性弱的特征在语言形式上的体现。此类用法是"让""叫""令"所没有的。

总而言之,上面两项调查说明,同是 N_0 为表示事物或动作的构式,"使"构式的主观性同样较"叫""让"的构式要弱得多。

2.2.3　从表示主观情绪的强弱看"叫""让""使"等构式

李临定(2011:194)列举了这样几个例句[①]:

  a. 四妹,你这一身衣服实在看了叫人笑。(茅盾)
  b. 三口铡刀多让人疼得慌啊!(陈士和)
  c. 就是这些事情,叫我们庄稼人永世直不起腰来。(秦兆阳)
  d. 这真让祥子的心跳得快了些。(老舍)

李临定认为,当"让""叫"前不是指人名施,而是表事物或是表事件的语句,句中的"让""叫"则可以用"使"替换。事实真是如此吗?

受上面例 a、b 启发,我们以"叫/使人笑""多让/使人"为关键词语,在 CCL 语料库中进行搜索,发现"叫/使人笑……"的用例分别有 8 条和 6 条;"多让/使人……"用例分别有 15 条和 1 条。例如:

(10) a. 小胖孩子又是那么天真可爱,单单的伸出一个胖手指已足**使人笑上半天**。
  b. 如果在我们这里今天讲英语还用这几个令人发笑的委婉语词,那不只**叫人笑破肚皮**,简直会被送入神经病院也说不定。
  c. 一桌子的人,只得乔正天自讲自笑,这种笑话,**怎能叫人笑得出声**?
  d. 看江水山当时的表现,几乎要动枪打人,**多使人寒心呵**!
  e. 乡里人谁不讲究个明媒正娶?想不到儿子竟然偷鸡摸狗,**多让人败兴啊**!
  f. 老人又吧嗒一口烟,"才六岁的孩子,**多让人心疼。**"

语例统计和(10)的用例说明,比起"使"构式来,"叫""让"构式更多地用于表现人强烈的主观情绪方面。

"真受不了""真+心理动词+透了/死了"也常用来表示人的强烈的

[①] 除了我们采纳的系统性分析观点及其相关例句外,其他人所举例句均不与本书例句一起编号。

主观情绪,在 CCL 语料库中搜索这些语块与"叫""让""使""令"组配的用例,分别得到 30/4/4 条、13/4/3 条、1/0/0 条与 0/0/1 条。例如:

(11) a. (老索)对我很不满意地说:"你怎能这样对待我,我是小孩子吗?你的好意**真叫人受不了**。"

b. 我这样的穷亲戚到了他家,她鼻子不是鼻子脸不是脸,狗眼看人低的东西,**真让人受不了**,咱们人穷志不穷,您说对不对?

c. 用不着你老是在监视我。我老实告诉你,你可**真叫我腻味透了**。

d. 一切都让人心烦!**真让人恨透了**,恨透了!

e. 下班回家想洗把澡,没水;想做饭,也没水。夏天到了,**真叫人急死**!

f. 该用情时他笑嘻嘻,不该用情时他反而声嘶力竭作悲痛状,**真让人难受死了**。

g. 他(鹳爸爸)听后沉思起来,之后,他一整天半闭着眼,用一只腿立着;深奥的学问**真使他受不了**。

(翻译作品《安徒生童话故事集》)

h. 当警察把年老的父亲和男佣的尸首挖出来,检查结果,很明显是被砒霜毒死的。这件事可千万不能再发生,否则,**真令人担心死了**。

(翻译作品《疑惑》)

调查结果和用例说明,在表示被致使者带主观评价的、消极的主观情绪方面,"叫"的使用频率最高,"让"次之,"使"和"令"的使用频率则极低(各仅有的 1 例均出现在翻译作品中)。这一现象与前面指出的"有意致使"主观性最强的是"叫","让"次之,"使"较弱,"令"一般不这样用的情况是十分一致的。

2.2.4 从"叫""让""使""令"与表情绪谓词组配情况看差异

牛顺心(2007)选择了口语性较强的 550 万字左右的语料,对"使""令""让""叫"四个致使词做了封闭调查,结果显示,"令"和"使"中作为独立的词已经丧失了使令动词的用法,而成为纯粹的致使标记;致使词"令"构成的致使结构在普通话中作谓语的能力已经在萎缩,而是更经常地以"令+成事+的"的形式作定语。"令+成事",尤其是"令人 V"已经更多地成为一个固定的结构,词汇化程度相比"使""让"等要高得多。

他指出:"在普通话中,有一批词语做致使结构的 EV 时,对致使词有较强的选择性,一般出现在由致使词'令'构成的致使结构中,如'令人起敬、令人垂涎、令人生畏、令人瞩目、令人羡慕、令人作呕、令人发指、令人叫绝、令人陶醉、令人钦佩、令人信赖、令人恐怖、令人鼓舞'等,其中,有的已经发展成为固定结构了,如已被收入成语词典的'令人齿冷、令人发指、令人作呕'等。在这些固定结构中,'令'进一步丧失了独立性,而虚化为一个构词语素。"

陈长虹(2011:27)曾指出,"使"字句和"令"字句的 V_2 都表示致使结果,但两者存在很大不同,前者侧重于表示动态的变化,而后者侧重描述静态的结果。

我们在陈长虹(2011)调查的基础上,又增加了一些双音节词和成语用例的调查,整理成以下两个表(表中/后的百分比是表示主观情绪较强用例的比率,即致使词受"太、真、确实、实在、的确、好不、简直、多、多么"等修饰或采用反问句的用例所占比率)。

表 4 与"令人""让人""叫人""使人"组配的双音节词调查

	满意	鼓舞	高兴	惊讶	失望	痛心	兴奋	讨厌		兴奋	失望
令人	1246	667	366	355	572/3.6%	311/9.6%	301/1.3%	223/2.2%	令我	15/6.6%	36/8.3%
让人	30	3	81	49	110/17.2%	22/9.9%	37/18%	33/9%	让我	21/14.2%	93/20.4%
叫人	1	0	56	7	13/38.4%	11/63.6%	14/50%	34/29%	叫我	4/25%	12/50%
使人	37	2	31	21	27/11%	19/5.2%	29/3.4%	22/4.5%	使我	16/0	49/0

表 5 与"令人""让人""叫人""使人"组配四音节词调查

	目不暇接	叹为观止	肃然起敬	望而生畏	大失所望	深恶痛绝	魂飞魄散
令人	197/3%	171/4.1%	135/5.9%	95/4.1%	21/9.5%	12	2
让人	25/4%	20/15%	21/19%	18/11%	6/33%	2	3
叫人	3/33%	6/50%	5/0	5/60%	0	1	0
使人	13/0	7/14%	5/0	18/4.1%	4/0	1	0

说明:

1. 从表 4 和表 5 的统计结果看,表示情绪的双音节词与成语组配率最高的是"令","让"次之,"使"再次之,"叫"相对是最低的。再看与"叫"组配的词语,频率略高的只有"高兴"和"讨厌"这样的口语词。不少可与

"让"组配的书面语词(如"鼓舞、大失所望、魂飞魄散"等)却没有与"叫"组配的。

2. 表 4 中"令我"用例数只占"令人"用例的 1.2%,而"让我"与"兴奋""失望"组配的用例数与"让人"组配的不相上下,或明显增加。这说明在与表示主观情绪的词语组配方面,"让"更侧重对言者个人主观情绪的表达,"令"则侧重对群体主观情绪的表达。

3. 从上面两表中"/"之后的百分比可知,尽管"令"等四个动词都可以带表示人主观情绪的谓词,但在语气强弱方面是有差异的:虽然表情绪的谓词与"叫"组配的用例数最低,但其中强语气用例所占比率却是最高的,"让"与"令"次之,"使"相对要弱多了。这说明同样是后接表情绪的谓词,"叫"更多地用于表示被致使者强烈的主观情绪,其次是"让",再次是"令","使"则较少有这类用法。这与 2.2.3 节得出的结论是一致的。例如:

(12) a. 我对你们每个人的期望都很高,我真的不希望你们再让我失望了。

b. 当我躺在床上后,我却不能停止思考。比赛太让人兴奋了。

c. 我从来没有赛出这么好的水平,这一周的赛事确实太让我兴奋了,我击败了所有最难对付的对手……

d. 全国一年公款吃喝超千亿元,怎能不叫人痛心疾首!

e. 这个宣言说得太好了,太对了,简直叫人兴奋,叫人激动。

f. "我根本没拿你当回事。瞧你那副德行,真叫人讨厌。什么东西。混蛋一个!"

g. "种种迹象条条线索最终竟然指向一个最不可能犯罪的人身上……真正让人大失所望,令人心寒之极啊!"袁捷怔怔地看着宋懋又急忙扭开脸去。

2.2.5 "让""叫""使""令"构式异同点的归纳

经过以上多角度的比较,现将"让""叫""使""令"构式的异同点整理如下。

表6 "让""叫""使""令"构式异同

	使令义	致使		致使力	容许	任凭
		有意致使	无意致使			
让	较常用	使用频率最高;施事性强;主观意志强;语用功能较多	常表示动态的变化或情绪的变化,主观意愿强,主观情感次强	最强	常用	常用
叫	较常用	使用频率中等;施事性强;主观意志最强;语用功能较多	常表示动态的变化;有时表示情绪变化,主观情感最强	次强	少用	无
令	极少用	用例极少(用于书面语)	常表示静态、人的主观情绪的变化,带一定的主观性	较弱	无	无
使	极少用	使用频率次高,施事性弱;主观性弱	常表示动态变化,较客观,多以具体数量加以体现;有时表示情绪的变化,主观性弱	中等	无	无

如果从主观性的角度来考察,"叫""让""令""使"构成了下面的连续统:

主观意志与情绪:强————→弱

叫 ＞ 让 ＞ 令 ＞ 使

第三节 从系统性角度看"让""叫""使""令"的教学安排

3.1 "让"教学安排的已有研究

肖奚强(2008:48-69)对外国学生"让"字句的习得做了较为全面细致的研究。他发现我们所引的两个大纲都没有专门设置"让"字句和"使"字句,而是把表致使和被动的"被""让"编排在一起。

在《本科生大纲》词汇表中,"让"被列为一级词汇,主要义项有:

让[动]把方便好处让给别人,让座/让路。
(肖奚强把这一用法称为句式Ⅰ)
让[动]允许,指使。 (肖奚强把这一用法称为句式Ⅱ)
让[介]表示被动(被)。 (肖奚强把这一用法称为句式Ⅲ)
"使"被列为二级词汇,主要义项有:
使[动]用。
[动]让、叫、致使。

肖奚强(2008:53—54)又把句式Ⅱ的"让"字句细分为三种表意句式,即:

A. 致使义句(说明详见前)
B. 使令义句
C. 允许(听任)义句

肖奚强(2008:56—57)对外国学生使用"让"的诸多用法的情况做了统计,发现句式Ⅰ(实义动词)的用法使用了6次,正确率达100%;句式Ⅱ的用法使用了897次,正确率达81%;句式Ⅲ(被动用法)使用了12次,正确率达58%。句式Ⅱ内部三种用法的正确使用如下表:

表7 句式Ⅱ内部三种用法的正确使用情况

		初	中	高
A	句数	19	97	314
致使义	比例%	67.86	62.25	58.04
B	句数	9	46	162
使令义	比例%	32.14	28.57	29.94
C	句数		18	65
听任义	比例%		11.18	12.12

肖奚强(2008:68)对"让"的教学做了如下的安排:
(1) 句式Ⅰ及设置保持不变(根据交际需要设置"让"的基本动词义);
(2) 在一年级的前期先出现句式Ⅱ(A)(即"致使"),再出现句式Ⅱ(B)(即"使令");
(3) 在一年级中后期出现"使"字句;
(4) 在"被"字句的语法点设置中去掉"让"字句,稍后增设句式Ⅲ(被动);

(5) 在二年级增设句式Ⅱ(C)(即"允许")。

我们赞成肖奚强关于"让"和"叫"被动用法的教学安排,即把它们与"被"字句的教学分开来。但应先教"让""叫"的"允让"义,然后再教"让""叫"的被动用法。因为从语义演变的角度看,"让""叫"的被动用法是在"允让"义的基础上产生的(详见朱琳,2011:129)。

3.2 我们对"让""叫""使""令"的教学安排

下面是我们对"让""叫""使""令"四个动词的教学内容和层次的安排。

表8 "让""叫""使""令"的教学内容与层次

	让	叫	使	令
初级二	1. 基本动词义(让座、让路等) 他给老人让座。	1. 基本动词义(叫唤) 他在叫你呢! 她叫了一辆出租车。		
初级二、三	2. 使令义 老师让/叫你去办公室。 妈妈让/叫我去商店买东西。			
中级一	3. 致使义 1)有意社交性致使 我一定要叫他知道知道我的厉害。 你应该让他冷静下来。 我们会让您满意的。 2)有意非社交致使 敢叫高山低头,河水让路。 我要让荒滩变成"金滩"。		致使义 1)无意致使 大旱使粮食减产了5%。 5分之差,使儿子没考上大学。	致使义 1)无意致使 这个消息令人兴奋。 他的事迹真令人佩服。
"使"与"令"用法进行比较; "让、叫"使令义、有意致使用法与"使、令"的无意致使用法进行比较				

续表

	让	叫	使	令
中级二	3）无意致使（客观陈述类） 　　他让大家心服口服。 　　叫/让你久等了。		"让、叫"诸多用法与"使"的用法比较	
	4. 允让义 　　可以让/叫干完的人先走。 　　不叫/让咱去，咱就不去。 　　你的自行车能让/叫我骑一下吗？ 　　你先让我想一想，明天答复你。（＊叫） 　　让我们共同携起手来，一起干吧！（＊叫）			
	5. 听任义 　　别理他，让他爱干什么就干什么。 　　让她哭去，用不着劝她。 　　他要付款单就叫他拿去，那又没什么用。			
	6. 被动义 　　我的自行车叫/让他骑走了。 　　这个手机很快就让他弄丢了。 　　早点儿走吧，迟到了叫人家笑话。			
	将"让、叫"被动构式与"被"构式用法加以比较（详见第六章2.3.3节）			
高级	无意致使（带主观情绪或者感情） 　你太让人感到失望了。 　他当着那么多人的面斥责我，真叫我丢脸。 　你的好意真叫人受不了。 　你让我说你什么好？ 　你让/叫我这张老脸往哪儿搁？ 　让你受委屈了。 　让您受累了。		有意致使 我要使全世界的人都手拉手，一起唱歌。 改革一定要使尽可能多的人受惠。 整理高频的"令人～"构式，让学生记忆运用	
	将"让""叫""使""令"致使句之间加以比较			

说明：

1. 从学生相关偏误的情况看，在中级第一阶段，有些学生会将已学的"让、叫"的使令用法、有意致使与"使、令"的用法混淆（详见本章1.3.1节）。所以，我们主张在中级第一阶段，先从所表义项入手，将"让、叫"与

"使、令"进行比较(见上表初级二、三栏),给学生一个清晰的认识——"让、叫"和"使、令"有明显的不同。到中级第二阶段,再将"让、叫"与"使、令"用法交叉、较难辨析的情况结合语用加以比较。

2. 胡云晚(2002)对"让"的语义进行了详细分类,其中有"在祈使句中表示某种愿望或发出号召"之义,这其实是从"允让"义进一步引申而来的较常见的用法,所以我们在"允让"义项下,加上了这类用例(见"允让"义下最后一例)。

3. 我们把很多用"让""令"的固定构式列为高级阶段的教学内容,目的在于,希望通过对这些固定构式的整体学习和运用,让学生对"让""叫""令""使"在语义、语法特别是语用方面的差异有进一步的认识,并能根据不同语境说出很得体的话来。如"让你受委屈了""让您受累了",是特定交际场合的固定用法,很有用。

第四节 从系统性角度看其他使役动词的系统教学

4.1 其他使役动词的系统教学

4.1.1 其他使役动词的偏误对教学的启示

下面的错词偏误选自 SUDA 语料库和 BYDT 语料库,均属于使役动词的 1)、2)大类中的 b 小类动词以及 3)、4)类中的动词。

(1) a. 这里出了交通事故,快去**招呼**警察。
  b. 这些国家因粮食不足而导致{CC 造成}许多人{CD 的}死亡。
  c. 人们都知道抽烟会引起{CC 造成}肺癌。
  d. 吸烟对身体没有好处,而且总会带来严重的病,甚至导致{CC2 使}死亡,可以说有百害而无一利。
  e. 而且他们对话时,共同话题越来越多,这使{CC1 引起}他们之间能很畅通地对话。
  f. 医学表示,吸烟可以使{CC1 促使}你极有可能得癌症……
  g. 减少了两性的困扰,使{CC1 致使}学生有可能更好地专注于学业。
  h. 这样就会使{CC1 造成}更多的人因缺少粮食而挨饿。
  i. 为了使吸烟者戒烟,有的市政府制定了一项规定,就是公共场所不准{CC 让}抽烟。

上面的偏误提示我们,在教学中需要把"招呼、引、引起、造成、导致"等列为使役动词系统中的小类加以讲授,以减少它们与"使"等使役动词的混淆偏误。

4.1.2 教学中应重视其他使役动词的系联与辨析

由于目前大纲和教材对使役动词未加重视,所以我们在 1.1 节列出的很多动词都未作为使役动词列入词语教学的内容。为提高使役动词教学的系统性与效率,我们主张,在学生初级阶段学习了 a 类"请、让、叫"之后,如遇到 b 类动词作为生词出现时,可以在复习 a 类动词的语义和构式之后,以旧带新,加深学生对 b 类动词语义和所组构式的认识。如学习"邀请"就可以先复习使用"请"的兼语构式,再代入"邀请"一词。

另外,下面是我们认为到中级阶段可成组加以复习、辨析的动词:

a. 要求　求　要求　请求　央求　恳求
b. 鼓励　鼓动　鼓舞
c. 勉强　强迫　迫使　逼　逼迫
d. 鼓动　怂恿　纵容
e. 招呼　叫　吩咐　嘱咐
f. 命令　指示　指使　指挥
g. 让　叫　准　许　准许　允许　容许
h. 托　委托
i. 使　促使　致使
j. 致　导致
k. 引导　引发　引起
l. 引起　导致　造成
m. 让　叫　任　任凭

在对上述词语进行辨析时,可以从词语本身的意义、语法特别是语用方面的差异入手。如从语义轻重或侧重点的不同,辨析 a—c 组词;从感情色彩即褒贬的不同,辨析 d 组词;从使用语体的不同,辨析"让、叫、许"与"准、准许、允许、容许"等;从致使者与被致使者之间的地位的不同,辨析 a 组词;从动作的方式或态度的不同,辨析 e 组词;从言者视角与目的的不同,辨析 l 组词(详见下 4.2.2 节);从致使性质、结果与致使力的不同,辨析 i 组词(详见下 4.2.3 节);从词语韵律的不同,辨析 h、j 组词等。

4.2 几组使役动词的系联与辨析

4.2.1 "造成"一组使役动词与"使、致使"的比较辨析

从构式和语境看"造成、导致、引起"与"使、致使"的差异。

《现代汉语词典》(第5版)2005年,下简略为(2005),276、1627页)对"导致、引起"的释义如下:

"导致":引起。由一些小的矛盾~双方关系破裂。

"引起":一种事情、现象、活动使另一种事情、现象、活动出现。

从词典释义看不出"引起、导致"有何差别。需要指出的是,"引起、导致、造成"最常见的用法是带名词或动词性宾语,构成一般的动宾构式,这是与"使、令"等纯使役动词不同的地方。只有当"引起、导致、造成"后面带主谓短语时,才可看作是进入了使役句。由于"引起、导致、造成"进入使役句较为典型的是与"死亡"组配的,所以下面的辨析就以这类构式的用例作为重点分析比较的对象。

"使、致使、引起、导致、造成"都可与"死亡"组配,用于下面的构式。

构式:[S(n+vp)/VP]+V+N(人)+死亡

例如:

(2) a. 慢性侵害和突然轰击一样能使人死亡。

b. 香港连日低温引起多人死亡。

c. 这次地震致使50多人死亡,5900多人受伤,2万人无家可归。

d. 发生在1988年12月7日的亚美尼亚大地震,毁坏了3座城市,造成4.5万人死亡。海洋里发生地震,会出现强大的波浪……

e. 一辆核载33人的双层卧铺大客车,严重超载94人,并起火燃烧,导致12人死亡,20人受伤。

f. "2·23"特大杀人案,发生在大学校园学生公寓内,一次致使4人死亡,危害之严重,影响之恶劣,在新中国历史上实属罕见。

"造成/导致/致使/使/引起$5死亡"的用例中,是使役句的分别有4614条、468条、88条、73条和8条。经分析发现,这5个动词的区别主要有:

1. 这几个致使动词所带N(被致使者)是非人名词的情况很不一样,其中以"使"可带这类名词最多,"使+N+死亡"语式用于说明文的就占了总用例的32%。请看下表:

表9 "造成/导致/致使/使/引起＋N＋死亡"中 N 的比较

使＋N＋死亡	导致＋N＋死亡	引起＋N＋死亡	致使＋N＋死亡	造成＋N＋死亡
森林、脑、胚胎细胞、意志、企业	细菌、细胞、脑、害虫、胚胎	家禽、蜜蜂、细胞	鱼虾	鸡

2."引起＋N＋死亡"的用例最少,这说明"引起"较少用于致使结果较为严重的场合。

3."导致、造成、致使"后面都是最终的结果,绝大多数是已发生的事件,结果性强。

"引起"的视点在起因。"使"的结果性没有"造成"等强。由它构成的"使"构式可以表示死亡结果有可能发生,如例(2)a,这是其他动词没有的用法。①

4. 这5个动词构成的使役句,前面的致因可以分为人为致因和非人为致因。人为致因,即因人为的爆炸、暴乱、恶性事件以及因不负责任、失职等造成的事故或犯罪等(参见例(2)e—f 及例(3)各句)。非人为的致因如天灾、病毒、大规模流行疾病、癌症或意外事故等(参见例(2)a—d)。不同的动词前人为致因用例的比例按高低排列的次序是:

造成 ＞ 导致 ＞ 致使 ＞ 引起 ＞使(详见下表11)

5."引起、使、致使、导致、造成"与"数量词＋人＋死亡"组配的语式,使用频率差异也很大,分别是 2 条、12 条、57 条、347 条和4278 条。"引起"只有 2 条,如"引起多人死亡",人数模糊。与之相对,"造成"则多用于报道如"地震"这样大的灾害中精确的死亡人数,常用于总体概括,如例(2)d;而"导致"和"致使"主要用于特定的、单个事件的死亡人数的报道,如例(2)e、f。

4.2.2 "使、引起"与"导致"等一组使役动词的比较辨析

从上述分析可知,"使、引起"在用法上与"造成、致使、导致"区别较大,而后三词用法有些交叉。为了进一步辨析后三词,我们把语料调查与观察的范围扩大到了它们所在构式的前后语境,发现了以下的不同:

---

① 只有当"引起"直接带"死亡"作宾语或"导致……死亡"作定语时,可以表示相近的意思。例如:a.如果(体温)升到43℃以上,就可能引起死亡。

b.约旦成功挫败了一起可能导致数千平民死亡的恐怖袭击阴谋,并逮捕了一个恐怖团伙。

1. 三词后续出现"损失"一词的用例数不同。

我们以"人死亡＄5损失"为关键词语,检索到与"造成、致使、导致"相关的53个用例,并对它们所用的方面作了分类,结果见下表:

表10　以"人死亡＄5损失"为关键词语搜索到与"造成、致使、导致"相关的用例统计

～人死亡＄5损失	造成	致使	导致	"死亡……损失"用于	造成	致使	导致
	50	2	1	事件报道/总结/法律	31/16/3	2/0/0	1/0/0

"V……N+死亡"这是一个表示后果严重的事件的构式。从上表统计看,在这类用法中,"造成"的使用频率最高。

2. 三词用于法律等条文中的频率不同。

我们在"造成/致使＄5死亡"的语料中发现,只有"造成"和"致使"有出现在法律及相关规定的用例:"造成"有15条,其后续句常为对某种罪行应采取何种刑罚(具体判决),如例(3)a;"致使"有9条,有6条与"造成"的用法相近,如例(3)b,还有3条是具体解释刑法条款的,如例(3)c。①

3. "造成"常与追究某人责任的语句共现,如例(3)d。

4. 对于事件叙述的详略不同。"造成"前后常出现"事故、事件、案(件)"等词(103条),对事件的叙述很概括,但有时对后果叙述较详,如例(3)e,所以常用于总括。"事故"类词语与"导致"组配的共有11例,该词事件叙述大多较概括,但也有像例(2)e那样对原因说明较详的用例。"致使"前只出现了1次"事故",其他词未见,但它的语用特点是:有时在报道事件的同时伴有主观评论,如例(2)f;有时对事故和事件过程的叙述较为详细,如例(3)h、i,这样的详述在"致使＄5死亡"中共有29条,占总用例的32％。请看用例:

(3) a. 造成就诊人死亡的,处十年以上有期徒刑,并处罚金。

　　b. 致使被绑架人死亡或者杀害被绑架人的,处死刑,并处没收财产。

　　c. 该条所说的"非法拘禁致人死亡",是指在非法拘禁过程中,由于暴力摧残或其他虐待,致使被害人当场死亡或经抢救无效死亡的。

---

① "导致"只有一条"导致死亡"出现在法律条文中,构式不是使役句,故不计在内。

d. 记者 30 日获悉,有关部门已对**造成 15 人死亡**的自贡市公交车坠河事故责任人作出严肃处理,给予自贡市市长罗林书行政警告处分、副市长陈吉明行政记过处分。

e. 吉林省吉林市"2.15"中百商厦特大火灾已**造成 53 人死亡、70 人受伤**(其中 14 人重伤)的严重后果。

f. 吉林市中百商厦发生了特大火灾事故,**导致 53 人死亡**。

g. 公开信中说,"2 月 15 日,吉林市中百商厦发生了特大火灾事故,**导致 53 人死亡、70 人受伤住院的严重后果,给人民生命财产造成巨大损失**……

h. (他)因为对村民的激烈言辞极为恼火,便率领众儿子与村民相互殴打,**致使四村民死亡**。

i. **9 岁的儿子手扶电杆拉线而触电倒地,其妻发觉后连忙去拉也触电,致使母子双双死亡**。

以"造成/导致＄2 严重后果"为关键词语在 CCL 语料库中搜索,分别得到 421 条和 27 条。"造成重大损失"的有 209 条,"导致"无此类用例。"造成/导致/致使＄6 损失"的分别有 4315 条、52 条和 49 条。在"导致/致使＄6 损失"的用例中,有"因、由于"等表示原因词语的用例占了 32％和 25％。而"造成重大损失"的 209 条用例中,这样的用例只有 3.3％。上述调查结果说明,使用"造成"的视点不仅在后果,而且在后果的严重程度及其损失。而"导致、致使"的视点在后果并兼顾原因。

现将以上的辨析要点归纳为表 11:

表 11 从构式的语义与语用看"造成、导致、致使、使、引起"的异同①

词语/用例数	人为致因	非人为致因	被致使者为人	被致使者非人	报道	总括	详述过程	原因	后果严重	追究责任
造成/4614	87％	13％	99％	1％	＋＋＋	＋＋	＋	＋	＋＋＋	＋＋＋
导致/468	80％	20％	94％	6％	＋＋＋	＋＋	＋	＋＋	＋	＋

---

① 由于"造成、导致"的用例太多,表中这两词的比率是对 CCL 语料库中前 100 个使役句统计后得出的。"致使""使""引起"三词的比率则是对收集到的所有用例的统计。"导致＄5＋死亡的"未见用于法律条文的,但"导致死亡/损失"有用于法律条款的,故表中标了"＋"号。"使＋N＋死亡"有 3 例用于总括,所以也在表中加了"＋"号。

续表

词语/用例数	人为致因	非人为致因	被致使者为人	被致使者非人	报道	总括	详述过程	原因	后果严重	追究责任
致使/88	72.7%	27.3	97.6	2.4%	+++	—	+++	++	+	+
使/73	32.8%	67.2	52%	48%	+	+	—	—	—	—
引起/8	40%	60%	50%	50%	+	—	—	++	—	—

综合上述分析,我们认为,"造成"等动词在表示后果严重的事件时,如从原因、结果和过程三个因素来考察,它们已形成了下面的连续统:

后果严重、程度高 ──────────────→ 轻、低

造成 ＞ 致使 ＞ 导致 ＞ 使 ＞ 引起

视点在:后果及损失|后果、过程及原因|后果兼顾原因|后果|起因

4.2.3 "使""促使"与"致使"的比较辨析

从4.1.1节中例(2)f和g例句可知,外国学生有时会将"使"与"促使""致使"混用,有必要加以辨析。

《现代汉语词典》(2005:231、1759)对"促使""致使"的释义如下:

"促使":动 推动使达到一定目的:~发生变化|~生产迅速发展。

"致使":①动 由于某种原因而使得:这场大雨~数十间房屋倒塌。②连 以致:由于字迹不清,~信件无法投递。

从释义并结合用例看,"促使"既可用于有意致使,也可用于无意致使。例如:

(4) a. 朱德坚决留在军中作干部、战士的思想工作,揭露张国焘的真面目,**促使受蒙蔽的干部战士觉悟**。经过朱德不屈不挠的长期斗争,红四方面军的广大干部战士开始觉醒,迫使张国焘同意北上。

b. 周恩来同张学良、杨虎城一起,迫使蒋介石接受了"停止内战,一致抗日"的主张,**促使团结抗日的局面在中国出现**。

c. 不过,天文观测证实,九星联珠对太阳活动会产生影响。例如,1982年九星联珠时**促使太阳黑子增多**,太阳活动加剧,太阳风增强。

d. 好奇心**促使他去有意试验**。结果,被他制成透明可爱的线串明矾晶体。

e. 肌肉是人体运动的发动机，运动可以**促使肌肉更发达**。

"促使"的"有意致使"是致使者通过主观努力使既定的目的得以实现，其致使结果一般都是积极的，既有已然的也有未然的，但已然的用例比起同表积极有意致使的"让、叫"用例要多，加上"让、叫"还常表示带主观情感的消极目的（如诅咒、威胁等）的有意致使，综合来看，"促使"的致使力比"让、叫"强。"促使"的"无意致使"的致使结果多是中性或积极的，有时也会是消极的结果。其不同于"使"的地方在于致使者"内在的致使力"更强。请看下面的用例：

(5) a. 告诉你吧，人体发胖是因为性生活不正常的原因，新陈代谢不能通过正常渠道发挥，就导致营养贮留和积压，就**促使肌肉发虚发胖**。

b. 大剂量服用合成代谢类固醇或睾丸素能够在极短的时期内**使肌肉发达**。以后才能够看到类固醇的有害后果：在肌肉飞速增强的同时，肌腱却变得比较脆弱了。

c. "五十肩"是因为肩膀关节组织断裂而发炎，**致使肌肉发生反射性痉挛而变硬的症状**。

从例 a、b 看，"促使"的致使力是内在的，而"使"的致使力是外在的。从例 b 看，"使肌肉发达"只是一时看起来积极的结果，但从长远看，并非如此。而"致使"一般只用于无意致使，且致使结果都是消极的，如例(5)c。再比较一下用于相似语境的"致使"与"使"的用例。例如：

(6) a. 承租人未按照合同约定及时通知确定的卸货港，**致使出租人遭受损失**的，应当负赔偿责任。出租人未按照合同约定，擅自选定港口卸货致使承租人遭受损失的，应当负赔偿责任。

b. 工程管理人员玩忽职守，滥用职权，徇私舞弊，**致使国家和人民财产遭受损失**的，根据情节轻重，由其所在单位或上级主管部门给予行政处分……

c. 合同的任何一方违反合同约定的保密义务，泄露技术秘密**使他方遭受损失**的应当支付违约金或赔偿损失。

d. 承租人对船舶占有、使用和营运的原因**使出租人的利益受到影响或者遭受损失**的，承租人应当负责消除影响或者赔偿损失。

e. 过去数年来网上音乐盗版活动导致美国音乐光盘销量下降 31%，**致使该行业自 1999 年以来遭受损失 7 亿多美元**。

f. 连日来，呈点状散发的疫情**使百姓的财产遭受损失**，人民的健康正遭受威胁,防治工作进入关键时期。

CCL 语料库中"遭受损失"与"致使"组配的共有 19 条用例,其中有 10 条属于法律条文,还有 5 条属于类似具有法律效应的规定等。"遭受损失"与"使"组配共有 49 条用例,其中属于法律条文的只有 3 条,例(6)各例说明,同样表示消极的、无意致使结果时,"致使"比"使"的语义更重,致使力更强,更多地用于法律语体,其消极结果也更严重。这与我们上一小节根据"V+N+死亡"构式所得出来的结论是一致的。

另外,4.1.1 节中(1)偏误例 f 和 g 中"使"后的"有可能+V"和"能+V"短语都带[+未然][+可能]语义,那么,"促使"和"致使"能否这样用呢?我们以"促使+\$3+有可能""致使+\$3+能"为关键词语在 CCL 语料库中搜索,分别检索到 0 条和 4 条。仅有的 4 条"致使……能"用例,全部表示已然的动作。而查 CCL 语料库,"使+\$3+有可能"有 228 条;"使/促使/致使人+能"分别检索到 37 条、0 条和 0 条。这说明,"促使、致使"极少甚至不用于"可能"和"未然",特别是被致使者是泛指的时候。

4.2.4 "促使""致使"与"使""让""叫""令"的异同

通过上述辨析,现将与"使"相关的一组致使动词的异同归纳为下表。

表 12 与"使"相关的一组致使动词的异同

	致使力		致使性质		致使结果			动作的态		+N_1(能)	
	强	弱	有意	无意	积极	中性	消极	动/已	常态	动/未	泛指	定指
促使	++		++	+	++	+	+	+		−	−	+
使		+	+	++	+	++	+	+	+动	+	+37	+145
致使	+		−	++	−		++	+		−		
让	+		+	+	+	+	+	+		+	+16	+35
叫	++		++				++	+		+	+1	+1
令	+			+		+	+	+静	+	+2	+1	

说明:

1. 从有意致使的致使力的强弱看,"促使"和"叫"最强。二者的区别在于,"促使"是通过致使者的努力,使既定目标的结果得以实现,即客观致使力强。而"叫"则常带言者的主观意志和感情,如"敢教/叫……"以及发誓、诅咒等,可以说是主观致使力强。从致使结果看,"促使"以积极和中性的为主,"叫"则以消极的为主。

2. 在表示无意致使时,使用频率较高的是"使"和"致使"。① "致使"一般只用于引出消极的致使结果,"使"的致使结果可以是积极、中性和消极的,但消极的结果的程度比"致使"的轻。

3. 在致使结果的消极方面较强的是"致使"与"叫",它们的区别在于,前者是客观消极结果强,后者则以主观消极结果为主。

4. 在表示致使结果的常态方面,较多使用"使"与"令",二者的区别在于,前者多用于动态结果,后者主要用于静态结果——人的情绪的变化。

5. 在"V+N_1(能)"一栏中,其他几个动词用例都过少(最右一栏"+"号后数字就是用例数),只有"让"和"使"有一些用例可加以比较。例如:

(7) a. 那里的光线清晰,使人能清楚地看到部队在敌方降落的所在。
   b. 半山坡上,环绕瀑布辟出一条小径,使人能饱览瀑布全景。
   c. 他原先的大学文化基础,使他能很快吸收新的技术知识,并在同事中脱颖而出。
   d. 他简直希望他的亲友家多死几个人,好使他能写一副挽联送去,挂起来。
   e. 任何新观念要让人能接受,总需要一段时间。
   f. 我今天想拥抱一些人,好让人能卸下重担,再继续工作。
   g. 廊上的床,我都细细擦净,好让他能在此安然午休。

经统计分析可知,当 N_1 分别为泛指和定指时,"让人能……""让他……能"表示"有意致使"的比率分别为 58% 和 94%;而"使人能……""使他能……"中"无意致使"的比率分别为 92% 和 80%。这说明在相似的组配中,"让"多用于"有意致使","使"多用于"无意致使"。

综合本节的分析与 2.2.5 节的结论,从主观性强弱看,这几个动词形成了下面的连续统:

主观性强————————————————→弱
　　促使 ＞ 叫 ＞ 让 ＞ 令 ＞ 使 ＞ 致使

---

① 还有"引起、导致、造成",详见本章 4.2.1 节。

第三章 心理动词的系统教学

第一节 心理动词的分类标准

1.1 心理动词分类的已有研究

范晓等(1987:53)认为,"表示情感、意向、认知、感受等方面的心理活动或心理状态的动词都是心理动词"。他引用了黎锦熙、刘世儒(1959:116—118、141)的观点,根据能否与"很"组合,把表示心理活动的动词分为两大组:一是表示"经验过程"的动词(不能同"很"组合);二是表示"情意作用"的动词(大多能同"很"组合)。陈昌来(2003:105)指出,黎锦熙、刘世儒所说的"表示经验过程的即指认知活动心理动词"。

周有斌、邵敬敏(1993)用"主(人)+{很+动词}+宾"作为鉴定式,凡是能进入这一格式的,都认为它是心理动词,凡不能进入这一格式的,都不是心理动词。张京鱼(2001)从周有斌、邵敬敏(1993)所确立的形式标准入手,把心理动词分为两类:心理状态动词和心理使役动词。凡是能进入"S(人)+{很+动词}+宾语"和作者所扩展的"S(人)+对+O+很/感到+动词/形容词"的动词和形容词是心理状态动词,如"喜欢、爱、害怕、关心"等;能够进入"S+V+O(感受者)"这一框架,且其语义镜像为"S+使+O(感受者)+V"的是心理使役动词,如"愁、闷、迷惑、振奋、苦恼、恐吓、愉悦、为难"等。

陈昌来(2003:108—109)指出:"Halliday(1985)把心理过程分为感知、情感、认知三类。按汉语心理动词的特点和心理活动类型,我们把汉语心理动词分作两类,一是情意类,一是认知类。情意类心理动词表示心理状态,能受'很'修饰,如'爱、妒忌、可怜……'等,认知类动词表示心理行为,一般不能受'很'修饰,如'知道、懂得……'等。"

文雅丽(2007:76)以语义特征为主,辅以语法功能框架,对心理动词进行了较全面的研究。她设定了以下 A、B、C 三个鉴别框架,把分别能够

进入其中的心理动词分为心理活动动词、心理状态动词和心理使役动词[①]:

A:1. $S_{[人]}+V_{[P]}$

    2. $S_{[人]}+(很)+V_{[P]}+(O_{[N.V.S]})$

B:1. $S_{[人]}+V_{[P]}$

    2. $S_{[人]}+(很)+V_{[P]}+(O_{[N.V.S]})$

    3. $S_{[人]}+V_{[P]}+在/于+(O_{[N.V]})$

C:1. $S_{[人、物、事件]}+(很)+V_{(P)}+(O_{[N人]})$

    2. $S_{[人、物、事件]}+V_{(P)}+死/坏/煞+O_{[N人]}$

文雅丽以上述方法,由《现代汉语词典》界定出765个心理动词,其分类分布如下:

(1) 心理活动动词(269),如"感觉2、打算1、知道、懂得、理解、了解1"等;

(2) 心理状态动词(431),如"爱好1、怨恨1、羡慕、尊敬1、轻视、生气"等;

(3) 心理使役动词(65),如"气10(使人生气)、烦3(使厌烦)、激怒(刺激使发怒)、感动2(使感动)"等。

丁薇(2008:11—12)把进入框架"主体(人)对人或事+很+V心理+宾语"(邵敬敏,1993)的动词划为情意类心理动词,进而再分为情感心理动词和意愿心理动词两类;将进入框架"主体(人)+V心理+宾语(NP/VP/AP/CLAUSE)"的动词划为认知类心理动词,进而依据能否从"主体+V心理+宾语(宾语小句)"改换成"宾语(宾语小句)+使+主体+V心理"的框架结构分为心理感知动词和心理意志动词两类。

程娟(2011:28)借鉴文雅丽(2007)的分类角度,从《等级划分》中整理出261个心理动词,并进行了归类。

[①] 据文雅丽的"框架中编码解释",对A、B、C框架中的符号说明如下:S[人]与S[人、物、事件]中的[人]表示人的名词或人称代词,[物、事件]表示事物或事件的主语;V[P]表示心理动词,(很)既有可加又有不可加"很"类程度副词。O[N.V]、O[N.V.S]中的[N.V]表示体词性或谓词性宾语,O[N人]表示人的名称或人称代词或相关人的抽象名词,如"心""神""情绪""心情"等宾语。"在/于"表示介词"在"或介词"于"。"死/坏/煞"表示程度达到极点或程度深的副词"死/坏/煞"。

1.2 我们的分类主张

我们认为,文雅丽的分类侧重意义,对语法形式框架的设定比较宽松。周有斌、邵敬敏的分类侧重于形式,对心理动词的归类偏严,排斥了应是心理动词的一些词语(如"吓"等)。

我们的分类倾向陈昌来和丁薇的做法,即兼顾意义和形式两个方面,结合心理动词的语义和常进入的构式综合加以分析。教学方面,我们赞成程娟的观点,把研究和教学的重点放在《等级划分》的 261 个词中学生易混淆的词语上。

第二节　心理动词的分类

本着 1.2 节的原则,我们对丁薇所列的心理动词进行了全面梳理,比照《等级划分》,有所增删[①],共整理出 304 个心理动词,下面再分为情感、意向和认知三大类。

2.1 情感心理动词的分类

情感心理动词是表示人的情感心理活动的动词,其中能受"很"等程度副词(包括"有点儿、十分、非常"等)修饰的心理动词为第一类,不能受"很"等程度副词修饰的为第二类。

2.1.1 第一类情感心理动词与相关构式

第一类情感心理动词共有 148 个。这类词语都可进入下面的构式 1。其中的部分词语还可分别进入下面的构式 2—5。[②] 这类动词中的 a—d

---

[①] 丁薇(2008:52)在前人研究的基础上,对《现代汉语词典》(第 5 版)、孟琮等《汉语动词用法词典》(2005 版)、《现代汉语语法信息词典详解》(2003)进行了穷尽性的考察,重新界定的心理动词共有 259 个。我们在该词表中删掉了"心痒"(频率太低,CCL 语料库中只见一例),行为动作意味较重的"抗拒、瞻仰(恭敬地看)"、本属形容词的"着急、烦恼"以及已归入使役动词的"容许"等,同时增加了一些词语。有些虽然是超纲词,但为了便于学生理解、系联和整类地学习,也列入其中。

[②] 据对现代汉语语料调查所拟出的 5 个构式是该类动词中典型、核心动词经常可以进入的构式,5 构式的列出,目的在于使心理动词和构式相结合的教学更有系统性,从而提高心理动词教学的广度和深度。当然,有些心理动词(如"尊敬"等)还可以进入表示被动的"受/受到+V""被+V"等构式,这些可采用与本节相同的方法再结合小类加以分析(详见第十一章 3.2 节)。

类是心理动词的核心类与次核心类,是教学的重点。

构式 1:N_0＋很(等程度副词)＋Vx(心理动词,下同)＋(N_1)

构式 2:N_0＋对＋N_1＋很＋Vx

　　　　对于＋N_1,N_0＋很＋Vx

构式 3:N_0＋让/令＋N_1＋Vx

构式 4:N_0＋对＋N_1＋感到＋很＋Vx

　　　　对于＋N_1,N_0＋感到＋很＋Vx

构式 5:N_0＋(很)＋Vx＋S(n＋v/A)/(n＋的＋v)

表 1　动词小类所进入的构式

动词小类	a类	b类	c类	d类	e类	f类	g类	h类
可进入构式	1—5	1—4	1—3、5	1—3	1—2	1、3、4	1、3	1

根据可进入上述构式的多少,情感心理动词可细分为以下 8 小类(有下划线的词语是丁薇归类中无的,下同):

a. 担心、担忧、害怕、惧怕、羡慕、嫉妒、佩服、怀疑、<u>痛恨</u>、怨恨、憎恨、后悔、相信、<u>确信</u>

b. 满足、满意、着迷、怀念、想 4、生气、失望、心疼、心痛、放心、懊悔、高兴、吃惊、震惊、惊讶、厌烦、信服、发愁、<u>敬佩</u>、敬仰、仰慕

c. 爱、恨、欢迎、感谢、怕、抱怨、埋怨

d. 信任、信赖、挂念、惦记、惦念、尊重、尊敬、敬重、看重、重视、器重、<u>推崇</u>、爱慕、疼爱、爱怜、爱恋、爱戴、崇拜、崇奉、崇敬、崇尚、赞赏、<u>欣赏</u>、<u>赏识</u>、放松、放纵、感动、感奋、感愤、感激、感怀、感念、关心、<u>关怀</u>、<u>关注</u>、害羞、坚信、留恋、迷惑、迷恋、心醉、仇恨、热爱、宠爱、宠幸、喜爱、喜欢、爱好、珍惜、<u>珍爱</u>、怀恋、同情、服、灰心、轻视、<u>蔑视</u>、忽视、操心、思念、入迷

e. 赞成、同意、反对、鼓励、注重、纵容、溺爱、宠信、迷信、抱歉、懊恨、暗恋、<u>尊崇</u>、体贴、吝惜、偏爱、忌讳、计较、<u>藐视</u>

f. 讨厌、厌恶、可怜、憋气、疑惑、信

g. 想、想念、愁、烦、宠、陶醉、心醉、怨

h. 自信、<u>自爱</u>、<u>自尊</u>、<u>自重</u>、<u>自恋</u>、气、仇外、怀旧、顾及、顾念

例如:

(1) a. 我很担心你。(构式 1)

b. 他对这个工作很满意。(构式2)

c. 这个乐曲让/令人陶醉。(构式3)

d. 他对上海的繁华感到吃惊。(构式4)

e. 老刘抱怨环境太差。(构式5)

2.1.2 第二类情感心理动词与相关构式

第二类情感心理动词不能进入第1构式,属于心理动词的边缘类。下可再分为五小类:a—d四类分别可进入下面的构式6、7、8、9。e类中各个动词所组配的构式都有自己的特点,有词汇化的倾向,无法用某个统一构式加以概括。下面分类述之:

构式6:N_0+Vx+N_1

a. 原谅、宽恕、暗恋、小看、嫌弃、酷爱、缅怀、顾恋、顾惜、顾怜

此类动词一般带体词性宾语。其中"原谅、宽恕"还可以带"了","嫌弃、暗恋"等还可带"过"。如"我原谅了他""小李暗恋过妹妹"。

构式7:$N_0+对+N_1+Vx$

b. 发火、发怒、发呆、发愣、屈服、默认、让步、妥协、怠慢、疑忌

如"你不要对孩子发火"。

构式8:$N_0+Vx+S(n+A/v)$

c. 笑(讥笑)、讥笑、嘲笑、暗笑、嫌、疑心、默许

此类动词常可带小句宾语。除此之外,其中的"笑、讥笑、嘲笑、暗笑"还可带体词性宾语。如"他们笑我太老实"。

构式9:N_0+Vx

d. 发呆、发愣、发奋、发愤、发毛、发狠、发蒙、发慌、发昏、发窘、发急

可进入构式9的都是有语素"发"的动宾结构的词,它们的共同点是不能带宾语(范晓等,1987:58)。除可以进入上述构式外,其中有的动词还各有自己常用的构式,如"发呆、发愣"常用于"对着+N+V"构式,如"妈妈对着照片发呆";"发奋、发愤、发狠"用于连动构式,如"我要发愤读书"。

e. 吓、怀恨、暗喜、激动、馋、崇洋、憋、惊、惊吓、疑虑、顾虑、怒、怔、感恩

e类动词一般不能单独作谓语,组配的构式均有自己的特点,有词汇化的倾向,如"吓了一跳、怀恨在心、心中暗喜、激动人心、馋+N(N为食物,如'馋荔枝')、憋得慌、崇洋媚外、惊呆了、感恩戴德"。"惊吓"和"疑虑"则常作宾语,如"惊吓"常作"受到/了"的宾语,"疑虑"常作"有、消除、

抱有、化解、平息、澄清"的宾语，"顾虑"常作"有"的宾语，极少作谓语。

2.1.3 习语性心理动词

范晓等(1987:62)指出，有些心理动词是带有习语性的，据对所引两个大纲的调查结果和学生表达的需要，我们认为下面的心理习语应作为词汇教学的内容：

舍不得　巴不得　恨不得　忍不住　忍得住　受得了　受不了
受得住　受不住　想得开　想不开　想得通　想不通　好意思
不好意思　靠得住　靠不住　信得过　信不过

2.2 意向心理动词的分类

我们将丁薇的"意愿"和"意志"两类合并，取范晓"意向"的名称，并略作补充，共有 40 个，它们都可进入下面的构式 1。

构式 1：$N_0 + Vx + vp$

构式 2：$N_0 + Vx + S(n + vp)$

构式 3：$N_0 + Vx + N/NP$

第一类是表示主体意愿的，如：

希望、盼、盼望、渴望、期盼、期望、期待、愿、愿意、情愿、乐意、向往、憧憬、甘心、甘愿、舍得、高兴、妄想、幻想

第二类表示主体的计划或决定的，如：

打算、想 3、确定、决意、计划、谋划、筹划 1、计算 2(筹划)、计算 3(暗中谋划)、算计 2(打算)、算计 4(暗中谋划)、企图、预谋、暗算、盘算、合计(盘算)

第三类表示主体以意志保持或承受某个动作，如：

坚持、放弃、忍、忍受、忍耐

例如：

(2) a. 他(很)希望你能参加我们的俱乐部。

　　b. 我愿意跟他结婚。

　　c. 我们打算暑假出去旅行。

　　d. 他心里总是在合计这件事。(《现代汉语词典》例)

　　e. 别老算计别人。

　　f. 他每天坚持锻炼身体。

第一类动词中的"希望、渴望、期待、愿意、乐意、舍得、高兴"等可受"很"等修饰。"希望"等还可带小句宾语,即进入构式2,如上例a。

第二类动词中的"盘算、合计(盘算)、算计、预谋"和第三类的"坚持、放弃"等动词亦可带名词或名词短语作宾语,即可进入构式3,如上例d、e。

2.3 认知心理动词的分类

什么是认知?《牛津现代英汉双解大词典》(第12版)[①](2013:493)是这样解释"cognition"(认知)这一词的:

the mental action or process of acquiring knowledge and understanding through thought, experience, and the senses(通过感官、思考或经验获得知识的精神行为或过程)。

与认知心理动词相关的构式主要有:
构式1:N_0+Vx+N/NP
构式2:$N_0+Vx+vp$
构式3:$N_0+Vx+S(n+vp/ap)$
构式4:$N_0+Vx+ap$

根据所表语义和可进入的构式,这类动词可分为两类,一是认知类心理动词,二是感知类心理动词。认知类心理动词还可分为三个小类:

a. 知道、了解、想1

b. 认识、理解、明白、懂、懂得

c. 想2、觉得2、认为、以为

a类可进入构式1—3;b类可进入构式1和构式3;c类可进入构式3。

感知类心理动词重在通过感官对外界事物的感觉和感知。主要有:
觉得1、感到、感觉、感受、体会、体验、发觉、发现

"觉得1、感到、感觉"可进入构式4。"感受、体会、体验、发现、发觉"可进入构式1。"发觉"可进入构式3。由于下面将分类结合更具体的构式加以详细讨论辨析,故例略。

---

① 英国牛津大学出版社编《牛津现代英汉双解大词典》(第12版),外语教学研究出版社,2013年版。

第三节　易混心理动词的辨析角度与方法

3.1　心理动词偏误多混用

已有研究表明，外国学生在使用心理动词时，出现的偏误多是因义近、形近或用法相近而产生的混淆。

程娟(2011:32)对"喜爱类目标词混淆词对分布"的调查表就充分说明了这一点。

表 2　程娟关于"喜爱类目标词混淆词对分布"表

易混淆目标词	单向		双向替代
	替代他词	被他词替代	
喜欢1		喜欢1＜愿意	喜欢＜＞爱好1
		喜欢1＜欢喜	
		喜欢1＜热爱	
喜爱	喜爱＞爱好	喜爱＜爱	
爱好1	爱好1＞爱2		爱好＜＞喜欢
热爱	热爱＞喜欢1		
敬爱	敬爱＞尊敬		
爱1	爱1＞关爱	爱1＜爱情	爱＜＞爱护

据调查，BYDT 语料库中认知类心理动词内部混用的情况较普遍。如"了解"错词偏误共有 100 例，其中与"理解"相混的 67 例，加上与"明白、知道、知"混用的共有 77 例，占总偏误的 77%。"理解"的错词共有 52 例，其中与"了解"相混的有 35 例，加上与"知道、懂、理解、考虑"用法相混的共有 43 例，占总偏误的 82%。"认为"的错词偏误共有 82 例，其中与"想"混用的有 45 例，加上与"认可、觉得、认同、明白、同意、重视"相混的共有 59 例，占总偏误例的 71.9%。"认识"的错词偏误共有 58 例，其中与"了解"相混的有 18 例，加上与"认为、知道、理解、认识"等相混的共有 45 例，占总偏误例的 77%。"想"的错词偏误中有 27 例是与其他心理动词混用的，占"想"总偏误的 45%。"觉得"的偏误共有 49 例，与其他心理动词相混淆的有 34 例，占总偏误的近 70%。其中，"觉得"与"想"相互混用

的偏误有 20 例。"知道"的错词偏误共 33 例,其中与"了解"相混的有 11 例,加上与"明白、知、感受、认识、要、想"混用的共 25 例,占总偏误的 75.7%。

此外,意向心理动词"希望"的错词偏误共有 38 例,其中与"盼望、渴望、期待"等相混的有 26 例。

3.2 对易混心理动词如何加以辨析

3.2.1 通常的辨析角度与方法

程娟(2011:108—111)主张从语用、语法、语义三个角度对易混淆词加以辨析。具体做法是:从词的语义出发,从易混词语的使用频率和词语搭配入手加以辨析。

她在辨析"喜欢、喜爱、爱好"时指出:"'喜欢'的搭配范围最为宽泛,基本上涵盖了'喜爱'和'爱好'的搭配范围。""'喜欢'与'喜爱'相比,只有当'喜爱'作定语,与'眼神、眼光、神色、心情、口吻'组合时,一般不能用'喜欢'替换;而这也正说明了'喜爱'在程度方面深于'喜欢'。当'喜爱'与表人词语或表物词语相搭配时,'喜欢'基本是都可以替换,但程度不同。""'喜欢'与'爱好'相比,'爱好'的搭配能力更弱。只可与表物词语搭配,不可与表人词语结合……范围主要是抽象词语,一是与学科相关的……一是与某些行业词语搭配……无论是学科还是行业,都带某种程度上的'专业性'特点,尽管可以用'喜欢'替换,但若选择'爱好',往往表明施事者在此方面有一定的特长或兴趣。"

程娟的辨析方法是目前词语辨析普遍采用的做法。这种方法确实能将某些易混词区别开来。但是,当易混词语可与相同的词语搭配时,这种方法较难讲清楚易混词语的细微差异。如程娟所说"'喜欢'的搭配范围最为宽泛,基本上涵盖了'喜爱'和'爱好'的搭配范围"的结论,不能使人明了这三个词在语用上到底有何区别。

程娟(2011:148)主要通过词语搭配的方法,把"感到、觉得、感觉"的差异概括为下表[①](表 3)。

[①] 为了节约篇幅,集中辨析"感到、觉得、感觉",删去了程娟原表中关于"感受"的内容。

表 3 程娟关于"感到、觉得、感觉"的差异比较表

主要区别/混淆词语	感到	觉得	感觉
使用频率	2956	3325	575
搭配范围	侧重心理活动;身体感觉	侧重身体感觉	侧重通过接触所产生的感受
典型搭配	惊慌/满足/乏力		
句法功能	直接带谓宾(形容词性为主)	直接带谓宾(动词短语为主)	加补语"到"之后可带谓宾
义域	范围较大	就感觉意义而言,范围较小,另一意义重在主观认识	就感觉类而言,范围较小,另一意义重在内心认识

据我们的语料调查,"觉得、感到、感觉"在不少词语搭配方面是有交叉的。表 3 的辨析有些粗疏,有的结论也不够准确(详见下 4.2 节)。

3.2.2 我们的辨析视角与做法

对易混词的辨析,我们的视角和做法是:

第一,尽量结合词语可进入的具体构式来说明。

凡是甲词可以进入而乙词不能进入或很少进入的典型构式可以较清楚地将易混词区别开来。由于它们是"不自由组配",能够凸显某词语的语义、语法或语用特征,而且也有利于学生的理解、整体记忆和输出。

第二,从认知等多个视角加以观察。

心理动词在运用过程中,往往会涉及以下一些语义和认知因素(见下表)。在引入构式鉴别的标准的同时,这些观察视角也可以将易混词区别开来。

表 4 心理动词辨析的多角度归纳

基本因素	观察的视角
动作主体	个体还是群体;主体与客体(人)的关系(亲疏、异性、上下)
动作的对象	确指还是泛指;具体还是抽象;物质的还是精神的;具体类别的特性
心理动词	自主还是非自主;仅表自我状态还是涉及他人、他物; 主观性:主观评价、主观态度和主观感情; 表示的是动作还是状态

第三,对于那些可以与相同词语组配的两个以上的词语,如根据上述两种方法还分辨不清的话,就应将相关构式放在更大的语境中加以比较。

3.3 结合构式的多视角辨析举例

3.3.1 对"喜欢""喜爱"和"爱好"的辨析

下面以"喜欢""喜爱"和"爱好"为例,就它们常进入的具体构式来作一下比较:

表5 从"喜欢"常进入的构式看"喜爱"与"爱好"

具体构式	例句	特点	易混词能否进入
1. $N_0+\sim+V+N_1/VP$	a. 你喜欢干什么? b. 你喜欢这首歌吗?	疑问句,所带的是动宾短语或定指的非专业名词	? 喜爱 ? 爱好
2. $\sim+V+的+N$	c. 选择你喜欢看的书。	用于言域,带单音节动词作定语	? 喜爱 ? 爱好
3. $N_0+开始+\sim+(上)+VP+(了)$ $N_0+一直+\sim+N_1$ $N_0+\sim+起+V+来$	d. 我开始喜欢钓鱼了。 e. 我一直很喜欢他的作品。 f. 他曾喜欢过表妹,现在却不喜欢了。	带一定动作性;可表示动作的开始、持续和变化	* 喜爱 * 爱好
4. $N_0+\sim+N_1$(人)	g. 王老师喜欢王兰。 h. 妈妈喜欢妹妹。 i. 我喜欢她那迷人的眼神。	N_1是定指的某人,可以是异性、亲人或各类关系近者(用例多)	* 喜爱 * 爱好
	j. 我喜爱普希金。 k. 我和每名球员的家人都很熟悉,我喜爱这支队伍。	N_1多为名人和由职业关系建立起的关系近者(用例少)	√ 喜欢 * 爱好

续表

具体构式	例句	特点	易混词能否进入
5. N_0 + ~ + N_1（物）	l.我喜欢长城、故宫、中国功夫、中国电影和中国的一切。 m.我喜爱这里，这里的人也喜爱我，我很满足。		*爱好
6.（N_0）+希望+（n+v）	n.现在我唱的这首歌，希望大家喜欢。	有意使人喜欢某定指的事物	*喜爱 *爱好

程娟（2011:112）指出："'喜爱'可用于被动句，'喜欢'一般不。"她未就此展开，其实这类构式应加以关注。下面是对CCL语料库中和"喜爱、喜欢"相关的4个构式（前3个是被动构式）的用例调查结果：

表6 "喜爱"和"喜欢"在4种构式中的用例数

为$5所喜爱/喜欢	受到$4喜爱/喜欢	深受$4喜爱/喜欢	喜爱/喜欢的（大众评选及活动）
156/12	140/7	125/2	19/2

表7 从"喜爱"的常用构式看"喜欢""爱好"

1. N_0 + ~ + 的 + N_1 + 是 + N_2	a.我喜爱的文学形式是小说。	N_1是带专业性质的某类事物	√喜欢 √爱好
2. N_0 + 受（到）+ N_1 + 的 ~ N_0 + 深/最/颇受 N_1 的 ~ N_0 + 为 + N_1 + 所 ~	b.他的作品受到广大读者的喜爱。 c.这一活动深受年轻人的喜爱。 d.这一产品为广大消费者所喜爱。	1）N_0为事物或活动 2）N_1是群体 3）构式表示的是公众对某事物或活动的评价	√喜欢（很少） *爱好
3. 人们/人民~的+N	e.做人民喜爱的企业 f.人们喜爱的食品	主体为群体	喜欢（少） *爱好
4. N_0 + ~ + 的 + N_1	g.我最喜爱的老师	N_1是人	√喜欢 *爱好

经对表5-7中构式及用例的比较，可发现"喜欢"和"喜爱"有以下

区别:

1."喜欢"的视点在动作主体,常用于主动构式和疑问句,对象多为确指的、个别事物或人,主要表示主体自身的心理状态。主体多为个体,可用于"希望"之后,表示主体有意使他人喜欢(如表5中例n)。动作自主性强,主观性亦强,常用于言域,也可用于报道。

2."喜爱"的视点在动作的对象,常用于被动构式,凸显对象引起人兴趣的程度很高,极少用于疑问句(CCL语料库中"你喜爱/喜欢＄10吗?"的用例数为1∶200)。

"喜爱"的主体多为群体。如"人们/人民喜爱的"共有93条,"人们/人民喜欢的"只有13条,且用例中有3条是否定句。例如:

(1) a. 蜂蜜中约含3/4的糖,一直是人们喜爱的甜味食品。

 b. 熊猫牌收音机投放市场,立即成为人们喜爱的畅销品。

 c. 她有一种危机感,即担心唱不出人们喜欢的好歌。

 d. 如果你能将你喜欢的梅花和荷兰人民喜欢的郁金香画在同一张画面上,我们将把它悬挂在市政府大厅里,以此表示阿姆斯特丹人民向中国人民良好的祝福……

综观这类使用"喜爱"的、主体为群体的用例,一般都是如例a、b那样,对某事物加以评价性说明,较为客观,主观性弱,多用于客观报道或说明,即行域。而使用"喜欢"的用例虽然只有13条,但其中有5条(占35%)是如例(1)d那样主观性较强的用例(用于言域的就有4条)。检索CCL语料库,未见"人民爱好的"用例。

2."喜爱"也可以用于主动构式,但使用频率比"喜欢"低得多。经检索,"我喜欢……"有1968条,"我喜爱……"只有123条。

3."爱好"一般用于主动构式,客观说明主体的兴趣所在,不用于被动式。自主性中等,仅心理状态,不带主观评价,主观性亦不强,多用于言域。如"我爱好"共有21条用例,有13条的对象与专业有关(如"京剧、表演艺术、机械专业、文艺、书法、文学"等),占总用例的61.9%,余下是"爱好和平"。"我喜爱……"用例中对象是事物的有110条,占89.4%,或是某类事物,或是确指的某个事物。但专业性事物较少,只占5.4%。"喜欢"的事物范围很广,有专业性的,但更多的是非专业事物。

"爱好"的对象不能是人。"喜欢"的动作对象既可以是泛指的某类人,也可以是确指的个人(多与主体关系密切或亲密,如表5中g、h)。"喜爱"作谓语时动作对象如是人,不能像"喜欢"那样用于异性和亲朋。

只有少数主谓短语作定语时才可以。"喜爱"作谓语时,动作的对象主要是事物,如"我喜爱……"共有 123 条,只有 13 条对象是人。

4. 当感兴趣的对象是某类动作时,"爱好"的对象一般是较有情趣的。"喜爱"同此,但用例较少。"喜欢"的对象,可以是有情趣的,也可是无情趣甚至带消极意义的。例如:

(2) a. 他喜欢睡懒觉。

　　b. 她总喜欢背后议论别人。

5. 从表 5 中例 d—f 看,"喜欢"可与"一直"、"开始"和"过"组配,表示动作的持续、开始或经历,状态可变化,这说明"喜欢"表示的"感兴趣、有好感"所持续的时间可长可短。其动作性强于"喜爱"和"爱好",而程度弱于"喜爱"和"爱好",后两词的状态性和持续性强于"喜欢"。

根据上面的分析,我们可对下面同构或近构的用例作进一步的分析:

(3) a. 评选"……最喜爱的……"/"……最喜爱的……"评选活动

　　b. 评选"……最喜欢的……"/"……最喜欢的……"评选活动

　　c. 这孩子真惹人喜爱。

　　d. 这孩子真讨人喜欢。

从词语的组配上说,例(3)a 与 b 都可以成立。但在 CCL 语料库中,a 与 b 的用例比为 27∶1。这与"喜爱"更正式、且程度高于"喜欢"不无关系。例(3)c 句程度强于 d,因为"惹"的"招惹"义凸显了孩子本身的可爱,而用"讨"隐含"孩子"本身为取得他人喜欢所做的努力。因为"喜欢"的自主性强,可以表示有意使他人喜欢。

综上所述,"喜欢"等三词的差异可概括为下表:

表 8 "喜欢、喜爱、爱好"异同比较表

	主体		对象:人		对象:事物			自主性	程度	动作性	状态性	描写性	口语/言域	书面/行域
	个体	群体	确指个别	泛指某类	确指个别	有/无情趣	专业							
喜欢	++	+少	++	+	++	+/+	+	强	弱	强	弱	弱	多	少
喜爱	+少	+多	+少	+少	+	+/-	+少	弱	强	弱	强	强	少	多
爱好	++	+少	—	—	+/-		多	中	强	弱	中	弱	少	多

3.3.2 对"满意"和"满足"的辨析

下面是我们从构式入手,对"满意"和"满足"所做的比较表:

表9 从"满意"常进入的构式看"满足"

具体构式	例句	特点	易混词能否进入
1. N_0 + 很~ + N_1	a. 他很满意这间房子。	N_1 是具体事物(物理性)(社会性)	*满足
	b. 他对这间房子很满意。		*满足
	c. 我对现在的生活很满意。		√满足(少)
2. N_0 + 对 + N_1 + 很~	d. 群众对这个领导/政府很满意。	N_1 是人、机构	*满足
	e. 他对你的服务态度很满意。	N_1 是抽象事物,涉及他人或自己	*满足
	f. 他对自己取得的成绩很满意。		*满足
3. 令 + N(人) ~	g. 向人民交出令人满意的答卷。	有意致使他人感到满意	*满足
4. 让 + N(人) ~	h. 我们一定会让每一位贵宾满意。		*满足
5. N_0 ~ + N_1 N_0 使 + N_1 ~ N_0 ~ + N_1 的 + N_2	i. 好,我满足你。	"使"前 N_0 是事物,可量化;N_1 是人;N_2 是要求、愿望	*满意
	j. 粗茶淡饭便可以使他满足。		*满意
	k. 我们不能满足你的要求。		*满意
6. N_0(某人)的 + N_1 得到(了) ~	l. 她的愿望终于得到了满足。	N_0 是抽象事物	*满意
7. N_0 ~ 于…… 的 + N_1	m. 不要满足于已有的成绩。	带贬义	*满意

通过"满意"与"满足"常进入构式的比较,可看出它们有以下差异:

1. "满意"表示某物或某人的情况符合主体的心愿,既可表"主观态度",又可表"主观评价"。如表9中的例 a、c 与 f 凸显的是主体的主观态度。例 b、d、e 凸显的是对对象的主观评价。当评价某个行业的服务态度时,一般用"满意度"。

因此,"满意"的对象范围比"满足"广。可以是与主体自身有关的事物,也可以是他人、他人的行为或他属的事物。

2. "满足"是主体自身感到足够,是仅表"主观态度"的动词,不含主观评价。所以对象的范围仅限与主体自身相关的"生活、现状"等,不涉及他人的行为或事物。

3. "满足"本身具有"使满足"的意义,"满意"则需要进入致使构式才能表示类似的意思(如表 9 构式 3、4)。因而,从致使力和动作性看,"满足"强于"满意"。当两词都用于"承诺"时,"满意"轻而"满足"重。例如:

(4) a. 我们会使您满意的。(仅是承诺、表态)

  b. 我们会尽量满足您的要求。(承诺要落实在具体要求上)

4. 在"满足于"的构式中,带有贬义(如表 9 中的例 m)。

5. "满足"因含有"足够"义,当动词对象为具体事物时,常用数量词来量化。例如:

(5) a. 我们每个人都不满足一辈子只做一件事。

  b. 他原想卖一万元就满足了,结果卖了一万九千元。

第四节 心理动词的系统分析及其教学

4.1 系统分析与教学应注意心理动词的类别差异

从第三节心理动词的偏误统计看,心理动词混用偏误较高的主要集中在认知类心理动词上,情感和意向心理动词的混用相对不是很高,因此,在系统分析与教学方面,不同类别的心理动词所采用的方法也应有所区别。

4.1.1 情感心理动词的系统分析与教学

从 2.1 节的分析看,情感心理动词数量最多,且可以进入的构式也比较多,因此,在学生学习了一定量的此类动词后,可将能够进入相同构式且用法相同或相近的词语归纳成组,结合构式,从语义、语法与语用等角度进行系统性的辨析(可参见上 3.3.1 和 3.3.2 节对"喜欢"类和"满意"类词语的辨析)。

情感心理动词中有很多在意义和用法上有关联,应注意从不同的角度揭示其中隐藏的系统性。例如与"信任"有关的词有:

  信、相信、信任、信赖、确信

根据对事实的相信程度,可整理出下面的连续统:

程度深————————→浅
　　确信　>　相信　>　信

根据对人的信任程度，可整理出下面的连续统：

程度深————————→浅
　　信赖　>　信任　>　相信

参照上述的分析视角与方法，下表中的成组情感类心理动词都可以进行系统辨析。

表10　情感类心理动词可成组辨析的词语

喜爱、喜欢、爱好	满足、满意	担心、担忧、害怕、怕	惧怕、怕
想(想念义)、想念、怀念	关心、关怀	原谅、谅解	发愁、愁
吃惊、惊讶、惊吓、震惊	着迷、入迷	发火、发脾气、发怒	笑、讥笑、嘲笑
痛恨、怨恨、憎恨	生气、气	后悔、懊悔、懊恼	心疼、心痛
佩服、敬佩、敬仰、仰慕	尊重、尊敬	敬重、看重、重视、器重	注重、推崇、尊崇
崇拜、崇奉、崇敬、崇尚	抱怨、埋怨	挂念、惦记、惦念	赞赏、欣赏、赏识
关心、关怀、关注、体贴	迷惑、迷恋	鼓励、鼓舞、纵容	珍惜、珍爱
轻视、蔑视、忽视、藐视	思念、怀念	宠信、宠爱、宠幸	讨厌、厌烦
溺爱、宠爱、宠信	陶醉、心醉		

4.1.2　意向心理动词的系统分析与教学

如前所述，意向心理动词中，以"希望"为代表的一组动词混用较多。本节就围绕着该词分两组加以辨析。

第一组：想：要：希望

表11　从构式看"想、要、希望"

具体构式	例句(易混词能否进入)	特点
1. N_0＋～＋VP	a. 我要去中国留学。(√想√希望)	主体自身的希望
2. N_0＋～＋能＋VP	b. 我希望能认真过好每一天。(＊想＊要)	主体的希望是可能实现的
3. N_0＋很～＋S(n+vp)	c. 他很希望爸爸早点儿回家。(＊想＊要，下同) d. 我很希望您能指导我。	主体自身的希望；对他人的希望是出于亲情、友情或尊敬

续表

具体构式	例句(易混词能否进入)	特点
4. N_0＋～＋S（n＋vp）	e. 我希望你马上离开！（√要＊想）	主体命令他人

说明：

1. "想""要""希望"都能带动词或动词短语作宾语，表示主体自身的希望或打算，如例 a。"希望"能表示主体自身有可能实现的希望，还可以带小句宾语，用于主体对他人的某种期望，如例 c。"要、想"则不能。

2. 第 2 构式表示主体的希望是可能实现的，大多是主体自身的希望，极少用于对他人的希望。这一构式一般不能用"想、要"。原因是，当"想"出现在"能＋VP"前，一般不表示希望，而是表示"估计"。而"要"在"能＋VP"前，则表示"要是、如果"义。

3. 第 3 构式不能用"想"。因为"想"只能用于表示自身的希望，而不能用于表示希望他人如何。"要"在表示希望时，语气很强，不能受"很"修饰，所以不能用于构式 3，但"要"可以用于命令场合的构式 4，语气较"希望"重。

因此，同样表示希望，这三个词在主观性和语气的强弱方面形成了一个连续统：

主观性和语气：强————————→弱

要 ＞ 希望 ＞ 想

第二组：希望：盼望：盼：渴望：期望：期盼：期待

表 12 从构式看"希望、盼望、盼、渴望、期望、期盼"

具体构式	例句(他词能否进入)	特点
1. N_0＋～＋S（你＋vp）	a. 我希望你们当老实人、说老实话、办老实事。 （？期望？渴望＊盼望＊盼＊期盼，下同） b. 我希望你们相信我，支持我。 c. 我希望你能超过我。	凸显主体的意愿，要求对方如何
	d. 我日夜都盼望你们来啊！ （？希望？期望＊渴望＊期盼√盼着） e. 我们盼着你早日康复！ （√希望√期望＊渴望＊期盼）	凸显主体的意愿，带强烈感情的期望与祝愿

续表

具体构式	例句(他词能否进入)	特点
2. $N_0 + \sim + S$ （国家+vp）	f. 他们希望国家早日统一。 （√渴望√盼望√期望√期盼＊盼，下同） g. 对这些新问题，希望国家有关部门予以重视并早日解决。	"希望"的对象是国家等公共机构
3. $N_0 + \sim 着 + N_1 + 的 + V$	h. 她们盼望着亲人的安全归来。 （√盼√期望＊期盼＊希望） i. 他渴望着社会的理解。	"盼望"的事情大多可以实现。"渴望"的事情往往较难实现。
4. $N_0 + \sim 着 + N_1(人) + VP$	j. 全家都盼望着父亲早点儿回家。 （√希望√盼＊期望√期盼√渴望） k. 他渴望着有个爸爸来亲他抱他。可是妈妈说他爸爸早就死了，连张照片都没留下。	
5. $N_0 + \sim 着 + VP$	l. 我天天盼着抱孙子呢! （√盼望＊希望＊期望＊期盼＊渴望）	
6. $(\sim 啊 \sim 啊) N_0 + \sim 到 + NP$	m. 盼啊盼啊，他终于盼到了大学毕业这一天。 （＊希望＊盼望＊期望＊期盼＊渴望，下同）	"盼"多用于口语，所盼之事多为日常生活中可以实现的事情
7. 早也盼，晚也盼，$N_0 + \sim 来 + N_1 + 的 + V$	n. 早也盼，晚也盼，终于盼来了政府的支持。	
8. ……$N_0 + \sim 着 + N_1(人)$呢	o. 我要回家去，爸爸妈妈正焦急地盼着我呢。	

说明：

1. "希望"常用于言域，向对方提出某种要求。"期望、渴望"很少这样用，CCL语料库中"期望/渴望+你……（小句）"分别只有2条和3条。

2. 当动作的对象为"国家"这类"公"的对象，或为"你（们）"这类"私"的对象时，"希望"等词的用例数不同。请看下表：

表13 "希望"一组动词后是"你/国家……"等用例数

希望你/国家	盼望你/国家	盼着你/国家	期望你/国家	渴望你/国家	期盼你/国家
3383/227	90/12	84/1	32/5	13/13	1/3

1. 上表统计结果说明,动词的对象无论是公的还是私的,用于行域还是言域,"希望"的使用频率最高,其使用范围最广。

2. 表 12 中的例句,"希望你……"可用于严肃地对他人提出要求,如例 a;或希望他人满足自己的要求,如例 b;还可站在主体立场上对对方加以鼓励,如例 c。"盼、盼望、期盼"一般不这样用。"期望、渴望"这方面用例虽少,但在"凸显主体意愿"方面与"希望"有相同之处。只不过"期望、渴望"的程度较"希望"要重。"一直渴望"共有 44 条,有 43 条是像下面例(1)b 那样表示主体自身的希望。像例 c 那样,对他人提要求(实际还是满足自己的要求的)只有 1 条。"期望"使用的场合比"希望"要正式。它和"希望"都可以用于否定句,"渴望"则不能。例如:

(1) a. 在这方面,我期望你们尽最大的努力。
　　b. 我一直渴望有一个家。你嫁给我吧!
　　c. 谢谢爸! 我一直渴望你支持我,以我为荣,认为我是个特别的人物,真的与众不同。
　　d. 我不希望你离开我。
　　e. 你不要期望我在经济方面承担任何责任。

3. 如表 12 例 h、i 显示的,"渴望""盼望"可带"N 的 V"这样的宾语,"希望"则不能。"盼(着)、盼望"用于"你(们)"前,表示的愿望或祝愿多带强烈的主观感情,在言域中,"期盼""期望"的用法与这两词较接近,只是使用频率不太高。例如:

(2) a. 我盼望你有更好的运气。
　　b. 家里只盼着你能有安定、和满的生活。
　　c. 我们期盼着你的早日来访!
　　d. 她期望着孩子的进步。

4. "盼望"与"盼"后的小句主语常是有定的,内容较为具体,而"渴望"后的小句主语常是无定的,多为理想、抽象化的内容(见表 12 例 i、k),这 i、k 两例与下面(3)中的"渴望"均不宜换作"盼望"与"盼"。

(3) a. 我感受着爱的温暖,我渴望着爱的降临。
　　b. 人们都渴望着他人的承认。

5. "盼"虽然与"盼望"同义,但由于受单音节韵律的影响,它常带"着""到""来"后再带动词性宾语,也可以带名词宾语。"盼着"可连用,表示心情的迫切,也可与动词性宾语组配后连用,表示一连串递进的希望,

"盼望"没有这样的用法。例如：

(4) a. 他们盼着盼着，总算是把太阳盼下去了。
  b. （我）发现人对生日寄予希望，大都是前半生的事。从做小孩子开始，盼上学，盼入队，盼逃学（赶快毕业），盼当兵，盼成为国家公民……

"希望、盼望、期盼、渴望、期望"带"着"后，也可以带动词性宾语，表示主体的主观意愿，一般见于书面语。例如：

(5) a. 他们希望着快点儿把敌人赶跑。
  b. 他热切盼望着早日重返赛场。
  c. 我也期盼着能够去北京游览。
  d. 我渴望着念书。
  e. 我一直期望着从领导岗位上完全退下来。

6. "期待"，《现代汉语词典》(2005:1067)释为"期望；等待"。例如：

(6) a. 如果你知道有人像期待节日似地期待你恢复健康，这样甚至患病也是愉快的。
  b. 成本的财务规定，硬是造成还息无来源的状况，甚至怀有侥幸心理，期待国家豁免部分债务。
  c. 祖国和人民感谢你们，期待着你们胜利归来！
  d. 老挝一水电项目国际招标时，诺哈主席风趣地说："希望你们中标，期待你们中标。"
  e. 我们全体同仁期待你的到来。

将上面"期待"的5个用例与表12中的构式对照，可发现除了7、8构式外，"期待"可进入该表中其他6个构式，据对"期待你……"用例的统计，"期待"用于言语、向对方表示祝愿的占了总用例的20%。从用法和凸显的方面看，"期待"的用法更接近"期盼"。《现代汉语词典》对"期待"的释义如改成"期盼；等待"则更为合适。从例(6)b可以看出，"期待"有主体"只是期盼、等待（国家的行动）而自己不加努力"的语义特征。这是它与"期盼"类动词的最大区别。例(6)d前用"希望"，后用"期待"，"期待"的主观感情更强，主观性强于"希望"。

从系统性角度看，上述"希望"类动词如按主观意愿和感情的轻重以及主观性的强弱排列的话，形成了以下几个连续统：

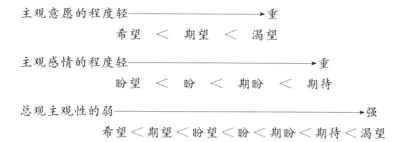

4.1.3 认知心理动词的系统分析与教学

认知心理动词中有不少动词是高频常用词,在《现代汉语词典》中,又常用来互相释义,用法上有相近之处,所以不太容易区分。下面分几组加以辨析。

1. 想：觉得：认为：以为

这几个动词常用来表示人的主观看法。下面结合构式来加以比较。

表 14 从构式看"认为""以为""觉得"与"想"

具体构式	例句(易混词能否进入)	特点
1. N₀(人)～S (n+vp)	a.我觉得他很了不起。 （√认为＊想＊以为）	主观评价
	b.我觉得他今天不会来了。 （√想？认为？以为）	主观估计
	c.我以为他今天不会来了,没想到他来了。 （＊认为？觉得＊想）	看法估计有误,后修正
2. 我～你是＋VP/AP+的	d.你的行为上有缺点。这个缺点是什么,我想你是知道的。（＊觉得）	主观认定
3. 我～你应该＋VP	e.这个教训我认为你应该记住。 （＊想＊觉得＊以为）	主观认定,命令,主观性强
	f.我觉得你应该去看看。 （√想√认为＊以为）	建议,主观性中等

说明：

1."觉得"和"认为"都可用于主观评价,如上表例 a,"想"不能。"以为"常用于看法估计有误后修正的前一句,如例 c。"觉得"和"认为"一般不这样用。

2."觉得"和"想"都可表示估计,也都可以用于建议。语气和主观性前者重后者轻。

3. "想"和"认为"都可以用于主观认定,"觉得"不行。"想"的主观性和语气比"认为"轻。

4. 有时,这几个词可与相同的短语组配,它们的差异得放在语段中才能看出来。比如下面句中都有以"我～……有道理":

(7) a. 我认为双方都有道理。(明确表态与评判)

b. <u>我认为该厂的设想很有道理</u>,建议省政府予以支持。

(明确表态并建议)

c. 土地问题是一个权属问题,权属问题是一个利益问题,<u>我觉得是有道理的</u>,落后地区的"四荒"拍卖验证了这个道理。

(后引出证据,为看法作补充)

d. <u>我觉得爸爸说得有道理</u>,所以也点头附和。(以行动附和)

e. <u>我想你说的有道理</u>,只是做起来不容易。(后接转折句,下同)

f. 妇联的同志就说,这些话应该给男性讲,说只有男性意识到这个问题,那么他们配合,两性更好地合作,这个问题才能够得到解决。<u>我想这是有道理的</u>,但是另一方面,<u>我觉得</u>女性自身也应该有一个很重要的一个正确的立场和主张,那么就是更准确地看待自己。

从以上的用例看,同样表示主体的看法,"认为"的主观性最强,态度最为鲜明,语气比"觉得、想"要重,常用于对某人或某事做出明确的评判、表态,一般用于正式场合。"觉得"的主观性较"认为"弱,语气温和。表态时,还常会加以补充或附和,如(7)例 c、d。在电视访谈时,受访者谈个人看法时,用得最多的是"我觉得"。因为它不像"认为"那么主观,给人一种很强势的感觉。"我想"在表示看法时,语气不那么肯定,所以一般不会为某看法再作补充证明。倒是后边会接表示不同看法的转折句,语气有轻的,如例 e;也有较重的,如例 f,该例在"我想"之后,继而用"我觉得"表示自己确定的看法,也可证明"觉得"比"想"语气强。

卢福波(2000:351)指出:"如果说话人表示的见解、判断确定性或理性很强,就应该用'认为',不要用'觉得'。""但是,有时说话人的看法虽然是非常确定的,但为了表示谦虚、礼貌或委婉等,用'觉得'可能更合适些。"这一分析对评判对方对错时的"认为"和"想"同样适用。

"以为"和"认为"也是学生很容易混淆的一对词。下表是从构式入手作的对比分析:

表 15　从构式看"认为"与"以为"

具体构式	例句(他词能否进入)	特点
1. 我～S(n+vp)	a. 他是学生？我还以为他是老师呢！ （＊认为 ＊觉得 ＊想）	看法不符合实际情况
2. 一般～,S(n+vp)	b. 一般认为,汉语是典型的分析语。 （＊以为 ＊觉得 ＊想,下同）	众人的共识、普遍的看法
3. N_0＋一致～,S(n+vp)	c. 大家一致认为他当班长最合适。	
4. N_0＋被～VP	d. 孔子在生前就被认为是博学的人。	
5. 据～,S(n+vp)	e. 据认为,他的财产高达100亿美元。	

说明：

1. "以为"常表示与实际情况不符的推断,这是它与"想、觉得、认为"最大的区别。

2. "认为"除了可以表示个人的看法外,还可以表示众人的共识、普遍的看法或有根据的看法,可以用于"被"字构式(见上表 b—e 中的画线部分)。这些是"想、觉得"所没有的用法。

3. "以为"古代有"窃以为",即"我私下里认为",是说话人表示个人看法的谦虚的说法,这类用法 CCL 语料库中有 115 例。因而,在现代汉语中,"我以为"也可以表示说话人的个人见解,比"觉得、想"显得正式,语气比"认为"要轻。主观性弱于"认为"。例如：

(8) a. 我是个教师,我以为学校的主要任务是教学,不要因"创收"冲击影响教学。

　　b. 这话有些道理,可我以为不见得。

　　c. 有人说,他们勇敢；有人说,他们懦弱。但我以为他们智慧。

要注意的是,只有"我"作"以为"主语时,可用于言域——"谦虚地发表个人看法"。而其他代词(如"他""她""你"等)作"以为"的主语时,就是表 15 说明第 1 点的"以为"的意思了。

总之,同样表示看法,"想、觉得"多用于口语,较为随意；"认为、以为"多用于书面语或正式场合。从所表示的语气的轻重和主观性的强弱看,这几词形成了下面的连续统：

主观性弱、语气轻 ━━━━━━━━━━━━━→ 主观性强、语气重
　　想　＜　觉得　＜　以为　＜　认为

4.2 感知类心理动词的系统分析与教学

"感知",《现代汉语词典》(2005:445)释为"客观事物通过感觉器官在人脑中的直接反映"。这类动词主要有"觉得、感到、感觉、感受、体验、体会"等。本节主要结合构式来揭示前三个动词的系统性。

4.2.1 从"感到"常进入的构式看它和"觉得""感觉"的异同

"感到"经常带心理形容词(以 Ax 表示,下同)进入下表中的 6 个构式,而这几个构式是"觉得"和"感觉"不能进入或进入的频率较低的。表中括号内"言、行"前数字是分别用于"言域、行域"的用例数。

表 16　从 6 个构式看"觉得""感到"和"感觉"的异同

构式	觉得/感到/感觉	构式	觉得/感到/感觉
1. N_0+为+N_1～+Ax	0/164(77 言)/0	2. N_0+对+能+VP,～+Ax	0/25 言/0
3. N_0+作为+N_1～+Ax	3(1 言;2 行)/72(56 言;16 行)/0	4. N_0+替+N_1+～+Ax	12(3 言 9 行)/83(46 言;37 行)/0
5. N_0+为此～+Ax	3(3 行)/287(168 言;119 行)/0	6. N_0+对此～+Ax	13(12 行;1 言)/733 言/2(2 言)

下面分构式加以举例说明。

构式 1:N_0+为+N_1+感到+Ax

构式 2:N_0+对+能/能够+VP+感到+Ax

(9) a. 我站在为中国春节披上红装的埃菲尔铁塔脚下,作为一个中国人,我为祖国感到骄傲。

b. 鲁迪说,"这是一场伟大的比赛。我为你们感到高兴,我为你们感到骄傲。"

c. 他对新华社记者说:"我今年 22 岁,我对能参加奥运火炬传递感到无比激动和高兴。"

"觉得"和"感觉"没有用于上述两个构式的。

构式 3:N_0+作为+N_1(表示身份)+V+Ax

（10）a. 这样的书评不看也罢！你作为读者的，也不需要觉得惭愧！
　　　b. 国内经济发展的这样快，作为一个中国人，他感到无比自豪。
　　　c. 张海东笑着说，"确实，作为旗手，我感到太幸运了。"

"感觉"没有用于此构式的。"觉得"用于此构式的只有 3 条，其中还有 1 条是否定句，即例 a，用于言域——表示劝慰，用于"私"的方面。"感到"的用例数是"觉得"的 24 倍，以言者主体在公众场合代表国家、集团等"公"的方面表态为主。

构式 4：$N_0 +替+N_1 +～+Ax$

（11）a. "我并没有怪你"，陆小凤道，"我只不过替你觉得可惜而已。"
　　　b. "我最替你感到可惜，替你觉得丢人。你怎么能够忍受这样的同伴？"
　　　c. "当时有小队员对我说'我都替你觉得害怕'，因为太突然了，没有思想准备，也无法逃避……"
　　　d. 这次没打好，我替她感到难过。
　　　e. 她被自以为是的善良所蒙蔽了。我替她感到遗憾。
　　　f. 对于姚明在 NBA 取得的成就和成功，我由衷地替他感到高兴，这是所有中国人的骄傲。
　　　g. 你通过了这么难的考试！儿子，我替你感到骄傲！

"觉得"用于此构式的有 14 例，用于言域的只有 3 例，即 a—c 例。例 a 用于自我辩解，例 b 的"觉得"与"感到"前后互文，同情又带责备，例 c 表示担心。"感到"用于此构式的用例是"觉得"的近 6 倍，55.4% 用于言域，使用的范围较"觉得"宽：有表示鼓励肯定的，也有表示痛心忧伤的，表示同情或责备的用例所占比重也较大。我们注意到，"感到"在此构式中可带的心理动词较多，"觉得"可带的却很少。下表是该构式中两动词后带的心理动词或形容词。

表 17　"$N_0+替+N_1+～+Ax$"构式中"感到"和"觉得"各自带的宾语

（替+N_1+感到+）Ax	（替+N_1+觉得+）Ax
难过 27 遗憾 1 惋惜 4 高兴 4 骄傲 4 哀伤 26 **难受** 5 可惜 2 **轻松** 1 害臊 1 愧疚 1 安慰 1 烦恼 1 棘手 1 难堪 1 伤悲 1 狼狈 2 委屈 2 欣慰 1 不好意思 1 兴奋 1 内疚 1 尴尬 1 忧愁 1 不平 1 羞耻 2 悲哀 2 难为情 1 羞惭 1 同情 1 羞愧 1 担心 1 悲哀 1 痛苦 1	难受 1 可惜 1 轻松 1 害怕 1 着急 1 痛心 1 窘 1 为难 1 感伤 1 丢人 1 累 1 公平 1 值得 1

从上表看,在"$N_0+替+N_1+\sim+A_x$"构式中,"觉得"带的表示心理的形容词与"感到"相重合的不多。"觉得"之后带主观评判(如"公平、值得")或自我感觉的形容词宾语,一般是"感到"后所没有的。例如:

(12) a. 你为什么不姓张?实在不行,姓脏也行啊。我替你觉得不公平。

b. 她替妹妹觉得不值得。

c. 情况如此糟糕,连我都替他觉得累。

这类用法说明,在此相同构式中,"觉得"的主观性比"感到"要强。

构式5:N_0+为此$+\sim+A_x$

为此,$N_0+\sim+A_x$

(13) a. 姜敏为此觉得委屈,也很烦恼。

b. 为此,她感到深深对不住父亲、恨自己无能。

c. 当前,中葡关系呈现出前所未有的良好发展势头,我们为此感到高兴。

"觉得"用于此构式的只有3例,都是表示以自我为视点的、私的心理活动,如a。"感到"的用例数是"觉得"的95倍。有的表示以他人为视点的、私的心理活动,如b;更多的是以公的集团为视点,表示公的心理活动,如c。

构式6:N_0+对此$+\sim+A_x$

对此,$N_0+\sim+A_x$

(14) a. (他)回答道:"我本身对此已经觉得很满意了。而且,我喜欢这种水的味道。"

b. 他说:"这次选举在人民手中,我对此感觉很舒畅。"

c. 两国关系呈现出良好发展的势头,我们对此感到高兴。

d. 今天,我正式成为特殊奥林匹克运动的全球形象代言人。对此,我感到非常的荣幸。

e. 我拒绝按教练的旨意行事是我的错,对此我感到非常后悔。

此构式的"对此"之前往往将引起主体心理状态的原因交待得很清楚。"觉得"用于此构式的只有13例,其中用于言域的仅a一例。"感觉"也仅有2例,如b。

"感到"这类用例高达741例,绝大多数用于言域。主体有"公"的代表——政府或集团的发言人、代言人或领导,如c、d,也有"私"的个人,如e。从表16的统计看,"感到"的构式1—6用例中用于言域的比例很高。

不仅如此,在"觉得"与"感到"带相同 Ax 用例中,"感到"用于言域的比率也比"觉得"高很多。下表是这 2 个动词与 3 组相同词语组配用例数及用于"言域"的比率:

表 18　"觉得"和"感到"与相同词语组配用于言域的不同比率

觉得＄5自豪	感到＄5自豪	觉得＄3难过	感到＄3难过	觉得＄5激动	感到＄5激动
6言/22	347言/764	26言/95	122言/303	0言/15	43言/154
27.2%	45%	27.3%	40%	0	27.9%

综上所述,从认知角度看,"感到"的主体的立足点多是以他人为视点的——说给他人听,以他事、他人为话题。"觉得"则以自我为视点,多表示主体的主观评价或感觉。

经检索,"感觉"与"自豪、难过、激动"组配用例分别是 6 例、6 例(心里和身体难过各 3 例)、0 例。用"感觉"时,兼顾外因与内觉,而"觉得"则强调的是自我感觉,例(15)c 充分说明了这一点。

(15) a. 由于与朋友去看粤剧,未能接到通知去见丹尼最后一面的林燕妮,乍听到丹尼死讯感觉难过。

b. 自己除了作家庭妇女之外也可以通过劳动为家庭贡献自己的力量,这让我感觉十分自豪。

c. (记者问)……在一个房间里面大家都抽烟,吞云吐雾,只有你不抽烟,你感觉不感觉很难过?艾森豪(威)将军说:我一点儿都不会觉得难过,我还觉得很神奇。为什么神奇呢?就是这么多的人里面没有人有毅力能够戒烟,我艾森豪(威)尔)将军有毅力,说戒就戒。

4.2.2　从表感觉的构式看"觉得""感到"和"感觉"的差异

"觉得、感到、感觉"都可用于表示主体对外界客观事物的身体方面的感觉。但用例多少不一样(例后数字即 CCL 语料库中的用例数)。

构式 1:N_0＋～＋很＋A

例如:

(16) a. 杂技团是这样的,你要想有所成就你就会觉得很苦很累,反过来,你要想混你就会觉得很轻松很舒服。

(觉得……累,332 条)

b. 在餐馆的收入不高,工作时间又非常长,人经常会感到很

累。(感到……累,170条)

c. 证券分析家跟着感觉走的一个严重后果,就是感觉累。

(感觉……累,69条)

构式2:N_0＋一点儿都/也不～＋A

(17) a. 因为我是特别喜欢电影,所以一开机,我所有的精神都来了,一点儿也不觉得累。(一点儿也不觉得累,2)

b. 频繁的演出和各种活动她竟一点儿也不感到累。

(一点儿也不感到累,3)

c. 王二虎一点儿也不感觉寒冷,心里热呼呼的直冒火,他想,既然你们都不同意,我就来个先斩后奏,等把杨大王八捉住了,咱们再来讨论谁是谁非。(一点儿也不感觉累/寒冷:0/1)

构式3:N_0～S(n+ap/vp)

(18) a. 当他们把一杯凉水递给我时,我觉得水从没有这么甜过。

b. 他们刚爬到半山腰,就感到花香扑鼻。

构式4:N_0＋使/让＋N_1＋～＋A

(19) a. 我不愿回忆过去,这样会让我觉得很累。人生短短几十年,干吗让自己活得这么累呀。

b. "虽然军训确实让我感到很累,但再苦再累,面对战友的签名、合影要求,我都会毫无怨言地满足他们,这是我欠他们的,就算是补偿吧!"

c. 其实我骨子里是那种品性比较淡泊的一个人,太热烈的生活会让我感觉很累。我做一个比喻,有一个人给我一个笑脸,我会还他一个笑脸,但是全国人民都对着我笑,我再还他们笑脸就觉得很累了。

从(16)—(19)用例能看出差异:"觉得"的视点在主体个人的自我感觉;"感到"的视点在引起的感觉的外因;"感觉"的视点既有主体的个人的自我因素,也有外界的致因。从构式4的用例更能看出这一特点。

当主体的感觉带有"主观评价"义时,一般不用"感到"和"感觉"。例如:

(20) a. 我觉得她长得很漂亮。

b. 他觉得这琴声很好听。

c. 你觉得这香水香不香?

下表中的"漂亮"等形容语都是带有主观评价的感觉。"感到"和"感觉"与这些词组配的用例数极少。

表 19 "觉得、感到、感觉"与"好看"等形容词组配数

觉得/感到/感觉＄6 漂亮（好看）	觉得/感到/感觉＄6 好听（动听）	觉得/感到/感觉＄6 好吃
103/1/0(74/4/0)	22/1/0(4/0/0)	29/2/1

据调查,"感到……好看"的只有 4 条,全出现在用"让""使"的使役句中,"感到好吃"也是如此（见下例 b）。而"觉得……好看/好吃"则没有用于使役句的。① 这与"感到"强调外因而"觉得"强调主体个人的感觉有很大关系。

(21) a.《保镖》这样的电影,特技用得很多,让小孩子感到好看。

　　b. 那使人感到好吃的味道,既不同于盐味,也不同于酱油味,这汤豆腐中到底有什么物质？

"觉得"等动词都可以与表示感觉的短语和小句组配。"感到"和"感觉"之后则可以是十分具体、细腻的感觉（见下例中加粗的黑体字）,而"觉得"之后极少此类感觉。例如：

(22) a. 他觉得额头一阵冰凉,不知什么时候又下雨了。

　　b. 他甚至感觉得到冰凉的橙汁从胃囊是怎样**一点一点地渗进他所有的血管**。

　　c. 她没有感到疼痛,只感到**有一股冰凉的液全向她的肌体缓缓流入**……

"感到"和"感觉"可以表示人们的普遍感觉,这也是它们与"觉得"的不同之处。"感觉"还常带"到"表示感觉的变化与结果。例如：

(23) a. 如纹身,即在人的身上刺出各种图案,**有的民族、有些人会感到很美**,但在另一些民族中,就**不一定感到美,甚至会感到可怕**。

　　b. **吃醋感觉酸,吃辣椒感到辣**,这种感觉不吃找也找不来。

　　c. 对一个作用于人感官的苹果的知觉,先是**通过视觉感觉到**它的光亮、颜色、**通过触觉感觉到**它是凉的、光滑的,**通过嗅觉**

---

① 我们在 1008 条"让＄2 觉得"用例中,只找到下面 1 例："他找到一块木头扔进火堆里,希望这能使脚暖和,不过酒已经让他觉得暖和些了。"这是表示"让某人觉得……感觉"的,但从前文看,致因是与主体自身的行为（喝酒）有关的,与"感到"前是外界致因的用法有所不同。

感觉到它的水果香味等等,然后通过知觉整合、组织这些感觉信息,在人的过去知识经验的参与下,对其给出解释,判断其为苹果。

d. 这大概是少年时代就知道牵牛花是水灵灵的,可是没有**觉得**怎么样,只是到了老年才**感觉**到了牵牛花很美吧。

4.2.3 "觉得、感到、感觉"在表感觉方面的异同

综上所述,"觉得、感到、感觉"在表示感觉时有以下几点异同:

第一,同样用表示人的感觉,"觉得"的视点在主体自身,"感到"的视点在外界的刺激,"感觉"则兼有两词的特点。

第二,在表示人体或感官的感觉方面,"觉得"使用的范围最广:既可以表示主体通过身体和皮肤对外界的感觉("感到""感觉"也有这类用法,但相对少些),也可表示主体通过感觉器官对事物或人性质特征的感觉与评价,一般不表示感觉的变化。从总体上看,"觉得"所表示的感觉比较概括,带有一定的主观性和个体差异性。

第三,"感到"和"感觉"都可表示由外界引起的感觉,相对比较客观,一般不用于评价性感觉。两词都可以表示人的一般感觉,也可表示某种具体、细微的感觉。"感到""感觉"还常表示致使性的感觉,"觉得"则不能。

第四,"感觉"后常带"到",表示感觉的变化。

综上所述,"觉得"等三词在同表感觉时的异同可归纳为下表:

表20 "觉得""感到""感觉"在表示感觉时的异同

	视点	自我感觉带评价	外因引起的感觉	致使性感觉	概括	具体详尽	结果	普遍感觉
觉得	主体自身	++	+	-	++	-	-	-
感到	外部致因	-	++	+	+	+	+	++
感觉	兼顾内外	-	++	+	+	++	+	++

4.2.4 "觉得""感到""感觉"在表示主观认识方面的异同

程娟(2011:145)指出:"'觉得'表示对事物或人物的认识与看法时一

般不能用'感到'替换。比如可以说'觉得怎么样',不能说'感到怎么样'。"确实,"觉得怎么样"不能用"感到"替换。但语料证明,"感到"(包括"感觉")其实也可以表示主观认识的。只不过它不像"觉得"那样可以很自由、甚至很主观地表示主体的认识,这两个动词可以表示的认识与看法往往是有客观依据的,而且是比较深刻的。以下两方面的语言事实可以证明这一点。

第一,"觉得"不能进入下面的构式,但在 CCL 语料库中,"感到"和"感觉"分别有 66 条和 50 条用例是用此构式的。

N_0＋从＄6中～S(n+vp)(表示认识的小句)

例如:

(24) a. 从这几年的接触中,我深深感到你对人生、对艺术的理解都渐渐成熟起来。

b. 我从自己的经历中感到,写好文章的功底是阅读,不读破万卷书是难写出好文章的。

c. 我看不见人的面孔,我只能从他的手中感觉他讲得是否真实。

d. 人们马上肃静下来,注视着他们。瞎子从气氛中感觉到了情况有些不妙。

e. "你是不是很年轻?从你的作品中我感觉到你很年轻。"

以上例中的"从……中"引进的是其后认识的客观依据。

第二,"感到"常受"深深、痛切"修饰,后接表示主观认识的小句。"感觉"也有这样的用法。而"觉得"却很少有这样的用法。请看下表:

表 21 从受"痛切、深深"的修饰看"感到、觉得、感觉"

A	痛切地～	深深/深深地～
A＋感到＋S	32:＋某种认识 2:＋心情	686(541/145)
A＋觉得＋S	0	10(其中 9 例表认识)
A＋感觉＋S	7(均表认识)	49(均表认识)

"感到"带小句,受"深深"修饰的语例共有 686 例,90％以上是表示主观认识的。"深深/深深地感觉(到)"有 49 条,全是表示主观认识的。客观环境、事物是引起这类认识的外因。"觉得"没有受"痛切"修饰的语例,

受"深深"修饰的语例只有 10 例。例如：

(25) a. (希望)自己的孩子,如果有本事的话,千万不要做空头的艺术家和文学家、美术家,要去找一点儿实事,干一点儿实事。因为鲁迅深深地觉得中国的文人无用……

b. 在 1990 年北京亚运会开幕式上,王振武深深地感觉到,什么才叫人生,什么才叫辉煌。

c. 读了近几期《读书》,我痛切地感到,老调不妨重弹。

d. 我们读者从孙少平的略显平淡的人生中却能够深深地感觉到,他的内心生活像哲人一样深邃充实。

从以上用例看,如果说"感到"的认识往往是主体从客观情况中体察获得的话,"感觉"到的认识则有更多的能动因素(感官、身体和大脑)的参与。

由此看来,程娟(2011)认为"感觉""就感觉意义而言,范围较小,另一意义重在内心认识"是值得商榷的。经检索,CCL 语料库中,"感觉得到"有 207 条,"感觉不到"有 330 条,共 537 条。"感觉得到"的主体,一般都是定指的个人所获得的感觉,有感官方面的,更多的是认识方面的,大多是有客观依据的,结果性较强。例如：

(26) a. "我每年出入首都机场 30 多次了,当然明显感觉得到首都机场的日新月异。"她说。

（特定的主体对外界变化或状态有所感觉）

b. 人类普遍的感觉第二种是"可对不可见"的色。眼睛看不见它,但却能感觉得到、接触得到,这就是声、香、味、触。

（人的普遍感觉）

c. 与常昊交谈只是片刻,但能感觉得到他此时的心态很稳定。

（主观认识）

4.2.5 从构词看"觉得""感到"和"感觉"

《说文解字》:"感,动人心也。"《汉字形义分析字典》(1999:158)引此注后指出:"'感'即外界事物对人心理情绪的激发、触动。《列子·汤问》:'帝感其诚。'晋刘伶《酒德颂》:'不觉寒暑之切肌,利欲之感情。(感情:触动情感)'"这说明"感"强调的是外因使动,与中医所说的"外感风寒"之"感"同义。

《说文解字》:"觉,悟也。"段玉裁注:"心部曰,悟者,觉也。二字为转注。""觉醒、觉察、觉悟"等词,均以"觉"为语素,都表示主体自发产生的感觉或悟出的道理。这些都说明"觉"强调的是"自觉"或"内觉",即人的认识、感觉或感情是由内自发产生的。

"感觉"是由"感"和"觉"组成的——是"外感"与"内觉"的结合——因外因使感官或身体产生某种感觉,再加上心之官——大脑的综合分析最终形成。

换言之,"感到"的主要是由外因而引起主体的心理活动,也可以是身体感觉和认识,客观性强;"觉得"主要表示主体自发产生的认识与感觉,也可以是心理活动,主观性强。"感觉"是二者合一,由客观因素和主观能动因素两方面作用而成,主观性次强。

4.2.6 从认知角度看"觉得""感到""感觉"的系统分布

考察感知动词的用法时,应从感知的主体、感知的方式、感知的途径、感知的客体这几个角度加以观察。

如从认知的角度看,人们的认识、感觉和情绪的产生都有"内"(内心产生)与"外"(外因引起)之别。人们从外界获得某种感觉时,凭借的方式有所不同,有凭借身体和感官的,有凭借"心"(大脑)的思考分析的。如果从"内"与"外"、"身体感官"和"心"等因素来观察这三个动词,便可发现它们在语义特征上呈现出系统的分布:

"觉得"视点在"内",凭借的是"心"——某个认识、感觉或情绪都是主体自发地由内心产生的,自发性是它的特征,主观性最强。

"感到"视点在"外",虽然凭借的同样是"心",但途径不同——某种情绪、感觉和认识均是由客观外因致使主体被动地产生的[1],致使性是它的主要特征,主观性最弱。

"感觉"的视点在"内"与"外"的结合,凭借的是感官与心的合作——某种感觉、认识或情绪是由外因和主体自身共同作用后产生的,结果性是它的主要特征,主观性较强。

现将上述的分析总结归纳为下表:

---

[1] 卢福波曾指出:"'感动'在本质上表示的是一种被动关系,即人受到外界的影响、刺激而感情震荡。"参见卢福波《对外汉语常用词语对比例释》,北京语言大学出版社,2000年,第234页。

表22 "觉得、感到、感觉"异同点归纳

	视点	主观认识	身体、感官感觉	情感情绪	所用概念域
觉得	主体自身	+++ 主观性最强 表层的多	+++ 表层的、概括的	+ 个人、私的	多用于知域，亦可用于行域和言域
感到	外因引起	+ 有客观依据 主观性弱深层次的	+ 表层少、深层多；普遍、详细的	+++ 以他人为视点的、私的；以公众为视点的、公的	多用于言域（公与私的表态），亦可用于行域
感觉 感觉到 感觉得/不到	外因与主体自身共同作用	+ 主观性次强 深层次的、结果性强	++ 表层与深层 普遍的、详细的	+ 极少	多用于行域，少用于言域

因此，从主观性的强弱看，"觉得、感觉、感到"形成了下面的连续统：

主观性强──────────→弱

觉得 ＞ 感觉 ＞ 感到

第四章　助动词的系统教学

第一节　从助动词的偏误情况看教学大纲的安排

1.1　两个大纲对助动词的教学安排

《长期生大纲》把助动词的教学分别安排在初等阶段语法项目(一)和(二)。

初等阶段语法项目(一)

013：助动词

　　　能　会　要　想　可能　可以　应该　愿意

［比较］"能""会"和"可以"

初等阶段语法项目(二)

017：肯　能够　应该　应当

《本科生大纲》把助动词列在一年级语法项目表(五)动词之下，称为能愿动词：

　　表示可能、意愿：能　会　可以　愿意　应该　得　该　敢　肯

［比较］"能""会"和"可以"(能力)；"要"和"想"(意愿)；"能"和"可以"(许可)

从上面所引这两个大纲看，《长期生大纲》所列的助动词比《本科生大纲》多，但漏掉了"得(děi)"和"敢"，而这两个词在《本科生大纲》中在列。关于助动词内部的辨析，《本科生大纲》列出三组，《长期生大纲》只列出一组。

1.2　助动词偏误概况

1.2.1

下面是对 BYDT 语料库中助动词偏误的统计(错词数/总偏误数

(错、多、缺三项相加)):

  会(177/600)　要(162/485)　能(117/412)　可以(111/200)
  想(76/130)　应该(69/150)　愿意(55/55)　可能(37/47)①
  得(13/13)　该(15/0)　应(10/29)　能够(8/18)　敢(7/10)
  肯(3/3)　应当(3/3)

在 BYDT 语料库中偏误数高的前 40 个词语中,有 4 个是助动词,它们是"会""要""能""可以",分别列为 17、20、30、34 位。"想"和"应该"则分别列在 62 和 68 位。据统计分析,在助动词的偏误中,助动词间的混用占了相当大的比例。而且,这类情况是发生在中高阶段的学生中的。这说明,助动词是外国学生词汇学习中的难点之一。

1.2.2

将两个大纲的安排与助动词偏误统计结果两相对照,可发现有以下几方面的问题:

1. 对"能""会"和"可以"以及"能""可以"的辨析安排过早,因初级班学生所学词汇的限制,教师无法举出助动词的典型用法加以深入辨析,自然学生也无法深入理解。而到了中高阶段,不再复习,于是,偏误极易产生。

2. 外国学生易混且需要辨析的助动词比大纲安排的项目要多,且易混用的词语也不仅限于助动词,像"必须"与"应该、该、得"的用法就有交叉(参见下 4.1.2—4.1.3 节)。

有鉴于此,本章将以中介语料调查的结果为基础,分类讨论助动词的系统及其教学,并对助动词的教学安排提出我们的设想。

第二节　意愿类助动词的系统教学

2.1　意愿类助动词的偏误与分析

意愿类助动词主要有"要、想、愿意、肯、敢"。

"要"的错词偏误共有 162 条,其中与助动词混用的有 85 条,占总错

---

① 《现代汉语词典》(2005:772)把"可能"归为副词。"可能"③副也许;或许:他~开会去了│天~要下雪。笔者按:词典后一例中的"可能"可以换作"会"。据对 BYDT 语料库中"可能"错词的统计,该词与"能、可以、会"混用的偏误竟有 30 例,占该词总偏误(37 例)的 81%。据此并依照所引两个大纲的分类,把"可能"列为助动词,放在本节讨论。

词的 52.4%。"想"的错词例共有 76 条,与其他动词混用的较多,其中与助动词相混的只有 10 条,占总错词偏误的 13.1%。"愿意"错词偏误共有 55 条,其中与助动词相混的有 11 条,占总错词偏误的 20%。"敢"的错词偏误 7 条,其中 6 条与助动词相混,占总错词偏误的 85.7%。"肯"的错词偏误只有 3 例,与助动词相混的有 2 例,占总错词偏误的 66.6%。例如:

(1) a. 我现在非常想{CC 要}做关于广告的工作。
    b. 只有一个人,他想{CC1 愿意}喝水,所以自己不得不到山底下挑水喝。
    c. 你难道在孕妇的旁边也要{CC 肯}吸烟吗?
    d. 我很想{CC 肯}在语言学院毕业,但按照国家教育部的规定,年过三十岁的人不能毕业,我听到这消息之后,很失望。
    e. 可是如果有三个人的话,抬水的力量也已经够了,一个人可以休息,那么大家都希望自己不抬水,结果谁也不想{CC 敢}去抬水。

2.2 意愿类助动词的系统分析

2.2.1 "想、要、愿意"的比较

本小节结合构式比较"想、要、愿意"。

表 1 从构式看"想、要、愿意"

具体构式	例句(他词能否进入)	特点
1. N_0+~+VP	a. 我要去中国留学。(√想)	视点在自我意志
	b. 你愿意嫁给我吗? 我愿意。(用于回答)	视点在他人的要求(符合自己的心愿),乐意做某事
2. N_0+很+~+为+N_1+VP	c. 我很想为你做任何事情。(*要)	视点在自身的想法
	d. 我很愿意为你做任何事情。(*要)	视点在他人的要求
3. N_0+真+~+VP	e. 我真想大哭一场。(*要 *愿意)	视点在自身的想法和感情
4. 就是……,N_0+也+~+VP	f. 就是在孕妇身边,你也要吸烟吗?(*想 *愿意)	视点在自我意志(不考虑他人的利益)
5. 不管……,N_0+都+~+VP	g. 不管结果如何,我都要试一试。(√想 *愿意)	视点在自我意志,下同

续表

具体构式	例句(他词能否进入)	特点
6. N_0＋一定＋～＋VP	h. 我们一定要赢他们。（＊想＊愿意）	
7. N_0＋～＋S(n＋vp)	i. 我要你马上回家。（＊想＊愿意）	

说明：

1. 如上表最右栏指出的，助动词"要"的视点在主体的自我意志，可以完全不考虑他人的利益等，主观性最强。"想"的视点在主体的想法，主观性较"要"要弱。"愿意"的视点在他人的要求（符合自己的心愿），例 b 是它典型的用法。主观性略弱于"想"。"想"和"愿意"都能受程度副词"很、非常"修饰，"要"则不能。

2. "愿意"常用于以下场合：

1) 表示乐意为某人、某集团付出较多甚至作出牺牲，一般是肯定句，如：

(2) a. 为了祖国，我愿意献出自己的一切。

　　b. 我愿意为孩子作出牺牲。

　　c. 她愿意照顾你一辈子。

2) 乐意做某个动作。常用于疑问句，用于征求意见。肯定与否定句实际上是针对某人询问的回答。如：

(3) a. 你愿意做志愿者吗？

　　b. 我不愿意跟他合作。（一定是"他"要求"我"跟他合作）

　　c. 他不愿意到外地去工作。（一定是有人让"他"去外地）

上面两类情况说明，"愿意"常用于言域。

综上所述，在表示意愿方面，我们将第三章辨析过的"希望"考虑进去，这四个词在主观性和语气的强弱方面形成了一个连续统：

主观性和语气强————————————→弱

　　要　＞　希望　＞　想　＞　愿意

视点在：———自我意志——— ｜ 他人意志符合自我意愿

需要说明的是，当"要"前加了"想"或"打算"，语气就不那么强了。

(4) a. 他想要借留学的机会在中国到处看一看，走一走。

　　b. 你打算要在这里住多长时间？

"想、愿意"都不能用在"打算"之后。这说明同样表示意愿，"要"的计划性较强。

2.2.2 "肯"与"愿意"的区别

从2.1.1节的统计看,"肯"的偏误最少。在SUDA语料库中,几乎看不到学生用"肯"的。查CCL语料库,"肯干""愿意干"分别有264条、240条,这说明在现实语言中,"肯"的使用频率并不低。而目前通用汉语教材中"肯"出现频率很低[①],也不作为重点词加以讲授,所以学生一般不用。

下面我们以"肯"为中心,结合构式与"想、要、愿意"作一比较。

表2 以"肯"为中心结合构式与"想、要、愿意"的比较

具体构式	例句(他词能否进入)	特点
1. N_0＋(很)～＋VP	a. 在孩子身上,他很肯花钱。 （√愿意＊想＊要,下同） b. 小丁是个有事业心、肯吃苦、善钻研的人。 c. 凡是好事,他都肯帮助、支持别人。	主体知道动作需要自己付出或受损而乐意去做
2. N_0＋不＋～＋VP	d. 王大明一直不肯承认错误,他怕丢人。 （√愿意√想＊要,下同） e. 双方都坚持自己的意见而不肯让步。	主体知道需要付出或受损,坚持不做某动作
3. N_0＋不＋～＋AP	f. 对工作,他从来不肯马虎。 （＊愿意＊想＊要）	主体认为某态度是消极的而坚持不如此

说明:

1. "肯"《现代汉语词典》(2005:776)解释为:"表示主观上乐意,表示接受要求。"这一解释看不出与"愿意"的差别。

据用例分析可知,"肯"的语义特征是"主体知道某动作需要付出或受损而仍乐意去做",这是肯定的用法。它的否定形式是"不肯",表示"知道需要付出或受损时,坚持不做某动作",构式3是坚持不采取某种消极的态度。

---

① 以《新实用汉语课本》为例,5册课文中,"肯"只出现了2次。以下是该套教材中"愿意、敢、肯"在课文中出现频率的统计:

愿意	册数(次数)	敢	册数(次数)	肯	册数(次数)
14	二(1);三(2);四(9);五(2)	7	二(2);四(3);五(2)	2	四(1);五(1)

2. 构式1、2,既可用"肯"也可用"愿意"。

两词的最大区别在于:"肯+V"突显动作主体的主观意志——考虑到做或不做某动作会让自己受损(需要付出等),但仍坚持做或不做;而"愿意+V"仅表示主体乐意做某事——与他人的希望相符,不考虑付出或是否受损。因此,"肯"的视点在主体自我(意志),"愿意"的视点在他人,因此,"肯"的主观性比"愿意"要强。

经检索,CCL语料库中"吃苦、吃亏、花钱、下功夫、帮助"等带"付出"义的词语与"肯"和"愿意"组配数很不一样。请看下表(括号内是否定句数,包括反问句等):

表3　表示付出义的词语与"肯、愿意"的组配统计

	吃苦	吃亏	下功夫/工夫	花钱/时间	帮助
肯	52(4)	21(14)	18/4(4)	138(45)	44(8)
愿意	4(2)	2(2)	1(1)	74(28)	166

从表中统计看,"肯"用于否定句的比率比"愿意"要低。例如:

(5) a. 我这个人,在饭桌上可从不愿意吃亏的哟!

b. 吃亏是福。肯吃亏、愿吃亏的人,有福了。

c. 只要你肯下工夫,就一定能取得好成绩。

d. 在深圳,陆氏肯花钱、花时间培训工人是出名的。

e. 凡是好事,他都肯帮助、支持。

f. 他说:"联合国愿意帮助海地人民迎接未来的挑战。"

g. 外国客人想换取4000瑞典克朗。前台小姐笑容满面地说:"对不起,我非常愿意帮助你,但我们的规定是只能换2000克朗。"

例(5)b前一句用"肯"(是主体自身不怕吃亏),后一句用"愿"(是主体想法与他人的要求相符,乐意吃亏),两词各司其职。从表3看,"愿意帮助"的用例数是"肯帮助"的3.7倍。其中有72%是主体代表国家或集团等公的方面应对方的要求表态的,如例f、g。而"肯"用于这方面的只有1例,99%是用于个人的、私的方面的。

2.2.3 "敢"的系统教学

在讨论"敢"的教学之前,先引刘珣主编《新实用汉语课本》中的几个用例:

(6) a. 林娜：……我真不知道您还是一位"老画家"。
   丁力波：不敢当。
  b. 他怕女孩生气，不敢写上自己的名字。
  c. 中国人口味之杂，敢说是世界第一。①

据统计，《新实用汉语课本》课文中"敢"一共出现了7次。《桥梁》（上）课文中"敢"共出现了5次，下册也出现了5次。《新实用汉语课本》在第一次出现"不敢当"时，在101页作了注释，说明"一般在受到别人称赞时的回答"。我们认为，如果用汉语解释，可以说"你的这种称赞我可不敢接受"。不过，有学生看到例c会问为什么要用"敢"。

吕叔湘主编的《现代汉语八百词》（下简称《八百词》）认为助动词"敢"有两个意义：(1)表示有勇气做某事；(2)表示有把握作某种判断。彭利贞（2007）在引用《八百词》上述释义1后认为"敢"只表达动力情态[勇气]。他认为释义2还是从"勇气"的角度来说的。从动力隐喻的角度来说，就是没有什么能阻止主语进行"敢"之后的动词表达的"判断"。他接着认为，只有当"敢"后的动词是"是"的时候，"敢"表示的不是[勇气]意义，而是从主观上认定有较大的可能性。例如：

你们刀光剑影杀气腾腾的敢是抄家的？（彭利贞例，下同）
敢是这两口子有什么不轨的行为？
这两捆柴，敢是给亮亮妈砍的吧。②

根据"敢"的用例和彭利贞的说明，我们将"敢"的助动词语义发展轨迹归纳如下：

敢+V（一般动词）→不敢相信→（不）敢说、敢肯定→敢是
（有勇气做某事）（不敢确定）（有把握）　（推测可能性）

如将上述语义发展轨迹教给学生，有利于他们理解和掌握"敢说、敢是"的用法。

---

① 上面例a—c分别选自刘珣主编《新实用汉语课本》，北京语言大学出版社，2002年版第二册第95页，第四册第39课第5页，2005年版第五册第46页。
② 彭利贞（2007:123—124）。彭利贞还在[勇气]旁作注云："敢"只在"敢是"这一组合中表达认识情态[盖然]，表示对所辖命题真值的推断。因为只这一种"例外"，所以还是把它当单义情态动词来处理。实际上，它也是多义的。我们认为，"敢"应属于多义词，只不过在教学上不必特别强调，解释时，可以根据具体的语例，像彭利贞那样处理：或将"有把握作某种判断"和"勇气"联系起来加以说明，或说明"敢是……"表示可能性。

2.2.4 关于意愿助动词的教学设想

根据上面几节的分析,我们对意愿助动词的教学层次做出下面的设想:

表 4 意愿助动词的教学层次

	例词	例示	教学层次与讲授要点
1	要、想	我很想去中国留学。 他要买汉语词典。	初级二:"要"比"想"主观性更强
2	愿意、敢	他很愿意参加我们的活动。 不敢当 他上课不敢发言。	初级三:"愿意"与"要""想"(包括"希望")进行辨析(详见上 2.2.1 节)
3	愿意、肯、敢	她肯吃苦/肯吃亏。 只要肯下功夫,就能学好汉语。 他能不能来,我不敢肯定。 我敢说谁都没有我这么熟悉上海。 该国政府愿意帮助难民。	中级一、二:"愿意"与"肯"比较(详见上 2.2.2 节); 对"敢"的用法加以归纳①

第三节 表示能力、可能与允许的助动词的系统教学

3.1 多义助动词"会""能""可以"等

3.1.1

助动词的"会""能"和"可以"有多种用法,且相互间在用法上有交叉。本节将辨析:

1. 表示能力的"会""能"和"可以";
2. 表示可能的"会""能""可以""能够""要"和"得"(děi);
3. 表示允许的"能"和"可以"。

3.1.2 "会、能、可以"等与助动词混用的统计

由于"会、能、可以"用法多且复杂,外国学生在使用它们时,相互间混用的偏误占了很大的比率。下面是对 BYDT 语料库中助动词混用情况的统计。

---

① 《现代汉语词典》(2005:443):"敢是〈方〉副莫非,大概是。"检索 CCL 语料库,我们发现"敢是"有 26 条用例,基本出现在疑问句中,语气应比"大概是"要重。对中级以上的学生可以结合"敢"的用法对"敢是"作简单介绍。课本举例则应以普通话常用的"敢说、不敢肯定"为主。

表 5 "会"与助动词混用情况统计

当用	能/要/可以/应	误用	可以/应该/能够
误用"会"	71/13/3/1	当用"会"	27/16/1

表 6 "能"与助动词混用情况统计

当用	会/可以/要/得/应/想	误用	可以/会/应该/可能/能够/只能
误用"能"	54/4/4/2/1/1	当用"能"	5/1/2/3/2/1

表 7 "可以"与助动词混用情况统计

当用	可能/会/应该/能	误用	可/会/能/敢/要
误用"可以"	27/6/5/1	当用"可以"	15/14/6/1/1

表 8 "可能"与助动词混用情况统计

当用	可以/应该/能/只能/能够	误用	能/可/会/可以能
误用"可能"	10/2/1/1/1	当用"可能"	7/5/2/1

表 9 "得"与助动词混用情况统计

当用	能/会/该/要	误用	应该
误用"得"	7/3/1/1	当用"得"	1

3.1.3

从所引两个大纲与目前通用的汉语教材看,表示能力的"会"和"能"一般被安排在初级第二阶段教。这两个助动词看起来不难,但由于有较多细微的差异,加上跟学生母语表示能力的表达系统很不一样,所以出现的偏误较多,属于助动词教学中的难点。下面结合构式把它们放在一起比较。

表 10 表示能力的"会""能""可以"

具体构式	例句	特点
1. $N_0 + \sim + VP$	a. 我会游泳。(√能?可以;下同) b. 他不会开车。	经过后天学习或练习获得某种技能
2. $N_0 + \sim + VP$ $N_0 + \sim + V + 得 + v$	c. 他能唱很高的音。(＊会＊可以;下同) d. 只有他能想得出这种办法。 e. 我有恐高症,不能爬高。	生来就有的能力或以先天条件为基础的、特别的能力

续表

具体构式	例句	特点
3. $N_0+\sim+VP$ $N_0+\sim+V+MQ$ $N_0+Nt+\sim+V+MQ+N$ $N_0+\sim+V+Vq$ $N_0+\sim+V+v$ （结果补语） $N_0+\sim+V+$得$+v$(可能补语)	f. 我父母那代人特别能吃苦。 （＊会,下同） g. 她能转三百多圈不头晕。 （特别的能力） h. 小李一小时能打一千字。 （效能） i. 这只狗能闻出毒品的气味。 （特别的能力） j. 大卫学了三年汉语,现在能看懂中文报纸了。（具有解决问题的能力） 除了例f,例g—j中的"能"都能换成"可以"	经过学习、长期磨炼或特别训练而具备的能力

说明：

1. "会"和"能"都能表示人的某种能力。只有在表示经学习而具备的某种能力,特别是语言能力时,"会"与"能"有时可以互换。但一般情况下是用"会"的。

（1）a. 哥哥会说英语。

b. 哥哥能说点儿英语。

2. "会"和"能"都可受"很、真"等程度副词修饰,但两词的语义和语用是不同的。"很/真＋会＋VP"表示动作者擅长做某个动作,视点在动作的质量和技巧,常用于评价与称赞。"很/真＋能＋VP"则表示动作可以达到很大的量,视点在动作的量,常用于陈述和感叹。例如：

（2）a. 小伙子很能吃,一顿吃了十八个馒头。

b. 她很会吃,花一样的钱,常能比别人吃到更多好吃的东西。

c. 姐姐很能买东西,一买就买好多。

d. 妈妈很会买东西,买到的东西既便宜又好。

3. "能"和"可以"都可以表示由于客观原因,人或某动物丧失或恢复了某种本来具备的能力。"会"则不能。例如：

（3）a. 小狗受伤的腿已经完全好了,现在能走了。（√可以＊会,下同）

b. 他因车祸大脑受了伤,一度不能说话了,现在好了,又能说话了。

4. 凡是表示人、动物或工具等的效能或结果的"能",一般都能换成"可以"。不过,"可以"使用的频率较"能"要低得多(见下例括号内数字)。原因是因为"可以"还有如例 c、d 这样的用法。

(4) a. 这只狗<u>可以</u>侦查出恐怖分子安放的爆炸物。(4 可以/27 能)
  b. 这条船一天<u>可以</u>航行一百多里。(5 可以/22 能)
  c. 美国学者发现,心脏病患者<u>养狗可以</u>延长寿命。(4 可以/0 能)
  d. 江面拓宽,江水更深,航道等级大大提高,百万吨巨轮<u>可以航行</u>到重庆。(9 可以/0 能)

上面例中下划线标出的词语是我们作为关键词在 CCL 语料库中进行搜索的。从例后括号内数字可以看出,在相同的简单构式之后,"能"只用来表示动作主体(动物或事物)自身所具备的能力,虽然"可以"也可表示此义,但更多地用来表示客观条件允许或能使某动作无障碍地实现。

5. "会"表示的能力往往是以他人为视点的(除主体为第一人称外),即客观地向人介绍某人的恒常能力,是静态的。"能"表示的能力,是以主体自身为视点的,往往具有动态性,如果动作主体是人的话,还常与人的主观意愿有关。"可以"的视点在"允许"——客观条件是否允许动作无障碍地实现。它不涉及动作主体的主观意愿。这便是"可以"多用于客观说明的原因所在(此小节结论的得出详见本章第五节)。

6. 据统计,助动词中偏误数最多的是"会",这是因为很多国家的学生都有将"会"[①]的用法泛化的倾向。例如:

(5) a. 他的腿现在好多了,可是还不能{CC会}踢球,他很想参加。
              (韩国学生)
  b. 根据他的体力水平,一天能{CC会}走的距离**约二十公里**。
              (日本学生)
  c. 我觉得你应该做自己**会**做到的事情。(泰国学生)
  d. 我希望**会**再来中国。(日本学生)
  e. 你学了很多生词,如果不**会**将这些词语牢牢记住,汉语水平就

[①] 据我们对 BYDT 语料库和 SUDA 语料库的调查,将"会"的用法扩大化的现象非常普遍,这类偏误不仅经常出现在日本、韩国和以英语为母语的国家的学生的表达中,也曾在法国、德国、波兰、比利时、瑞典、老挝、墨西哥、泰国、印尼、越南、印度、阿曼、马来西亚、新加坡等国家学生的表达中出现过。

不会提高。(英国学生)

　　f. 看到有的成语,我**会**猜出来是什么意思。(美国学生)

上面(5)偏误中的"会"都应改作"能"。如果看一下表10第三栏归纳的构式便可发现,"能"表示与效能或结果相关的能力在构式中有明显的标记,即"能"(包括"可以")后的谓语或带数量词,或是动补词组(见(5)中粗体标出部分)。还有就是出现在"希望"后的谓语动词前。

为了减少学生上述偏误,在初级第三阶段就应结合上面指出的"能"与"可以"构式的具体特征,单独加以讲授,将它们与"会＋V"所表示的能力区别开来。到中级阶段再结合新的构式进一步辨析。下表是我们的教学设想:

表11　表示能力的"会""能""可以"的教学层次

例词	例示	教学层次与讲授要点
会	a. 我会说汉语。 b. 哥哥会开车。	初级二 单讲"会"不涉及"能"
能	c. 玛丽病好了,能来上课了。 d. 小李一小时能打一千字。 e. 大卫现在能看懂中文报纸了。 f. 我希望你能做我的辅导老师。	初级三 结合构式说明"能"的特征,说明这类构式不能用"会",下同
可以	g. 他一小时可以走10公里。 h. 我现在可以听懂老师说的话了。	中级一 复习"能"的相关用法,初次辨析"会""能""可以"
很能/会	i. 姐姐很能买东西,一买就买好多。 j. 妈妈很会买东西,买的东西既便宜又好。 k. 她很会过日子。	中级二 通过练习或改错,再次辨析"会""能""可以"

3.2　可能类助动词的内部辨析

本节将表示可能的助动词"可能、能、会、要、得(děi)、该"等分两组加以分析。

3.2.1 表示可能的"会""能"和"可以"

表 12 表示可能的"会""能""可以"和"可能"

具体构式	例句	特点
1. N_0＋～＋VP	a. 今天晚上他会来的。(√可能会?能?可以) b. 王老师又年轻又漂亮，孩子们会喜欢她的。 　　　　　　　(√可能会＊能＊可以，下同) c. 不写下来，我会忘记的。 d. 明天不会下雪。	根据人的经验、习惯对情况作出主观推断
	e. 人都会死的。(＊可能＊能＊可以，下同) f. 每到六月，苏州常常会下雨。	根据自然规律作出的推断
	g. 他病了，不能参加比赛了。(√可能?可以?会) h. 天晴了，可以出去玩儿了。(√能＊可能＊会)	根据客观条件具备与否，对可能性作出推断
	i. 糖可以用来消灭害虫。(√能＊会＊可能，下同) j. 这种鱼可以生吃，那种鱼不能生吃。	表示事物或动物本身具备能够做某动作的条件
2. ～N_0＋VP	k. 如果医生早点儿赶到，可能他不会死。 　　　　　　　(＊会＊能＊可以，下同) l. 可能马克已经走了。	根据经验作出推断

说明：

1. 表示可能的"可以"，否定式是"不能"。"会""能"的否定式是"不会""不能"。

2. 表示可能的"会"，是言者根据经验、习惯或自然规则，对情况作出主观推断。而"能""可以"所表示的可能，一般都是根据客观条件对可能性作出的推断。上表例 a，只有补上说明"能来、可以来"的条件句，"能"或"可以"才可以替换"会"。

3. "可能"一般只用于主观推测，语气上没有"会、能、可以"那么肯定。但它可以用于主语前，如上表例 k、l。这是"会""能""可以"所没有的用法，这也是《现代汉语词典》《八百词》把它看作副词的主要依据。当根据自然规律推断某种情况一般都可能出现时，只能用"会"，不能用"可能"，如上表中的例 e、f。

4. "会"可用于对各种可能性的推测：积极的、消极的或中性的。后面的谓语可以是自主动词，也可以是非自主动词，如"忘记""下雨""受伤"等。后一类动词一般不与"能、可以"组配表示可能，但可以与"可能"组配。

5. "可能"常用于句首,用于"会""能""可以"句前。"会""能""可以"都只用于对将来可能出现情况的推测。"可能"既可以用于这种情况,也可用于对已然情况可能性的推测。还可用于可能补语否定构式前或表示主观看法的"是……的"构式前。"会""能""可以"都不能这样用。例如:

(6) a. 这场比赛他可能会赢的。
   b. 这句话不太懂,我看看下文可能能猜出来。
   c. 这个计划可能是可以实现的。
   d. 他可能去了朋友家。(动作已发生,＊会＊能√会不会,下同)
   e. 这件事可能造成了周围村民的误解。
   f. 雨下得这么大,咱们可能走不了了。
   g. 你这个病可能是累的,先休息两天再说吧。

上述用例说明,"可能"的视点在整个事件,而"会""能""可以"的视点在动作发生的可能性。

尽管"会""能"和"可以"均不能进入例(6)d—g 中,但是"会不会"可以替换"可能",使原肯定句转换为正反疑问句。这说明"可能"表示推测的语气的不确定,"可能＋V"可以看作是对"会不会……?"的回答。

6. "可能"可受"根本不、不太、不大、很、完全"等词语修饰,表示可能性在程度上的差别。如:

(7) a. 要想在这么短的时间里凑足一百万元,是根本不可能做到的。
   b. 大卫很可能回家了。
   c. 小刘很老实,不太可能说谎。
   d. 这一目标完全可能实现。

3.2.2 表示可能的"要""该"和"得"

表 13 表示可能的"要""该"和"得"

具体构式	例句	特点
……N_0＋ ～＋VP	a. 你穿这么少,要感冒。(＊得＊该,下同) b. 酒后驾车要出事的。 c. 穿暖和点儿,要不又该感冒了。(√要＊得,下同) d. 早点儿回去吧,要不你妈又该说你了。 e. 我没带雨伞,又得挨淋了。 f. 你这话要是让工人听了,非得挨揍不可。	根据规律(包括多次已发生的事实)进行推断,语气肯定。结果一般是消极的,多用于提醒或担心。

说明：

同样用于推断，"要"表示"将要"，"该"从情理出发，"得"主要从客观情况出发，语气都比"会"肯定（区别另参见下第四节）。

3.3 表允许的"可以"和"可能"的辨析

表14　表示允许的"可以"与"能"

具体构式	例句	特点
$N_0+\sim+VP$？ （疑问句） （反问句）	a. 我可以问你一个问题吗？（√能，下同） 　回答：可以。 b. 这儿可以抽烟吗？ 　回答：不能。 c. 你怎么可以这样对我？	表示主观上允许、准许，言者多具有一定的权力
N_0+不$+\sim$ $+VP$ （否定句）	d. 考试时不能说话。（＊可以） e. 酒后不能开车。 表允许的"可以"的否定式是"不能"。	
$N_0+\sim+VP$	f. 没事了，你可以走了。（＊能，下同） g. 今天加班把活儿都干完了，你明天可以晚点儿来。 h. 星期天可以睡懒觉了。 i. 他不在没关系，我可以等他。 j. 你可以不相信我，可你不能不相信大家。	
$N_0+\sim+VP$ $N_0+\sim+VP$	k. 晚饭你可以吃面条，也可以吃饺子。 　　　　　　　　（＊能，下同） l. 东西你可以放在我这儿，也可以拿走。	允许人有几种选择
$N_0+\sim+VV$ （VV是可以的）	m. 这个活儿我没干过，不过可以试试。 　　　　　　　　（＊能，下同） n. 吃饭就不必了，聊聊是可以的。	
$VP+\sim VP$ $N_0+\sim+VP$	o. 美国学者发现，心脏病患者养狗可以延长寿命。　　　　　　　　（＊能，下同） p. 江面拓宽，江水更深，航道等级大大提高，百万吨巨轮可以航行到重庆。	客观条件允许某动作无障碍地实现 （参见表10下第4点说明）

"能"只能表示主观允许,且一般用于疑问句、反问句和否定句。"可以"既可表示主观允许(可用于肯定、否定、反问、疑问各类句式),也可表示客观条件的允许。

第四节 情理判断类助动词的系统教学

4.1 情理判断类助动词的偏误及辨析

本节讨论情理判断类助动词主要有:

必须、要、应该、应当、应、该、得(děi)。

4.1.1 情理判断类助动词偏误的统计与分析

BYDT 语料库中,"必须"的错词偏误共有 19 条,其中与助动词(如"可能、应该"等)和同语素词(如"必需、必然")混用的共有 17 例。"该"的错词偏误共有 15 条,除了有与代词等用法的混用外,与助动词混用的只有 3 条。"应"的错词偏误共 10 条,有 5 条是与"因"相混的,与助动词相混的也只有 3 条。"要"与"该""应该""非得"混用的分别只有 2 条、1 条、1 条。总而言之,这一组助动词的偏误率在我们讨论的助动词中算是低的。

4.1.2 从视点看情理判断类助动词

下面先从不同视点看情理判断类助动词。

表 15 从不同视点看情理判断类助动词

具体构式	例句	特点
$N_0 \sim +VP$	a.你必须服从公司的安排。(命令) 　　(√要/√应该/√应当/√应/√得? 该,下同) b.这个任务你们必须在十天之内完成。 c.你们要注意身体。(提醒) d.你是学生,要好好学习。(要求) e.考试的时候要认真检查。(叮嘱)	以言者主观意志为视角,表示从道理上讲某人必须实行某个动作
	f.酒后不要开车。 　　(劝阻,√应该/√该/√应当/√应*必须*得,下同) g.上课不要迟到。	表示阻止某人实行某动作

说明:

1. 彭利贞(2007:129)指出,"得(děi)"在道义来源更倾向于环境,而"必须"则倾向于言者的权威,所以"得(děi)"的道义带有更多的客观情态色彩。这从"得"的否定形式"不用、甭"上可以看出一二,"不用"总是从客观环境的要求上来说的,而"必须"的否定"不必"也主要从言者的权威角度来[许可]对话人做某事或不做某事。因为是强调客观环境的要求,所以用"得(děi)"发出指令时,言者会觉得这个指令尚存在"商量"的色彩,所以对话人在交际中角色的不同,要求达到的礼貌效果的不同,会导致言者对"得"还是"必须"的选择。

从用例看,"必须"是以言者的主观意志为视点的,"得"是以客观情况为视点的。"得"强调的是客观情况、环境使言者不得不做某动作,暗示听者自己是出于无奈——回避或弱化了言者的主观意志,所以发出的指令容易被听者所接受。言者往往是考虑到听者或他人的感受才用的。这在用"得"的语例语境中往往能找到根据。例如:

(1) a. 大学毕业了,你得找工作了。

(√必须√应该√该√应当?应?要)

b. 这地方太小,得把桌子搬走。

(√必须√应该√应当?该?应?要)

c. 我的生日晚会你可一定得来啊。

(?必须?应该?应当?应?该?要)

d. 咱们十多年没见了,这次你说什么也得多住几天。

(＊必须＊应该＊应当＊应?该?要)①

上面用"得"的命令句是可以换成"必须"或"应该"的,只是使原句失去了"客观需要"之义,使句子变成语气强硬的命令或指令,有时让听者感到不快。

例 c、d 下划线部分是"得"常用而"必须"与"应该"不能进入的构式。因为这两个构式向听者暗示的客观情况是"我需要你……",隐含着言者的主观感情——或热情相邀,或好意挽留。指令语气很恳切,能使听者愉快地接受。

2. "要"同样是以言者的主观意志为视点的,在命令句中语气较"必须"弱,比"应该""得"都强,如表 15 中的例 c—e。"要"还经常用于禁止或

---

① CCL 语料库检索到 1 条"说什么也该"是表示估计的:"7 点多到体校,每天亲自接送,现在说什么也该起来了,家里怎么会一直黑着,看不到听不到任何响动",与例(1)d 的"得"所表语义有很大的不同。

阻止某人实行某个动作,如表 15 中的例 f、g。这类"不要"可以换成"别"。

4.1.3 从同构异词看"得"和"该"

曾有外国学生问:"'时间不早了,我得走了''时间不早了,我该走了',都可以说,有什么区别?'得'可以换成'必须''应该'吗?"为此,我们专门就此句在 CCL 语料库做了调查,结果如下:

表 16 "我～走了"调查

	得	该	必须	应该	应当	应
我～走了	83	88	8	1①	0	0

例如:

(2) a. 高娥垂着头,冷漠但礼貌地拒绝了记者采访。她轻轻地说:"真是不好意思,我得走了。"

b. 李铭先生有些歉疚的说:"我得走了,马上还有别的事。"

c. (他)对妻子说:"庆芝,这是我亲手做的鱼,你吃一点儿,明天我得走了……"

d. (他)突然听到门外有两个人在告别:"我得走了,现在的车真挤,昨天我到妈妈那儿去的时候……"

e. 我想我该走了,我从来没喝今晚这么多酒,头晕乎乎的。

f. 女孩儿一笑,起身道:"他来了。我该走了。"

g. "我该走了,就快没车子坐了。"我一边看表。

h. 她一时说,我得走了,我必须得走。

从表 16 看,告别时用"我得走了"或"我该走了"的频率差不多。不过从上面的例句看,"得"比"该"更强调出于客观情况的无奈。如例 a 言者因用了"得"回避了自己的主观意志(她想走)——礼貌地拒绝了对方(即使对方不愿意,也无法再跟她商量——这说明用"得"句是没有什么"商量"的语气的)。例 b、c 言者都是带着歉疚的感情说的——没办法,不得不走,因而听者也不会不满。再看"我该走了"的用例,前后常有强调客观理由的句子,有的是自身的原因,如例 e(似乎不宜换成"得"),有的是非自身的原因,如例 f、g(可换成"得")。例 h"得"用了两次,先说"我得走

---

① CCL 语料库中"我必须走了"有 8 条,其中有 6 条出自翻译作品;"我应该走了"有 1 条,也出自翻译作品。

了",强调客观情况迫使自己不得不走,可能觉得语气不够强,再加上"必须",强调一下主观意志。

因此可以说,告别时说"我得走了"比"我该走了"更客气,听者更容易接受。

4.1.4 "应该""应当""应"和"该"的分析

"应该""应当""应"和"该"是属于语义相近的一组词。

《八百词》(2000:623-624)"应、应当、应该":1.表示情理上必须如此。2.估计情况必然如此。

【应当】同'应该'。

【应】同'应该、应当'意思相近,用法相似,但有以下几点不同。

1)'应该、应当'可以单独回答问题,'应'不能。

2)'应该、应当'可以用于口语,也可用于书面语。'应'只用于书面。

3)'应该、应当'后面可以用小句,'应'不能。

4)在一些四字成语中,只用'应',不用'应该、应当'。

  理应如此|罪有应得|应有尽有

《八百词》(2000:213)该[3][助动]:1 表示理应如此,应该。2.估计情况应该如此。

释义对"该"的解释与"应该"相同。

但下面学生的偏误提醒我们,"应该"和"该"的用法是不太一样的:

(3) a. 现在吸烟的地方也越来越少了,我们应该{CC2 该}选择不抽烟。

  b. 进广告设计部门应该{CC2 该}有三年以上实践经验……

为了进一步了解"应当""应""应该"与"该"在言域中的特点,我们在CCL语料库中分别以"你们应当/应/应该/该"和"你应该/该"为关键词进行搜索,并对各自的语例的语用倾向作了大致的分析。结果见下表。

表17 "你们应当/应/应该/该"等构式在CCL语料库中用例数与语用分析

用例数	语例	语用分析
你们应当…… 336条	a.你们应当畏惧,不可犯罪。 b.你们应当对消费者负责。	90%用于指令,出现在《古兰经》和《圣经》译文中有196条和50条

续表

用例数	语例	语用分析
你们应…… 30条	c.你们应充分利用这些趋势,并且不断地向我报告。 d.你们应马上停止抵抗……	80%用于指令
你们应该…… 240条	e.你们应该避免牺牲,保存力量。 f.你们应该讨论讨论再做决定。	76%用于指令,出现在《古兰经》和《圣经》译文的各只有2条
你应该…… 1736条	g.这一场戏你应该从右边的旁门下场。 h."你应该来。"她将目光移开,轻轻地埋怨道。 i.我认为人要活的自在,要勇敢地去追求幸福、爱情,你应该得到幸福和爱情……	按照常理、规则发指令,或推导出结论
你们该…… 77条	j.中国人!你们该睁开眼看一看了,到了该睁眼的时候了!你们该挺挺腰板了,到了挺腰板的时候了!——除非你们愿意永远当狗!	53%用于指令,5条出自《圣经》3条指令
你该…… 814条	k.按医嘱,你该继续休息,怎么提前上班呢? l.青青一笑道:"你不必客气,这是你该得到的。" m.刘某耐心地劝说父亲:"爸爸,我们之间那段不愉快的历史已过去,你该把小军还给我了,抚养费我一定加倍给您。"	出于对对方关心爱护的角度,按照情理发指令、提要求或推导出结论
该怎么就怎么	n.每逢此时,庄光明总是说:"没关系,你们该怎么说就怎么说,我能明白。"	

上面同是言域的用例,如从主观性和语气强弱看,"应当"是最强的,其次是"应","应该"次之,"该"相对弱些。

言者用"该"发指令时,往往出于关心听者(他人)的角度,如例k。例j虽然语气较强,但也有让听者警醒的目的。用"该"的例l—n也能看出言者是从情理出发的。像例n这样的"该＋VP＋就＋VP"的构式,是"该"独有的。这一构式带有叫听者放手行动、不要有顾虑的意思,也是以听者为视角的。因此,相对"应"等三词,"该"的语气温和得多。由于"应当、应、应该"在言域中,常对人发出命令、教训、提出正式要求,带有言者较强的主观意志,因此,这几个词在使用时,会使人感到言者有点儿"居高临下",语气较"该"要强得多。

为了了解"应""应当"与"应该""该"各自使用的语境,我们还调查了它们与下面左栏构式组配的情况。

表 18 "应""应当"与"应该""该"的组配调查

	应	应当	应该	该
1. ～尽可能＋VP	137 条	41 条	3 条	0 条
2. ～按照＋N＋VP	391 条,其中属于法律条文等的占 17%;属外交辞令有 29 条	903 条,其中属于法律条文等的占 70%;属外交辞令的有 2 条	111 条,没有用于法律条文的;属外交辞令的有 10 条	0 条
3. ～按照…法律/规定＋V/VP	134 条	472 条	8 条	0 条
4. ～严厉＋VP	7 条	3 条	6 条	0 条
5. ～严肃＋VP	24 条	13 条	18 条	7 条

据上表 18 可知,与构式 1 组合,"应"最多,"应当"次之,"应该"很少。与构式 2、3 组合的,"应当"最多,"应"次之,"应该"也较少。用例中属于法律条文的亦是"应当"最多,"应"次之,"应该"则无。这说明,当言者强调应按照法理行动时,一般应用"应当"或"应"。言者向对方提严厉的要求时,也常用这两个词。同与"按照……"构式组合,属于外交辞令方面的"应"的用例最多,其次是"应该","应当"则较少。这说明"应"的语气强度略弱于"应当"。"该"不能与构式 1—4 组合,说明该词的语气较其他三词都要弱,一般不用于与法律方面和对对方提较严厉的要求时。例如:

(4) a. 海关调查、收集证据,**应当按照法律、行政法规及其他有关规定的要求**办理。

b. 中国**应尽可能**地化敌为友。

c. 再一个这是我们的一个专利产品,你**应该按照专利法**来执行……

d. 各级党委、纪委**应当按照本条例规定**切实履行监督职责,发挥监督作用。

e. 钱其琛呼吁亚太各国在出现国际争端时,**应按照《联合国宪**

章》的要求,通过对话、协商、调解、斡旋等和平方式解决。

f. 法国认为,**应该按照联合国 1546 号决议精神**,在伊拉克举行民主选举,将政治权利交给伊拉克人民。

g. 中国科学技术不发展,主要是基础科学太差,科学家太少,**应该按照科学家的专长**来开展工作,也就是按学科和专长来制订发展规划。

h. 这种权力规定,领导者**应该按照一定的目标、任务、标准、程序等**,去要求下属做什么、怎么做。

i. 老年人**应该按照科学育儿知识**带孩子,不但要使孩子有个好体质,还要培养孩子有个良好的生活习惯和道德修养。

经分析发现,"应/应当按照"后的名词多为"法律、规定、原则、政策"等,"应该按照"后的名词往往是与具体动作相关的"目标、特点、任务、标准、程序、知识、信念、精神、专长"等。这些都说明,"应、应当、应该"所依据的"理"有所不同。

表19是对"严厉、严肃"与"应"等助动词组配时其后的动词、形容词和名词的使用情况的整理(括号内为总用例数,括号外数字为某词组配数,未标数字的是仅有1例的):

表19 "严厉、严肃"与"应"等助动词组配动词、形容词和名词的使用情况

应严厉/严肃＋V	应当严厉/严肃＋V	应该严厉/严肃＋V	该严厉/严肃＋V
(14): 处罚2、惩罚、惩处、禁止2、打击5、制止和反抗、取缔、对待	(4): 处罚、惩处、打击、禁止	(10): 制裁、打击6、教育、处置、查处	(0)
(35): 追究、处理15、对待6、查处8、批评、反省、治学2、行使	(15): 追究3、处理2、对待4、看待、提出、执行、考察、干、考虑	(22): 处理3、对待4、查处2、指出、正视(问题)负责、请(人)＋VP、工作参加、思考、考虑、引导、对话2、想一想、管理	(6): 处理2、查办、反思、认真的调查

说明：

从表 19 看，同是与"严厉""严肃"组配，与"应、应当"组合的动词语义相近，"应"的用例相对多些，语义更严厉些。与"应该"组合的动词语义相对较轻。"该"不仅没有与"严厉"组配的，与"严肃"组合后带的词语语义也较轻。在仅有的 7 例中，"严肃＋V"作定语的有 3 条。值得注意的是，"该严肃严肃""该严肃＋VP＋就严肃＋VP"的用例共有 3 条(如下(5)例 g、h)，而其他助动词无此类用法，这与表 17 指出的事实是一致的。例如：

(5) a. 现在一些团伙有黑社会组织性质，**应严厉打击**，将其消灭在萌芽状态中。

b. 国家工作人员对人大代表依法执行代表职务进行打击报复构成犯罪的，**应当严肃追究**有关人员的法律责任。

c. 警察**应当严厉处罚**违反交通规则的司机，让其他守法的司机感到他们的等待和忍耐是值得的。

d. 对抱着盈利目的，打着推广农业技术的幌子，故意害农、骗农的人，**应该严厉制裁**。

e. 我们都知道教育孩子的重要性，对自己孩子的错误也知道**应该严厉教育**，但遇到别人孩子有了错误时，不是冷静、理智地帮助其分析原因，改正错误，总是自觉不自觉地扮演起袒护孩子的角色来。

f. 对那些不讲原则乃至包庇纵容、姑息养奸的说情者，绝不能手软，**该追究责任**的一定要追究，**该严肃处理**的要坚决处理。

g. 这样儿好，会分场合，**该严肃严肃**，**该活泼活泼**，我就不待见那逮哪儿逮谁都胡说一气的人。

h. **该严肃查办就严肃查办**。

从"应、应当、应该、该"与"严厉、严肃"组配的用例看，"应、应当"所依据的"理"多为法律与规则等，而"应该、该"所依据的"理"，虽然也有与"应、应当"相同的，但更多的是事理或情理。

4.2 表估计助动词的辨析

"应、应当、应该、该"还可以表示"估计情况必然如此"。

《八百词》在比较"应该、应当"与"该"时指出：

1)'该'可以用于假设句的后一分句，表示情理上的推测。'应该、应当'不能。

    如果你再不回去,老王该(×应该、×应当)说你了

2)'该'可以和'会'连用,'应该、应当'不能。

    你这样说,该(×应该、×应当)会造成什么影响呢?

3)'该'可以用于'有多……'前,'应该、应当'不能。

    他要是还在这儿,该(×应该、×应当)有多好啊

4)'该'前可以用'又','应该、应当'不能,只能用'也'。

    小心闯了祸,又该(×应该、×应当)挨批评了｜你也该(应该)出去跑跑了①

经语料调查分析,我们对《八百词》有以下几点补充:

第一,"应该""应当"也可以用于假设句的后一分句。例如:

(6) a. 威勒公司是诈骗者,星华公司是受害人,如果付诸法律,应该必胜无疑。

  b. 如果实践出真知,那农民应该是农学家,那大学里农学院的教授有几个当过农民?

  c. 医生从他的左脚踝中取出一块活动的软组织。如果没有意外发生,他应当在两周内康复。

  d. 一个理论如果真是正确的,应当适用于不同类别的文学。

将上面的用例与《八百词》1)下用例对照,可以确定"该"常表示"情理上的推测",而"应该、应当"常表示"事理或法理上的推测"。这与前一节对"应当、应该"与"该"的主要区别的分析是一致的。

第二,"该"也可以表示事理上的推测,不过语气没有"应该"那么确定,那么强。例如:

(7) a. 他是坐的这趟火车,现在应该到了。(√该)

  b. 这是不锈钢的杯子,应该比较结实。(＊该√应当√应)

  c. 他生气地说:"你这人不讲理,为什么我应当知道?"

                (√应该√该)

  d. 她小心地问道:"先生,您半个小时前刚发过一封和这一样的电报,该不会是搞错了吧?"徐志摩这才清醒了过来。

                (√应该)

---

① 以上用例和释义(包括标点)引自吕叔湘主编《现代汉语八百词》(增订本),商务印书馆2000年版,第624页。"×应当"原书无,由笔者补上的。

e. 这里人流众多,本应嘈杂纷乱,但给人的印象是雍容、新奇和有条不紊。(＊该＊应该＊应当,下同)

f. 不少业内人士认为,黄山温泉集湖瀑溪潭、名贵花木等奇观于一体,理应成为景区的热门景点。

检索 CCL 语料库,如例 b,"应、应该、应当"与"比较"组配的用例分别有 140 条、55 条、10 条。如例 d,"该/应该不会……吧"分别有 132 条、38 条。这都可以说明"该"在表示推测时,语气比较弱。例 e、f 中的"本应"和"理应"是作为单音节"应"的独特用法,都是据事理加以推测;"本应"后常接事实与之相反的句子。

第二,"该"不光可以用于"有多……"前,也常以"该多＋A(啊)"构式出现。这一用法也是"应、应该、应当"没有的。例如:

(8) a. 他觉得,自己比起旅长那种忠诚坚定来,**该多渺小啊!**

b. 想像一下,如果盲童像温迪一样能够绘画,那么做父母的**该多么自豪啊!**

c. 我真后悔,我没有能随你南去。要是我能在你身边,那**该多好啊!**

CCL 语料库中"该多＄4 啊"共有 156 例,都带有言者强烈的感情。有的是表示言者自己的意愿或情感的,但也不乏以他人为视点的推测用例,如例(8)b。

"应该"与"多"组配的用例共有 343 例,后面都是动词,全都是对人或对己提要求或提建议,而不是推测,如下例 a—c。"你该多……"只有 2 例类似的用例,如下例 d。

(9) a. 我的意思是:你应该多做些妇女工作,从两方面着手。

b. 这使我想起冰心先生说的:"应该多养小动物,小动物是培养感情的。"

c. 告别时,冰心老人嘱咐我:"趁着年轻,你应该多到人民中去,多到生活中去……"

d. 你该多吃些鱼。

4.3 小结

综合上述分析看,同是表示"必须做某事"或表示推测,"应"等四个助动词所依据的"理"和视点是有所区别的,下表就是以这两个标准对"应"

等 4 个助动词的异同点作了系统性比较。

表 20 "应、应当、应该、该"的系统性差异

	以言者为视点	以他人为视点	按照法理	按照教义	按照事理	按照情理	按照风俗习惯	按照知识	按照规约
应	+++		++	+	++				+
应当	+++		+++	+++	+++				+
应该	+++	+			+++	+	+++	+++	+++
该	+	+++	+	+	++	+++	++	+	++

综上所述,这一组情理判断类助动词在主观意愿和语气上形成的连续统可归纳如下:

主观意愿与语气强————————————————→弱

必须 ＞ 要 ＞ 应当 ＞ 应 ＞ 应该 ＞ 该 ＞ 得

第五节 从认知看"可能"类助动词的系统性[①]

5.1 对"能""会""可以"语义分析的已有成果

由于"能、会、可以"是多义词,用法复杂,相互间常有交叉,因此,对外国学生来说,掌握起来比较困难。对这类助动词,现代汉语学界和对外汉语教学界相关的论文与论著有很多。主要有:吕叔湘主编(1980,2000)、刘月华等(1983,2001)、周小兵(1989)、郭志良(1990)、陶炼(1991,1997)、于康(1996)、渡边丽玲(2000)、王伟(2000)、陈绂(2002)、陈若凡(2002)、郑天刚(2002)、陆庆和(2006)等。近年来,闵星雅(2007)和彭利贞(2007)等人从认知和不同的情态类别(动力情态、道义情态和认识情态)等方面对汉语助动词加以研究,取得了一些成果,但在核心意义与其他意义的关系上,尚未做系统的分析和研究。鲁晓琨(2001)分析了"可以"和"能"的核心语义,但未能从语法化的角度加以考察,因而其结论还有待完善。

彭利贞(2007:121)指出,鲁晓琨认为,"可以""有一个核心语义,这个

---

① 本节内容节选自陆庆和《从韩国学生的偏误看汉语助动词的研究与教学——以"会、能、可以、可能"为中心》一文,该论文曾在"第四届韩汉语言对比国际学术研讨会"(2009 年 8 月,苏州)上宣读。

核心语义就是'表示容许范围',即句内语义指向、句外情理指向和言者指向,三种指向代表了'可以'的三种下位语义表现形式。而'能'的核心语义则可以概括为'X具备了实现或达到Y的条件'。"

"但是,对情态动词进行高度概括的单义化分析,只是一种理想化的方法。它得面对这样一些问题:首先,在一个情态动词的几个意义中,如何决定哪一个是核心意义,用什么标准来决定……"

彭利贞(2007:336)还指出,吕叔湘(1984)在论及"可"与"能"的分别时说,"能与不能,以行事者自身能力而言,可与不可,则取决于外在之势力"。相原茂(1997:47)认为,"能"基本上表示主体的内在能力,"可以"则不过是说没有障碍。[①] 鲁晓琨则认为,表"能力"的"可以"强调客观上无妨碍,"能"强调主体的内在能力及意愿,而"可以"则无意愿义。

5.2 从语法化过程看"能""会""可以""可能"的语义系统

认知语言学的核心语义(也有称"中心语义"的)与语法化的分析理论,往往能揭示一个具有实、虚意义的多义词的微系统。本节将从梳理"能、会、可以、可能"的语法化过程,从认知视角入手,揭示该组助动词的系统性。

5.2.1 "能"的语法化过程

"能"在先秦时代的动词意义是"胜任",即动作者以自身的实力、有能力完成某个动作,其主观量是很大的。例如:

(1) a. 夫合诸侯,非吾所能也,以遣能者。(《左传·成公·十六年》)
    b. 非曰能之,愿学焉。(《论语·先进》)
    c. 乃汝罪多参在上,乃能责命于天?(《尚书·西伯戡黎》)

例(1)a、b"能"是动词,例c"能"是助动词,用法同现代助动词"能"并无两样。例如:

(2) a. 这孩子生下来就挺能吃的。("能吃"是生下来就有的能力)
    b. 他的病好了,能上班了。(主体一度丧失的能力现恢复了)
    c. 靠卖衣服,小刘一天能赚一百多块钱。

(表示主体完成某动作的能力,下同)

[①] 彭利贞注:转引自鲁晓琨(2001:38)。

d. 我能完成这个任务。

从用例看，用"能"的视角在动作主体自身的能力上，这是由"能"的"胜任"义发展而来的。动态性、具体性（完成某具体的动作），是这种"能"的特点。

如将"能"的"动作者自身具备的能力"的意义投射到事物的"自身的能力"上（属隐喻引申），就可以表示事物的某种功效、用途和性能，如：

（3）a. 这辆车能坐四个人。

b. 这种野蘑菇不能吃，有毒。

动作者自身具备的能力有时是由客观条件决定的，这就使"能"又可表示实现某个动作的可能性。例如：

（4）a. 下星期我有空，能去旅行。

（表示客观条件具备后，动作者实现某动作的可能性，下同）

b. 那条路上堵得厉害，我想她大概不能按时到了。

若以动作主体为视角，其动作能否得到他人的允许，"能"就表示"许可"，这类"能"多出现在疑问句和否定句中。例如：

（5）a. 考试能用铅笔吗？

b. 他现在还不能走。

因此，"能"的核心意义到非核心意义的发展路径可分析如下：
核心意义（动词，"胜任"义）
　　→a. 助动词，人所具备的能力
　　　→b. 助动词，事物所具备的"能力"：功效或用途
　　　　→c. 助动词，与客观条件、情况相关的动作实现的可能性
　　　　　→d. 助动词，表示许可

5.2.2 "会"的语法化过程

"会"在古代较早的用法是"会合、聚会"义，与现代助动词意义无关。太田辰夫（1987：185）指出："表示后天的技能或者由于时间的过去而自然地实现、发生的情况时用'会'。专门用来表达这种意思的词古代汉语中没有，到了唐代，用大致和这个意思相当的'解'。'会'原来是'领会''领悟'的意思。"到了宋代，"会"从这种"领会"的意义转为表"能够"意义的动词，又产生了助动词的用法。

（6）a. 洞仙云："上坐还会摩？"师曰："**不会**。"（祖6）

（太田辰夫例，下同）

b. 我闻南朝人只会文章**不会武艺**。(三 4,茅斋自叙)

c. 我从生来**不会说脱空**。(三 4,燕云奉使录)

d. 至于猕猴……只**不会说话**而已。(朱 4)

e. 天地**会坏**否？(朱 1)

从例(6)a—d 可知,作为动词的"会"是由"领悟"义发展为"能够"义的(从其后词语看,所表示的"能够"做的动作是与技巧性有关的),进而可表示情况自然地实现、发生,如例(6)e。

从用例看,"会"的主观量比"能"小。当"会"表示"能够"(做某些动作)时,其视角主要是从动作者的技能着眼的(如例(7)a)。它具有恒常、静态的特点。

(7) a. 他会说英语。

b. 哥哥会打网球。

"会"表示某种可能时,往往是言者根据"领悟"到的(自然或社会的)规律所作的推断或推测,是以非主体——旁观者,或是听者为视角的,这是"会"与"能"的最大的区别。例如：

(8) a. 人都会死的。

b. 这里一到梅雨季节就会下雨。

c. 他每天早上都会去操场跑步。

d. 汉语考试不会太难。(推测,安慰)

e. 一边打手机,一边骑车,会出交通事故的。(推测,提醒)

f. 你这样做,我想他会很高兴的。(推测,鼓励)

g. 你要是不说实话,我会去找你的父母！(威胁)

h. 你放心,我会准时到的。(承诺,安慰)

例 a—f 均是言者根据自己"领悟"所得的规律,以旁观者的视角加以推测。例 a—c 用于知域,d—h 均用于言域,安慰、提醒、鼓励、威胁、承诺都是以听者的主观意愿为视角的。

综上所述,"会"的核心意义到非核心意义的发展路径可归纳如下：

核心意义("领悟"的动词意义)

→ 能够(动词,能做某个需领悟才可获得的、技巧性动作)

　　→ a. 助动词,人具有的某种能力(多为后天习得、领悟才能获得的技巧性能力)

　　　　→ b. 助动词,从规律(包括习惯、经验)推测出某种可能(以旁观者为视角)

→c. 助动词,以听者的主观意愿为视角(安慰、提醒、鼓励、威胁等)

5.2.3 "可以"的语法化过程

古代汉语的"可"较早的用法是动词,即"许可,容许",相当于现代汉语的"可以"的基本义。"可"的助动词用法也是很早就有了,是"可能"之义。例如:

(9) a. 吁,讼可乎!(《尚书·尧典》)

b. 下怨上,令不行,而求敌之勿谋己,不可得也。(《管子·权修》)

太田辰夫(1987:185-186)指出,在古代汉语中,"可以"原是两个词,是"可用以……"的意思,他还认为,古代也有"以"的原意几乎看不出来的。现代汉语中说"可以"的时候,与其说表示可能,还不如说表示容许,是"做……也可以""无妨"的意思。例如:

(10) a. 沧浪之水清兮,可以濯吾缨;沧浪之水浊兮,可以濯吾足。

(《楚辞·渔夫》,太田辰夫例,下同)

b. 其家多什器,可以假用。 (任氏传)

c. 杨家两个孩儿成人长大,可以着他亲自当军去。(救孝子1)

d. 太太不管,奶奶可以主张了。(红15)

"可以"的动词义是"许可、容许",这使得言者使用"可以"时,以允许者为视角,而且允许者往往是具有某种权力的人或部门,这是助动词"可以"的主要特征。例如:

(11) a. 对不起,我可以用一下你的电话吗?

(询问听者是否允许,因为电话是他的)

b. 这里可以停车。(言者表示允许,可能代表某个部门)

有时"可以"看起来是表示"情理上许可"。但实际上隐含着"言者或某人的允许",如例(12)a、b 的言者是发出指令者,即允许者。当句中没有允许者,而是某个客观条件时,则表示外在客观条件的允许,如下例 c、d:

(12) a. 会议结束了,桌上的东西可以收起来了。

b. 时间不早了,你可以回家了。

c. 明天是晴天,可以去公园了。

d. 台风过去了,飞机可以起飞了。

"可以"有表示"值得"的意思,这实际上是"允许"义的引申——做某一动作得到了言者的"认可"(即"允许"),常用于向他人推荐、建议或自我认可的场合。如：

(13) a. 那个电影拍得相当不错，你可以去看看。（向他人推荐、建议）

b. 这里空气好，风景又美，可以多住几天。

（向他人推荐、建议或自我认可，下同）

c. 这个朋友可以交。

当"允许"义投射到事物上——事物具备了某种条件允许做某事，就是"功效或用途"了，如例(14)a。由此义进一步发展，就产生了"客观条件具备后有可能做某事"之义，如例(14)b。

(14) a. 这辆车可以装两吨货物。

b. 等钱攒够了，咱们就可以买房子了。

根据上面的分析，"可以"的核心意义到非核心意义的发展路径可分析如下：

核心意义（动词，"容许"、"许可"义）

→a. 助动词，"做……也可以"（客观条件具备后被某人允许做某事）

→b. 助动词，（某人）允许、许可

→c. 助动词，情理、条件上许可

→d. 助动词，值得

→e. 助动词，事物具备了某种条件允许做某事：功效或用途

5.2.4 "可能"的语法化过程

"可能"在古代较早的用法是助动词"可"与动词"能"的结合，即"可以胜任""可以做到"之义，在句中充当谓语。如：

(15) a. 天下国家，可均也；爵禄，可辞也；白刃，可蹈也；中庸不可能也。　　　　　　　　　　　　　　（《中庸》）

b. 养，可能也，敬为难；敬，可能也，安为难；安，可能也，卒为难。　　　　　　　　　　　　　　（《礼记》）

例(16)a 与 b 的"可能"位于谓语动词前，表示某种可能性，应是助动词的"可以"和"能（够）"结合，与例 c 的"可能够"用法相近：

(16) a. 须达启言："丈人，一手可能独拍？"（《敦煌变文集新书》）

b. 此草可能惠施小许？　　　　　（《祖堂集》）

c. 这一会之时，可能够学得你我当初相结纳之时么？

（明《三宝太监西洋记》（四））

d. 我未成名君未嫁,可能俱是不如人。

(《唐罗隐甲乙集八偶题》)

例(16)d用法似与现代的"可能"的用法差不多。

下面例(17)a—c中的"可能"均在表示"可能"意义的"得会""逃得性命"之前以及询问可能性的疑问句句首,即问"是否可能",语气比较委婉,应看作表示疑问或不确定语气的可能性助动词,其用法与现代的"可能"已较接近。

(17) a. 悟净啊,你又不知在那里寻他,可能得会?(《西游记》(上))
b. 在那里,你且筑一下儿,看可能魂消气泄?(《西游记》(上))
c. 娘娘坐在宫中,泪如雨下,思量行者不知可能逃得性命。

(《西游记》(下))

例(17)b中的"可能"位于主谓短语之前,其在句中的语法位置已与现代的"可能"并无两样了。"可能"常用于肯定句是比较靠后的用法了,较早见于清代的白话小说中:

(18) a. 那个知府得了此银,或者可能放出。

(清小说《乾隆南巡记》(上))

b. 这等人如今世上,可能多见。(《八仙得道》(下))

综上所述,"可能"的语法化过程可以概括如下:

→可能(可以+能胜任)
　→可能(可以+能够,助动词短语)
　　→可能(表示疑问或不确定语气的可能性助动词)
　　　→可能(表示可能性的助动词)

从上面"可能"的语法化过程看,在语法化的初期,"可能"主要是表示不确定,使句子语气较委婉,较礼貌,一般用于言域。这一特征在现代"可能"的用法中仍保留着。"可能"在用于推测句中,它的认识情态要比其他三个助动词弱得多,更多的是表示不确定的语气,语用的功能更强些。

综上所述,如从言者的主观性的强弱看,这四个助动词形成了下面的连续统:

主观性强————————————→弱

　能 ＞ 可以 ＞ 会 ＞ 可能

5.3 "能""可以""会""可能"在言域中的不同功用

"能、可以、会、可能"在主观视角和主观性上的差异,直接影响到它们的语用功能,尽管它们都常用于言域,可以出现在相同或相近的构式中。当然,有时对它们各自可进入的构式也有影响。下面从"同构"与"非同构"两方面入手来加以分析。

5.3.1 同用于"希望……"之后

"能、会、可以"都可以用于"希望"之后,或表示希望,或表示承诺。例如:

(19) a. 我用自己的身体温暖妈妈的腿,我是**多么希望妈妈能再站起来啊**!
b. 这两天,我天天在这儿弹,只**希望能让你见我一面**。
c. 刘海若对董建华表示感谢,并**希望可以对他做一个简短的采访**。董建华欣然应允。
d. 他特意捐赠药品,**希望可以使当地患者早日康复**。
e. 他的听力并没有好转,**医生希望慢慢会改善**。
f. 救援人员还在进行最后一次搜救,**他希望不会再发现新的遇难者**。
g. **只要有一线希望,我都会尽最大努力**帮助你找到亲人。
h. 对发生在任何国家或民族之间的纷争,**我们希望尽可能**以和平方式解决。

由于"能"的主观性最强,当它出现在"希望"类的动词之后,常表示一种很强的主观愿望和很高的主观期待,如例(19)a、b。检索 CCL 语料库,"多么希望＄2 能/会/可以/可能"分别有 99 条、5 条、2 条和 0 条。

"希望"后是"可以"的用例,主观性上较用"能"的要弱些。有的需要得到某人允许,如例 c。CCL 语料库中"希望能让/使……"的用例分别有33 条和 15 条,而"希望可以让/使……"则分别只有 1 条和 2 条。这一语言事实说明"能"的主观能动性更强。

从例 e—g 的上下文,可看出"希望……会……"所表示的主观性更弱,例 e 是"慢慢会",例 f 希望消极结果不要出现,例 g 只要有"一线希望",承诺会努力。

作为助动词的"可能"一般不出现在"希望"之后,但"尽可能""有可能"("可能"是名词)出现在"希望"之后的用例分别有 33 条和 3 条。前者表示动作者会做出努力,后者表示希望客观上出现某种可能。这两种"可能"的用法,与"能、可以、会"共同组成了表示"希望"的一个语用微系统。如下表所示:

表 21 "希望"与"能、可以、会、可能"组成构式的语用微系统

希望……能……	希望……可以……	希望……会/不会……	希望尽可能	希望有可能
主体希望最强烈	主体希望较强烈	主体认为希望较小/消极结果不要出现	主体对动作者(包括自己)提出努力的要求	主体希望客观出现某种可能

5.3.2 同与"一定"组配的构式

"能""可以""会"都可与"一定"组配,进入相同的构式表示决心,例如(句后括号内数字是在 CCL 语料库中的用例数):

(20) a. 他认为,只要矢志不渝的努力,就**一定能**成功。(29)
  b. 只要我们团结一致,共同努力,这次比赛**一定能**赢。
  c. 我们这次比赛**一定可以**取得好成绩。(582)
  d. 他自信地说,演出**一定会**成功。(72)
  e. 我祝你成功,你**一定会**成功。
  f. 她相信双方的合作**一定会**成功。

"能"因为是以动作者为视角,在表示决心时,多表示动作主体强烈的愿望,相信自己有能力完成某动作,因此例 a、b 表示的是充满自信的决心。但它往往会与要求动作主体努力的句子共现。"可以"是以"允许"为视角,说话时往往考虑到允许动作实现的主、客观条件之后才说的,所表示的决心没有"能"那么自信满满,也留有一定的余地,"一定可以"用例数是"一定能"的近 20 倍,说明这一构式在表示决心时所适应的范围更广泛,可能更为得体。"会"因为是以旁观者为视角,所表示的决心往往涉及他人(包括听者),所以以鼓励他人,向人承诺的用法更为多见。如果表示的是自己的决心,则更留有余地。

5.3.3 同用于鼓励构式

可能类助动词也都可以用于鼓励,我们在绪论 3.5.5 节曾举出了下

面由外国学生造出的四个"同构异词"的句子：

(21) a. 只要你努力，你就能成功。

b. 只要你努力，你就可以成功。

c. 只要你努力，你就会成功。

d. 只要你努力，你就可能成功。

四句都是鼓励，鼓动性由强到弱的次序是：

a ＞ b ＞ c ＞ d

这是因为"能"的视点在动作主体，当言者对听者的能力十分有信心时才用；当言者认为"你努力"是使成功得以无障碍实现的充分条件后，则用"可以"，所以鼓动性次之；"会"是以旁观者为视点的主观推断，所以鼓动性再次之；用"可能"只是客观的推测，不带言者的感情，因而鼓动性最弱，或者说听者不太会受到鼓舞。最能让听者受到鼓舞的应是例 a。

5.3.4　同用于承诺的"会"和"可以"

"会"和"可以"都可用于承诺，差别是："会"是无条件的，"可以"则常附带条件。例如：

(22) a. 我会对你好的。（无条件承诺，下同）

b. 爸爸妈妈放心，我不会让你们失望的。

c. 这事我可以不再计较，但也请你不要再来烦我。

（以允许者为视角，承诺往往是有条件的，下同）

d. 你提的条件我可以答应你，不过你也得满足我的一个条件。

5.3.5　同用于安慰的"会"与"能"

"会"与"能"都能用于安慰，区别是：用"能"一般是以事实为根据的，把握较大；"会"则不需要什么根据，所以一般的安慰多用"会"。如：

(23) a. 不用担心，医生说了，你的病不重，能治好。

b. 你的病会好的。

c. 你别担心，你女儿会安全回来的。

5.3.6　同用于请求的"能"与"可以"

"能"与"可以"都可用于请求，区别是："能"以动作者为视角，"可以"以允许者为视角，因而在互动交际中，"可以"的礼貌程度比"能"高。如：

(24) a. 我现在能回家吗？（重在表达主体希望回家的主观愿望）

b. 我现在可以回家吗？（重在征得对方的同意）

要求对方行为有所约束时,用"能"的语气比"可以"强,因为"能"是要求动作者如何,用"可以"是希望得到对方的允许。例如:

(25) a. 你**能**不**能**把电视的声音开小一点儿?(语气很强,不太客气)

b. 你**可以**把电视的声音开小一点儿吗?(语气较弱,较客气)

5.3.7 同用于提醒的"会"与"可能"

"会"和"可能"都可以表示提醒,例如:

(26) a. 下山慢点儿走,要不**会**摔倒的。(善意的提醒,语气较轻)

b. 对这种人你得防着点儿,否则你**会**后悔的。

(善意的提醒,语气较重)

c. 要是不按我说的去做,我**会**让你知道我的厉害!

(带威胁语气的警告)

d. 带上伞吧,**可能**要下雨的。(善意的提醒,语气较轻)

如例所示,"会"可以用于各类提醒,善意的提醒,语气温和或较重的,如例a、b;也可以是带威胁的警告。"可能"一般只用于善意的提醒,语气很轻。"可以"和"能"一般不用于此类场合。

5.3.8 同用于反问句的"能""会""可以""可能"

"能、会、可以、可能"都可用于反问句,它们的区别在哪里呢?

当言者以动作主体为视角,表示其主观意愿与态度时,一般用"能"。下面学生的偏误改正就可证明这一点:

(27) 我想父亲就是亲手足,怎么**能**{CC**会**}一直这样不理他呢?

用"能"才能表现出言者自我反省的主观态度,"会"则不能,故误。

用"会"则是以旁观者为视角,一般是从事物的规律、人之常情出发来反问,与主观态度无关或关系不大。例如:

(28) a. 他怎么**会**把那么好工作机会让给别人了呢?真不可理解。

b. 我直到现在仍弄不明白,当初爱得要死要活的一对恋人,怎么会说分手就分手了呢?

下面的"会"与"能"出现在相同的构式中,用于同一语境,区别还是在于视角的不同,用"能"所表示的主观性均强于用"会"的:

(29) a. 孩子丢了,他**能**不着急吗?

(以动作者为视角,表示理解、同情"他")

b. 你是我的好朋友,你有了难处,我**能**不管吗?

(以动作者为视角,强调"我"的主观意愿)

c. 孩子丢了,他会不着急吗?

　　　　　（言者以旁观者为视角,从人之常情加以推断,下同）

　　d. 你是我的好朋友,你有了难处,我会不管吗?

反问句中用"可能",一般是以客观的可能性为视角的。如:

(30) a. 昨天我看见他还好好的,怎么可能住院呢?

　　b. 他们怎么可能比我更了解自己呢?

"可以"用于反问句,一般是以允许者为视角的,表示的仍是"允许"义:

(31) a. 你怎么可以这样跟你的父母讲话!

　　　　　（言者认为这样的态度或行为是不能允许的。下同）

　　b. 考试不会,难道就可以抄别人的吗?

第五章 名词和形容词的系统教学

第一节 名词与构式相结合的系统教学

1.1 名词的教学内容与偏误概况

1.1.1 两个大纲关于名词教学内容的安排

关于名词的教学内容的编排,《本科生大纲》比《长期生大纲》要细密、全面得多。该大纲强调了名词中特殊的两个小类:时间词和方位词。对方位词的引申用法也有列举式的说明。此外,在三、四年级的语法项目表中,把方位词的成对使用、相关的固定词组、方位词用于书面语等都列为语言点。不过,据我们的观察,后一部分的方位词用法,由于相对比较固定,学生在习得上并不感觉困难,所以本节就不予讨论了。

本节将根据对中介语语料和现代汉语语料的调查,对大纲所规定的名词教学内容加以分析讨论。

1.1.2 名词偏误概况

BYDT 语料库中错词偏误数在 10 以上的名词共有 167 个。我们将其中偏误数在 20 条以上的分类罗列如下(词语后数字是偏误数):

(1) 具体名词

  表事物的名词:粮食 79(都是误作"食粮")　烟 31

  表人的名词:人 229　晚辈 46　人间 44　人们 47

(2) 抽象名词

  时间名词:时候 100　时间 53　期间 25　以后 64　后来 27
    现在 26

  方位名词:上 760　中 229　里 341　下 150　之间 62

  事物名词:爱 155　经验 128　权利 91　权力 91　问题 65

生活 54　世代 53　利益 49　坏处 45　规律 43
好处 39　规律 43　心情 42　方法 41　家庭 40　措施 38
情况 37　想法 37　本身 34　事情 33　原因 33　害处 32
要求 32　目标 31　东西 31　印象 30　主张 30　心 30
心理 29　人民 27　意思 27　国家 26　意见 26　事 26
感情 25　规定 25　现象 25　行为 24　健康 23
概念 21　害 23　事件 21　精神 20　习惯 20

上面所列名词按偏误数量的多少分类排列如下：

抽象事物名词＞时间名词＞方位名词＞具体名词中的类名词（如"人"等）

这一排列可以作为名词教学难点和重点的参考。

1.2　错词率较高的名词偏误例析

1.2.1　普通名词的偏误例析

1.2.1.1　具体名词的偏误例析

从上一节可知，BYDT 语料库中具体名词偏误最多的是"人"，其中因义近或形近而产生的错词共 154 例，占"人"错词偏误的 67%。请看统计：

表 1　与"人"相关的词语混用统计

误作	人们/者/人间/人家/人民/人物/人类/人生/人群
当作"人"	59/33/15/13/10/8/6/5/2

上表中误用数排在前三位的是"人们""者""人间"。例如：

(1) a. 我有时看到这样的人{CC1 人们}觉得非常不好。
　　b. 所以，人{CC1 人们}也可以安乐死吧。
　　c. "三个和尚没水喝"这句话表示了人{CC1 人间}的本质。
　　d. 吸烟者{CC 人}的抽烟的原因是很多的。
　　e. 抽烟对第三者{CC 人}也有害处……

"人"是类名词，可涵盖所有的人。而"人们"是"许多人"，在具体语境中泛指部分人。"人"可以受形容词、代词和名词等词语的修饰，"人们"则不能。"人"可表示与人相关的道理、规律或权利等,"人们"不能。

"人"可构成"男人、女人、老人、工人、军人、中国人"等以性别、年龄、职业、国别作为分类标准的类名词。而"者"只能与动词、数词、形容词等构成合成词,表示特定的某类人,如"记者、学者、吸烟者、志愿者、老者、仁者、第三者"等,所指范围比"人"要小得多。这类偏误提示我们,在讲"人们、~者"等词语时,应将它们与"人"和"~人"类词进行一下比较。

日语中的"人间"译作汉语可以是"人、人类"或"人品"。所以,有的日本学生会在需要用"人"时误用"人间"。

1.2.1.2 抽象名词偏误例析

"爱"与"爱情"的混用

"爱"错词偏误有163例,除了少数是动词"爱"的误用外,有142例都是当用名词"爱"而误用"爱情"的。例如:

(2) a. 我心里很明白,我对父母的爱{CC1 爱情}绝不能达到父母给我的爱{CC1 爱情}的程度。

b. 世界上最伟大的是母亲的爱{CC1 爱情}。

汉语的"爱情"使用范围比英语、法语、日语、韩语等的对译词都要小。在这些语言中,表示男女之间的爱与表示父母对子女或教师对学生的爱,可共用一词。而在汉语中,后一种意义只能用"爱",教学中对"爱情"与"爱"的用法区别的忽略,是"爱"误作"爱情"偏误率这么高的原因。

1.2.2 时间名词的偏误

1.2.2.1 "时"类名词的混用统计与举例

BYDT语料库中,"时""时候""时间"混用的偏误共有111例。还有"时间"与"时光""日子"混用的。例如:

(3) a. 别人都放弃努力的时候{CC2 时},他不顾一切地继续干……

b. 不知过了多少时间{CC 时候},他们还是争论得没完没了。

c. 在跟林老师上课的时候{CC 时间}{CD 上},我会学到很多事情。

d. 我的脑海里都是我们过去在一起的时光{CC 时间}。

e. 一方面相信过了这个期间一定有好的日子{CC 时间}。

1.2.2.2 "以后""后来"与"后"类词的混用统计与举例

BYDT语料库中"以后"与"后来"互相混用的有45例,"以后"与"然后、之后、最后"等"后"类词混用的共有 27 例。例如：
(4) a. 你以后{CC 后来}一定是一个女强人。
   b. 但是，后来{CC 以后}他觉得吸烟对自己的身体和自己旁边的人不好，所以不吸了。
   c. 这样我们可以买用农药和化肥的食品，然后{CC 以后}洗农药和化肥。

1.2.3 方位名词偏误的分析

1.2.3.1 方位名词之间混用偏误的统计

BYDT 语料库中，"上、中、里、下"这类方位名词内部的混用占了很大的比例。如"上"的错词偏误共有 203 例，其中与"中、里、下"混用的共有 174 例，占总偏误的 85%。"里"的错词偏误共有 48 例，其中与"上""中"混用的有 34 例，占总偏误的 70%。"中"的错词偏误共有 63 例，其中与其他方位词混用的有 18 例，占总偏误的近 30%。"下"的错词偏误共有 63 例，除动词的偏误外，作为方位词的"下"与其他方位词混用的有 31 例，占总偏误的 50%。

1.2.3.2 从分析的难易看方位名词的偏误

如从辨析的难易看，方位名词的混用偏误可分为两类：

1. 易于辨析的偏误

表示具体方位的名词有误，较容易说明。例如：

(5) 不想学习的时候，硬着头皮坐在桌子前{CC 上}，就没有用了。

抽象方位名词的偏误分析相对难些。不过，当某类词只能与某个方位名词组配，即组配结构是唯一的，分析还容易些(看下划线标出的部分)。例如：

(6) a. <u>在这个俱乐部里</u>{CC 上}，我认识了很多欧美国家的留学生。
   b. <u>社会共同体中</u>{CC 上}最重要的是让步和牺牲。
   c. 流行歌曲是我的理想和感情，但我<u>在现实中</u>{CC 上}，两个之间有时候有矛盾。
   d. ……良好的言行<u>在孩子们日后的交际中</u>{CC 上}有益而无害。
   e. <u>在这种混乱的情况下</u>{CC 上}以对话解决矛盾的人也出现了。
   f. ……人类的寿命亦很自然<u>在这些充裕的条件下</u>{CC 上}得到延长……

针对例 a、b,可这样分析:当要表示在某个组织、团体的内部,应用"里"或"中",不能用"上"。针对例 c、d,可分析为:当所组配的是"现实、人生、经验、传说、故事、环境、发展、过程、文章、报道、生命、交际、竞争"等带[+范围]或[+过程]义的词语时,一般用"中",不用"上"。针对例 e、f,可分析为:当介词"在"后是"条件、情况、前提"等名词或是"帮助、教育、指导、关心"等动词时,应用"下"而不用"上"。

2. 不易辨析的偏误

当同一名词可与不同的抽象方位名词组配时,极易混淆,也较难辨析。例如:

(7) a. 在社会生活中{CC 上},这种精神很重要。　　（同类错用共 42 例）

b. 我认为还是吃"绿色食品"好一点儿,在人们的生活中{CC 里},不挨饿是不可能的。

c. 在这样竞争激烈的社会里{CC 上},人们常常忽视关心别人、照顾别人的精神。　　（同类错用共 24 例）

d. 但是,最近在社会上{CC 里}出现了公共场所禁止抽烟的情况,而且像这样不允许抽烟的地方越来越多了。

（同类错用共 2 例）

e. 这是因为在社会工作中{CC 上},除了英语,使用汉语交流越来越重要。　　（同类错用共 3 例）

f. 世界上{CC 中}的发达国家的人民吃得饱、睡得香。

（同类错用共 4 例）

在汉语中,"在生活上"和"在生活中","在……社会里""在……社会上"和"在……社会中","在工作中"和"在工作上","(在)世界上"和"世界中"的说法都有,例(7)各句的偏误很可能是"同构异词"的干扰而产生的。类似的组配还有"……痛苦之上/之中""在……环境中/下"等。对这类易混构式的辨析,应作为教学的重点。

1.3 抽象名词结合构式的系统教学

1.1.2 节指出,名词偏误较多的是抽象名词。这类名词的教学应注意以下几点:

1.3.1 以动词和名词的双向组配为重点

张斌(2003)指出:"语句中的语义关系主要体现在动词和名词的关系上边。"①

在初级第一阶段,教师最早教、学生最早学的就是汉语基本动词与名词的各种组配。不过,随着教学层次的提高,所学词语的增加,"动词与名词的双向组配"方法的使用就不那么注意了。其实,这一方法应贯穿初、中、高各阶段,特别是教抽象名词时。

第一,从不同的抽象名词与不同动词的组配看名词间的差异

规则:规矩:规律

这一组抽象名词,很多国家的外国学生都弄不清楚它们的差别,因为在有的学生的母语(如英语或日语)中是分不太清的。通过动词和宾语的组配比较容易辨析它们的异同:

(8) a. 他是个守<u>规矩</u>的人。(反义:不守～、不懂～)
  b. 人人应该遵守交通<u>规则</u>。(反义:违反～)
  c. 自然界的运行常遵循一定的<u>规律</u>。(反义:违背～)

结合用例,可对这三个名词作如下说明:"规矩"一般是社会团体在长期的社会生活或历史演变中形成的,有时虽没有明文规定,但普遍知晓,集团内的人们都得遵守,常用的动词是"守"。"交通规则"是人为制定的,且多是明文规定的,社会上的人都要"遵守",类似还有"比赛规则""游戏规则"等。"规律"是存在于自然界的、不以人的意志为转移的东西,它不是人为规定的,所以常跟它组配的动词有"发现、揭示、遵循、违背"等,与名词组配的短语有"自然规律、客观规律"等。

表 2 "规则、规矩、规律"三词的异同

	人为规定	客观存在	成文的	不成文	要遵守	要遵循	可发现
规则	+++	－	+++	－	+++	－	－
规矩	+++	－	－	+++	+++	－	－
规律	－	+++	－	－	－	+++	+++

从表 2 可以看出,汉语通过"规则、规矩、规律"把需要人们遵守或遵

---

① 陈昌来《现代汉语语义平面问题研究》,学林出版社,2003 年,张斌序第 2 页。

循的抽象事物,按照"人为规定"和"客观存在"分为两类,其下位又根据"成文"与"不成文"等标准进行了再分类。

第二,从同一名词与不同动词的组配入手揭示动词的微系统。

抽象名词"习惯"既可与"养成"组配,又可与"培养"组配。通过这类组配可发现两个动词的不同。例如:

(9) a. 我一直**注意**培养孩子良好的学习习惯。

b. 这个公司很**注意**培养年轻人。

c. 我很**想**培养你。

d. 他从小养成了节约的好习惯。

e. 坏习惯一旦养成,不好改了。

从例(9)a—c看,"培养"是动作主体有意识地培养某人,使其具有某种良好的习惯或工作能力,所以前面常带"注意""想"等词语,它可带表人的宾语。例d、e说明,"养成"某种"习惯"(包括嗜好或风气),都是自然、逐步地形成的,这类习惯有好的,也有不好的,可以是主体有意识地使自己逐渐形成某个习惯等,更多的是无意识的。所以它只能带表事物的宾语。

这样,从这一"同名异动"的组配发现了系统:要表示有意识地使某人具有某个"(好)习惯",用"培养";表示("好"或"坏")"习惯"的自然形成,用"养成"。

1.3.2 以各种构式系联成组的名词进行教学

这里所说的构式分两种:第一种构式是简单的两词及两词以上的组配——名词跟动词等各类词的组配。例如:

动词+名词:吃饭、吃面包、吃水果
　　　　　　违反规则、懂规矩、违背规律

名词+动词:老师看、学生说

名词+名词:汉语辞典、英语课本、交通规则、公司的规矩、自然规律

形容词+名词:新箱子、新汽车、新家具、新颖的设计、新潮的款式、独
　　　　　　特的构思

介词+名词:从学校(来)、按照规定(去做)

连词+名词:书和笔、经验和教训、理论与实际

第二种构式是指以句子或准句子为语言单位的构式,即学生极易用

它们整体输出句子的构式。下面以大家都熟悉的"很＋有＋N（抽象名词）"构式为例。

《长期生大纲》初等阶段语法项目（二）把"小张很有能力"这类"有"字句列为语言点。这是很有道理的，在目前通用的初级教材中，常能见到"很有名/有钱/有意思"的说法。但把"小张很有能力（抽象名词）"列为语言点的教材（包括中高级教材）尚未见到。从下表看，可进入该构式的抽象名词其实有很多。

表3　可进入"很＋有＋N"构式的抽象名词

含"很＋有＋N"的构式	（很＋有＋）N	教学层次
1. N_0（人/事物）＋很＋有＋N_1	钱、意思（有名、有趣）	初级二
	能力、办法、学问、知识、文化、经验、主意、主见、品味、教养、修养、礼貌、头脑、力气、理智、耐心、情义、人缘、戏德、上进心、同情心、工夫、韧性、派头、智慧、眼光、眼力、先见、先见之明、远见、见地、胆识、魅力、想像力、吸引力、幽默感、风趣、风度、志气、勇气、豪气、阳刚之气、灵气、才能、才干、才华、才气、才智、才学、天赋、天才、地位、前途、前程、面子、意识、技术、深意、深度、独特性、心事、脾气、倾向、手段、手腕、心计、根基、来历、来头、背景、关系	初级三 中级一、二 高级
2. VP＋对＋N_0（人/某方面）＋很＋有＋N_1	好处、帮助、益处、助益（有害、有效）	初级三 中级一
3. N_0＋对＋N_1（人/事）＋很＋有＋N_2	兴趣、好感、信心、感情、意思	
4. 对＋N_0（人）＋（而言），很＋有＋N_1	吸引力、必要、有用、好处（有幸）	
5. N_0＋VP＋很＋有＋N_1	可能、希望、把握、窍门、资格、条件	中级一
6. N＋很＋有＋N＋（地）＋VP	兴致、感情、信心、把握、感触、感慨、激情、兴味、节制、理智、分寸、深意	中级二 高级

说明：

上表中所列的名词有 100 多个。语料调查显示，"很＋有＋N"不仅是一个组配能力很强的构式，而且也是一个表达功能十分丰富的构式。下面结合用例作一简单的分析。

第 1 构式"N（人/事物）＋很＋有＋N"主要是表示对某人或某事物的评价，大多是积极的，除了少数如"手段、手腕、心计"等词语外。

第 2 构式是表示某个动作对某个方面有无益处的判断。

第 3 构式是表示人对某人或某事物的态度。

第 4 构式是表示某人或某事物从某类人角度来看，有何作用或看法。

第 5 构式是表示人对某事件发生的可能性、做某事有无条件或资格的估计。

第 6 构式是"很＋有＋N"，在句中充当状语，用于描述。

总之，上述构式在实际运用中大多带有主观性。例如：

(10) a. 王师傅很有经验。

b. 经常运动对身体有好处。

c. 我们对他很有好感。

d. 他对打败对方很有信心。

e. 毛泽东是一个伟大的人，对传记作家而言，他很有吸引力。

f. 小李很有可能成为这家大公司的正式职员。

g. 甲队打败乙队很有可能。

h. 他很有兴味地读了我的原稿，并且推荐给一家杂志发表。

表 3 中的词语和例句告诉我们，"很＋有＋N"是一个能产性高、极其有用的构式，如果教好此构式，可大大提高抽象名词教学的系统性与效率。

比如，以"才能"义为线索，就可以在表 3 中找出以下 10 个词语。它们是根据观察的不同视角，语义表达的不同层次，对"才能"作出了精确、细密的分类，人们可以根据自己表达的需要进行选择。

才能＜　才干　＜　才华 ——才气　＜　才智 ——才学
(知识、能力)(办事干练)(才能、精华)(才能、气质)(才能、智慧)(才能、学问)
　　　　　　　＜ 天才——天资 ——天分 —— 天赋
　　　　　　　(天赋的才能)　(天赋的资质)　　(天所赋予的)

1.3.3　结合偏误加强易混词语的辨析

从 1.2.1 节可知，造成名词错用的原因有二：一是受语际干扰(母语的影响)而致误，二是受语内干扰(汉语相近用法影响)而致误。对于前一类偏误，必须进行汉外对比，讲清差异(详见第十章第三节)。对于后一类易混词语，可结合组配、构式、语用和语境加以辨析(见前两小节，另见第十章第三节)。

1.4　时间名词结合构式的系统教学

1.4.1　与时间名词相关的常用构式

这类构式主要有两个。①

构式 1：$Ns(时间)+N_0(人/事物)+V+N_1$

　　　　$Ns+N_0(人/事物)+V+v/A(结果补语)$

(11) a. 昨天我去上海了。

　　 b. 晚上车开走了。

　　 c. 十一点半，午饭做好了。

这一构式中的时间名词位于主语前，其视角在整个事件发生的时间。

构式 2：$N_0(人/事物)+N_1(时间)+V+(N_2)$

(12) a. 他早上就走了。

　　 b. 火车八点二十分开。

　　 c. 我们每天早上八点上课。

这一构式中的时间名词在主语后、动词前，其视角在动作发生的时间上。

1.4.2　注意加强时间名词微系统的教学

前面 1.1.2 节曾指出，时间名词"时候""时间"偏误率较高。中级学

---

① "他生于 1938 年"这类时间名词放在句尾的，我们不放在这里讨论。

生学到"时光"时,也会弄不清此词与前两词的区别。下面结合构式对以"时"为中心的一组时间词的异同与教学加以讨论。

表4 从构式看"时、时间、时候、时光"的异同

具体构式	特点	教学层次
1. Ns 到 Ns/现在是 V+时间 2. VP 的时间到了…… 3. Ns+不早了	a. 8点半到10点是上课时间。 （*时候 *时 *时光,下同） b. 现在是休息时间,不要去打扰他。 c. 见面的时间到了,他还没来。 d. 时间不早了,我该回家了。 （√时候 *时 *时光）	初级一、二
4. 有/没有时间	e. 你有时间吗?（*时候 *时 *时光） f. 他常在咖啡馆消磨时间。 （√时光 *时候 *时）	
5. N₀ + V + VP 的时候…… 6. 当……VP 的时候/（就）在 VP 的时候	g. 我利用放假的时候去旅游。 （*时 *时间 *时光,下同） h. 妈妈从早忙到晚,没有闲着的时候。 i. 当他赶到车站的时候,车已经开走了。 （√时,要去掉"的"）	
7. ……（真）是/不是时候	j. 你来得真不是时候,我们正要出门呢! （*时 *时间 *时光）	
8. ……VP 时	k. 下课时我跟他聊了会儿天。 （*时间 *时光 √的时候）	初级三
9. 时光流逝/飞逝	l. 时光一去不复返了。 （*时 *时间 *时候,下同）	
10. 大好/美好时光	m. 青少年时期是一个人一生中最美好的时光。	
11. 共度……时光	n. 只要有闲暇,他就和全家一起,共度美好时光。	

说明:

1. "时间"和"时候"在初级第一阶段就会学到,举例时就可以略作辨析。"时间"常表示与动作相关的、较为精确、规定的一段时间,即时段。还可以表示空闲的时间,也常用于约定的时点,可作主语、宾语或状语。"时候"带定语,表示特定的某个时点。"时候"有时可表示某个非规定的自然时段,起点和终点有时清楚,有时模糊,如"小时候""吃饭的时候"。

2．"时"和"时候"都能受动词、指示代词的修饰，在句中作状语。区别只在于"时候"与定语间要用"的"，"时"不加"的"。它不能像"时候"那样作"是、等到"的宾语。

3．"时光"多用于书面语，有三个意思：一是用于指已经过去的、不可复返的时间。如例 l，常与"飞逝、流逝""不复返"等词组配。二是指人生最好的时期，如例 m。三是指令人满意的、美好的一段时间，如例 n。所以"时光"常受"宝贵、美好、愉快"等积极的形容词修饰，也常与"共度"等词组配。

4．"时间"和"时候"有时可出现在同构的句子中，如例 d；"时间"和"时光"有时也可出现在同构的句子中，如例 f。不过，由于"时光"多用于书面语与较好的时段，所以，像下面带消极评价的含义的"时间"句，就不宜换成"时光"：

（13）a．做这些无聊的事情，简直是浪费时间！
　　　 b．他故意在图书馆消磨时间，时间长了，图书馆的管理人员挺讨厌他的。

这一组"时"类名词的微系统可归纳为下表：

表5　从语用看"时间""时候""时""时光"的系统分布

	规定的时段/时点	自然/特定时段/时点	美好的时段	消极	书面	口语
时间	++/+	−	−	+	+	++
时候	−	++/+	−	−	+	++
时光	−	−	++	−	++	−
时	−	++/+	−	−	++	+

像下面这几组时间名词，也可以采用上述结合构式与语用的方法进行辨析：

　　以后、后来　　　以前、以后　　　之前、之后
　　时期、时代、期间　　　日子、时间、时光

1.5　方位名词的系统分析与教学

1.5.1　方位名词系统分析的必要性

如前所述，方位名词的抽象用法是外国学生学习的难点。但两个大

纲与我们所见到的中高级汉语教材,都没有从系统的角度加以处理。本节将从认知的角度,对方位词的语义系统进行整理与分析。

1.5.2 已有研究成果的参考

齐沪扬(1998:2—3、6—9、11)对现代汉语的空间系统做了全面的研究。他指出:"现代汉语的空间系统,包括三个子系统,即方向(direction)系统、形状(form)系统和位置(seat)系统。"所谓"方向系统",是指"句子中的某个物体面对的方向显示出来的空间特点",是用"'方向+参考点'的方式来表达"的。所谓"形状系统",是指句子中的某个物体所占的空间范围的形状显示出来的空间特点,有"点、线、面、体"的区分,也用方位词表达,但必须用"Np+F(方位词,笔者注,下同)"构式,而且用"Np+F"构式表示形状是不自足的,还要靠与这个组合有关的物体的性质来加以弥补。所谓"位置系统",是指"句子中的某个物体与另一个物体之间的位置变化所显示出来的空间特点"。

齐沪扬认为,汉语中与空间范围形状有关的方位词"上、下、里、内、中"可分为两组:"上、下"一组,"里、内、中"一组。前者主要表示"点、线、表面"等具有非三维空间特征的形状;后者主要表示"面积、体积"等具有三维空间特征的形状。

为了说明汉语在表达空间范围的形状特点,他专门与英语作了比较。请看下表:

表6 英语和汉语表达空间范围的形状特点比较

	英语	汉语
词类	前置词(preposition)	后置词(postposition)
形式	$P+N_P$	N_P+F
形状	点(at) 线(on) 表面(on) 面积(in) 体(in)	非三维形状(上):点 非三维形状(上):线 非三维形状(上):表面 三维形状(里):面积 三维形状(里):体

齐沪扬指出:"汉语与英语相比,在空间范围形状的表达上,还有一个明显的特点,就是说汉语的人经常从另一个角度观察这个问题。说汉语的人不太关心空间范围到底是不是'点、线、面、体'这种形状,而更多地把注意力放在物体在不在空间范围这个问题上。"如果从这个角度出发的话,汉语的形状系统应该分成下面三个部分:

(1) 物体在这个空间范围内(简称"内"形状),可以用"内、里、中"等方位词表示。

(2) 物体在这个空间范围的表面(简称"上"形状),可以用"上、下"等方位词表示。

(3) 物体在这个空间范围的外面(简称"外"形状),可以用"外、间、旁、前、后、左、右、东、南、西、北"等方位词表示。

正如陈昌来(1999)所指出的,齐沪扬从系统论角度建立了现代汉语完整的空间系统。

储泽祥(2010:5、51—72)在对现代汉语空间短语的语料进行穷尽性分析的基础上,对汉语普通话的空间短语(主要包括空间方位短语和空间介宾短语)进行了倾向性研究,他着重从认知角度把实体的可居点与后置方位词的选择问题结合起来研究,分析了常用空间方位词的使用倾向,从中能看出它们的内部系统。

本节我们将借鉴齐沪扬和储泽祥的研究成果,分析汉语方位词的内部语义系统及其与构式相结合的教学。

1.5.3 方位词内部语义系统的分析

1.5.3.1 从方位词的本义或古义看其语义特征

兰盖克(2013:156—158)指出:"相对一个具体维度,认知域有有界(bounded)与无界(unbounded)之分。""一个特定维度所允许的特征值,可以有连续(continuous)或离散(discrete)之分。基本认知域的维度通常都是连续的,而离散性一般是抽象认知域的重要属性。""一个点可以同时参照两个或三个空间维度之中的任何一个来定位。""位置预设了某个参照框架,使不同的位置的区分成为可能。""不同位置有不同的感觉,不同位置与不同感觉在功能上不对等而且也不能互换。"

如果从"上、下、中、里、内"所表示的维度是有界还是无界上看,我们认为,"上"和"下"所表示的维度根据与之组配的 NP 的特性,有的是无界的,有的是有界的;而"内、里、中"不管与什么 NP 组配,其表示的维度都是有界的。

我们发现,通过对这几个方位词的古字形的分析,可以为上节齐沪扬的观点提供佐证。

上,甲骨文作"⌣",下面一弧线,上面一短横。弧线是参考的基准位置,其上的"⁃"是事物的位置,两线合在一起表示"上"。下面的"⌣"既是基准,又承载着其上的"⁃",从这个角度看,下面的"⌣"弧线可视为承载"⁃"之"面"("底面"或"表面")。如以"⌣"为视点,"上"则可以表示"点";以"一"为视点,则可以表示"线"。

由此可知,齐沪扬所说的"上"可以表示"点、面、线"是"上"的古字形本身就包含的。储泽祥(2010:62、65)在分析"汽车上"等用法时,说明"上"突出了起承置作用的底面。我们认为,"上"的"承置"功能,从"上"的最早构形就能明显看出。

下,甲骨文作"⌢",弧线在上,下标"‑"表示"下"。从"下"的字形看,上面的弧线与下面的"‑",犹如竹罩从上向下罩住某物。储泽祥在分析了"笔、灯、阳光、月光、灯光、太阳"与"下"组配的用例数最多的语言事实后指出,"下"除了表示"指示功能"的可居点之外,还有一个是罩置功能。其实,这一功能是"下"古字形本身就包含的。

从字的构形看,"上"与"下"的"⌣"和"⌢"都可看作是一个边界。"NP+上/下"根据 NP 本身形状是有界还是无界,其所表的维度可分为有界与无界两种。例如:

有界的维度:桌上/下　汽车上/下　沙发上/下　床上/下

无界的维度:天上/下　地上/下　海上/下　山上/下

中,甲骨文作"㫃"或"㫃"。唐兰认为,"㫃"象旂(旗)之斿(游),古文字凡垂直之线中间恒加一点,双钩写之因为㫃、㫃形,省变为"中"形,"㫃"本为氏族社会之徽帜,古时有大事,聚众于旷地先建中焉,群众望见中而趋赴,群众来自四方则建中之地为中央矣。卜辞中有"立中"之用例。《甲骨文字典》(1990:39—40)采纳了唐兰的释义。从"中"之字形看,含有中央之义,表方位的"中"由此用法引申出来。

里,《说文解字》:"凥也。"① 段玉裁注:"郑风,无踰我里。传曰:里,居也。二十五家为里。……遂人曰:五家为邻,五邻为里。""从田从土",段玉裁注:"有田有土而可居矣。"从本义看,"里"原表示居民的居住单位。从有界的角度看,应是一个相对封闭的单位。储泽祥(2010:62)对"N+里"短语分析后指出,"里"类方位词的功能是表示容纳。

1.5.3.2　从与具体名词的组配看"上、下、中、里"的不同功能

储泽祥(2010:62)认为,一个实体的可居点,包含在实体的三类空间之中,这三类空间是:实体的表面空间、内部空间和延展空间。延展空间是指实体附近的空间,他把它看作是实体本身空间的延展。

下表是我们在储泽祥的分析表上略作修改而成。

表7　从实体功能、功能可居点看"上、下、中、里"的差异

实体的功能	承置	容纳	容纳	罩置(指示)
功能可居点	表面/底面	内部空间	中央/内部空间	隐喻性罩下空间
常选的后置方位词	上	里	中	下

说明:

1.储泽祥把"里、中、内"统归在"容纳"栏中,将"前/下/后/外"统归在"延展空间"栏中。考虑到对外汉语教学的需要和"中"与"里"本义与引申义的不同,我们将"中"从"里"类中剥离出来,"中"加上"中央"的特性;又将"下"分离出来,将储泽祥所说的"罩置"功能和我们的"隐喻性内部空间"合二为一。②

2.关于"功能可居点","～上"的"承置"功能是"承载、放置";"～里"的"容纳"功能是"有容器作用";"中"的"容纳"功能有"内部空间"与"中央"的特性。"～下"的"罩置"功能是"从上向下笼罩而置",根据唯有"下"能与"灯、阳光、月光、灯光、太阳"的特别组配概括出"隐喻性罩下空间"。因为"灯光"等"下"的空间,虽非"屋+里/中/内"那样看得见摸得着的、占据了实际空间的三维物体,但却是看得见而摸不着的、可视作隐喻的、占据视觉空间、有模糊边界的视觉三维"物体"。

---

①　凥:同"居"。
②　据调查,BYDT 语料库中"内"的错词偏误只有 12 例,因为该词用于书面语,使用语境较受限制,与"里、中"的用法还是有些差异的,由于篇幅所限,在此不加讨论。

1.5.3.3 位于具体名词与动词后的"里"与"中"

BYDT语料库中"里"与"中"混用偏误有15条,我们有必要找出二者的差异。

下表是CCL语料库中与"水中/里"与"风中/里"相关构式的调查统计结果。

表8 CCL语料库中与"水中/里""风中/里"相关构式的用例统计

V+水中去了(7)	V+水里去了(50)	风中(2686)	风里(799)
有意6/非自主1	有意23/非自主20/比喻7	风中V雨中V0 寒风中494	风里来雨里去195 寒风里75

例如:

(14) a. (他)灵机一动,趁着大家都不提防的时候,扑——通——一声,就跳到水中去了!
    b. 这是用来把什么别的东西加重使之沉到水中去了。
    c. 扑通,扑通,三四个船夫跳到水里去了。
    d. 他刚喊了这么一声,就被庞兵拉下水里去了。
    e. 一旦失败,那大把的金钱岂不等于扔进水里去了。
    f. 深入实际当然很艰苦,风里来雨里去,废寝忘食,夜以继日地奋斗。
    g. 黄沙在风里就那么一天天转……
    h. 大门一开,看到寒风中有四个老人,他们看起来很冷的样子。
    i. 姑娘的头发和丝巾在微风中飘扬……
    j. 群众有的光着膀子,穿着单裤,在寒风里看着他们出了村,这才放心地跑回家去。

据调查,"V+水中去了"只有7条用例,而"V+水里去了"有50条。前一构式多用于主体的自主行动,如例(14)a,用于非自主动作的只有1例,即例b,书面语味道较重。而"V+水里去了"用于主体自主和非自主行为的用例差不多(23:20)。最大的不同是,"V+水里去了"有7例用于隐喻用法,如例e。"寒风"是书面语词,"寒风中"的用例数是"寒风里"的6.57倍。"风里来雨里去"的用例有195条,"风中来雨中去"的用例为

0,这可能是"里"长期地用于口语,便形成了较为固定的口语构式。看来与书面语词组配时倾向选择"N+中",与口语词组配时倾向选择"N+里",包括隐喻构式。

1.5.3.4 同构的"从……里+V"与"从……中+V"用例比较

我们以"从\$5里/中+吸取"和"从\$5里/中+发现"为关键词语,在CCL语料库中进行了搜索,下面两表是对两组用例中各自组配词语的调查统计(词语后数字是用该词语组配的用例数。N_1和N_2为抽象词语时,左右栏分别用粗楷体和粗黑体字标出)。

表9 出现在"从\$5里/中+吸取……"语式中的部分名词①

	(从)N_1(里/中)	(吸取)N_2
从……里……(26)	肺泡/土壤	氧气/矿物质
	这本书/小说/大地母亲那/哪里/事情	养料/营养4/力量4/柏拉图主义
	故事/他们那	养分2/教益/品质/东西/营养/有益成分
	他那/古人那/前任/这/那;人生瞬间	经验2/教训6;激情
从……中……(561)	母乳/空气/土壤/水/食物	DHA/氧气/无机盐/肥料/有机物/卡路里
	文化/经验;群众/书籍/见识/失败	东西20;力量28;勇气2
	群众/书/报/学科/书本/生活	智慧11;知识5/营养66
	错误/失败/耻辱/挫折/历史/公案/他的落伍/战争/事/事件/事故/比赛	教训381/经验83
	经验/文学/环境	特点/营养/信息
从中……(277)		教训125/经验27/营养11/力量3/智慧3/知识1

---

① 组配的词语有的是以并列短语在句中出现的,如"经验和教训",故词语数相加之和会超过总用例数。

表 10　出现在"从＄5里/中＋发现……"语式中的部分名词

	（从）N₁（里/中）	（发现）N₂
从……里……（88）	a.夹墙/兜里/密码箱/霸陵/细胞/垃圾堆/免税店/鸭胗/汽车/土洞/村落/角落/这洞窟/家里/包裹	手迹/戒指、榆钱/现金/随葬品/物质/不锈钢/商品/金砂/企鹅/炸药/家谱/旧报/铅锌矿/文字和符号/枪支/收据
	b.镜子/望远镜/监视器/报缝/中医古籍	形象,脸/起落架被甩了出来/汽车的底舱大门漏水/进水/信息/青蒿素可以抗疟疾
	c.群众的眼/心/农家小院	地税干部的变化/**手足之情**/生活的美
	d.**牢骚**/**表面现象**/故纸堆/那	问题2/东西/文学理论/层次
从……中……（537）	a.山石/书堆/废纸/废墟/那些破烂	这一轴画/破旧纸袋/腌猪肉/尸体/宝物
	b.复杂图形/植物/	简单图形/生长因子/
	c.见习者/爱好者/马群	人才14/好苗子/千里马
	d.生活/玩/成果/交谈/梦话/办案/查处/对它的研究/电视广告/用户的选择/矛盾/平凡/陈旧/发展/实践/成绩	**事件/商机/智慧2聪明/期盼/奇迹/漏洞/案件批量大/物质/事实/兴趣点/统一/奇特/新颖/潮流/科学真理/危机**
	e.社会,现实/信访蛛/自然界,管理,丑/商品流通,事实/中国文学/书,事实/古代文化,文（中）/事实,经验/梦/目光	问题53 线索26 美6 规律18/东西14/传统5/关系4/原理3/灵感/力量
从中……（246）		问题30/线索22/规律13/商机2/奥秘3/秘诀2/关系2/人才12

说明：

通过表9与表10的对照,可发现"中"和"里"在同构语式中有以下几点差异：

1. 从用例总数看,"从……中……"的用例明显多于"从……里……",前者分别是后者的21.5倍和6.1倍。

2. 从两表看,进入"从 N₁ 中＋V＋N₂"中的抽象名词（包括 N₁ 与 N₂）有938个,进入"从 N₁ 里＋V＋N₂"的抽象名词只有35个。

在"从 N₁ 里发现 N₂"的88条用例中,近92%的 N₂ 都是人靠肉眼直观地发现的具体事物,而"从 N_1 中发现 N_2"的 N_2 则有88%是抽象事物,是通过分析、比较、研究、判断等认知的加工才发现的抽象事物。由此可见,"从……中发现……"所表示的动作较之"从……里发现……"的层次和程度都要深得多。

3. 语料还显示,由于高频率的作用,"从中"已凝固为一个词,可指示前文出现过的内容,在表达中起衔接作用,这是"里"所没有的用法。[①] 例如:

(15) a. 血液借血红蛋白从肺泡里吸取氧气输送给体内各个组织……

b. 乡亲们为修缮板仓的旧宅,前后两次从夹墙里发现妈妈的手迹。

c. (他)显然从他的前任那里吸取了经验和教训。

d. 毛泽东同志却从群众的牢骚里发现了问题,听出了道理,找到了解决问题的办法,发动了大生产运动。

e. 高雅文艺应当从市民社会中吸取新的审美和艺术灵感,否则真可能会自绝于大众。

f. 成功固然可喜,失败也未必可悲,关键是要从中吸取经验和教训。

g. (警方)不断从现场的物证中发现新的破案线索。

综上所述,"从……中……"(包括"从中")比"从……里……"更倾向用于抽象方面。

1.5.3.5 易混同构中的"上"与"中"(里)的辨析

本节对1.2.3.3节指出的易混的"世界上/中""工作上/中""社会里/中/上"和"痛苦上/中"加以辨析。

第一组:"世界上"与"世界中"

"世界",《现代汉语词典》(2005:1243)的释义是:①自然界和人类社会的一切事物的总和:~观。②佛教用语,指宇宙:大千~。③地球上所有地方。④指社会的形势、风气:现在是什么~,还允许你不讲理? ⑤领域;人的某种活动范围:内心~。

先看用例:

(16) a. 随着资产阶级革命在欧洲的胜利,新型的民族国家的出现,

[①] 《现代汉语词典》(2005:229)把"从中"归为副词。我们认为它是"从……中……"构式的压缩,实际上是介词短语。

世界上第一个义务教育的法律终于在欧洲诞生了。

b. 汉字,是**世界上**惟一至今仍在使用的古老文字,地下出土的资料表明,它至少有5000年以上的历史。

c. 在**现实世界里**既费钱又费时间,但在**虚拟世界中**,时间或费用都会减少。

d. 这个形式和"人"的意义结合成汉语中"人"这个符号,代表着**客观世界中**"人"这种事物。

例(16)a、b中"世界上"用的是"世界"③意义,表示的是物理的、现实的世界,其后用"上",与"地球上"的用法相同。我国古人认为"天圆地方"——把地球看成是平面的载体。物理的"世界"也可以这样看。而例c、d中的"世界中"用的是近似"世界"⑤的意义,是非物理、非现实的、虚拟的抽象范围。这两例的"世界"是非现实的、虚拟的抽象范围,所以用的是"中"。

第二组:"工作上"与"工作中"(包括"生活上"与"生活中")

例如:

(17) a. 那种德艺双馨的具有长者风范的老人,不仅**在工作上**对我极为关照,**在生活上**也相当关心。

b. 这位副总裁**在业务上**认真栽培女儿,**在事业上**热情鼓励女儿,**在生活上**细心照顾女儿,使女儿更加热衷于从事投资这一职业。

c. 他们大着胆向前进,到**国际生活中**去找新出路。

d. **社会生活中**新事物的产生,旧事物的消失,人们观念的改变,是经常在发生的。

《现代汉语词典》(2005:1218)对名词"生活"的释义是:①人或生物为了生存和发展而进行的各种活动:政治～｜日常～｜观察蜜蜂和蚂蚁的～。②衣食住行等方面的情况:人民的～不断提高。

例(17)a、b用的是"生活"的第②义项(即狭义),其视点在事物的外部,即从外部特征将"生活"方面同其他(如工作、事业、业务等)方面区别开来,故用的是"上"。而例(17)c—d用的是"生活"的第①义项(即广义),其视点在人或生物进行各种活动的范围——隐喻的、相对封闭空间的内部,可以进入,亦可从中分化、产生出新事物,所以用"中"。

第三组:"社会里""社会中""社会上"

《现代汉语词典》(2005:1204)对"社会"的释义是:①指由一定的经济基础和上层建筑构成的整体。也叫社会形态。原始共产主义、奴隶社会、封建社会、资本主义社会、共产主义社会是人类社会的五种基本形态。②泛指由于共同物质条件互相联系起来的人群。

CCL语料库中"社会中"有4450条,"社会里"有1919条,其用例中的"社会"大部分都是带各种定语的,如"原始、奴隶、封建、资本主义、阶级、旧、新、现代、人类、政治、经济、农业、商业、传统、中国"等。在"社会中"和"社会里"前50条中,我们分别只找到10条和1条不带定语的用例。这些都说明,"社会中"和"社会里"表示的是有定的、相对封闭的范围,取"社会"的第①义。这与"生活中"有相似之处:视点在相对封闭空间的内部,请看例句:

(18) a. **在阶级社会中**,民主具有阶级性。

b. 女儿知道,**在当今的商业社会中**,效率是所有营利机构最为看中的成功要素。

c. 在杜威的晚期著作里,他对教育的社会改造功能显得更加重视,认为"个体不是因自身而存在,他生活**在社会里**,他为社会而生活,他依靠社会而生活,恰如社会只能存在于组成社会的个体之中"。

d. 这种从**社会中**产生但又自居于**社会之上**并且日益同社会脱离的力量,就是国家。

e. **社会中**的人群由于性别、年龄和社会分工的不同而分为不同的言语社团。

在同一语料库中,"社会上"共有7906条,很少带定语(前50条用例只有3条"社会上"是受"当时"和"政治"修饰的)。用例分析发现,"社会上"取"社会"的第②义项,视点在"社会"的外部,将其与"家庭、学校、亲友"和"政治、经济"的不同的"人群"区别开来。例如:

(19) a. 不论是有组织的或是无组织的,系统的或是零碎的,都是教育。它包括着人们**在家庭中**、**学校里**、**亲友间**、**社会上**所受到的各种有目的的影响。

b. 我们想象一下,古代的中国,比方说公元前十世纪的中国,**政治上**、**社会上**是什么样子。

c. 在这个时代的门阀的力量,无论**在经济上**、**社会上**、**政治上**都充分地表现他们的优势。

d. 我给自己发誓,到大学以后要把自己以前**在社会上**的坏习气都丢掉,发誓不再撒谎,但是我做不到。

第四组:"痛苦上"与"痛苦中"

(20) a. 这是把自己的欢乐**建筑在**别人的**痛苦上**。

b. 自己不该太自私,不该把这样的倾诉**建立在**刘云的难过或**痛苦上**。

c. 我并不想**在痛苦上面抹上**一层麻药,更不想把昨天掩盖掉,或者化为今天的笑料。

d. 姐姐,你不能把快乐**寄托在**我的**痛苦上**呀。

e. 耶和华将忧愁**加在**我的**痛苦上**。

从(20)诸例的"痛苦上"可知,其视点同样是在"痛苦"之外,它采用隐喻的方式赋予了"痛苦"(精神状态)以"表面"的特性,与带"承置"义的"上"组合之后,便与"建筑、建立、添加、附着(抹、寄托、在)"等要求有"承载"物的动词组配。而"痛苦中"的视点则在"痛苦"的内部,同样采用隐喻的方式赋予了"痛苦"以"容器"的特性。因此,如例(21)a可以用"从痛苦中解脱出来";也可以用"沉浸、陷入"这类与"容器"相匹配的谓语,如例(21)b、c;还可以把"痛苦"看作"管道式容器"——相对封闭的状态,如例(21)d。

(21) a. 很多人在遭遇不幸以后,并不能很快**从痛苦中**解脱出来……

b. 他仍旧沉浸在失去父母的**痛苦中**不能自拔……

c. (阿西娜)一直盘算着如何将令她陷于**痛苦中**的钱财散尽。

d. 奥斯本的童年是在贫穷和疾病的**痛苦中**度过的。

将上面几组易混的"NP+上""NP+中"的辨析要点可归纳出"上"与"中"的差别:

表11 从"NP+上"与"NP+中"的比较看"上"与"中"的语义差异

	世界~:语义特征	工作/社会~:语义特征	痛苦~:语义特征
NP+上	[+现实][+物理] [+表面][+承载]	[+外部][+方面] [+可视]	[+隐喻][+表面] [+承置]
NP+中	[-现实][-物理] [+内部][+容纳]	[+内部][+空间] [+容纳]	[+隐喻][+内部] [+沉浸]

1.5.3.6 方位名词的语义特征、功能与各自组配的词语

我们对能与方位名词"上、下、中、里"组配的词语做了广泛的调查。结合其语义特征,将不同种类的具体和抽象名词做了分类,并就它们的教学层次进行了划分,归纳为以下几个表。

表 12　方位名词"上"的语义特征与所组配的词语

语义特征	NP+（上）	教学层次
1.［+顶部］［+位置高］［+可视］［+外显］	天、山、山顶、马、树	初级一、二
2.［+**表面**］［+可视］［+外显］［+**离散**］［+**承置**］	桌子、椅子、床、箱子、墙、黑板、门、房子	初级一、二
	身、脸、嘴、手、脚、耳朵	初级三
3.［+**表面**］［−**有界**］［+可视］［+外显］	心、面子、脸面	中级一
4.［+**底面**］［+**承载**］［+可视］［+外显］	汽车、飞机、船、火车	初级二
5.［+**表面**］［+可视］［+外显］［+**承载**］［+**移动路线**］	路、街、水、河、江；道路上	初级三 中级一
6.［+**平面**］［+**有界**］［+可视］［+外显］	书、书本、报纸、杂志、电视、电脑、网、屏幕、荧屏	初级三 中级一
7.［+**方面**］［+**有界**］［+可视］［+外显］	生活、工作、研究、学习、事业	中级一
8.［+**范围**］［+**活动**］［+**有界**］［+外显］	课堂、会、世界、地球、社会、国际、典礼、仪式、舞台、影坛、歌坛、国土、	中级一 中级二
9.［+**领域**］［+**观察**］［+**依据**］［+外显］	政治、经济、科学、法律外交、军事、组织、理论策略、战略、战术、财政思想、战线、原则、政策	中级二 高级
10.［+**隐喻**］［+**表面**］［+**承载**］［+外显］	痛苦、幸福、失望、悲哀、担忧	中级二
11.［+**分析**］［+**观察**］［+可视］［+外显］	意义、档次、层次、水平	高级
12.［+**数量**］［+**依据**］［+**观察**］［+外显］	基本、大体	中级二

表12中与"上"组配的名词大都有"[＋可视]"和"[＋外显]"的语义特征,这是从"NP＋上"构式的视点常在事物外部的特性归纳出来的(详见前1.5.3.5节)。"表面""平面""方面""承载""承置"则是"上"本身具有的语义特征。6类至12类是过去词汇教学常忽略的。若要让中高阶段的学生较好地掌握表示抽象意义的"上"(包括下表的"下""中""里"),这些词语是有必要成组地、结合构式教给学生。

表13 方位名词"下"的语义特征与所组配的词语

语义特征	NP＋(下)	教学层次
1.[＋位置低][＋罩置] [＋可视][＋外显]	桌子、床、树、桥	初级二、三
	灯、灯光、阳光、月光、夜幕、烈日	中级一
2.[＋位置低][＋可视] [＋外显]	地、山、水、脚	初级三
3.N_0＋在＋N_1＋下 [＋条件][＋可视][＋外显]	条件、温度、压力、高温、高压	中级一、二
4.[＋情况][＋可视][＋外显]	情况、情形、环境、形势、背景、场合、状况、状态、目标、白色恐怖	中级一、二
5.N_0＋在＋N_1(人/抽象事物)的 V＋下…… V:[＋条件][＋因素] [＋影响]	帮助、指导、领导、指挥、主持、带动、努力、保护、影响、威胁、启示、陪同、提议、支持、协助、配合	中级一、二 高级
6.V:[＋背景][＋衬托]	映照、衬托	高级
7.[＋社会地位低][＋可视] [＋外显]	手(下)、门、旗、麾	高级

表 14　方位名词"里/中"的语义特征与所组配的词语

语义特征	（在）+NP+（里/中）	教学层次
1.[＋容器][＋三维][＋内部][＋容纳][＋有界]	书包、箱（子）、盒（子）、瓶子、口袋、盆、杯（子）、包裹	初级一、二
	家、楼、教室、食堂、医院	
2.[＋准容器][＋准三维][＋内部][＋容纳][＋有界]	班、公司、俱乐部、组织、集团、城市、校园、山、村、沟、地球、洞	初级二、三
3.[＋准容器][＋内部][＋容纳][＋有界]	身体、眼、口、鼻、耳、肚、腹、胃、肠、胆、肝、手、心、胸	初级三 中级一
4.同上	水、江、河、海、湖、天空、海水、沙、沙漠、土、云、风	
5.[＋种群][＋复数][＋内部][＋容纳][＋有界]	人民、人群、男人、女人、工人、农民、学生、教师、孩子 动物、植物、鸟类、粮食、食物	初级三
6.[＋准三维][＋内部][＋容纳][＋有界]	汽车、飞机、船、火车	初级二
7.[＋内部][＋容纳][＋有界][＋可视][－离散]	书、书本、报、小说、资料、材料	初级三
	电影、电视、电脑、网络	初级二
8.[＋活动][＋过程][＋内部][＋容纳][－离散][＋有界]	生活、工作、研究、学习、事业、途、过程、课堂、会议、典礼、仪式	初级三
9.[＋类别][＋内部][＋容纳][－离散]	草丛、垃圾、乱石、尘土、灰、烟雾、雨雪、寒风、微风、热浪	中级二
10.[＋范围][＋过程][＋内部][＋容纳][－离散]（大多用"中"）	社会、世界	中级一
11.[＋领域][＋范围][＋内部][＋有界]（大多用"中"）	政治、经济、科学、法律、外交、军事、理论、策略、战略、战术、思想、战线、原则、政策	中级二

续表

语义特征	（在）＋NP＋（里/中）	教学层次
12.[＋情绪][＋状态][＋内部][－外显][－离散]（大多用"中"）[＋沉浸]	情绪、情感、状态、恋情、气氛、环境、美景、甜蜜、欢声笑语、快活、痛苦、幸福、悲哀、悲痛、失望、兴奋、烦恼、激动、愤怒、喜悦、欢乐	中级二
13.[＋内部][＋容纳]	意义、内容、意思、档次、层次	高级

表14栏中最与"(N)＋里/中"构式相匹配的名词是第1栏像"箱子"等名词。这类名词具有"[＋内部][＋容纳][＋有界]"的典型语义特征。从第2栏到第13栏的名词看,这三个语义特征越来越弱化,很多用的是隐喻义,但这三个语义都或多或少能从名词本身体现出来。

将表12第10栏与表14第12栏的词语两相对照可以发现,比起"上"来,"中"更多地与表示情绪、状态的名词和形容词组配①。这与"中"的"[＋内部][－外显][＋沉浸]"语义特征有很大关系。

1.5.3.7 从"上""下""里""中"与名词组配的构式看各自的语义微系统

我们在上面一节,将可与"上""下""里""中"组配的具体和抽象名词都整理了出来,现在从它们各自进入的常用构式,看一下各自语义发展演变的过程。

(22) a. 桌上有一本书。　　　　　　　　　（表示事物的**表面**）
　　 b. 他在飞机上看云海。　　　　　　　（表示承载的**底面**）
　　 d. 在生活的道路上,我们肯定会遇到很多困难。
　　　　　　　　　　　　　　　　　　　（表示隐喻的移动**线路**）
　　 e. 现在世界上还有很多人生活在贫困线以下。
　　　　　　　　　　　　　　　　　　（从表示**表面**到表示**范围**）
　　 f. 在讨论会上,他们也请我发了言。（表示人活动的**范围**）

---

① 同与"痛苦""幸福"组配,"中"的用例有442条和77条,"上"的用例只有21条和8条。"上"与"悲哀""担忧""失望"组配的分别只有1例。"沉浸在＄5(情绪名词)中"共有759条。

g. 她不仅在<u>生活上</u>关心我,而且在<u>事业上</u>支持我。

（从表示**范围**到**方面**）

h. 你说的话我<u>基本上</u>都能听懂。（从数量上限定意义**范围**）

i. <u>在某种意义上</u>,我还希望他能成功,因为这样对我和全中国都好。　　　　　　　　　　　　（限定意义的**范围**）

由上面这些用例,结合表 12 中的名词,我们可以看出"NP＋上"的语义演变过程是：

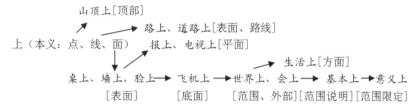

从表 13 可知,常与"下"组配的词语与构式所表示的语义、语用和"上、里、中"等的相差甚远。这跟"NP＋下"的语义演变的独特性有关。先看用例：

(23) a. 他<u>在桌下</u>放了一个纸箱。（实体事物的**下面**）

b. 珍珠在<u>阳光下</u>闪闪发光。

　　　　　　　　　（"阳光、月光"从上向下的**罩置**）

c. <u>在极大的压力下</u>,岩浆便会从薄弱的地方冲破地壳,喷涌而出,造成火山爆发。

　　　　　　（"在……下",表**条件**与**原因**,"压力"是由上向下）

d. <u>在他的指挥下</u>,我们打了胜仗。

　　　　　　　（条件或原因："由上到下"动作的作用,下同）

e. 他是在金钱和美女的诱惑下犯罪的。

f. 总理<u>在市长的陪同下</u>视察了我市。

　　　　　　　　　（上级在下级陪同下,下级为**陪衬**）

g. 她的眼睛亮闪闪的,在路灯的映照下显得很漂亮。

　　　　　　　　　　　　　（"在……下"表示**背景**）

从上面这一组例句,可以看出由"下"的本义与"罩置"功能逐步发展的系统脉络。

下（本义：下）→桌下　→阳光下　→压力下　→指挥下
　　　　　　　［下面］　　［罩置］　　［条件］　　［动作的影响］
　　　→陪同下　→衬托下
　　　　［陪衬］　　［背景］

"里"和"中"的语义演变比较简单。先看用例：
(24) a. 箱子里放了很多书。(√箱中)
　　 b. 汽车里挤满了人。(＊中，下同)
　　 c. 妈妈不工作，在家里做家务。
　　 d. 我们在学校里组织了合唱团。
　　 e. 哥哥在电话里告诉我具体的地址。(√中，下同)
　　 f. "四"在中文里常让人想起"死"。所以有点儿不吉利。
　　 g. 在班里他学习最好。
　　 h. 在公司里我非常紧张，在家里我非常放松，我好像生活在两个世界里。
　　 i. 小两口正生活在幸福中。(某种精神状态中)(＊里，下同)
　　 j. 他从工作中深刻体会到知识的重要。(表示动作过程)
　　 k. 在我的记忆中，他是一位很和善的老人。(√里)
　　 l. 他在运动队中从少年步入青年。(＊里，下同)
　　 m. 他从事历史研究时，坚持从史料中得出结论，凭史料说话。

根据上面的用例，我们将"里""中"的语义演变过程归纳如下：

里（居民单位　单位内部）
　　　　↓
箱子里、汽车里──→家里、学校里、校园里、电话里、
　　　　　　　　　世界里、公司里、班里
［三维容器内部］｜［有边界的准容器、范围内部］

中（本义：中心，内部）
　　↓
箱中→　　工作中、历史资料中　→虚拟世界中、
　　　　　　　　　　　　　　　　　幸福中、记忆中
［三维容器内部］｜［有边界的准容器、范围内部］｜［抽象的范围、深层次］

"里""中"的语义演变一直遵循着"内部"这个轴心，从相对封闭的三维容器的内部向有边界的准容器、范围内部发展。两词的区别在于，"里"比"中"更多地用于比较具体动作的处所名词之后（见例(24)b—d），动词

是口语词前用"里"的比"中"要多。"中"则更多地用于书面语名词、抽象事物之后,状态性更强。

第二节 形容词与构式的综合教学

2.1 形容词的教学内容与偏误概况

2.1.1 两个大纲中关于形容词的教学内容

关于形容词的教学,《本科生大纲》较《长期生大纲》内容更多、更细一些,相关要点可概括如下:

1. 形容词可以直接作谓语,但是一般要有副词修饰(例略)。

有些形容词本身带有表程度的成分,不能受程度副词修饰,如"雪白、乌黑"等。还有形容词重叠形式。形容词重叠,表示程度的加强,带有描写色彩。

2. 形容词、形容词性短语常作定语。单音节形容词作定语一般不用"的";双音节的一般要用,但有时可以省略;形容词性短语后面一定要用。单音节形容词"多""少"不单独作定语,必须在前面加上副词,"的"一般不用。

3. 形容词常作状语。单音节形容词作状语,不用"地"。双音节形容词后多用"地",有时也可以省略。形容词性短语作状语要用"地"。重叠的形容词后,可以不用,用"地"时则强调状语的描写性。

由上看来,大纲关于形容词的教学内容集中在语法功能上。有关形容词的构式讲得太少,形容词的分类也较粗。本节将在这方面作些探讨。

2.1.2 形容词偏误概况

下面是对 BYDT 语料库中形容词偏误总体情况的统计。第一排三词后括号内的数字是对该词的"错词/多词/缺词"的统计,第二排以下形容词后的数字则是对错词的统计。

多 204(147/18/49)　好 170(112/13/45)　大 153(115/13/25)
少 113　小 69　高 64　发达 62　严重 48　必要 43　有害 39
一样(缺 35)　深刻 32　重要 32　容易 27　强 24　健康 23
恶 22　不利 20　厉害 18　低 17　深 17　危险 15　长 15

实在 14　重 14　快 13　恶劣 13　同样 13　不良 12　苦 12
一般 12　丰富 12　贵重 12　轻松 12　热烈 12　美好 11
充分 11　确实 11　适当 11　饿 10　饱满 10　充足 10　艰苦 10
经常 10　特别 10　真实 10

上面是错词数超过 10 以上的 46 个形容词。从统计看,错词的数量比动词和名词要少。

2.1.2　形容词使用方面的两种现象

据观察,学生在形容词的使用方面有两种现象比较突出:一是高频形容词的泛化现象,下文 2.1.4 节对"好"的偏误分析可充分说明这一点。二是形容词习得中的"过滤"与"回避"现象。所谓"过滤"是指学生看到形容词之后,比起动词和名词来,更快地将其遗忘了。

我们曾对 51 位参加 HSK 六级作文模拟考试(看后写)的学生作文中的形容词使用情况做了统计。学生写前阅读的文章中共使用了 16 个形容词及短语:"好、亲切、少、遥远、突然、高兴、紧紧、久久、愉快、慢慢、满、真、假、珍贵、和睦(相处)、关怀备至"。但读后写的文章中引用原文形容词的平均比例只有 29.8%。最少的只用了 2 个形容词,最多的用了 10 个。而学生作文保留原文动词的平均比例是 82%。从输入与输出的角度看,不少学生将形容词"过滤"掉了。再看学生引用较多的形容词,大多是高频且容易的形容词,如"好""突然"等。而像"珍贵""遥远"等略难的形容词,或者过滤掉了,或者改用容易的"贵、宝贵、远"。原文中的"和睦相处""关怀备至"仅有 2 名学生(占总数的 3.9%)引用了,不少学生改用"(关系)好"来表示这两个词语的意义。

2.1.3　对"好"的偏误统计与分析

2.1.3.1　"好"错词偏误统计

BYDT 语料库中"好"的偏误共有 112 例。最常见的偏误类型是与其他词语的混用。先看下面两表:

表 15　"好"的错词偏误情况统计（1）

当用	很	高	完	能	大	是/要/对/正确/容易/真/毫/快/多/良/重视/定型/养活/熄灭/定
误用"好"	29	9	8	3	3	2/1/1/1/1/1/1/1/1/1/1/1/1/1

表 16　"好"的错词偏误情况统计（2）

误用	好处	良好	方便/美好/富裕/丰富/结实/发达/正常/正义/亲切/优秀/回复/养活/服/改善/好发/发展/利益/好多/更好/看得起/高兴/友好/有利/有利益/开心/到/会/出来/还行
当用"好"	3	4	以上词语误用各有一例

从上面两表看，与"好"混用词语的词性很复杂。下表是分词类的统计。

表 17　与"好"混用词语的词性统计

混用词语的词类	副词	形容词	动词	助动词	名词	其他
与"好"混用	30	37	26	5	5	7

2.1.3.2　"好"混用的成因分析

为什么"好"会与那么多不同词性的词语混用呢？这主要是因为"好"是多义词。

《现代汉语词典》（2005：543）中，多义词"好"一共有 15 个义项，它们是：

(1) 形 优点多的；使人满意的（跟"坏"相对）：～人｜～东西｜～事情｜～脾气｜庄稼长得很～。
(2) 形 合宜；妥当：初次见面，不知跟他说些什么～。
(3) 用在动词前，表示使人满意的性质在哪方面：～看｜～听｜～吃。
(4) 形 友爱；和睦：友～｜～朋友｜他跟我～。
(5) 形 （身体）健康；（疾病）痊愈：体质～｜身子比去年～多了｜他的病～了。
(6) 形 用于套语：～睡｜您～走。

(7) 形 用在动词后,表示完成或达到完善的地步:计划订～了｜功课准备～了｜外边太冷,穿～了衣服再出去｜坐～吧,要开会了。

(8) 形 表示赞许、同意、结束或转换话题等:～,就这么办｜～,今天的课就上到这儿｜～,我们再来说说另一个问题。

(9) 形 反话,表示不满意:～,这一下可麻烦了。

(10) 形 容易(限于动词前):那个歌儿～唱｜这个问题很～回答。

(11) 动 便于:地整平了～种庄稼｜告诉我他在哪儿,我～找他去。

(12) 〈方〉动 应该,可以:时间不早了,你～走了。｜我～进来吗?

(13) 副 用在形容词、数量词等前面,表示多或久:～多｜～久｜～几个｜～一会儿｜～半天。

(14) 副 用在形容词、动词前,表示程度深,并带感叹语气:～冷｜～香｜～漂亮｜～面熟｜～大的工程｜原来你躲在这儿,害得我～找!

(15) 〈方〉代 疑问代词。用在形容词前面问数量或程度,用法跟"多"相同:哈尔滨离北京～远?

在对 SUDA 语料库检索后发现,"好"的 15 个义项中,除第(6)(9)(12)个义项外,其余 12 个义项,学生或多或少都用过。

BYDT 语料库中与"好"混用数较多的有"很""完",例如:

(1) a. 我的特长是身高 1.65 米,体重 55 公斤,长得很{CC 好}漂亮。

b. 人们都是把吸完{CC 好}的烟扔{CJ＋buy 掉}在地上。

因为"好"可表示程度,所以易与近用的"很"混用。在混用的偏误中,当用"很不容易"而误作"好不容易"的有 12 例,这是同构的混用。"好"常充当补语,表示动作"很好地完成",与同可作补语的"完"易混用,也是同构的混用。

"好"偏误中有 9 例与"高"相混的。例如:

(2) a. 我母亲没有什么高{CC 好}的文化程度,{CJ-dy 好的}长相,高尚的品德,而且{CJ-zhuy 我}早就失去了父亲,家庭也很穷,只凭着她自己的体力劳动养了我们三个兄弟。

b. 工作效率越高{CC 好},人们的生活水平越高{CC1 提高}。

c. 随着呆在这儿时间的增长,我的汉语水平也是越来越高{CC 好}。

  d. 现在韩国最有名的歌手叫"东方神起",他们{CJ+sy 是}5 个
   很好看,跳舞,唱歌**水准**都很**高**{CC 好},5 个人都{CJ-sy 是}
   19—21 岁,都年轻……

"好"还有与"强"混用的。下面是 SUDA 语料库的偏误:

(3) a. *他的能力很**好**。

  b. *我们要责任心**好**的职员。

"好"和"高""强"的混用,原因有以下几个:

① 频率效应:"好"在教材中的使用频率相当高。如在《新实用汉语课本》第 4 册的课文中,"好"以单音节形式就出现了 88 次,在《桥梁》(下)中出现了 169 次。而在这两本教材中,"强"分别只出现了 1 次。频率高的易提取,频率低的易忘记。

② 义项多的效应——"好"有很多义项,可以广泛用于许多方面,于是学生就把它作为"万能"的形容词来用。

③ 受母语的干扰——在有些学生的母语中,有的词是可以与"好"组配,而汉语不行,如"能力""报酬"。

④ 与所误形容词搭配的名词或动词多是级别较高的词语。如上面偏误中的"效率"。我们查了目前国内通用的几套中级汉语精读课本,此词都未出现。因此,让学生给级别高且陌生的名词或动词组配形容词时,他们很容易想到最熟悉的"好"。另外,有"效益好"的搭配,受此搭配的干扰也容易产生"效率好"。

《现代汉语词典》(2005:1094)列出了"强"的 7 个义项,属于形容词的有 4 个,它们是:

(1) 形 力量大(跟"弱"相对):~国|富~|身~力壮|工作能力~。

(2) 形 感情或意志所要求达到的程度高;坚强:要~|责任心~,工
  作就做得好。

(5) 形 优越,好(多用于比较):今年的庄稼比去年更~。

(6) 形 用在分数或小数后面,表示略多于此数(跟"弱"相对)(例略)

  据调查,"强"在实际语言中的使用频率并不低(在《现代汉语常用词表(草案)》排序 286)。在《等级划分》中被列入"普及化等级词汇",也反映了这个词的实际使用频率。不过,由于与"强"搭配的词语多是比较抽

象的,学生得到中高级阶段才能学到(详见下表21)。如何提高教材中这类词语与"强"组配的复现率,确实要动些脑筋。

根据上面的分析,我们认为,到了中高级阶段,应加强形容词的教学,既注意学习新的形容词以及相关的组配,也应注意在学习新的动词和抽象名词时,不忘与相关形容词的组配,即注意形动、形名的双向组配,而且还可以形容词、名词、动词及其构式为中心将常组配的词语进行归纳整理(详见下2.2与2.3节)。

2.2 形容词小类的系统整理

2.2.1 从语义范畴看形容词的小类

鉴于两个大纲对形容词缺乏小类的教学安排,在本节我们以语义和语用为中心,将常用的一些形容词分类整理成表(见表18),以供参考。

表 18 客观描述类形容词

	初级	中级	高级
长、高、宽、体积、面积	大、小、高、低、长、短	矮、厚、薄、宽、窄	庞大、细小、巨大、微小、宽大、窄小、高大、矮小
数量	多、少、零	普遍、完全、所有、整、全面、部分、一定	基本、众多、繁多、稀少
距离、时间	远、近、早、晚、长、短	迟	遥远
天气	好、坏、晴、阴	晴朗	阴冷、湿冷
价格	贵、便宜	贵重、廉价	贱、昂贵、低廉、价廉物美
成绩	好、差	优、良、中、优秀、良好	优异
温度	冷、热、暖和、凉快	温暖、寒冷、凉、温、暖、寒	炎热、酷热、闷热、湿热、冰冷
速度	快、慢	迅速	缓慢、迟缓
重量	重、轻	沉、沉重	

续表

	初级	中级	高级
湿度		干、湿、潮、潮湿	干燥、湿润
硬度		硬、软	
答案	对、错	正确、错误	
光线、亮度	好、差	亮、暗、黑暗	昏暗、明亮
颜色	红、白、黑、黄、绿	赤、紫、橙、青、蓝、雪白、漆黑	蔚蓝、粉红、桃红、乌黑、碧绿、黑乎乎、金灿灿
线条	直、粗、细	弯、曲	笔直、弯弯曲曲
垂直、平衡	正	斜、歪、反	歪斜、端正

上表中的形容词多依照一定客观标准来描述事物。不过其中有些形容词也是可以用于主观评价的(详见表19)。

表19 带主观评价的形容词小类(一)

形容对象	初级	中级	高级
具体事物	好看、好吃、好听、好玩	难看、难吃、难听	
	容易、难、简单、复杂、方便	便利、不便	(式样)陈旧、新颖
	新、老	旧、古老、豪华	陈旧、破旧、简陋
食物	生、熟、新鲜	脆、嫩、老、烂	香甜、可口
味觉、嗅觉	苦、酸、甜、辣、咸、麻	香、臭、怪、淡、鲜	鲜美
人体的感觉		痛、痒、酸、胀、麻	
抽象事物	(工作、任务)多、少	(负担)重、轻	(任务)繁重
	(水平)高、低	(地位)高、低、平等、(能力、责任心、战斗力、科学性)强	(实力、趋势)强、弱(～势)、(压力、权利)大、小
质量	好、差、不错、低、高	纯、出色、一般、平凡	粗劣、参差不齐
商品	多、少、便宜、贵	经济、实惠、适用	货真价实、伪劣

续表

形容对象	初级	中级	高级
头脑（包括做事）	聪明、笨、活、灵活、清楚	呆板、死、糊涂	清晰
身材	高、矮、胖、瘦	苗条、瘦小、矮小	魁梧、高大、丰满、修长
身体（包括精神）、年龄、年纪	好、健康、轻、老、大、小	精神、结实、硬朗、嫩壮	虚弱、衰弱、衰老、健壮、强壮
皮肤	白、黑	嫩、粗	细腻、光滑、粗糙
外貌	漂亮、帅	酷、丑、美丽、美、一般	端正、相貌堂堂
事物性质	真、假	真实、虚假	
国家、社会、集团等		强大、弱小、成熟、先进、落后	文明、野蛮
事物、动物	重要、主要	珍贵、贵重	稀有、珍稀
表演	精彩、有趣、没意思	自然	
生活	无聊、幸福、愉快、快乐		有意义
时间	长、短	松、紧	紧迫、宽松、宽裕
情况	复杂、简单	紧急	
目标	大、小	明确、远大	含糊、确定
人物与事件等	特别	伟大、优秀、平常、一般、普通、平凡	杰出、神秘
问题	多、少、大、小	严重、次要、主要	突出
做法、说法、观点	对、错、正确、错误	客观、主观、片面、全面、肯定、否定	合法、非法、合理、明确、新颖、特别
食物	生、熟、新鲜	脆、嫩、老、烂	
描写		生动、形象、精细、简单	
关系	亲密、亲近	疏远、密切	
环境	好、差、干净、整齐、安静、脏、安全、危险	乱、杂乱、吵闹、寂静平静（的湖水）	喧闹、吵闹、混乱、宁静
时间	原来	原先、当初	

续表

形容对象	初级	中级	高级
级别	初级、中级、高级	初等、中等、高等	低档、中档、高档
文章	漂亮	生动、通、通顺、风趣	简短、流畅
认识、印象		深、强烈、深刻	肤浅
意义		大、重要、深刻、深远	深远、重大
感情、情绪本身		深厚、细腻	丰富、稳定
动作或方式	快、慢、容易、简单、复杂	迅速、缓慢、吃力、轻易	频繁、直接、间接、笨拙、灵敏、敏捷
动作结果	顺利、成功	圆满、出色、彻底	

表20 带主观评价的形容词小类（二）

形容对象	初级	中级	高级
1.人的态度、神情和性格	a.认真、马虎、努力、亲切、热情、冷淡、小心、仔细、随便、严厉、严肃、客气、热烈、亲切、仔细、礼貌、客气、友好、自然 b.内向、外向、幽默、好心	a.坚决、犹豫、大胆、主动、被动、自觉、狠和气、细致、细心、细致、详细、粗心、精细、勤奋、积极、消极、热心、活泼、冷静、镇静、平静、骄傲、谦虚、虚心、老实、真诚、坚强、软弱、大胆、勇敢、顽皮、顽强、大方、小气、自信、自卑、亲热、得意、乐观、悲观、肯定、否定 b.实在、细、粗、脆弱	a.诚实、虚伪、冷漠、残酷、冷酷、残忍、公正、公平、和蔼、温和、刻苦、谨慎、鲜明、慈祥、优雅、粗鲁、粗野、稳重、沉稳、平等、傲慢、警惕、粗疏、精明、成熟、单纯、坦然、坦诚、卖力、幼稚、胆怯、慎重、郑重、诚恳、爽快、干脆、专注 b.善良、狡猾、文弱、文静、实诚
2.人的内心感觉和情绪	高兴、快乐、愉快、幸福、痛快、满意、伤心、好奇、紧张、奇怪、舒服、轻松、开心	激动、兴奋、烦、满足、不满、痛苦、难过、心酸、愤怒、失望、沮丧、吃惊、惊讶、沉重、孤独、自豪、遗憾、自由、幸运、不幸	苦恼、烦恼、忧愁、悲哀、悲痛、失落、惊奇、感慨、意外

续表

形容对象	初级	中级	高级
3.听觉、视觉、头脑	清楚、模糊	清晰、分明、糊涂	清醒
4.事物或人引起的感觉	可爱、可怕、可惜、可口	恶心、完美、头疼、倒霉、为难、辛苦、无聊	尴尬、难堪、窘、可恶、可恨、可憎、惬意

2.2.2　从表18－20中的词语反观学生的习得情况

如果从表18－20中的形容词反观学生的习得情况是怎样的呢？据我们对苏州大学外国学生平时书面作业与作文的调查，对于表18－20中列入初级阶段的形容词，其中只有一小部分是学生比较熟悉和喜欢使用的，因为这部分形容词在教材中出现的频率较高。但是，这三个表中大部分形容词，在中、高级的通用教材中并没有有计划、分层次地出现，更不用说复现率了。因此，总的看来，学生对形容词掌握得比动词和名词要差，能主动使用的也很少。这是外国学生将初级阶段学习的高频形容词泛化使用的主要原因。

有鉴于此，我们认为，形容词的教学最好结合构式，成组成类地教给学生。

2.3　与形容词相关的常用构式

根据形容词的系统学习与语用表达的需要，我们对与形容词相关的构式作了系统整理。下面有些构式在所引两个大纲中是归入一般句式教学的（如比较句）。由于我们重点关注与形容词相关的构式有哪些，所以也将此类构式列入其中。构式后凡带▲的，都是所引两个大纲未作为语言点的。构式后括号内是对教学层次的建议，仅供参考。例句后括号内是对该构式所表语义特点的简单概括。

2.3.1　以描写和评价动作为主的构式

第五章　名词和形容词的系统教学　209

表 21　以描写和评价动作为主的构式

构式	可以进入的形容词
构式 1：N_0＋很＋A（形容词，下同）（初级一） a. 我们学校很大。 b. 玛丽非常漂亮。	除了非谓形容词，一般形容词都可以进入。
构式 2：N_0（人）＋A＋（地）＋V＋N_1（受事）（初级二、三） a. 同学们每天都认真地学习汉语。 　　　　　　　　　（A 形容的状态是常态） b. 小王十分仔细地检查了机器。 　　　　　（A 形容的状态是当场态或常态） c. 我清楚地记得，刚才行李是放在这儿的。 　　　　　　　　　（A 形容动作的程度） d. 这个问题一定要彻底解决。 　　　（A 形容的是动作完成后受事的状态，下同） e. 这幅画将上千年前一场精彩的射箭比赛生动地描绘出来。	常进入该构式的词有表 20 中的 1－3 类（b 类除外），表 19 中的"流利、生动、吃力、迅速、精彩、卖力、干净、整齐、漂亮、端正、深刻、讲究、精辟、细致、快乐、幸福、愉快"等，"快、慢"重叠后亦可进入。
构式 3：N_0（施事）＋V（动作）＋得＋很＋A（初级二、三） a. 他学得很认真。 　（对施事的动作态度加以评价，常态或当场状态，下同） b. 医生检查得很仔细。 c. 马克跑得很快。 　　　（对施事的动作程度加以评价，常态或当场状态） d. 大家玩得很高兴。 　　　　　（对施事动作伴随的心情加以评价，事后回忆）	常进入该构式的词有表 20 中的 1－3 类（b 类除外），表 19 中的"快、慢、好、流利、生动、吃力、迅速、精彩、卖力、干净、整齐、漂亮、端正、深刻、讲究、精辟、细致、快乐、幸福、愉快"等
构式 4：N_0（施事）＋N_1（受事）V＋得＋很＋A（初级二、三） 构式 5：N_0（施事）＋N_1（受事）V＋得＋很＋A（同上） a. 大卫汉语说得很流利。 　　　　　　（言者视点在动作的受事"汉语"） b. 他打电脑打得很快。 　　　　　（言者视点在"打电脑"这一动作，下同） c. 弟弟游泳游得很好。	词语同上

续表

构式	可以进入的形容词
构式6：N_0(受事)＋V＋得＋很＋A(初级二、三) a. 她打扮得很漂亮。 b. 教室打扫得很干净。 c. 新房布置得很讲究。 d. 这话说得很精辟。	表19中的"好、差、不错、对、彻底、出色、精致、精美、精细、精辟、圆满、深刻、干净、整齐、美观、讲究、美、端正、乱"等
构式7：N_0(受事)＋V(动作动词)＋A＋了(初级三) a. 房间打扫干净了。 b. 情况都说清楚了。 c. 饭做好了。 d. 事情办砸了。	常进入此构式的词有"好、糟、砸、脏、乱、干净、整齐、清楚"等

说明：

上表构式2主要用于对施事的动作态度或状态加以客观的描写(如例a、b)，但有时也描述动作的程度(如例c)、动作完成后受事所呈现的状态等(如例d、e)。

构式3一般是动作完成之后，对动作者(施事)的态度、姿态、动作的状态或程度所作的评价，带有言者的主观看法。从时态上讲，这一构式或是事后对已观察到的状态、常态的评价，或是对"当场客观状态"的评价。总的来看，以事后评价的居多。

构式4、5都是动作完成之后，言者对动作的评价。构式4凸显的是受事，构式5以整个动作为视点。

构式6表示对有目的的动作完成后的结果——受事出现的新状态的评价，多用于描写。言者的视点在动作与结果两个方面。例a"她"既是施事，又是"打扮"的受事，所以"漂亮"是形容"打扮"动作完成后的"她"的状态。

构式7表示有计划的动作完成后的结果的评价，多用于事后报告。

上面表20中的a类词语既可以进入以客观描写为主的构式2(作状语)，也可以进入以主观评价为主的构式3(作补语)。孟柱亿(2006)曾指出，汉语的状语和程度补语有何不同，对以汉语为外语的学习者来说，不仅是一直难以理解的部分，也是实际表达上的难点。因此这两种构式在一开始学习时，就有必要说明它们的不同。

2.3.2 与感觉、情绪相关的构式

构式 1：N_0＋觉得＋很＋A/Vx/Ax▲（初三，中级一）

N_0＋感到＋很＋A/Vx/Ax

……使＋N_0＋感到＋很＋A/Vx/Ax

(4) a. 他觉得很累。

b. 听到我们队胜利的消息，我感到很兴奋。

c. 大家都责怪他，这使他深深地感到委屈和失望。

能进入上述构式的形容词有很多（详见第三章4.2.1节）。应充分利用该构式进行成组形容词的系统教学。第三章4.2.3节已分析了"感到""觉得""感觉"带表感觉、心理等形容词用法的差异，到中、高级阶段讲这类用法时可以加以辨析。

构式 2：N_0＋V/A＋得＋vp/SP[n＋vp]（初级三、中级一）

这类构式的谓语一般是表示心理的形容词、动词或状态形容词，"得"后补语常由动词短语或主谓短语充当，具体地说明感事状态的程度。如：

(5) a. 她气得浑身发抖。

b. 他高兴得跳起来。

c. 老王快活得像个孩子。

d. 这个小伙子强壮得像头牛。

e. 我累得腰也直不起来。

常进入这一构式的词有"高兴、难过、伤心、快乐、快活、激动、感动、兴奋、幸福、心酸、痛苦、愤怒、烦、累、疼、痛、强壮"等。

2.3.3 从不同观察角度加以评价的构式

构式 1：N_0（人/事物）＋显得＋很＋A▲（初级三、中级一）

(6) a. 她显得很年轻。

b. 小伙子显得很精干。

常进入这一构式的词有"老、疲劳、失望、愤怒、激动、兴奋、精神、精明、精干"等。

构式 2：N_0（施事）＋表现＋得＋很＋A▲（中级一）

例如：

(7) a. 他们表现得很自信。

b. 法国队的防守表现得很出色。

c. 她在接受记者采访时表现得很谦虚。

很多形容词可以进入此构式。此构式常用于事后对施事表现出的状态的主观评价。

构式3：N_0（人、动物、事物）＋变＋得＋很＋A▲（中级一）

例如：

(8) a. 小王变得很激动。

　　b. 老虎变得很烦燥。

　　c. 事情变得很复杂。

这一构式表示叙事（人、动物或事物）变化后的状态。

"显得很A""表现得很A"和"变得很A"三构式都是以观察者的角度，其区别是：用"显得"构式的视点在主体状态的客观显现；用"表现"构式的视点在对主体有意识表现出的状态的评价；用"变化"构式的视点在主体状态的客观变化。

构式4：N_0（人）＋长＋得＋很＋A▲（初级三）

(9) a. 他长得很帅。

　　b. 孩子长得很可爱。

此构式是对人的长相进行评价，常进入该构式的形容词有"好看、漂亮、可爱、美、帅、丑、难看、端正"等。

构式5：N_0＋A＋了＋点儿▲（初级三）

(10) a. 这个菜咸了点儿。

　　b. 这件衣服小了点儿。

当某事物的状态与言者或评价者的期望有点儿差距时，用此构式。常进入此构式的形容词有"大、小、多、少、长、短、难、容易、咸、淡"等。

构式6：N_0……＋V＋着＋A▲（中级一）[①]

(11) a. 老人在车上站着不安全。

　　b. 我躺着比较舒服。

此构式是对某一动作完成后保持持续状态的效果的评价。

构式7：N_0（施事/受事）＋V＋A＋了▲（初级三）

(12) a. 对不起，我来晚了。

　　b. 你回答对了。

　　c. 他写错了。

---

① 这是受到SUDA语料库中某位中级班学生的偏误"老人在车上站得不方便"的启发才列出的构式。

d.（你）衣服穿反了。

　此构式是对动作发生的早晚、完成的对错的评价,可进入这一构式的形容词有"早、晚、对、错、歪、正、倒、反"等。

2.3.4　表主观意愿的构式

　构式1:A＋(一)＋点儿▲(初级三、中级一)

（13）a. 放松点儿！

　　　b. 细心点儿！

　陆俭明(2008)认为,此构式表示"要求听话人在某一点上达到说话人所要求的性状"。可以进入这一构式的形容词多是"非贬义而又可控"的。如"谦虚、认真、仔细、大方、高、低、远、近、直"等。在特定的语境中,"马虎、糊涂、狠、粗、厉害"也可以用于此构式。这往往是说话人认为不必像一般人或平时那样按积极形容词的要求去做的场合。

　构式2:N$_0$(施事)＋A＋点儿＋V▲(初级三)

（14）a. 你明天早点儿来。(祈使句,表示要求)

　　　b. 星期天可以晚点儿起床。(陈述句,表示允许)

　　　c. 慢点儿吃,别噎着。(祈使句,出于关心对方的劝阻)

　　　d. 快点儿起来,要迟到了。(祈使句,表示催促)

　此构式表示说话人要求某人按照形容词所表示的性状做某个动作。可进入这一构式的形容词一般是"早、晚、快、慢"等。

　构式3:(请)N$_0$(兼语/施事)＋V＋(得)＋A＋点儿▲(初级二)

（15）a. 请你说慢一点儿。

　　　　　　　　　(祈使句,要求对方按说话人的标准做,下同)

　　　b. 你写得简单一点儿。

　此构式中的"A＋点儿"表示言者对已发生或将要发生的动作的状态提出的主观要求。可进入这一构式的形容词一般是"快、慢、简单、简短"。谓语动词后可以加助词"得",也可不加。而"早、晚"一般不用于此类构式。构式1至构式3都可以用"快、慢",但语用不一样:构式1命令语气最重,构式2次之,构式3较客气。

　构式4:(N$_0$)＋AA＋V▲(初级三、中级一)

（16）a. 慢慢吃,别着急。(祈使句,出于关心对方的劝阻)

　　　b. 别急,慢慢来。

　　　c. 马儿马儿快快跑……(表示希望)

常进入这一构式的形容词一般是"快、慢"。"慢慢"后面还可以是表示泛指的动词"来"。"快快＋V"一般只出现在诗歌或文章标题中。

构式 5：(N_0)＋A＋V▲（初级三、中级一）
(17) a. 快走，来不及了。（祈使句，表示催促）

b. 慢走，留神脚下。（祈使句，出于关心对方的劝阻）

上面几个构式都表示某种请求或要求，句中动作一般都尚未发生。上面构式中的"形容词＋点儿"以及"快走、慢走"都带有言者的主观意向，用于"言域"而不用于客观叙述事件的"行域"。而以往的形容词教学很少向学生强调这一点，加上可进入这5个构式的具体的形容词不太一样，"形容词＋点儿"在句中的位置也有所不同，所表示的语义和语用也有微小的差别。所以这类构式对外国学生来说，是极容易混淆的。

2.3.5 表示主观认知的构式（中级一）

构式 1：SP[n＋v]/VP＋D（程度副词）＋A▲（初级三、中级一）
(18) a. 你去上海比较好。

b. 这样做（很）不公平。

c. 让他付钱不太合适吧。

这一构式表示的是对某种做法的看法，句首或是主谓短语（小句），或是动词短语（包括兼语短语）。谓语一般由可表示主观认知的形容词充当。有时句尾用"吧"，语气较委婉。

构式 2：SP[n＋v]/VP＋是＋很＋A＋的▲（中级一、二）
(19) a. 他这样做是很不礼貌的。

b. 把孩子一个人留在家里是很危险的。

构式 2 也是对某种做法表示看法。由强调主观看法的"是……的"加形容词来表示，这一构式的语气比构式 1 要强。

2.3.6 性质、状态比较构式

构式 1：X 比 Y＋A（初级二、三）

X 没有 Y＋A

X 不比 Y＋A

(20) a. 他的汉语比我好。

b. 他的汉语没有我好。

c. 他的汉语不比我好。

构式 2：X 跟 Y＋A（初级二、三）

(21) a. 弟弟的个子跟他哥哥一样高。

b. 我的车跟你的一样。

c. 北京跟天津的气候差不多。

d. "便"的意义和用法基本上跟关联副词"就"相同。

可以进入这一比较式的形容词有"一样、不同、差不多、相同、相似"。"一样"后还可以再带形容词（如例 a）。到中级二阶段可以将这一组词归纳在一起，结合此构式一同复现，集中复习比较。

构式 3：N_0＋像＋N_1＋一样＋A（初级三、中级一）

(22) 已经是四月了，天气还像冬天一样冷。

构式 4：N_0＋对＋N_1＋像＋对＋N_2＋一样＋A（中级一）

(23) 我父亲对他像对亲兄弟一样好。

2.3.7 表状态变化的构式

构式 1：N_0（叙事）＋A＋了（初级二）

(24) a. 天冷了。

b. 他病好了。

这一构式的视点是将状态变化看作是新情况的起点。

构式 2：N_0＋越来越＋A＋了（初级三）

(25) 天气越来越热了。

N_0＋越＋V＋越＋A

(26) 汉语越学越难了。

这一构式的视点在某种已有状态的程度的递进变化，过程较长，而且隐含变化仍在继续。

构式 3：N_0＋A＋下来＋了（中级一、二）

N_0＋A＋了＋下来

(27) a. 天慢慢暗下来了。

b. 大家都走了，街上安静了下来。

c. 他终于冷静下来了。

这一构式的视点在形容词所表示的状态由强变弱了，临近形容词所表状态的终点。

构式 4：N_0＋A＋起来＋了（中级一、二）

N_0＋A＋（了）＋起来

(28) a. 天亮起来了。

　　b. 一到节日,这条街就热闹起来。

构式 4 的视点是形容词所表示的状态由弱变强了。形容词所表示的是状态的起点并继续发展。这一构式所表示的语义可以说是构式 3 语义的对立。如(27)a、b 与(28) a、b 可以说是语义正好相反的对称句。但(27)c 就没有很对称的反义句。我们之所以在"状态变化式"下面列出了这 4 种构式,是因为学到中级第二阶段的学生曾有多人发问,这里讨论的构式 1—4 有何不同。因为它们都表示状态变化。经分析发现,它们实际上构成了一个微系统,其差异可图示如下:

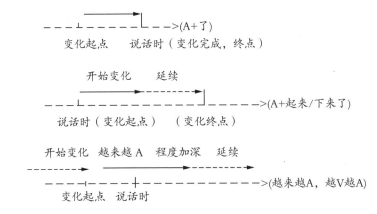

如图所示,"A+了"表示的是"变化完成态",说话时离变化起点较远,与终点几乎重合,视点在"完成"。"A+起来/下来了"所表示的是"变化起始态",说话时几乎与起点重合,即离变化起点较近,视点在"开始",并暗示变化在趋强或趋弱,并很快接近终点。"越来越 A/越 V 越 A"表示的是"变化发展态",说话时,形容词表示的某种状态早已存在,视点在变化的递进发展过程,忽略起点,没有终点。

2.3.8　表状态并列的构式

构式:N_0+既+A+又+A(初级三、中级一)

　　　N_0+又+A+又+A

(29) a. 这东西既好又便宜。(常态)

　　b. 我又冷又饿。(当场态)

2.3.9　形容词重叠式(初级三)

(30) a. 这孩子脸圆圆的,特别可爱。(常态,下同)

b. 我常怀念起故乡清清的水、蓝蓝的天。

c. 认认真真地做事,清清白白地做人。

d. 她打扮得漂漂亮亮的出去了。(动作完成后的状态)

沈家煊(2001)指出,形容词重叠式在句中可充当谓语、定语、状语和补语。这类重叠形式带有较明显的主观感情色彩。如a、b句中的形容词重叠式,带有说话人觉得"可爱""亲切"的感觉;c句的"认认真真、清清白白"则表现了说话人的主观要求;d句中的"漂漂亮亮"则是说话人对动作完成后结果状态的评价。

需要指出的是,上面2.3.6—2.3.9节下的构式中的形容词谓语前都不能带程度副词。以往的形容词教学往往强调形容词谓语前常带程度副词"很",而极少强调那些不要带或不能带程度副词的、由形容词充当谓语的常用构式。本节诸多构式是围绕着形容词的使用为中心,以语用表达为重点加以整理的。我们在中高级班的汉语课上,曾将上述不能带程度副词的与形容词相关的构式归纳到一起进行复习,受到学生的欢迎。他们普遍反映,这样的系统教学使他们对形容词的用法变得清晰而有条理了,对他们根据不同语境选择不同的构式与词语有较好的指导作用。

第六章 副词与介词的系统教学

第一节 副词的系统教学

1.1 副词高频偏误的概况

据所引的两个大纲,汉语的副词数量很大,由于篇幅关系,我们不能全面加以分析。只能就常用且偏误率高的副词,进行有针对性的讨论。

在 BYDT 语料库中,副词偏误例总数在 100 例以上的共有 14 个。它们是"就(偏误例数:756,下同)、也(647)、都(365)、不(332)、很(283)、还(237)、又(117)、才(134)、还(121)、没有(121)、没(127)、再(128)、更(103)、互相(102)"。经对其中的错词偏误分析后发现,副词间的混用占了绝大多数,而且大多与构式纠结在一起。至于其中的缺漏与多用,与构式纠结的现象更为普遍。

1.2 结合构式对成组副词微系统的整理

本节结合构式对易混副词进行分析,揭示它们在语义和语用方面的系统分布。下面标注▲的都是所引大纲中未列为辨析语言点的词语。

1.2.1 时间副词"就"和"才"构成的微系统

"就"和"才"在表示动作发生的早晚、快慢、顺利与否方面构成了一个微系统。请看表1。

表1 时间副词"就"和"才"构成的微系统

构式	例句	所表语义	语用与认知
1. N_0＋Nt(时间/年龄)＋就＋VP＋了	她早上六点就起床了。 姐姐五岁就上学了。	表示动作发生得早	带主观性,多用于行域
N_0＋Nt(时间/年龄)＋才＋VP	她中午十二点才起床。 叔叔四十岁才结婚。	表示动作发生得晚	

续表

构式	例句	所表语义	语用与认知
2. N_0＋VP＋(时/的时候)＋就＋N_t＋了	他回家的时候就十二点了。小王上学时就九岁了。	表示动作发生得晚	带主观性，视点在时间的早晚
N_0＋VP＋(时/的时候)＋才＋N_t	我到学校的时候才7点。她考上大学时才十六岁。	表示动作发生得早	
3. N_0＋VP＋Q_v(动量)＋N_1＋就＋VP＋了 N_0＋VP＋Q_s(时量)＋N_1＋就＋VP＋了	我只讲了一遍他就懂了。这本书她一天就看完了。	表示动作发生得快、顺利	带主观性，视点在动作发生的快慢
N_0＋VP＋Q_v＋N_1＋才＋VP N_0＋VP＋Q_s＋N_1＋才＋VP	我讲了三遍他才懂。这本书她一个星期才看完。	表示动作发生得慢、不顺利	

1.2.2 "已经"和"都""才"构成的微系统▲

"已经""才""都"都可出现在时间词前，在表示时间早晚的主客观表达方面构成了一个微系统。

表 2　时间副词"已经"和"都""才"构成的微系统

构式	例句	所表语义	主观性
都＋N_t(时间/年龄)＋了，……	都十二点了，还不睡觉？都三十岁的人了，还这么不懂事。	言者主观上认为时间晚，岁数大（相对大量）	带主观性，多用于言域
才＋N_t（时间/年龄），……	才八点，不用着急。这孩子才十二岁，离考大学还早着呢。	言者主观上认为时间还早，岁数还小（相对小量）	同上

续表

构式	例句	所表语义	主观性
已经＋Nt（时间/年龄）＋了，……	已经十二点了,该睡觉了。 爷爷已经七十多了,不能干重活了。	言者客观说明时间或年龄的量	主观性弱,用于言域或知域

1.2.3 "又"和"再"构成的微系统

在所引的两个大纲中,初级阶段要求对"又""再"和"还"加以辨析。经分析发现,"还"的基本用法与"再"和"又"有较大差异,故主张先辨析"又"和"再",然后再分头与"还"进行辨析。

表3 表重复的"又"和"再"构成的微系统

构式	例句	所表语义	主观性
1. N_0＋又＋VP＋了 2. 又＋过＋了＋Nt（时段词），…… 3. N_0＋又＋是＋Nt＋了 4. N_0＋又＋要＋VP＋了 5. N_0＋又＋该＋VP＋了	王老师又买了几本书。 他昨天迟到,今天又迟到了。 又过了一个月,他终于出院了。（＊再,下同）	表示动作在过去的重复;表示时段在过去的加合重复	可用于客观陈述,也可用于对某动作重复次数过多表示不满
	明天又是星期天了。 七月快到了,又要放假了。	有规律的情况在将来重复	较客观
	开慢一点儿,要不被警察发现,又要罚款了。 回去晚了,妈妈又该说我了。	不希望出现的动作在将来的重复	带主观性
6. ……,N_0＋（想）＋再＋VP＋Qn（名量）＋N_1 7. 请＋再＋VP＋Qv（动量） 8. 欢迎＋再＋VP	我(想)再买一件衣服。（＊又,下同） 请再说一遍。 欢迎再来。	表示将来动作的重复	常表示言者的主观意愿,希望动作重复,带主观性

续表

构式	例句	所表语义	主观性
9. 再+过+Nt,……	再过一个月,就要放假了。	表示时段即将加合重复	较客观
10. N_0+V/VC+了+再+V/VC	父亲鼓励我,做什么事,不要怕挫折,跌倒了再爬起来。	动作在将来顽强地重复	表示动作主体的主观意志,主观性强

1.2.4 "再"和"还"的辨析①

表4 "再"和"还"的差异辨析

构式	例句	所表语义及语用特征
1. N_0+还+(在)+VP 2. N_0+还+D+A	a.大家都休息了,他还在看书。(*再,下同) b.已经十月了,天气还很热。	表示动作或状态不间断地持续不变(下用"还"之例同此)。常隐含"事实超出预期"之义
3. 请+再+VP+Qv 4. 欢迎+再+VP	c.请再说一遍。(*还,下同) d.欢迎再来。	表示动作间断后的重复。下用"再"之例同此。常表示请求或邀请
5. N_0+还+助动+VP 6. N_0+助动+再+VP	e.我还想买一件衣服。 f.我想再买一件衣服。	同表希望,"还"的视点在"继续";"再"的视点在"动作的重复"
7. N_0+Ns(表将来时间)+再/还+VP	g.我明天还来。 h.我明天再来。	言者用"还",视点在"继续",带威胁对方的语气;"再"的视点在"动作的重复",语气平和

---

① 此节与下一小节的表5制作与说明参考了曹晓燕、车玉茜、陆庆和编著:《汉语水平步步高——副词》,苏州大学出版社2009年版,第40页。

续表

构式	例句	所表语义及语用特征
8. $N_0+(Ns)+还+VP$?	i. 你下星期还来吗？ 　　　（*再，下同） j. 你还要什么？	"还"常用于言者认为对方可能会继续前面的动作的两种疑问句，"再"不能

说明：

1. "又"和"再"都可表示间断的动作或时段的重复。"又"多表示动作在过去的重复，"再"一般表示希望动作在将来重复。"又"有时也可用于将来，只表示将来有规律的情况或不希望动作重复。"还"表示"动作或状态持续不变"，即前后动作或状态是不间断的。表3、4中带下划线的句子是"再"较常用的，都不能换成"还"和"又"。

2. "还"与"再"可同现于有助动词的句中，因"还"的视点在助动词所表示的动作的继续，所以应放在助动词之前，如表4例e；因"再"的视点在动作间断后的重复，所以应放在动作动词前，如表4例f。

3. 表4构式7"还"和"再"都可进入，但在语用和语气上有明显的差异。

4. "再"只有与"V/A+下去"组配的构式可表示"持续不变"，例如：

(1) a. 这个地方太脏了，没办法再住下去了。

　　b. 天再这么热下去，我可受不了了。

　　c. 这个地方不错，我还想多住几天。

　　d. 天怎么还这么热啊！

从例(1)a、b看，"再+V+下去""再+(这么)+A+下去"着眼点都在将来，都表示言者不希望状态再继续。用于假设句的话，后面必须要有后续句。而用"还"的例c及表4例e、g，都表示动作者希望动作继续下去。例(1)d说明"还+这么+A"可以单用，主要表示状态的持续出乎意料，含有不希望继续的语义。用"还"的着眼点都在"续前"。

1.2.5 "一时""顿时"和"暂时"构成的微系统▲

"一时""顿时"和名词"暂时"均表示短时间，从构式所表语义看，它们也构成了一个微系统。

表 5 "一时""顿时"和名词"暂时"构成的微系统

构式	例句	所表语义	主观性
N_0＋一时＋Vx/Ax,…… N_0＋一时＋(否定)VP/Vx/V不C "一时"后的谓词肯定义的仅限于表示心情的,较多的是表示否定义的短语或可能补语	a. 她一时激动,不知该说什么好。 b. 爸爸平时不给我零花钱,一时高兴,给了我十块钱。 c. 我一时想不起他的名字。 d. 家里一时难以拿出这么多钱。	短时间出现某种心理状态;因某种原因短时间内无法完成某动作	多用于行域,客观记述某个事件
……,N_0＋暂时＋V/VP N_0＋暂时＋VP,…… V 和 VP 多为行为动词,肯定、否定均可	e. 这种材料暂时没有。 f. 一时交不起全部学费的,可以暂时先交一半,等有钱以后再补交。 　　　(命令、要求,下同) g. 这事暂时不要告诉别人。 h. 你要是找不到房子,暂时住我家吧。(建议)	短时间出现的某种情况;人有意识地做出短时间的决定、选择或安排	主观性强,多用于言域
……,N_0＋顿时＋Ax/V/VP ……,N_0＋顿时＋V/A＋C 谓词多为非自主的、表状态或心理的形容词、动词及动补短语,肯定、否定均可	i. 这么一想,心中顿时不安起来。 j. 一走进这个公园,顿时感到空气清新,舒畅愉快。 k. 天顿时暗下来,一片漆黑。 l. 遥控器一摁,顿时清晰的电视画面立即显现出来。	极短时间内自然出现某种情况、感觉、认知或心情的变化	多用于行域,客观记述某个事件或情况

说明:

1. 同样表示"短时间",前后事件时间间隔最短的是"顿时"(如表中例 i—l),其次是"一时"。"暂时"因带一定的主观性,时间间隔的长短有一定弹性。

2. "暂时"与"一时""顿时"的区别在于:"暂时"常出现在表示人有意识的行动或决定的句中,既可用于行域,也常用于言域,多用于祈使句,如表中例 f—h。而"一时""顿时"一般用于行域,客观说明动作的自然发生,与人的主观意志无关。

3. "一时"和"暂时"有时可以同时出现在前后文中,前者交待客观情况,后者说明如何应对(如上表例 f)。再如:

(2)学习词语时,一时弄不清楚意思的,可以暂时放一放,学得多了自然会明白的。

4. "暂时"后面的谓语动词既可以是肯定式,也可以是否定式;"一时"后如果是动作动词,一般得是否定式(多是可能补语的否定式,包括"难以+VP""无法+VP"等)。"一时"后是肯定式的一般是表示心情的谓词(详见表 5 例 a、b)。"顿时"后的谓语动词多是如"成了、变得、呈现、引起、显现"等非自主动词,或是如"感到、觉得、放心、明白、忘记、不安、不悦"等表示心理的词语,表示自然变化。

5. "顿时"除了时间间隔短之外,有时还可起衔接句子的作用(如表 5 例 l),而"一时""暂时"均无此功能。

1.2.6 副词"全"和"都"构成的微系统▲

"全"是形容词,也有副词用法。后一种用法与"都"的用法相近,但因语义侧重点的不同,与"都"构成了一个微系统。

表 6 副词"全"和"都"构成的微系统

构式	例句	语义与语用特征
N_0+全/都+VP	a. 我们全去。	"全"表示全称,把主体或客体看作整体
N_0+全/都+VP	b. 这几本书我全看完了。	
N_0+都+VP	c. 我们都去。	"都"表示总括,把多个分项系联为一
N_0+都+VP	d. 这几本书我都看完了。	
N_t+N_0+都+VP/没 VP	e. **这个星期**他都没来上班。	"都"表示总括,把有界的分项系联为一,概括出共性
N_0+在+NL+Vv+N_1	f. 我在**上海、杭州、广州**都遇见了我的老同学。	
无论+N_1(还是)+N_2(表任何条件)都+VP	g. 无论**夏天、冬天**,我都坚持锻炼。	
无论+VP_1还是 VP_2(表任何条件),N_0+都+VP	h. 无论**刮风还是下雨**,他都来。	同上

续表

构式	例句	语义与语用特征
NN＋都＋VP（N 重叠表示任指）	i. **人人**都要守纪律。	同上
N_0＋Ry（疑问代词表任指）＋都＋VP	j. 我**什么**都不要。	
N_0＋一＋MQ＋N＋都＋不/没＋V（表任指）	k. 他**一句话**都不说。	
任何＋N_0＋都＋VP/不 VP（表示任指）	l. **任何**人都不会知道这件事。	
每＋MQ＋N＋都＋VP（通过逐指表示任指）	m. **每个**青年都要努力学习。	
所有＋N＋都＋VP（表示分项总括）	n. **所有**公民都要遵守交通规则。	

表 6 制作参考了马真(2004:106—107)对"全"和"都"的分析,例句亦引自原例(黑体加粗字为笔者所加,下同)。马真指出,"全"可以总括主体,如例 a;总括动作行为的对象,如例 b;但一般不能总括行为发生的时间、处所和条件,如例 e、f;也不能用于表示各种任指的句中,如例 g—m。至于为什么会这样,她没有说。下面我们从认知的角度对此现象作一分析。

关于"全",《现代汉语词典》(2005:1131)是这样释义的：

①[形]完备;齐全:这部书不～｜东西预备～了｜棉花苗已出～。②保全;使完整不缺:两～其美。③[形]整个:～神贯注｜～家光荣｜～书十五卷。④[副]完全;都:～不是新的｜不～是新的｜～他讲的话我～记下来了。

结合"全"的形容词语义,可以作如下解释:从认知的角度看,"全"是从整体事物(包括多人)着眼;而"都"是从"分项整合"着眼,对事物(包括人)逐项扫描后加以整合。

比如《现代汉语词典》中"这部书不全"例,是把整部书作为一个整体来说的。再如"宁为玉碎,不为瓦全"也是从事物的整体来说的。故《现代汉语词典》用"整个"来解释"全"是很恰当的。

如果用认知图式来区分的话,"全"可用左圆表示,"都"用右圆表示：

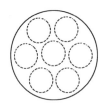 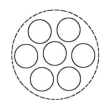

言者用"全",是把所观察的对象(事物或人)看成一个不可分割的整体,所以用实线的外大圈表示"全",内部分项以虚线标出——忽略分项,凸显整体。

言者用"都",则承认诸分项的存在,所以用虚线外大圈表示"都",其内部分项以实线标出。言者通过提取分项的共同点将它们系联在一起——"都"后内容往往是表示分项的共同特征的。因此,用"都"的用例中,常会出现明确的分项:有三项的,如例 f;有以两项代表诸项的,如例 g、h。表中黑体加粗字标出的均为分项,这些词语与"全"追求整体而排斥分项的语用特征相抵触,所以"全"不能进入。

1.3 从复句构式看"就"和"也"的系统性特征▲

1.1 节指出,副词偏误中,"就"和"也"位列第一、二。主要是因为,这两个副词用法比较复杂。"就"和"也"既可在单句中使用,也可在复句中起关联作用,按照系统论的观点,在单句和复句中使用的同一副词应该是有联系的。本节从它们各自进入的复句构式归纳其系统性特征。

1.3.1 从不同复句构式中的"就"的用法看其特征

"就"可在下面几种复句中出现,句后括号内是对它们用法共性的概括:

如果/要是……就……("就"前为假设条件,后为结论);
只要……就……("就"前为充要条件,后为结论);
既然……就……("就"前为前提或根据,后为结论)。

例如:
(3) a. 如果明天不下雨,我们就出去旅游。 ("就"后是主观决定)
　　 b. 只要努力,就会有收获。 ("就"后是主观认识)
　　 c. 既然故事是虚构的,就有许多幻想成分。

("就"后是主观推论)

从以上的例句和分析可知,这三种复句构式中的"就"的共同特征是,语义后指,引出结论。而且,根据后一句表达的是主观决定、主观认识还是主观推论,分别选用"如果、只要、既然"与"就"前后呼应,构成了一个微系统。这一特征的概括对分析其他构式中"就"的用法是有帮助的(详见下1.4.3节)。

1.3.2 从不同复句构式中的"也"的用法看其特征

邵敬敏(2013)指出:"'也'表示类同,就需要有比较前项,通常句子里也确实有前项出现。但在实际话语里,常常没有这类比较前句出现,我们就需要对一些特殊情况加以说明。"我们以"也要千方百计"为关键词语,在CCL语料库中搜集到以下不同类型的复句(句后数字是用例数):

(4) a. 我们**既**要保护人和家禽,**也**要千方百计保护候鸟。(1)
   (并列,"也"前有比较前项,表示前后两项都兼顾)

   b. 各级政府要切实增加教育投入,**宁可**在别的方面节省一点儿,**也**要千方百计为教育多办实事。(6)
   (资金充足,当然可为教育多办实事;资金不足也要……;选择,低量)

   c. 没饭吃,**也**要千方百计活下去,缺资金更需想方设法求生存。(6)
   (有饭吃,当然能活下去;没饭吃也要……;让步,低量)

   d. **不管**时代如何发展变化,或者社会发生沧桑之变,他们**也**要千方百计地寻根认祖,即使由于某种原因改姓易名,最终也有一种认同感,都要返祖归真。(3)
   (无条件,时代、社会不发生变化当然要寻根认祖;变化也要……;低量)

上面例句中都有"也要千方百计+V"这一表示主体"有意识的努力"的语式,但分别出现在并列、选择、让步和条件四种复句中。其中的"也"均表示"类同"。在并列复句中看不出"也"有什么附加义,但从其他几种没有比较前项的复句中能看出"也"有一共同的附加义——表示低量。所谓低量,如上例 b—d 所示,在条件差、资源有限或困难重重的情况下,能最低限度地完成或实现某个动作。据此,可把与"也"相关的复句构式的语用特点归纳为下表:

表 7 用"也"的复句构式的语用系统▲

言者要表达的主旨	使用复句	语用特点
构式 1:动作要兼顾两个方面	既要……也要……	考虑周全
构式 2:动作无法兼顾两个方面,则舍卒保车,确保某动作能基本实现	宁可……也要……	确保后者实现
构式 3:在情况单一、条件差的情况下,努力实现某个动作	即使……也要……	表示态度坚决
构式 4:在情况复杂多变的情况下,努力实现某个动作	不管……也要……	表示态度坚决

表 7 中的构式 1 与构式 2 是针对"动作能否兼顾两个方面"的语境下使用的不同构式;构式 3 与构式 4 则是针对"情况是单一还是复杂"的语境使用的不同构式。这说明,不同复句中的"也"所表示的语义与语用功能正好构成了两两相对、互为补充的表达系统。

1.4 用法复杂的副词的系统分析与教学

本小节主要讨论三组用法复杂的副词:"不"和"没有","都"和"也","都"和"就"。

1.4.1 副词"不"和"没(有)"的系统教学

汉语的否定副词"不"和"没(有)"对各个国家的学生来说,都是一大难点。在 BYDT 语料库中,"没""没有"与"不"及其短语的混用就有 247 例。关于这两个否定副词的语义、语法和语用的特点,至今还没有一个定论,在通用的汉语教材中也很少从系统性的角度来安排这两个否定副词的分层次教学。下面是我们对这两个副词的分析与处理。

1.4.1.1 从基本语义特征看"不"和"没(有)"的区别

卢福波(2002)认为,"不"和"没"的对立正是过程性和非过程性上的对立。受此观点的启发,再联系与"没(有)"有密切关联的"了$_1$""了$_2$"的用法,可将它们的区别简单地概括如下:

"不"的语义特征是:否定没有时点界限的、持续较长时间的动作或状态,即可以否定具有该特点的动词和形容词。

"没(有)"的语义特征是：否定某个时点之前的一次性动作，或否定某一次性状态的变化，即可以否定具有该特点的动词和形容词。

言者是否以某个时点为界加以否定，是"不"和"没(有)"最大的区别。

要想让学生较好地掌握这两个否定副词的用法，最好将构式与相关词语小类结合起来教(详见下)。

1.4.1.2 "不"和"没(有)"的对比教学与层次

据调查，那些既能被"不"否定也能被"没(有)"否定的词语，最容易发生混淆。因此，到了中级阶段，对同一词语受"不"和"没(有)"否定的构式(即"同构")的辨析就十分必要。

下面是我们在中级班发给学生的讲义，主要是结合不同类别的词语，从同构和异构的角度，对"不"和"没有"进行了比较，括号内是对初教或复习"不"或"没有"时的教学层次的建议：

表 8　结合构式与词类的"不""没"的比较及教学层次建议

否定的词类	用"不"所表示的语法意义	用"没"所表示的语法意义
形容词	1. 否定经常的状态：(初级一) 这里冬天不冷。 教室不大。	1. 客观陈述某时点前，状态变化未发生： 已经十一月了，天还没冷。 (初级三、中级一，与左例对比讲)
助动词	2. 否定常态的能力或主观意志： (初级二) 马克不会游泳。 他不能吃海鲜。 我不想去麻烦他。 他总是不肯早点儿起床。	2. 客观陈述某时点前未出现助动词所表示的情况：(中级一、二，与左对比讲) 你的生日晚会我没能参加，很遗憾。 那天，我没想去跳舞，他非要我去，就去了。
非动作动词	3. 用"不"否定认知或感觉： (初级二) 我不知道他是哪国人。 他不觉得热。 我不喜欢她。	3. 用"没"否定某种说话前已有的看法，用于反驳或自我辩解(教学层次同 2)： 你说这样做不太合适。可我没觉得有什么不合适。

续表

词类	用"不"所表示的语法意义	用"没"所表示的语法意义
		谁说我喜欢她？我根本没喜欢过她！
动作动词	4. 否定经常性、习惯性动作：（初级二） 上大学时,他常常不去上课。	4. 客观陈述某时点前一次性动作未发生:(初级二) 他没来上课。 我没有去旅游。 (复习对比层次同2)
	5. 否定动作者动作的主观意愿：（初级一、二） 我不去旅游。	
补语	6. 状态补语、可能补语用"不"： 他跑得不快。（初级二、三） 这个工作她干不好。 （初级三）	5. 结果补语用"没":(初级二、三) 作业我没做完。 (复习对比层次同2)

在汉语中,只有过去一次性未实行的动作才用"没(有)"否定,而过去经常、多次未曾发生的动作是不用"没(有)"的。因此,关于上表左栏第4点要特别强调。因为学生常会误认为"没(有)"否定的是过去的动作,所以经常会出现下面的偏误：

(5) a. 上大学时常常跟他发生矛盾,但他总是沉默着不{CC 没}说什么。

b. 上个星期,小李每天**没**迟到了。

c. 老师问问题,他每次**没**回答。

1.4.2 从系统看"都"与"也"的差异▲

据统计,BYDT 语料库中,"都"的错词偏误有 103 例,其中有 14 例与"也"相混;"也"的错词偏误有 284 例,其中有 127 例与"都"相混。经分析发现,混用的原因主要有两个：一是这两个副词常出现在"同构异词"的构式中;二是在某些构式中,它们却是不可互换的。下面结合同构与异构,从系统的角度对"都"和"也"进行分析和讨论。

1.4.2.1 "都"的语义系统

在分析"都"和"也"的区别之前,首先对"都"的语义系统作一下分析。《八百词》(2000:177-178)指出,"都"有三个用法(为节约篇幅,略去了部

分例句）:
1) 表示总括全部：大伙儿～同意。
2) 甚至。"都"轻读：连个人影儿～看不见｜一口～没喝。
3) 已经。句末常用"了"：～十二点了,还不睡！

李文山(2013)把上述"都"的三种用法分别称为"都₁""都₂"和"都₃"。他指出,在对"都"的理论刻画中,"都₁"起初被处理成语义逻辑上的全称算子,但是越来越多的学者开始抛弃这个观点,转而支持"都₁"是分配算子的观点。因为有多人(王还,1983、1988；兰宾汉,1988；徐颂列,1993；杨满生,1998；温宾利、乔政蔚,2002；周小兵、王宇,2007)①注意到"都"不仅"总括全部,而且凸显总体中的每个成员(分配意义)",例如:

我们送给他一束鲜花。
我们都送给他一束鲜花。
(意思不是"我们一起送",而是"我们每人分别"送他一束鲜花)

他还指出,也有人(Huang,1996；蒋严,1998；董为光,2003；袁毓林,2005)②认为"都₁"的全称意义和分配意义统一刻画为"加合算子"(sum operator)。张谊生(2003)和蒋严(2001)则认为"都₁"在语用上要求其关联对象必须获得"主观大量"的解读。③ 李文山赞同"都₁"是分配算子的观点,并认为可以用"相对大量"来替换"主观大量"。他经过论证认为,"都₁"的语义内核包含"分配"和"相对大量"两个并行的语义组成部分,而"都₂"和"都₃"的语义内核仅仅包含"相对大量"。

李文山的所谓"相对大量",指的是"都₁"的关联对象所蕴含的量比一个没有独立表达出来的不确定的量更大。"大"是个绝对概念,而"相对大量"强调的是"相对性",即"都"关联的部分所蕴含(或者表达)的量总有一个比较的对象。

我们同意李文山关于"都₁"表示"相对大量"的观点。但不同意他只承认"都₁"有"分配"意义,而没有"总括"义。通过前面"都"与"全"的比较可知,"全"表示"全称","都"表示的不是"全称",而是"分项整合"(详见前1.2.6节)。传统上把"都"看作"总括"就是仅从"整合"的角度来说,而忽略了"都"所总括的事物或人具有的分项特点。但是,分项不等于分配。

---

① 皆转引自李文山(2013)。
② 同上注。
③ 同上注。

所谓"分配",与句中的谓词语义或其他词语有关。如像下面的用例就很难说"都"有分配意义。

(6) a. 大伙儿都同意。
    b. 你快来吧,我们都在。
    c. 几年来,父母一直都惦记着你。

这几例中的谓词都是表示状态、心理的,无法进行什么分配。汉语是有明确用于分配的构式的,而这类构式却不用"都":

(7) a. 每人分两个面包,一瓶水。
    b. 粮食分到每家只有三斤。

有的教师告诉学生,当句中有"每+MQ"后面动词前就要加"都",这个说法并不准确。经检索 CCL 语料库中"他每天……""每个学生……"的用例,发现其中用"都"的用例比不用"都"的要少(见例句后数字):

(8) a. 10 年前他每天画十几张不成问题,现在可不好说了。(1101)
    b. 他每天都画 20 多把扇画,一年可画 4000 多把。(283)
    c. 以小学五年级为例,每学期,每个学生,杂费五十元,书本费四十九元,作业本十元。(286)
    d. 春节期间全校每个学生都拿到了"压岁钱",人均达 120 元。(166)

例(8)a、c 视点在分项,故不用"都";而 b、d 是将"分项"整合为"总量",才用"都"。d 的人均,是整合后的平均。与上面真正表示分配的构式加以比对,就可以看出,用"分项整合"来说明"都"的用法要比"分配"义更符合"都"的语义。

据上分析,我们把李文山等人对"都"的语义系统的结论修改如下:

"都 1":客观的总量、大量:
据说全世界有几十亿的人都收看这个节目。
(客观大量,分项整合)
↓

"都 1":主观相对大量:
这个处于边远地区的中学,有 40% 的学生都考上了大学。(李文山例)
(分项整合)
↓

"都 2":甚至(主观相对大量):

全村的人都出来欢迎他,甚至连 90 岁的张大爷都来了。(李文山例)
(凸显大量)

↓

"都 3"(主观相对大量):都十二点了,还不睡!
(凸显大量)

据上分析,把有表示总量(客观或主观的)句中的"都"看作"都 1";把《八百词》所说的"甚至"和"已经"分别看作"都 2"和"都 3"。据对中介语语料库的调查,"都 3"的用法不会与"也"相混,而"都 1"和"都 2"的用法有时会与"也"相混。

1.4.2.2　从表任指的"同构异词"看"都"与"也"的区别

据调查,表示任指的代词和疑问代词,既可以与"都"组配成句,也可以与"也"组配成句。这类"同构异词"现象是造成两词混用的主要原因。因此有必要加以辨析。

陆庆和(2006:208)曾对"也"与"都"的用法作过如下说明:

① 在表示极端或最低限的句子中,凡是否定句,可以用"都"的也可以用"也"。

② "都"和"也"在用于表示任指的疑问代词之后,往往带有量化的语义特征。如:

　　什么菜也/都没买。　　相当于:一个菜也/都没买。
　　哪儿也/都没去。　　相当于:一个地方也/都没去。

但是,"都"要求的是"总量"(universal quantity)(或"全量"),"也"则要求的是"最小量"(minimum quantity)。[①] 在否定句中,这种区别因为否定(动作量为零)而被掩盖了。但一旦到了肯定句,这种区别就显现出来了。如:

　　只要是中国菜,我什么都喜欢。
　　相当于:所有的中国菜我都喜欢。
　　只要是中国菜,*我什么也喜欢。("也"不能用于表示总量)

下面我们把这类构式放在语段中加以考察,从语境和语用上看它们有何差异。

---

① 杨凯荣《"也"的含义与辖域》,《中国语学》(日本),2000 年,第 247 期。

构式 1：$N_0 + Ry$(疑问代词,任指,下同)$+ 都_1/也 + 不 + V$

检索 CCL 语料库,"什么也不知道"有 235 例,"什么都不知道"有 178 例,"哪儿也不去"有 55 例,"哪儿都不去"有 18 例。① 例如：

(9) a. 自从她来到这里以后,要不是**格雷斯·玛尔同去**的话,她几乎哪儿也不去。

b. (屋里有)8 世纪以前的器物。我看得激动起来,叫着："如果**叫我住在里面**,哪儿也不去了！"

c. 我告了几年状,难道你**真的**什么也不知道？

d. **世界著名的大城市**,我**差不多都跑遍了**,学习考察他们的建筑特色。不过,最后我还是觉着哪儿都不如中国好。

e. 因为我错过了**几乎全部的训练营**,我什么都不知道。

从例(9)中粗体字标出的词语能看出,用"也"的构式的前后,都有"类同"项,"也"表示的是低量。例 c 也是如此,言者认为自己告了几年状,"你"至少也应该(同有的人那样)知道一点点,所以用了"真的"。用"都"的构式前,有表示总量的词语,说明"都"表示的是总量或大量。再看下面的用例：

(10) a. "哦,他病故了！真可惜,我怎么**一点儿也不知道**！**真的我什么都不知道**！"

b. 处长老方火爆爆地吼了一句："**我什么都不知道**！"

c. 胖老板愕然赶紧否认："不不我不知道,**我什么也不知道**……"

d. 对了,见着你妈,**就当什么都不知道**,听见了没有？

e. 哎哟,我算是服你了。那好吧！**我就装作什么也不知道了**。

f. 罗隆基用很坚决的口吻答道："总理,谢谢你的关心。**我哪儿都不想去。我死,也死在这里！**"

g. "**本小姐哪儿也不去**,清河市环保局这份儿皇粮吃定了！"

h. 他们谢绝了众多的国外邀请。她说,她和钟书已打定主意,今后哪儿也不去,就在家里看书写字,很惬意的日子么？

上面"都""也"用例均是用于言域,可看出二者有以下差异：

1) 例(10)a 说明,"都"构式的否定语气比"也"构式强。前一句用"一

---

① 据我们的调查,作为构式 1 的具体语式"什么都/也不知道"和"哪儿都/也不去"是用例较多的,所以把它们选为调查分析对象。"明白、懂、怕、在乎"等动词都可以进入这一构式。

点儿也"构式(低量),后一句再用"真的"加上"什么都"追加补充,说明用"都"比用"也"更能表达言者强烈的主观感情。

2) CCL 语料库中"真的……什么都不知道"共有 4 条,全是言者表示十分肯定的保证;而"真的……什么也不知道"有 3 例,有 2 例是如(9)例 c 那样的疑问句,语气都较同类的"都"构式弱。

3) 从具体语境看,例(10)b 用"都"是愤怒地矢口否认;例 c 用"也"则是慌张地否认——也是用"都"的语气较用"也"的强。

4) 从主体故意装不知道的用例中看,"假装什么也不知道"的共有 13 例,其中有 5 例的主体是第一人称,即"我"是"言说主语"(如例(10) e),语气均较弱。而"假装什么都不知道"的有 6 例,没有一例的主体是第一人称的;施事是第二人称的有 4 例(如例(10) d),都是叮嘱或建议对方如何的;施事是第三人称的有 2 例,是客观陈述事实的。

沈家煊(1999:95)指出:"在否定量域规律和全量肯定否定规律的支配下,要否定一个概念一般就否定这个概念的极小量,要肯定一个概念一般就肯定这个概念的极大量。"这正好解释和说明了为什么肯定句用"都"的用例数大大超过用"也"的,而否定句用"也"的用例数多于"都"。

5) 再者,用"也"的任指否定构式比用"都"的适用范围更广,所表语气更富有弹性。这是否定构式中"也"的用例数高于"都"的第二个原因。请看下面的构式与用例。

构式 2:(N_0/VP)+Ry(疑问代词,任指,下同)+都1/也+不+A(形容词)

(11) a. **哪儿都不疼了**,可以进行下一阶段的训练了。

(陈述客观事实,下同)

b. 可是他的运气不好,**干什么都不成功**。

c. 以前办过的太糟糕啦。**哪儿都没有计划,哪儿都不够精细**。

(主观评价)

d. 也许有人认为,**赢了就什么都好,输了就什么都不好**。

(主观看法,下同)

e. **外地人在北京干什么都不容易**,单位能接受我已经够好了。

f. 晚上就没什么事了,**哪儿也不熟**,话又没人懂,**哪里也不能去**。

(表示无奈)

g. 同志们,你们在我这里住了一阵子,茅草房舍,**什么也不方便**,好在咱们是一家人,这没说的。

(对话中表示谦虚、客气)

h. 卫默香：啊！客人提溜着，到门外边包儿散啦，满街滚！
卫母：可见**干什么也不容易呀**！　　　　（对话中表示同情）

从例(11)各句看，用"都"否定句中任指代词指的都是复数；而用"也"否定句任指代词指的可以仅是一个低量，也可以是略高的量（两个以上），语气视语境可强可弱。所以，用"也"的任指否定句，有时可以像例g—h那样表示谦虚、客气、同情等。

1.4.2.3 从表强调的构式看"都"与"也"的区别

"都$_2$"和"也"都可以用于以下表示强调的构式中。

构式1(1)：(N_0)＋连＋N_1＋都/也＋VP……

(12) a. **咱们现在生活每人都提高了**，连我都提高了……
b. **哪儿我也没去过**。长这么大连火车都没坐过。
c. 在他的"审问"下，我只得老实交代，我哪里有什么艳遇，至今我连女孩的手都没碰过呢。

上面的"连……都……"前面都有一个表示总量的句子，然后用此句加以强调。前面的句子都为此类构式中的"都$_2$"提供了所关联对象的参照量，即"相对大量"。比如，例a、b中的"每人"和"哪儿"。再看例c，如果有艳遇的话，起码应与女孩子有亲密的接触（相对大量），可是"我连女孩的手都没碰过"。这几例"连……都……"都用于陈述事实、"总括、递进反衬"的复句中。

构式1(2)：(N_0)＋连＋N_1＋也＋VP

(13) a. 我没想到这个世界会抛弃我，更没想到就连自己也产生了抛弃自己的念头。（前后有类同项，后一句递进，下同）
b. 我工兵扎制的无数木筏皆被洪水冲走，有的连人也冲没了。
c. 袋鼠是澳大利亚特有的著名动物，连国徽上也绘着一只大袋鼠。袋鼠已成为澳大利亚的象征。
d. 在这种情况下，不仅原子的外壳被压破了，而且连原子核也被压破了。

例(13)说明，用"也"句与前文构成"类同并递进"的关系。

经检索，在CCL语料库中，"不仅（不但、非但）……而且……"这类复句中，"连……都……"和"连……也……"用例分别是15例和31例。而表示主观看法结论的"……何况……"顺递递进复句中，"连……都……"和"连……也……"出现的用例则是25条和6条，频率高低正相反。例如：

(14) a. 要饭的也是人，**连狗都有窝，何况人**？
   b. 虎头蛇尾是这一类片子的瘤疾，**连外行都看得出来，何况内行**？
   c. 为了看戏，他**连命也肯牺牲了，何况那点老规矩呢**。
   d. 这种繁杂地劳作，频频外出，就**连壮年人也吃不消，何况他俩都是古稀之人呢**？

如从主观性的强弱看，"不仅……而且……"是主观性较弱的递进复句，多陈述客观事实；而"……何况……"是主观性较强的递进复句，多用来表示主观看法和结论（详见第七章 2.2.3 节）。"连……也……"多用于前一类复句，而"连……都……"多用于后一类复句，由此可证明"连……都……"比"连……也……"主观性要强些。

张谊生(2002)指出，"X 连 Y 都 Z"和"X 连 Y 也 Z"这两种句式①虽然具有相当一致的共性，但是存在着一系列细微的差异。

首先，从来源看，"都"本来是一个表总括的副词，而"也"本来是一个表示类同的副词，所以这两个句式生成的语义基础略有不同。试比较：

连校长都同意了，你还犹豫什么。——连校长也同意了，你还犹豫什么。

前句的语义基础是"X 同意了，(X 和) Y 都同意了"，后句的语义基础是"X 同意了，Y 也同意了"。所以，细分起来，"X 连 Y 都 Z"是总括强调式，"X 连 Y 也 Z"是类同强调式。既然基础不同，表达功能总会有一些差异的。

其次，从搭配看，并存的多项"X"或"Y"的后面多用"也"，归并的多项"X"或"Y"的后面多用"都"。

再次，从表达看，尽管两种句式都适用于肯定式和否定式，但总括式较多地用于肯定句，类同式较多地用于否定句。据崔希亮(1993)的研究，在所统计的 1069 句近现代例句中，"X 连 Y 都 Z"509 句，肯定式占 59%，否定式占 41%；"X 连 Y 也 Z"560 句，肯定式占 39%，否定式占 61%。

最后，从语气看，"都"似乎要强于"也"。②

张谊生从三个方面对"X 连 Y 都 Z"和"X 连 Y 也 Z"进行了较全面的

---

① 在笔者的讨论中，把句式也看作构式，但引用他人的研究结论时，名称则延用作者所用名称，下同。

② 重点号为笔者所加。

比较,这些结论对认识这类构式的异同是有帮助的。

1.4.3 从系统看"逐项扫描"构式中的"都"与"就"▲

BYDT 语料库中,"就"的错词偏误有 192 例,其中与"都"混用的就有 31 例,占总偏误的 16.15%。偏误者为澳大利亚、日本、韩国、泰国、印度尼西亚、马来西亚、柬埔寨、马达加斯加等多个国家的学生,带有一定的普遍性。例如:

(15) a. 那几天,每次回家,我们手中都{CC 就}会有很多的小礼品。
（日本学生）

　　b. 每时每刻都{CC 就}想着家人。　　　　（马来西亚学生）

　　c. 世界变得很快,每天社会都{CC 就}不一样。(澳大利亚学生)

　　d. 这么多年来,都{CC 就}是妈妈照顾他。(印度尼西亚学生)

　　e. 无论什么样的人不吃都{CC 就}不能活。　　（韩国学生）

　　f. 在任何国家,不管人们走到哪个地方,都{CC 就}经常{CJX}能看见"禁止吸烟"的牌子。
（泰国学生）

　　g. 因为她也许会想到,她得了这种不治之症,早晚{CC 老早}都{CC 就}会死的。
（柬埔寨学生）

我们注意到,上面偏误中前面的分句或短语有"每次、每时每刻、无论、不管"等词语,这些词语的共性都是"逐项扫描"。因为"都₁"有"分项整合"作用,便可以解释为何上面的偏误得用"都"。问题是,"都"和"就"本来是两个意义很不一样的副词,为什么会混用呢? 经调查发现,在这类前一分句表示"逐项扫描"的复句的后一分句中,"就"也常出现。有时,甚至所在的语法位置都跟"都"一样。因此,苏州大学中高阶段的外国学生就曾提问,下面既可用"都"又可用"就"的一些构式,究竟有何不同? 因此,我们认为有必要加以比较分析。

构式 1：凡(是)……N_0＋都……VP

(16) a. 凡是看过这个电影的人都非常感动。

（"都"语义前指,表示总量,下同）

　　b. 记得哲学家黑格尔曾说过这样一句话：凡是存在的都是合理的。

　　c. (阎王)说："凡是被俘的,都不要伤害。"

此处构式 1 以及例(16)下的"都"同样表示"总量"。"都"均是语义前指,总括前面的复数名词。经检索,CCL 语料库中"凡是 $4 都……"用例共有 193 条。

构式 2：凡(是)……N_0＋就……VP/A

(17) a. 凡是吃准了就要大胆干。

b. "凡是种地的就分，凡是不种地的就不分，"他用坚决的低音说。

c. 不能认为凡是新的就好，凡是大的就好。

前面 1.2 节已指出，从常用"就"的三种复句可知，"就"的共同特点是语义后指，起到引出结论的作用。这些结论多与人的主观决定、认识和推论等有关，带有较强的主观性。此处讨论的构式 2 中的"就"也是如此。例(17) a—c 句的语义重点都在"就"之后，都是表示言者的主观认识或主观意志的。

就这两个构式所表示内容的统计来看，"都"句既可用于客观陈述事实[如例(16) a]，也可以表示主观看法和主观意志等[如例(16) b、c]。而"就"只表示主观认识和主观意愿，故"就"的语气和主观性都更强。不过，当言者既要强调结论，又要强调总量，"都"和"就"是可以一起用的：

(18) a. 凡是学生就都应该好好学习。

b. 凡是粮食就都要爱惜。

从例(17) a、b 看，用"就"的"凡是"所指的人或事，既可以是单数，也可是复数。而加了"都"的例(18) a、b 中"凡是"所指的人或事一定得是复数。有意思的是，例(16) b 例所引的黑格尔的话，在 CCL 语料库中也有写作"凡是存在的就是合理的"。可见，因两构式十分相似，连中国人都会混用，而且这两句均可成立。

构式 3(1)：不管＋(N_0)＋怎么说，N_1＋都＋V

构式 3(2)：不管＋(N_0)＋怎么说，N_1＋都＋不＋V

构式 4(1)：不管＋(N_0)＋怎么说，N_1＋就(是)＋V

构式 4(2)：不管＋(N_0)＋怎么说，N_1＋就(是)＋不＋V

(19) a. 不管你怎么说，我都会在你身边的。

b. 不管你怎么说，都依你。

c. 不管爸爸怎么说，你都不听。

d. 不管你怎么说，我就觉得他好。比你们给我介绍的那些都好！

e. 但不管我怎么说，他就是要罚款。

语料证明，"都"和"就"还都可出现在上面 4 个使用"不管"的构式中。

这类复句前后分句的主语都不是同一个人,仅从前一分句看,很相似。它们的区别是:

用"都"句,仍是语义前指第一分句,总括前面多次"说"的内容,后面一句则表示"结果无一例外"。例(19)a、b后一分句表示承诺,是以他人为视角的;例c后一分句陈述客观事实,表示行事。例d—e中的"就(是)"的语义均后指第二分句,视点在强调动作主体的主观看法、态度或意志。因此,总的看来,用"就"的主观性比"都"强。

此外,上述构式前一分句也可以是"不管怎么说"的固定构式,我们以"不管怎么说,\$5 都/就"在CCL语料库中分别搜索到42条和24条,例如:

(20) a. 不管怎么说,这些人都是领导呀!
　　 b. 不管怎么说,我们每人都有了几大团毛线。
　　 c. 那安南米、上海米、暹罗米,不管怎么说,就是没有咱们家乡米好吃。
　　 d. 不管怎么说,我就是这么想的。
　　 e. 反正不管怎么说,这个工作就是需要真正懂行的人。

例(20)a、b的"都"均是语义前指,总括主体。而c—e"就(是)"均是语义后指,带上了"其他的撇开不管",强调"唯一"的看法、想法和需要。用"就(是)"之用例的主观性比用"都"的要强得多。

构式5:每次＋VP＋(N_0)＋都＋VP
　　　　每当＋VP＋(N_0)＋都＋VP
构式6:每次＋VP＋N(时/的时候),N_0＋就＋VP
　　　　每当＋VP＋N(时/的时候),N_0＋就＋VP

(21) a. 每次比赛,我们都能进球。
　　 b. 每当他回乡探亲、考察时,故乡人民都以最隆重的方式迎接他。
　　 c. 每当五星红旗升起的时候,他都感动流泪。
　　 d. 宋太祖劝他读点儿书。赵普每次回家,就关起房门,从书箱里取书,认真诵读。
　　 e. 最多的一年他下井108天,而且每次一呆就是十几个小时。
　　 f. 每当我一想起这件事,眼前似乎就会出现他那张兴奋的小脸。

我们以"每次\$6 都/就"为关键词语,在CCL语料库中分别检索到

3170 条和 180 条用例,而"每当＄14 都/就"的用例数分别为 352 条和 716 条。从所表示的语义看,"每次……都……"中的"都"同样是语义前指,是将每次动作(分项)"整合为一",指出其在行动、方式或结果等方面的共性。相对而言,"每次……就……"的用例就少得多。此类用例中的"就"同样是语义后指,后一句对每次动作(即分项)加以具体描述。有的"就"是表示动作发生得快,如例(21)d;有的则是强调动作所持续的时间长,如 e。

为什么"每当……就……"的用例反而是"每当……都……"的一倍呢?这可能是因为"每当"是表示时间的,"就"又是时间副词,更适合表示"每当某时(很快)就发生某个动作或现象"。

我们继而以"无论/不管＄8 都/就要"为关键词语,检索了 CCL 语料库,发现用"都"的用例有 348 条和 274 条,而用"就"的只有 1 条和 5 条。例如:

(22) a. 在这特别紧张的时刻,他唯一的想法就是:不管怎么样,他受辱就要到尽头了。

b. 另一些人坚持说这个东西是不洁的、可怕的,无论是谁提这件东西就要把他从部落里赶出去。

c. 不管怎么样,你都要去找他。

d. 它教会我无论失败还是胜利,都要尊重对手。

马真(2004:105)指出,"是"字句有排他性。当它与"就"搭配,排他性更强;当它与"都"组合,就具有了整合性,非排他反而正视总量。根据她的这一观点看这类同构中的"都"与"就",结论就很清楚了。例(22)a、b 的"就要",都是"马上就要"的意思。例 a 的"不管怎么样"是"根本不考虑其他"之义,只强调言者唯一的想法。而用在"都要"前的"不管怎么样"分句是"无论客观情况有多复杂"之义,仍是"分项整合"。为什么"就"在这一构式中的使用频率极低呢?从用例看,"无论/不管……要……"这一构式基本上是用于言者对复杂的客观情况加以总体考虑,以统一的方式处理它们。它倾向于强调总量,排斥分量,把一贯表示单个情况下个人主观意志、态度和看法的"就"的使用空间挤掉了。

综观上述几种同构复句,发现它们有一共同点:前一分句均是"逐项扫描"(凡是、不管、无论、每次)或"逐时扫描"(每当)。不同之处在于:后一分句,用"都"均是"都$_1$",着眼于"合"(整合分项);用"就"则着眼于"分"。由于"就"是多义词,有时表示的是排他、唯一(的结论或选择);有时表示的是"马上就"或承接,后面是唯一的结果。根据表达时是着眼于"合"还是"分","都"与"就"正好构成了一个微系统。

1.4.4 承接复句中的"再""才"和"就"的系统性▲

BYDT 语料库中"再"和"才"混用的偏误有 46 例,其中有 20 例都是将承接复句中"……后"之后当用"再"而误作"才"的。为什么会产生这样的偏误呢?经对 CCL 语料库的调查发现,"才"出现在承接复句"……后"的用例相当多,因此,有必要结合这类复句构式对"才"与"再"进行一下辨析。

1."再"常出现在下面的承接复句中:

(N_0)+(先)+VP,然后+再+VP

(N_0)+等+VP 后/以后+再+VP

(N_0)+(先)+VP,以后+再+VP

(N_0)+(先)+VP,最后+再+VP

例如:

(23) a. 首先了解作者的目的,然后再决定要不要看那些读物。

b. 学生的责任就是读好书,而其他的事情等到他们长大后再想也不迟。

c. 没有时间看电视的人,最妙的方法是,先把想看的节目录下来,以后再看。

d. 如果是通过亲戚朋友的介绍自己喜欢的人,可以慢慢了解双方,最后再结合。

"再"下的这组构式均是承接复句,表示人事先安排好、先做第一个动作,然后再做第二个动作。"再"后的动作一般是尚未实行的,且计划性和主观性都很强。据观察,学生对这类构式中的"然后""以后"的使用比较关注,但往往忽略后一句的"再"。在 BYDT 语料库中,"以后""然后"之后当用"再"而遗漏的有 18 例。上面例(23) a、b、d 是根据 BYDT 语料库中"才"的错词偏误修改而成的。在原偏误中,学生都将"再"误用为"才"。这类偏误的产生很可能与下面的构式有关。

2.经检索,"才"常出现在下面的复句中:

N_0+VP,然后+才+VP

N_0(N_0)+等+到+N_1+之后+才+VP

N_0+VP+直到+NP/VP+(后)+才+VP

N_0+VP+以后$+$才$+VP$

N_0+VP,最后$+$才$+VP$

(24) a. 她看了半天,对我的绘画技艺不禁啧啧称赞,然后才问我多少钱。

b. (小军舰鸟)还要靠父母喂养一段时间,等到1岁之后才能独自生活。

c. 这篇论文直到他死后才公诸于世。

d. 腊梅开花以后才长叶子。

e. 他对人民大会堂的结构设计作了全面审查核算,最后才签名。

上面用"才"的构式与以上用"再"的复句构式十分相似。分析用例后可知,这类同用于承接复句中的"才"多是客观地陈述某人动作或是某种动植物等的某动作发生得晚。因此,这类构式的主观性弱,比较客观。

《八百词》(2000:644)辨析"再"和"才"时指出:"再"表示动作尚未实现,但将于某时实现;"才"表示动作已实现,并且强调动作实现得晚。

你明天再来吧(尚未实现)|你怎么今天才来?(动作实现得太晚)|看完了电影再走吧,好不好?(尚未实现)|他看完了电影才走的(动作实现得晚)

《八百词》的分析对我们有参考价值,但是这一辨析忽略了"才"有时也可以用于尚未发生的动作或情况(详见下表9例e)。

屈承熹(2005:96)曾就"先……就/再"(以下黑体加粗字是原文所标)的差异作过分析:

我先去看看,你**就/再**来。(**就**和**再**之间的差别在于:**就**表达出两个事件之间的立即性,而**再**则没有。)

据屈承熹的分析和我们的辨析,可将使用不同关联副词承接复句的差异整理如下:

表9 承接复句构式使用"就""然后再""才"的差异

构式	例示	语义	语用
1. N_0+先$+VP$, N_1+就$+VP$	a.你先去看看,我就来。	"就"表示第二事件继第一事件后立即发生,动作未发生(构式1—3前后主语均不同)	用于言域

续表

构式	例示	语义	语用
2. N_0＋先＋VP，N_1＋再＋VP	b. 我先去看看，你再来。	"再"表示第二个事件等第一事件发生后发生，不管早晚，动作未发生	用于言域
3. N_0＋VP＋了＋N_t＋后，N_1＋才＋VP	c. 我到了一个小时之后，他才来。	"才"表示第一事件发生后，第二个事件很晚才发生，动作已完成	用于行域
4. N_0＋先＋VP，然后＋才＋能＋VP	d. 你必须先到达，然后才能休息。	"才"表示其后动作得等前一动作完成后才有可能实现，动作发生得晚，未发生（前后同一主语，下同）	用于言域
5. (N_0)＋只有＋先＋VP，才＋能＋VP	e. 看来，只有先到宜昌才能搭上船。	"才"表示其后动作的发生的以前一动作的完成为条件，动作发生得晚，且未发生	用于知域

从表 9 所列的用例和分析看，承接复句构式根据言者表达的需要，即第二个事件发生的是早晚还是先后，是主观安排（如表中例 a、b、d）、主观预测（如例 e），还是客观陈述（如例 c），动作是未然还是已然，前后主语为相同之人还是不同之人，分别选用不同的关联副词"就""再"和"才"，三词在语用上呈现出系统性分布。

CCL 语料库中，"……后，才……"的用例有 13000 条，"到……，才……"的用例有 5000 多条，但目前承接复句教学一般只教"就"和"（先）……（然后）再"，而不教这类"才"，从教学的系统性看，不能不说是一个疏漏。

1.5 关联副词结合复句构式的辨析与教学

关联副词的教学在所引的两个大纲中都是放在复句或固定格式的教学中进行的。由于这类构式往往都是由标记性词语前后呼应使用的，加上教学中一直作为语言点，从总体看来，学生习得的情况是较好的，因此这里仅就复句中关联词语系统教学的总原则简单地强调几点：

1. 初教复句时,需要向外国学生强调,复句中的连词与之前后相呼应的关联副词,应作为一个构式的整体一起记忆,如"如果……就……""只要……就……""既然……就……""只有……才……""无论……都……""宁可……也……"等。

2. 当学生把各类复句和相关的关联词语都学完之后,到了中高级阶段,应以某个关联词语为中心,把与之相关的复句集中到一起,加以归纳,总结某个关联副词的语义与语用特征,以起到纲举目张的效果(参见1.2节)。

3. 对于那些虽然讲过,但因"同构异词"的原因发生混淆的关联副词,应结合偏误,成组地加以辨析,尽量揭示其中的系统性(参见1.4节)。

第二节 介词结合构式的分析与教学

2.1 介词教学的内容与偏误概况

2.1.1 大纲中介词教学内容的安排

《本科生大纲》一年级语法项目表中关于介词的教学内容有:

表示对象、范围:对 对于 关于 比 跟 和 同

表示依据:根据 按照 照

表示目的:为 为了

[比较]"为"和"为了"。

表示工具、手段和方式:经过 通过

表示时间、处所:在 从 离 往 朝 当 向

[比较]"从"和"离"。

引出施事或受事:把 被 让 叫

表示原因关系:由于

表示排除关系:除了

表示加合关系:除了……(以外),还(也)……

表示排除关系:除了……(以外),都……

《本科生大纲》二年级语法项目表中关于介词的教学内容有:

表对象、范围:冲 管 连 替

［比较］"对""对于"和"关于"。

表依据和凭借：按　据　凭

［比较］"根据""按""凭"和"据"。

表手段和方式：以

表时间和处所：趁　打　于　自　随着

引出施事：为

引出话题：关于　至于

［比较］"关于"和"至于"。

《长期生大纲》所列介词内容与《本科生大纲》大致相同，下面是该大纲中有而《本科生大纲》中无或提法不一样的内容：

初等阶段语法项目表（一）

表对象：给

表伴随：跟

初等阶段语法项目表（二）

表时间和空间：顺着　沿着　自从

表示施事：由

从上面所列的教学内容看，两个大纲都把介词教学作为重要的语言点，并注意对近义或近用介词之间的辨析。但如结合外国学生的介词偏误看，上述安排有以下几方面的不足：

1. 介词教学内容处理简单化

高频常用介词"对、向、跟、给、在、从"等，其用法很复杂，涉及的构式很多，所以，在中介语语料库中，它们的偏误率较高。但两个大纲把它们放在初级阶段教完，没有分出层次。

2. 介词辨析语言点过少

两个大纲关于介词辨析的内容只涉及了 5 组，但据调查，学生易混的介词远不止这些（详见下），且混用率高的却都未列为语言点，如"对"与"给"，"从"与"在"等。

2.1.2　介词偏误的概况

下表是对 BYDT 语料库中超过 10 例以上的介词偏误的统计（总计为"错词数/缺词数/多词数"）：

表 10　介词偏误统计

"在"计 2025	"对"计 1688	"从"计 622	"给"计 429
380/1012/633	629/578/481	174/271/177	285/71/73
"为"计 312	"为了"计 166	"跟"计 155	"向"计 110
160/79/73	73/33/60	57/82/36	65/21/24
"以"计 239	"由"计 150	"被"计 116	"于"计 246
126/64/49	79/39/32	40/25/51	68/72/106
"关于"计 93	"对于"计 62	"当"计 33	"把"计 144
38/22/33	46/16/0	13/7/13	75/7/59
"根据"计 42	"与"计 126	"比"计 48	"除了"计 32
22/7/13	41/62/23	30/6/12	6/23/3
"按照"计 26	通过	在于	自
16/3/7	41	35	28

所引两个大纲中安排教授的介词总数是 45 个,而上表的介词就有 24 个,占所教词的 53.3%,这个比率远高于副词和连词的偏误率。

在对介词混用偏误的分析后发现,介词教学如果仅讲某介词与某类名词(包括代词)的"近词组配",很容易产生因"同构"而发生的混淆,只有通过"介＋N(名)"与其后动词(即"远词组配")的系联与分析,才能真正搞清易混介词间的差异。本节对各类介词的系统分析就将从这一角度入手。

2.2　空间介词结合构式与相关动词的教学

2.2.1　"在"与"从"结合构式及相关动词的教学

绪论 3.5.5 节已指出,"在"和"从"都可与处所名词组成介词词组,即"近词组配"的简单构式看起来很相似。这两个介词的区别在"远词组配",即介词词组后的动词不一样。本小节结合介词短语后动词小类对介词"在"与"从"加以辨析,整理为下表:

表 11　从"在＋NL＋V"与"从＋NL＋V"看两介词的差异与教学(1)

构式与谓词类别	构式语义特征	例示	教学层次
1. N_0＋在＋NL＋V V为"学习、看书、上课、工作"等动作动词	"在＋NL"表示动作发生的处所,处所相对固定,动作者位置不发生改变。	他在教室上课。 哥哥在医院工作。 我们在舞台上跳舞。 他在书房里写字。①	初级一、二、三阶段与相关成组的动词一起学
2. N_0＋从＋NL＋V＋Vq V为"来、去、跑、走、跳、(车)开、借"等位移动词	a. "从＋NL"表示某动作的起点,动作者位置发生改变	他从屋里走出来。 小李从山下爬上来。	初级一、二、三阶段与相关成组的动词一起学
	b. "从＋NL"表示某人、某事物的来源;动作者或受事位置发生改变	大卫是从美国来的。 我从图书馆借来两本书。	
	c. "从＋NL"表示某人或某物通过之处。动作者或某物位置发生改变	汽车从公司门口开过。 他从一个个商店前走过。	初级三与相关动词一起学;中级对a、b、c三构式加以整理辨析;并与表中"在"构式进行对比

表 12　从"在＋NL＋V"与"从＋NL＋V"看两介词的差异与教学(2)

构式与谓词类别	构式语义特征	例示	教学层次
N_0＋从＋N_1(表人)＋上＋V/VP＋N_2 V/VP为"学到、看到、知道、感觉到、感受到"	"从＋NL"表示动作受事的来源,受事位置发生改变	从他身上我学到很多东西。 从这些孩子身上我看到了中国的未来。	初级三,中级一

---

① 齐沪扬把"他在书房里写字"中的处所构式的表意功能分析为"事物存在的处所＋动作发生的处所";把"他在舞台上唱歌"中的处所构式的表意功能分析为"事物存在的处所＋事件发生的处所"(齐沪扬,1998:124)。在对外汉语教学中,我们主张把这两种构式看成一类。一方面与"从＋NL"区别开来(见上),另一方面与"在＋NL,N_0＋VP"区别开来。

续表

构式与谓词类别	构式语义特征	例示	教学层次
N_0＋在＋N_1（表人）＋上＋V/VP＋N_2 V/VP 为"寄托、看到"	"在＋NL"表示动作受事附着之处，受事位置不发生改变	在你们身上寄托着中国的希望。	中级二；可与上面的构式作对比

说明：

1. 表11"在＋NL＋V"与"从＋NL＋V"中的 V 表示的都是比较具体的动作，这两个构式最大的区别是，前一构式的动作场所（包括范围）相对固定；后一构式的动作使主体或受事的位置发生改变。

2. 表12构式中的 N_1 都是表示人的名词或代词，动作都是相对抽象的。两个构式的区别同上1。

2.2.2 "从"与"跟"结合构式与相关动词的教学

在 BYDT 语料库中，当用"从"而误用"跟"的有3例，也是与构式有关联的。

(1) a. 我从{CC 跟}妈妈{CQ 那儿}听{CJ-buy 到}这个故事就惊呆了……

　　b. 所以，很多中学生会从{CC 跟}他们身上学会吸烟，造成人体危害。

上面的偏误看得出跟这两个介词的相关构式过于相似有关。请看下面的比较：

表13　从"从＋NL＋V"和"跟＋NL＋V"看两介词的差异与教学

构式	构式语义特征	例句	教学层次
1. N(表物)是从＋N_0（表人）＋那儿/那里＋V 的 N_0＋从＋N_1（表人）＋那儿/那里＋V＋(了)＋(MQ)＋N_2	"从某人那儿"表示动作受事的来源	这本书是从刘老师那儿借的。 我从他那儿买了两张票。	初级二、三

续表

构式	构式语义特征	例句	教学层次
2. N（表物）是从＋N_0（表人）＋那儿/那里＋V＋到的 N_0＋从＋N_1＋那儿/那里＋V＋到＋（了）＋A＋N_2	"从某人那儿"表示动作受事（抽象事物）的来源	这消息是从小李那儿听到的。 我从父母那儿得到了很多爱。	初级三
3. 从＋N_0（表人）＋身上＋学到＋A＋N_1 从＋N_0（表人）＋身上＋学会了＋VP/A＋N_1		从他身上我们学到了很多东西。 我从老王身上学会了经商的招数。	初级三 中级一
4. N_0＋跟＋N_1（表人）＋VP＋N_2	"跟＋某人"表示动作对象	我跟马克借了一本书。 我想跟你打听一个人。	初级二、三
5. N_0＋跟＋N_1（表人）＋学＋N_2	"跟＋某人"表示动作的对象或跟随的对象	我跟他学汉语，他跟我学英语。	初级三
6. N_0＋跟＋着＋N_1（表人）＋学到＋A＋N_2		我跟着他学到了不少的东西。	中级一

说明：

1. 可以进入上述"从"构式的动词有：

   a. 借、租、买、要、学

   b. 得到、听到、取到、抢来、夺取、继承

   a 组动词也可以进入"跟"构式 4（还有"打听"）。但 b 组动词不能。

2. 在与上面 a、b 类动词组句时，作为引进处所的"从"如带表人名词后必须有"那儿""那里"或"身上"等表处所的词语。而"跟"是引进对象的，所以与 a 类动词组配时则不必带这类处所词。

2.3 施事介词结合构式与相关动词的分析与教学

2.3.1 从与动词的搭配看施事介词的不同

"被""叫""让""给"都可以用于被动句。为了弄清这四词用法的差异，我们选取了主要用于口语或书面语中的"打、扔、知道、抛弃、称为、评

为、承认、控制"等动词,就它们与"让、叫、被、给"组配的情况,在 CCL 语料库中做了调查。由于"让、叫"是多义词,跟上述词语组合时,并不都表示被动,因此,我们在下表中对它们不同的语义与用法做了分项统计。

表 14 "让、叫"与 9 个动词的组配情况

	指使	容许听任	致使	被动		指使	容许	致使	被动
让人打	11	3	8	18	叫人打	8	0	1	4
让$6扔	14	4	0	2	叫$6扔	10	2	0	6
让$3知道	0	5	2067	102	叫$3知道	0	0	193	45
让$6抛弃	6	0	1	1	叫$6抛弃	4	0	0	1
让$6控制	6	15	17	1	叫$6控制	1	0	0	0
让$6承认	0	0	58	0	叫$6承认	11	0	4	0
让人们称为	0	0	0	0	叫人们称为	0	0	0	0
让$4评为	0	0	0	0	叫$4评为	0	0	0	0
让$4吸收	0	0	5	0	叫$4吸收	0	0	0	0
小计	37	27	2151	124	小计	34	2	198	56

说明:

从上表看,"让"和"叫"与 9 个动词组配后,表示"致使"义的用例都是最多或较多的。表示被动的很少。下表是表 14 中的 9 个动词与"给"和"被"的组配数(括号内的数字是施事省略用例数)。

表 15 "被、给"与 9 个动词的组配情况

	~人打	~$6扔	~$6抛弃	~$6控制	~$3知道	~$6承认	~称为	~$4评为	~吸收
被	137	377(221)	535(219)	438(130)	233(25)	338	268	4633	213
给	10	17(15)	6(3)	1(1)	53(0)	0	0	0	0

上表说明,"给"和"被"后施事经常可以省略。同用于被动构式的"让""叫"则不能。例如:

(2) a. 他因为工作出色,被评为"先进工作者"。

b. 控制别人和被控制是两种不同的状态。

c. 那些书都给扔了?

d. 我放在会议桌上的手表给偷了!

从表 14、15 看,与相同的动词组配,表示被动的用例数分别合计为:"被",7853 例;"让",124 例;"给",107 例;"叫",57 例。

2.3.2 与表示心理或认知动词的组配比较

可以用于"被"构式中表示心理或认知的动词及短语并不多,常见的有"感动、迷惑、弄糊涂、吓倒、吸引、气、理解、了解、认识"等。我们在 CCL 语料库中检索了它们与"被、让、叫、给"与"感动"等组配(词与词间隔 7 字,包括 7 字以内的)的用例,对其中表示被动及其他主要用法的用例进行了统计,结果如表 16:

表 16 "被、让、叫、给"与相同一组心理动词的组配情况

	被	让	叫	给		被	让	叫	给
迷惑	131	1(47)	1(6)	4[1]	感动	627	0(301)	0(60)	6[11]
吓倒	181	6	0	11	弄糊涂	24	2	0	16
吸引	774	0(7)	0	20	气	75	11(8)	2(4)	13
理解	595	0(268)	0(31)	0[69]	了解	118	0(1448)	0(7)	0
认识	450	0(457)	0(14)	0[6]					

说明:

1. "让、叫"括号外数字是表示"被动"的用例数,括号内数字是表示"致使"义的用例数。致使用法如:

(3) a. 他白道黑道混了多少年,但这件事倒有些让他迷惑了。

b. 他们在抢救中的表现让我们从内心里感动和钦佩。

c. 像这样拼命训练的运动员,我还是头一次看到,真叫人感动。

2. "给"的方括号外数字是表示"被动"的用例数,方括号内数字是"给人(以)+V""带给+N(人)……的感动""给+N(人)带来……感动"的用例数。我们把这类用法通称"给予"义。例如:

(4) a. 我的出家,给你们很多的迷惑与困恼……

b. 怪中之怪倒不在欣赏技术,而是工艺和技术竟也能给人以感动。

c. 这些书信曾带给傅聪很大的感动。

3. 表 16 中"被、给、让、叫"与心理动词组配后,表示被动的用例数按

高低排列如下：

"被"构式(2975)＞"给"构式(70)＞"让"构式(20)＞"叫"构式(3)

4. 将表15、表16中"让、叫、给"非被动用例合计后，其数量高低排列如下：

"让"构式(2536,致使)＞"叫"构式(121,致使)＞"给"构式(87,给予)

从上面的统计可知，"让、叫、给"非被动的用例数大大超过了表被动的用例数。

通过上述对相同动词进入"被""让""给""叫"构式用例的统计，它们之间的异同可归纳如下：

1) 用心理动词组配表示被动时，最多采用"被"构式，其次是"给"构式，"让"和"叫"构式在这方面的使用频率很低。例如：

(5) a. 诸葛亮终于被刘备的诚意感动了，就在自己的草屋里接待刘备。

b. 他的脑袋被这些奇怪的事给弄糊涂了。

c. 丁元善的心，给张华峰的话感动了。

d. 这对于觉民当然是一个不小的打击，可是他并没有给吓倒。

e. 他是写过杂文的，用笔极其毒辣。齐卓人叫他气得咬牙出血……

f. 我性子倔强，决不肯让别人把我吓倒。

g. 致庸生气地把书扔在地上，没好气道："等一会儿！我的脑子又让这些八股文弄糊涂了！"

2) 从表16可知，一些常用的心理动词进入"让"和"叫"构式，主要表示"致使"义，表示被动用法的很少。

3) 像"理解、了解、认识"这样表示认知的少数动词，进入"被"构式表示被动，进入"让"和"叫"构式则表示致使。二者用法泾渭分明。

4) 由于"被"构式专用于表被动，"让、叫"构式主要用于致使，所以当"感动、迷惑"用于"让"、"叫"与"被"构式时，相同的语义成分在句中的语序往往是不同的。

(6) a. 他的事迹真让人感动。（致使句）

（言者视点在使事——"他的事迹"，位于句首，强调其影响力，下同）

b. 女人觉得土匪头的话是从另一个世界飘过来的，他的话叫她迷惑，叫她难辨真伪难说是非。

c. 人们都被他的事迹感动了。（被动句）

（言者的视点在受事，"他的事迹"位于"被"后充当施事，下同）

d. 你们一定要把钱用在刀刃上,切不可被一番巧语花言所迷惑。

5) 用"让"的致使句,强调通过动作者有意识的行动,使他人产生某种认知或心理活动。而用"被"的被动句,受事者的认知或心理活动是被动的、自然产生的。

(7) a. 他生前不被人理解,死后还蒙受屈辱。

b. 为了让读者容易理解,我先来给大家说一个小故事……

2.3.3 表示被动的"被、让、叫、给"构式的异同

结合构式,可以将同表被动的"被"与"让、叫、给"的异同归纳为下表(表中数字是 CCL 语料库中的用例数):

表 17 表示被动的"被、让、叫、给"的异同

例句	特征	被	叫	让	给
a. 弟弟被人打了。	动词为口语词,"不如意"	+137	+4	+18	+10
b. 这事要是被人知道了就不好了。	谓语是"知道","不如意"	+236	+45	+102	+53
c. 这事全让你给搞坏了。	谓语不如意,言域,主观性强	—	+10	+20	—
d. 我们的地全叫你们给占了。	同上	—	+7	+13	—
e. 那只小狗被主人抛弃了。	谓语动词为书面语	+539	+1	+1	+6
f. 他的车被偷了。	句中无施事	+30	—	—	+6
g. 我的作文被评为一等奖。	谓语如意	+5701	—	—	—
h. 这个国家被称为"石油王国"。	谓语中性	+9130	—	—	—
i. 这种营养很容易被吸收。	谓语中性	+213	—	—	+1
j. 我很关心那位被伤害的孩子。	"被+VP"作定语	+	—	—	—
k. 被他弄坏的车已经修好了。	"被+VP"作定语	+	—	—	—

说明：

1. 表被动的"让、叫、给"一般用于口语，基本上都是表示不如意的情况。相对而言，"被"则更多地用于书面语，也可用于口语。"被"构式表示被动时，可表示"不如意"，也可表示"如意"（如表中 g），或表示中性之义（如表中 i）。

2. "让"和"叫"表示被动，且用于言域之例，常带有言者的主观意志或感情，比"被"和"给"构式的主观性强些（表中 c、d 与例(5)e、f、g）。

3. "让、叫、给"用于被动，其后施事绝大部分都是人，少数可以是事物；"被"后的施事既可以是人，也常可以是事物，甚至是抽象的事物。例如：

(8) a. 在漫漫的人生旅途中，千万不能被名利所误。

　　b. 每个人都会有自己的优势，千万不要被表面的东西吓倒。

4. 表被动的"让、叫"后的施事不可省略；"被、给"后的施事常可省略。

5. "被＋VP"常作定语，表示被动的"让、叫、给"极少这样的用法。

2.3.4　引进施事的介词"由"与"归"的区别

"由"与"归"这两个介词均可引进施事，其区别见下表：

表 18　从构式与用例看引进施事的"由"与"归"的区别

词	构式	例句	区别特征
由	$N_0＋由＋N_1＋V$	a. 比赛的事由他负责。（√归）	引出负责某项工作的施事，强调责任与担当
	$N_0＋由＋N_1＋来＋V$	b. 粮食由我们来解决。（＊归）	
归	$N_0＋归＋N_1＋V$	c. 比赛的事归他负责。（√由）	引出某工作归属的施事，强调分工
		d. 这些事情不归我管，你去问科长吧。（＊由）	

说明：

1. 由表 18 例 a 可知，"由＋N"和"归＋N"后面均可与动词"负责"组配，因此容易产生混淆。用"由"强调责任人与担当者。用"归"明确工作归属、分工。

2. "$N_0＋由＋N_1＋V$"构式中的 N_1 是施事，不能省略。常出现在"$N_0＋由＋N_1＋来＋V$"构式中的动词有"负责、组织、解决、教育、照顾、主持、处理、担任"等。用"由"的两个构式常用于以下言域：一是言者主动要

求承担某个工作,二是在祈使句中明确工作的负责者。例如:

(9) a. 会议由我来主持。

b. 治病的钱由我来想办法,爷爷由你来照顾。

3. "归+N"介词短语后的谓语动词常是"负责、管、管理、管辖、分配、指导"等。介词"归"引进动作的职责者。"N_0+归+N_1+V"构式一般用于明确职责分工时。它后面的施事也是不能省略的。例如:

(10) a. 这次外出旅行,车票归小王解决,住宿归小刘解决。

b. 公司财物方面的事都归老李管,不归我管。

"不归某人管"是"归"常用的说法,也是比较能说清它与"由"的差异的例子。

2.4 对象介词结合构式与相关动词的分析与教学

2.4.1 易混"对、跟、向、给"的辨析应结合语域

汉语中引进对象的介词最常用的是"对、向、跟、给"。它们常可以跟同类名词和动词组配,由于结构太相似,它们之间极易混淆。

在 BYDT 语料库中,"对"错词偏误有 629 例,居所有错词偏误语第二位。它与介词"给"混用的有 234 例,其次与"对于、跟、向"的混用分别为 26 例、23 例与 8 例。因此,对这四个介词的辨析就成了该类介词系统教学的重要任务。

2.4.2 从"同动异介"中的"对、跟、向、给"看差异

2.4.2.1 从"对、跟、向、给"各自的语义演变看差异

语料调查发现,与"对、跟、向、给"组配的相同或相近的动词有不少。要想弄清这些用法纠结的差异,有必要先从这四个介词的语义发展入手。

介词"对"是由"面对某人作答"的动词义演变而来的(陆庆和,2004),主要用于引进言语行为所面对的对象——是"点"(言者)对"点"(听者),所以"对"后是言说类动词时,其对象多是当场面对的听者。由"点"对"点"的用法,使"对"带有"针对"义,其后可以带动作动词。

"向"最早是名词。《说文解字》:"向,北出牖也。"其本义是屋中向北的窗户,进而发展为动词"面向"或"朝向"。它的介词用法是由动词义发展而来,引进"面向"的对象。所以,当谓语是言说类动词时,"向"表示"点"(言者)对"面"(广大听众或更大的范围,听者可不在场)。而且"向"

后名词可以表示某个较大的范围,如"向社会公布"有 942 条。动词为"宣布"时,"向"后的对象有"全世界、新闻界、媒体、记者"等。"向新闻界宣布"就有 108 条,而"对新闻界宣布"仅有 15 条。

由于"宣战"的针对性强,所以与"对"组配率较高。不过,"对+N+宣战"中 N 一般是国家,"向+N+宣战"中的 N 可以是国家,也可以是某些消极事物或现象,如"家庭暴力、腐败、贫困、虚假新闻、肥胖、兴奋剂、走私"等。因此,相对于"对"而言,"向"的范围(即"面")广得多,正是由于这一原因,动作主体与所"向"对象之间,无论是物理距离还是心理距离(地位差别),都较"对、跟、给"要远。另外,"向"还常引进方位词,故其后的动作常带有一定的方向性(具体的或抽象的),如"向上汇报"。

介词"跟"是从动词"跟"的"跟从"义发展而来的。动作主体与对象间的物理距离很近。它的基本用法是引进互向动词的对象(如"我跟他商量")。这类用法是"对、向"所没有的。介词"跟"也可引进单向动作的对象。用"跟",主体和对象之间往往没有或忽略地位差,两者间的心理距离比较近,多是较为熟悉或关系较为亲密的。

介词"给"是由表"给予"的动词义演变而来的,因此,其构式往往把视点放在它后面的动作对象(动作的终点)上,关注动作的最终结果是否使对象受益或受损(陆庆和,2006:247—248)。

2.4.2.2 与言语类动词组配的"对、跟、向"构式辨析

据调查,"对、跟、向、给"都可以跟言语类动词组合,只是可组配的动词不尽相同,频率也不一样。下面是它们共同可进入的构式:

构式 1:N_0(人)+~+N_1(人)+V/VP(言说类)▲

(初三,中级一、二)

表 19 可进入"对、向、跟、给"构式的言语类动词

对 向 跟	给	向 跟 给
说、讲、提(意见、建议)、开玩笑	说(少)、讲、提(意见、建议)	打听、请假、请求
说明、解释、介绍、讲述、述说、诉说	说明、解释、介绍、讲述	申请、反映、了解
宣布、公布、宣战、汇报	宣布、公布	报告

下表是 CCL 语料库中上表部分动词与"对""向""跟"组配用例数的调查结果:

表 20 "对""向""跟"与言说类动词组配数调查

	对/向/跟		对/向/跟		对/向/跟		对/向/跟
～他说	4331/231/878	～我诉说	12/40/1	～我讲述	21/84/3	～……介绍说	74/692/1
～……说明	153/1095/87	～……汇报	17/2087/45	～……宣布[公布]	771[388]/823[1659]/4[0]		
～……宣战	316/488/1	～……开玩笑	36/20/276	……地～他说	383(383)/18(8)/28(10)		

例如：

(11) a. 巴老亲切地对他说："你太辛苦了。"

b. 你好好地跟他说，别生气。

c. 我虽身份低微，但他常将埋藏于心中的话向我诉说。

d. 班长跟大家宣布了一件事。

e. 毛泽东向全世界宣布："中华人民共和国成立了。中国人民从此站起来了。"

f. 中国向家庭暴力宣战。

g. 8月8日，苏联对日宣战。

h. 他常跟我开玩笑。

i. 我有责任向他汇报，而且通过对先生的汇报，也等于向党的汇报。

从表 20 看，"说"的对象用"对"引进的最多，其次是"跟"，"向"则较少。表 20 中"……地～他说"是带状语的构式，括号内数字是"说"后是直接引语例数，即"对"后 100% 是直接引语，而"跟、向"后是直接引语的都不到 50%。这说明，"对……说"的当场性很突出，而"跟/向……说"则以非当场的用法为主——常是客观陈述或转述。

与书面语词"诉说、讲述、宣布、公布、宣战、介绍说、解释说"的组配用例最多的是"向"，其次是"对"，"跟"极少。而与"开玩笑"组配最多的是"跟"，"对"和"向"都比较少。"跟……宣布"仅有 4 例，对象都是"大家"。这说明，"向"与"对"多用于比较正式的、书面语场合。"跟"多用于口语，较为随意的场合。而且，"跟＄4说明"一般都是跟个人说明事情、事理等。而"向＄4说明"则大多是面向公众说明公共事务。"对＄4说明"用例是"向"的九分之一，对象如果是人，则多是对个人说明情况。还有对事物说明的用例，如"对历史的说明"等。

构式2：N_0(人)＋～＋N_1(人)＋表示＋V/VP(中级一、二)

这个构式比构式1更正式，是"对"和"向"常用，而"跟"和"给"不能进入的。"表示"后的动词宾语常见的有以下一些：

a. 感谢、欢迎、祝贺、慰问、问候、庆贺、谢意、歉意
b. 同情、支持、理解、信任、羡慕、佩服、赞赏、敬意、敬仰

构式2多用于公共交际场合。动作主体往往代表集团或个人发出正式的言语动作。a类动词多是出于礼貌的交际语言动作，b类动词常带言者的主观态度与感情。

"对"与"向"的区别在于，"对"后可以是人，更多的是表示事件的词组；而"向"后一般是人。例如：

(12) a. 我们对你的夺冠表示祝贺。
　　 b. 渔民们对长江禁鱼表示理解和支持。
　　 c. 校长向获奖者表示祝贺。
　　 d. 在他辞职之际，我向他表示理解和支持。
　　 e. 我想通过你向你的家人表示问候。
　　 f. 我对大家的关心和帮助表示感谢。

一般来说，当动作对象是人时，更倾向用"向"。如谓语是"表示问候"的，用"对"的只有1例，用"向"的有39例。

上面的辨析可概括为下表：

表21　与言说类动词组配的"对、向、跟"的语义与语用差异

	当场面对面	N为个人/公众	N为事件	言说内容公/私	心理距离远/近
对＋N＋V	＋＋＋	＋＋＋/＋	－	＋/＋＋＋	＋＋/＋＋
对＋N＋表示V	＋＋＋	＋＋＋/＋	＋＋＋	＋/＋＋＋	＋＋/＋＋
向＋N＋V	＋	＋/＋＋＋	－	＋＋＋/＋	＋＋＋/＋
向＋N＋表示V	＋不在场可	＋/＋＋＋	－	＋＋＋/＋	＋＋＋/＋
跟＋N＋V	＋不在场可	＋＋＋/＋	－	＋/＋＋＋	＋/＋＋＋

2.4.2.3 "给"与言语类动词组配情况与构式分析

上表 20 中的动词,除了"宣战"外,大部分都可进入"给+N+VP"构式。但由于介词"给"的视点在受动者,所表示的语义和语用特征与"对、向、跟"是不同的。

在外国学生的书面或口头表达中,常看到或听到"＊老师给我说:'你到我办公室来一下。'"

在 CCL 语料库中,作为单句的"给他说"的频率并不高。而且细分析一下这类用例,往往有"说"的动作会给听者带来益处或损害。最明显的有"给他说情/说好话/说媳妇"的固定用法。再如:

(13) a. 你给我黄金万两,我也不给你说一句话。

    b. 这种事由詹石磴给他说,对开田的心肯定是个刺伤。

    c. (他)一定要见你,要不你就去他床前给他说一句,先宽宽他的心。

    d. 大家又给他说了些勉励的话,话虽不多,但情意很浓。

(13) 例 a 隐含着"你"希望"我"给他说话。例 b—d 能看出能使听者受损或受益。

像"请假、提(意见)、说明、解释、讲述"等常跟"跟、向"组配的动词一旦进入"给"构式,也会带上此类意义。例如:

(14) a. 我给你请假吧。

    b. 你跟/向老师请假了吗?

"给+N+请假"是动作主体为 N 做某个动作。N 是主体动作的受益对象,不是像"跟、向"引进的是接受"请假"的对象。

2.4.3 "对、跟、向"与交际动词组配用法的辨析

下面构式中的介词可以是"对""向""跟""朝",其后 V 是表示交际动作的动词。

构式:$N_0(人) \sim + N_1(人) + V/VP(交际动作类)(中级一、二;高级)$

交际动词有:

    点头、挥手、打招呼、发火、发脾气、摇头、摆手、笑、微笑、使眼色、鞠躬、敬礼、行礼、跪

表 22 "对、向、跟、朝"与交际类动词组配情况

构式	对/跟/向/朝	构式	对/跟/向/朝	构式	对/跟/向/朝
～……点头	253/23/376/116	～……挥手	60/14/477/39	～……打招呼	7/197/196/6

续表

构式	对/跟/向/朝	构式	对/跟/向/朝	构式	对/跟/向/朝
～……微笑	1846/457/271/98			～……发火/发脾气	134/35/58/9
～……敬礼	18/1/188/3			～……使眼色	6/2/36/7

从表22的统计看,交际动词与介词"对"组配的频率最高。这类动词用于"对"构式,一般是面对着某人或某物实行某动作,如例(15)a。如"对"与"发火、发脾气"组配,就隐含着"针对"义,而与"跟、向、朝"组配时,则没有"针对"的含义。

由于"跟"的最常用法是表示双方的互向动作,因此,即使在表示这类单向动作时,视点也在主体与对象两方之间,心理距离较近,动作较随意。既不像"对"那样强调"正面对着"或"针对";也不像"向"那样强调"面向"对象,或尊敬的对象(如下例i)。"跟"能与"耍……脾气、闹……脾气"等组配,而未见与"对"和"向"组配的,这可能与"耍、闹"较随意有关。"跟"与"敬礼"等表示恭敬态度的动词组配率低也说明了这一点。同与"打招呼"组配,虽然"跟"与"向"的数量差不多,但主体"向N打招呼"可以离对象N很远,如下面的例g,"跟"则不行。

"向/对……微笑"有隐喻义,如下面例j。相对来说,"向"后面的交际动词表示抽象的隐喻的用法更多一些,如下例k。

(15) a. 她对着镜子哭了起来。

b. 你不要老对我发火啊。

c. 他很热情地跟我打招呼。

d. 当时我虽是个乳臭未干的黄口小儿,却因对表姐印象极佳,跟祖父母哭闹了一场。

e. 任何时候都不能再跟人耍小姐脾气。

f. 市场治安部门派人询问:"为什么不跟我们打招呼,擅自检查?"

g. 乔丹9日通过录像带向台湾球迷打招呼。

h. 我站在路边朝那辆汽车挥手,车停了下来。

i. 总理走到国旗处,向国旗点头致意。

j. 我学会了不仅向成绩微笑,也向困难微笑,善待别人,永远对生活微笑。

k. 幸福在向我招手。

2.4.4 与非自主动作动词组配的"对、给"的用法辨析

"对"和"给"都可以引进某人、某事件或事物在非自主动作发生过程中涉及的对象。它们可以用于下面的构式。

构式1：N_0(人或事物)＋～＋N_1＋(的)＋V＋D＋A(中级一)
构式2：S[N＋VP]/N_0＋～＋N_1＋带来＋A(形容词)＋N_2/V(中级二)
构式3：S[N＋VP]/N_0＋～＋N_1＋造成＋A(形容词)＋N_2/V(中级二)

表23　从与非自主动作动词组配的构式看"对"与"给"的差异

用"对"的例句	用"给"的例句
a.这件事对我(的)影响非常大。 b.父亲对他影响很大。	a.朋友的专注给我(的)影响很大。 b.一生中,爷爷给我(的)影响最大。
c.油价飙升已对经济带来一定的不利影响。 d.这些产品不会对市场带来重大冲击。	c.这次台风给台湾南部带来大暴雨。 d.他的公司给本国经济带来了深远的影响。 e.科技发展给我们带来很多好处。
e.核电站发生事故,会对环境造成很大的影响。 f.这次大雪未对生产生活造成大的危害。	f.员工的失误给公司造成很大损失。 g.父母离异会不会给孩子造成伤害？

说明：

从上面的用例看,构式1表示某人或事物对某对象(人或事物)的影响大小("影响"前常出现"的",有时也可以不用)。构式2(用"带来")表示某个事件或事物连带而来的某种消极或积极结果(没有否定式)。构式3(用"造成")则表示某个事件或事物引起某种消极的结果(较之构式2的结果更重,有否定式)。

光看表23左右两栏的例句,似乎看不出有何区别。但是如果把这类语例放在语段或语篇中去看,便可发现它们的细微差异。例如：

(16) a. 在美国访问的德国总理施罗德26日警告说,疲软的美元将对世界贸易带来危险。

b. 从来没有发现有任何一种东西像核一样给人类带来巨大益处,又能带来巨大害处。

c. "这些外援对欧洲五强的国家队可能带来伤害,"他接着说,

"德国一直都在争论他们为什么找不到一名优秀射手……"

d. 安南对伊战给伊拉克、国际社会和联合国所带来的伤害感到愤怒,并终于表明了自己的态度。

从上面的语段看,用"给"之句表示言者的视点在对象受到何种影响(是受益还是受损,程度如何)上,常带言者的主观倾向——站在受影响者一边。用"对"之句言者的视点仅在动作影响的对象上,言者的态度比较客观。

由于上述差异,在实际语言中,构式 1 使用"对"的频率较用"给"的要高,而构式 2 和构式 3 则用"给"的使用频率更高。特别是像上表右栏 c—e 这样的用例(天灾影响或积极影响)多用"给",而很少用"对"的。下表中的词语也说明,在同一构式中,可以与"对"和"给"组配的动词范围有不同。

表 24 从可进入"对/给……带来/造成＋N"构式中的 N 看差异

可进入"对/给……带来/造成＋N"两构式中的 N	只可进入"给……带来/造成＋N"中的 N
问题、压力、影响、冲击、危害、危险、损失、不便、损害、伤害	a. 健康生活、满足、快乐、活力、方便、便利、好处、益处、利益、作用、现象 b. 困扰、变化、坏处、麻烦、痛苦、苦难、困难、死亡、后果、结果、疾病、打击

表 24 右栏中的名词则只能出现在"给"构式中。a 组动词的意义是积极或中性的;b 组动词的意义则是消极的。左栏中的词语虽然既可进入"对"构式,也可进入"给"构式,但还是出现在"给"构式的频率更高些。如"带来……伤害",用于"对"构式的只有 1 条,用于"给"构式的则有 39 条。"带来……不良影响"用于"对"构式的只有 5 条,用于"给"构式的有 39 条。为了弄清楚这类看起来相同组配的用例的差异,我们以"带来"和不同定语的"影响"为关键词在 CCL 语料库中进行了搜索,下面是它们各自的用例数:

表 25 "对/给＋N＋带来"后"影响"的各类定语用例统计

	带来一定影响	带来不良影响	带来较大影响	带来恶劣影响	小计
对＋N＋～	5	8	0	0	13
给＋N＋～	14	27	1	2	44

表 25 的统计显示,"给+N+带来"后"影响"受各类定语修饰的用例是用"对"构式的 3.4 倍。例如:

(17) a. 禽流感对食品销售和餐饮市场带来一定影响。

b. 鉴于南部事态不稳,大批教师要求调离,泰国政府宣布大幅提高南部教师待遇,并由政府出资,允许教师携带枪支上班,此举虽立即引起广泛非议,担心会对学生带来不良影响,但也实属无奈。

c. 陈春山在《春》书中故意使用杨秀英遗照替代妓女华文珏形象,严重侵害了杨秀英的名誉权和肖像权,给其亲属带来不良影响和精神压力,应承担侵权的民事责任。

d. 国家一级通讯干线的光缆突然中断,将给通讯工作带来严重后果和恶劣影响。

上面例 a 是很客观的叙述。例 b 虽然说明"有非议",但作者又说"实属无奈",采取的是中立客观的立场和态度。而例 c—d 都能明显地看出言者的立场与态度是带有主观倾向的。这说明,用"对"的构式表示言者的立场或态度较为客观,用"给"构式表示言者的立场或态度较主观。下面的偏误就是当用"给"而误用了"对":

(18) a. 吸烟不仅{CJ+sy 是}给{CC 对}个人会{CJX}带来不良影响,对公众利益也造成不好的影响。

b. 抽烟常常给{CC 对}人体带来恶性影响,特别是对肺肝的影响最大。

上面偏误的作者在文中都是明确反对吸烟的,前句或后句中已有用"对"之句,因而用"给"则更能突出作者对"人和社会"的关心和看重,在表示主观态度方面显得更加得体。

2.4.5 与相同借取类动词组配的"跟、向"的用法辨析

"向"和"跟"都可以用于引进学习、借取类动作的对象,出现在下面的构式中:

$N_0(人)+\sim+N_1(人)+V+N_2/VP$(中级一、二)

例如:

(19) a. 我跟朋友借了本杂志。(√向)

b. 我跟他学开车。(? 向)

c. 向雷锋同志学习。(? 跟)

d. 人类为了生存、发展,要向环境索取资源。(＊跟)

e. 他们主要的工作就是护送那些想要抄小路的旅人平安下山,并且趁机跟他们索取一些"谢礼"。(√向)

据调查,可进入"跟/向＋N_1(人)＋V＋N_2"构式的动词有同有异,频率亦不同。请看下表。

表 26 可进入"跟/向＋N_1(人)＋V＋N_2"构式的动词比较

可进入"跟/向＋N_1(人)＋V＋N_2"中的 V	只可进入"向＋N_1(人、物)＋V＋N_2"中的 V
借、租、买、要、学、请教、取经、索取(1)	索取(295)、索要(205)、乞讨(45)

说明:

在这类借取类动词使用的构式中,"跟"一般用于口语,"向"口语和书面语都可以用,相对较为正式。表右栏是只能进入"向"构式的动词,都是书面语词,动词后数字是出现在 CCL 语料库中的条数。"跟……索取"只有 1 条。"索要、乞讨"没有用于"跟"构式的。

"向/跟＋N"后都可以与"学"或"学习"组配,但所带宾语不同。"跟……学"的是较具体的知识或技术,如例(19)b;"向……学习"的是某人的精神,比较抽象、正式,如例(19)c。

2.4.6 与相同的给予类动词组配的"给、向"的用法辨析

"向"和"给"都引进像"提供、赠送、颁发"等给予类动词的对象,出现在下面的构式中:

N_0(人、事物)＋～＋N_1(人)＋V(给予类)＋N_2(高级)

例如:

(20) a. 现在有一种**营养膜**,它不仅可以逐渐向土壤提供养分,而且在栽培结束后,能很快自行分解,**变成良好的土壤改良剂**。

b. 16 世纪的**意大利威尼斯人**,曾经公开出售一种手抄报纸,向商人、旅客提供行情和交通情况。

c. **友谊**是人类优美的感情之花,向人们提供克服困难、调剂情感的精神力量。朋友之间分享快乐,分担忧愁,既增添人生的温暖,又给人以排忧解难的希望与力量。

d. 不论赤道以北地区雨季或赤道以南地区雨季,两侧支流都能**给**刚果河提供大量淡水,**使**刚果河每年能不间断地把 1230 立方千米的淡水"射入"大西洋中。

e. 那时候,由于一些传统观念在作怪,做人体模特还是个说不出口的职业,所以愿意去美院做人体模特的人很少,这就**给我**提供了一个生存机会,**让我**在快要饿死的时候有了一碗饭吃。

f. 原始农业和原始畜牧业的发展,**给人类**提供了可靠的食物来源,**丰富了人类**的生活。

g. 后来这位老板给买书的顾客赠送一小瓶**香水**,没想到顾客**对香水**的兴趣竟远远超过了对书的兴趣。

从用例看,用"向"的视点在"向"前的"给予者"(人或事物)——本身有什么样的能力或作用,例(20) a、b、c 中的粗体字部分可证明这一点。用"给"构式则与"向"构式相反,它的视点在"给予"事物的"接受者及所给予的事物",故接续在"给"句之后的诸句,往往是对接受者情况的陈述,或者是对给予之物的陈述,例 d—g 中的粗体字部分可以证明这一点。

2.4.7　与付出类动词组配的"给、为"的用法辨析

"为"和"给"都可以引进像"提供、准备、安排、付(钱)"等动作的对象,出现在下面的构式中:

N_0(人、事物)＋～＋N_1(人)＋V＋N_2(初级三、中级一)

(21) a. 妈妈为/给我们准备了好多好吃的。

b. 我们为/给客人安排好了房间。

c. 这条项链是专门为/给你买的。

d. 哥哥为/给我付了医药费。

凡是动作可使对象得到实实在在的、具体看得见好处的动词都可以进入这一构式,例如:

做(饭)、打扫、收拾、整理、买、预订(房间、餐桌)、借、租

上面(21)这组例句中,"为"和"给"都可以用。但两词在语义上还是有细微的差别的。从语义和语气上看,"为"比"给"重。因为"为"是以动作主体(施事)为视角,强调主体主动、积极、自愿地"为"对象做某事,而"给"的视角在动作的接受者,强调经过某个动作,使"给"后的对象有所获益。

正是由于上述区别,在下面(22)一组例句中,两个介词是无法替换的。"为"可以用于表示主体为对象付出全部心血,甚至献出生命的句中。"给"没有这样的用法。例如:

(22) a. 妈妈为我们操碎了心。

  b. 他为国家献出了年轻的生命。

  c. 只要你需要,我愿为你做任何事情。

  d. 陈教授为国家的科学事业贡献了他毕生的精力。

像信息传递、邮送类的句中常用"给",若换用"为",意义就发生了变化。或者语义不明,或者是"为"所没有的用法。例如:

(23) a. 我给朋友打了一个电话。(朋友是接电话的人)

  a. 我为朋友打了一个电话。

     (我主动帮助朋友打电话给别人,朋友不是接电话的人)

  b. 他给孩子寄了一个包裹。(孩子是收包裹的人,受益者)

  b. 他为孩子寄了一个包裹。(包裹寄给别人,不是孩子)

学生一般不知道"为"与"给"的这种细微的差异,在某些句中用错了,语法上没有问题,但语用上不得体。例如:

(24) *如果贵公司录用我,我会给公司做出很多贡献,带来很多好处。

  改:如果贵公司录用我,我会努力为公司做贡献的。

用"给"之句,公司是受益者,表现出言者十分自负。改正例用"为",表示言者自己的愿望,显得较谦虚,较为得体。

2.4.8 "给+N+V"与"V+给+N"构式的区别

在绪论 3.5.5 节,我们曾举下面两个例句:

(25) a. 我给你借书。

  b. 我借给你书。

例 a 是表示动作者通过动作使"给"后的对象有所获,有所得益。视点在对象是否获益。例 b "给"引出的你是"书"的接受者,是表示经动作之后,动作客体移动的终点。

2.5 方向介词"向"与"往"结合构式与相关动词的分析与教学

2.5.1 同用于表方向构式中的"向"和"往"

  "向"和"往"都可引进方位词、处所词,表示动作的方向。它们都可以出现在下面的构式中:

  构式 1:N_0(人或事物)+～+Nf+V

  构式 2:N_0(人或事物)+～+NL+V+Vq/N_1

表 27　用于同表方向构式的"往"与"向"的异同

用"往"的例句	用"向"的例句
1) 到前面十字路口往左拐,再走50米就到了。(√向√朝)(初级二、三)	1) 向南走500米就是火车站。(√往√朝)(初级三、中级一)
2) 他骑着车子拼命往家赶。(＊向＊朝)(中级一、二)	2) a. 汽车急速向机场驶去。(？往√朝)(中级一、二) b. 大雁向着南方飞去。(√朝＊往) c. 他正向着远方大声叫她的名字。 d. 向右转,齐步走。(＊往＊朝)

说明:

1. 本小节"往""向""朝"用法的异同归纳(包括下面两表)参考了卢福波(2000:496—497)、陆庆和(2006:262—263)、林齐倩与金明淑(2007)的分析。

2. 上表第一栏的例句表明,"往"和"向""朝"的用法有相同之处。但第二栏的例句"向"和"往"不能互换。原因是,"向"更多地用于书面语,它可以带"着"再引进方位名词,与位移动词组配,还常与呼喊类动词组配,"往"不能,"朝"可以。"向"还常用于军事或体育方面的口令(如上表右栏例2)d),"往""朝"没有这样的用法。

下表是"往"和"向""朝"在不同构式中的用法。

表 28　用于不同构式的"往""向"与"朝"

用"往"的构式及例句	用"向"的构式及例句
N_0(人)＋～＋Rr(人称)＋Z(处所指代)＋V＋Vq 1) a. 他往我这里走来。(√朝,下同)(中级二) b. 他坐下来,往老李那边靠了靠。	N_0(人或事物)＋～＋Rr(人称)＋V＋Vq 1) a. 他向我走来。(√朝,下同)(中级二) b. 他坐下来就向老李靠了靠。
N_0/VP＋～＋A＋里＋V(口语)(中级二) 2) a. 凡事要往好里想。(＊朝,下同) b. 打蛇要往死里打。 c. 这箱苹果往少里说也有30斤。	N_0(人)＋～＋N(抽象名词)＋V(书面)(高级) 2) a. 他们正在向新的科学高峰攀登。(＊朝,下同) b. 运动员们在向世界纪录冲刺!

续表

用"往"的构式及例句	用"向"的构式及例句
……,又～＋回＋V(口语)(中级二) 3) 出租车到了机场,又往回开。(﹡朝)	

说明:

1. "向＋人称代词"可与位移动词词组构成表示动作方向的句子,而"往"后的人称代词必须再带上表示处所的指示代词才能与位移动词组成合法的句子。这主要是因为介词"往"主要是表示移动终点的,而仅是人称代词则无法表明具体的终点。与"往"有别的是,"向"主要是表示方向的,其后用人称代词指出一个大概方向即可。有意思的是,"朝"可以进入这两种构式,但它只能引进具体的终点或方向。

2. "向"后面可以是抽象名词,表示某人动作努力的方向。"往""朝"没有这样的用法。

3. "往＋A/V＋里＋V"(见上表左栏2)表示具体行为动作的方向或动作的方式,此构式中的形容词、动词仅限于少数几个单音节词,口语色彩比较浓。"往"可以表示移动动作的往返,如上表左栏例3)。这两种用法都是"向""朝"没有的。

2.5.2 用于动词后的"向"和"往"

"向"和"往"可以用在一些动词之后,但可进入的构式有些差异,而且各自可组配的动词也不太一样。请看下表:

表29 用于动词后的"向"和"往"的异同

用"往"的构式及例句	用"向"的构式及例句
$N_0＋V＋～＋NL$(中级一、二) 1) a. 这架飞机飞往北京。 b. G113 开往上海。 c. 这条铁路通往大连。 d. 这些食品和衣服运往灾区。 e. 他被派往上海分公司工作。	$N_0＋V＋～＋N$(中级一、二) 1) a. 飞机飞向蓝天。 b. 轮船驶向大海。 c. 铁路通向远方。 d. 大学毕业后,你要独立面向社会。 e. 风则将她的黑裙子吹向了左侧。

续表

用"往"的构式及例句	用"向"的构式及例句
$N_0+V+\sim+NL+Vq$ （中级二） 2) 高庆山支队就要调往河涧去了。	$N_0+V+\sim+Nf/NL+Vq$（中级二） 2) a. 他走向前去,在她的脸上亲一下。 b. 不尽的人流涌向天安门广场。
	$N_0+V+\sim+N_1$（人/事件）（高级） 3) a. 柳茵把眼睛疑惑地转向李潜。 b. 山东半岛上发生了一件大事,社会的视线全移向济南事件。
	$N_0+V+\sim+Rr$（人）$/N_1/VP$（高级） 4) a. 他一发言,所有的目光都投向了他。 b. 他们的目光转向了发展旅游业。 c. 这次市运动会的举行把广州的全民健身活动推向了高潮。
	$N_0+V+\sim+A/N_1$（抽象）（高级） 5) 走向富强、走向文明、走向民主!
可出现在"往"前的动词	可出现在"向"前的动词
开、飞、通; 迁、送、寄、运、派、逃、销、售、销售、输、汇	a. 开、飞、通;走、跑、奔、流、冲、飘、滚、推、倒、驶、划、射、杀、刺、推、扑、伸、漂、迈、跨、吹、扔、撒; b. 投、转、面、移、引、指、偏

说明:

此表中动词的整理参考了《八百词》。用于动词后的"往"和"向"的差异有以下几点:

1. 从表中1)的例句可知,虽然"开、通、飞"既可以用于"往"之前,也可以用于"向"之前,它们在具体例句中是有细微差别的:"V+往"后一般是位移动作的终点(多是远距离的),而"开、通、飞"与"向"结合后,后面的名词往往是表示移动动作大致的方向。

2. "往"后只能出现趋向动词"去",多表示将要出现的远距离位移。"向"后既可出现"去",也可出现"来",均是近距离的位移或是移动性较弱的动词。"V+向"后有时可以加"了",而"往"不可以。从时态上看,"V+

往"句大部分是预先规定或尚未发生的动作,只有少数是已发生的动作;而"V+向"句大多是已发生的动作。

3. 从上表看,用于"向"前的动词也要比"往"多,动词既可以是表示具体移动动作的(近距离远距离均可),也可以是表示较抽象动作的。因此,"向"后所带的宾语的范围也要比"往"大。"向"后的宾语既可以是表示处所的名词性词语,也可以是表示人、事物或事件的名词、代词以及一些形容词性或动词性词语,而后一类宾语是"往"不能带的。

第七章 助词与连词的系统教学

第一节 助词的系统教学

1.1 助词的教学内容与偏误概况

1.1.1 两个大纲关于助词教学内容的安排

表1 《本科生大纲》表中关于助词的教学内容

	结构助词	动态助词	语气助词
一年级语法项目	的、地、得	了、着、过	的、了、吗、呢、啊、吧
二年级语法项目	……似的、给、所、等［比较］；"等等"和"什么的"；"等等"和"等"	来着	啊、啦、哪、呀、哇、而已、罢了、着呢、嘛
中等阶段语法项目	般、把（百把个人）来（三十来个人）		

上表除黑粗体标出的助词，其他词在《长期生大纲》中也都列为语言点。可以说，两个大纲关于助词教学内容的安排基本上是相同的。

1.1.2 助词的偏误概况

下面是对BYDT语料库中助词偏误的统计：

表2 助词偏误统计

"的"计8782	"了"计4806	"得"计682	"地"计498
2097/3537/3158	293/2572/1941	405/146/131	162/230/106

续表

"着"计 407	"过"计 363	"们"计 160	"之"计 131
92/150/165	98/125/140	10/14/142	86/11/34
"所"计 150	"吧"计 140	"呢"计 122	"吗"计 101
40/15/95	39/27/74	58/64	64/21/16
"的话"计 67	"等"计 65	"等等"计 22	
0/10/57	4/16/45	2/1/19	

从表 2 看,下面几组助词的偏误率是比较高的:
1. 结构助词:的、地、得
2. 动态助词:过、着、了
3. 语气助词:的、了

本节讨论的重点将放在上述助词上,特别是"了"。语气词就不讨论了。①

1.2 结构助词的教学层次与内容安排

1.2.1 结构助词的主要偏误类型与原因分析

据调查,BYDT 语料库中"的""地""得"的错词偏误率最高的是它们之间的混用。

请看表 3:

表 3 结构助词"的""地""得"混用偏误统计

当用"地"而误用"的"	当用"的"而误用"地"	小计
1536	116	1652
当用"得"而误用"的"	当用"的"而误用"得"	
2	172	174
当用"得"而误用"地"	当用"地"而误用"得"	
36	106	142

---

① 我们曾在中级第二层次水平的学生中做过调查,问他们对助词"了"的感觉如何。绝大多数学生说很难,但有的学生说,他把学习的重点放在动词、名词和形容词上,如果不知道"了"该怎么用就不用,反正中国人好像也能听懂。

1.2.2 结构助词教学内容的分层次安排

需要指出的是,上一节提到结构助词混用率较高的情况是在汉语水平均在中级以上的学生中产生的。因此,结构助词的教学不能在初级阶段只教一遍就结束,我们的设想是:

1. 初级阶段

1)结合定语、状语和补语成分的学习,分别教授结构助词"的""地""得"的用法。最好以整句的形式出现。

2)学完上述三个成分和结构助词"的、地、得"之后,可以整句结构的形式加以概括说明:

〔状语〕(定语)(的)**主语**—〔状语〕(地)—**谓语**—〈得〉补语—(定语)**宾语**

上述教法是我们多年来在初级班汉语课上采用的。一般来说,学生要到初级第三阶段,才会比较了解并注意上述成分与结构助词间的关系。而有些在国外学了两年以上汉语的外国学生,可能因教师在这方面讲得不够,不少人弄不清汉语成分和"的、地、得"的关系。因此,根据这类学生的需要,在中级班也应采用上面的方法加以复习。

2. 中级阶段应结合课文中出现的成分和词语,设计练习,在更高层次上加以整理、归纳和复习(详见下)。

1.2.3 结构助词的教学内容应包括对必用与不用语境的说明

在初学这三个结构助词时,应向学生说明必须用和不能用结构助词的基本构式和语境。但由于学生在这一阶段接触到的构式、词语和语境很有限,所以到了中级阶段,有必要结合中级词汇再对结构助词与不同成分的组配的细则加以归纳,系统地加以讲授。

下面表2—表4是我们所主张的初级到中级阶段的结构助词的教学内容。凡标注△的是从《本科生大纲》中选取的说明和用例(有的略有改动),标注▲的是我们在语料调查基础上补充的内容(下同)。

1. 结构助词"的"的必用与不用

表 4　结构助词"的"的必用与不用①

定语后必须用"的"的	定语后不用"的"的	备注
1. N_0/Rr(代词)+N_1(物品、处所) 表示领属关系的名词、代词或时间词、处所词作定语△ 这是我的自行车。 老师的办公室在哪儿？	代词+N(定语与 N 关系亲密，或有归属关系时)△ 你爸去哪儿了？ 这是我女朋友。 欢迎来我公司参观。	
2. 数词作定语一般要加"的" M(数词)+的+N：50%的女工 M+N(年龄)+的+N(强调年龄)▲ 这个只有三岁的男孩居然认识500多个汉字。 已经三十岁的人了，生活上还依赖父母。	数量词作定语不加"的" MQ(数量词)+N△ 二十个学生 三双皮鞋	
3. A(双音节)+N△ 　D(程度副词)+A(双音节)+的+N△ 他送给女朋友一束漂亮的花。 不新鲜的水果很便宜。	A(单音节形容词)+N 红毛衣、热水、小时候 定语是表示质料的 木头房子、塑料杯	常作定语的少数形容词后可不加"的"▲ 漂亮女孩 新鲜空气 聪明人
4. V/VP/(N+V)+的+N△ 　N+V+的+N△ (动词、动词性短语、主谓短语作定语) 昨天买的水果在冰箱里。 小李写的字很漂亮。 上课的时候不要睡觉。	VP+时▲ 上课时请不要打手机。	
5. 多项定语凡符合上述条件的要带"的"△ 他买到了1998年出版的那套汉语教材。△ 他是一个从来不讲假话的老实人。△ 中国最高的山是喜马拉雅山。△	他那两件白绸衬衣都放在哪儿了？△ 他家那套旧式红木家具很不错。△	

---

① 表中带△的用例与说明分别选自《本科生大纲》一年级和二年级语法项目表中有关定语的说明。

说明：

1) 此表是与定语相关的"的"的使用细则。在定语和"的"的使用中，外国学生最易出现的偏误是动词及其短语、主谓短语作定语时误用"了"而未用"的"，在 BYDT 语料库这类偏误有 43 例。例如：

（1）a. 这是父亲给我留下的{CC 了}最深刻的印象。

   b. 根据某市政府出台的{CC 了}一项规定，在公共场所边走边抽烟的人将被罚款。

2) 一般数量词作定语是不要带"的"的，像"＊一个的苹果"这样的偏误往往只会出现在初级阶段。但是表示年龄的数量词语作定语时，可加可不加"的"，如果言者强调年龄时，一般是要带"的"的。所以我们在表 4 第 2 栏中对此作了强调。例如：

在那次比赛中，一个十六岁的男孩夺得了冠军。①

3) 像表 4 第 4 栏"上课时"与"上课的时候"这类因被修饰名词的音节不同而产生的带"的"和不带"的"的规则也须向学生反复说明。

2. 结构助词"地"的必用与不用

表 5　结构助词"地"的必用与不用②

状语后必须用"地"的	状语后不用"地"的	备注
1.A（双音节）＋地＋V a.他诚恳地请求我们能原谅他。△	经常作状语的双音节形容词：认真、仔细、努力（可不带"地"）▲	带"地"则表示强调状态
2.D（程度副词）＋A＋地＋V b.服务员很快地拿来了水果。 c.我十分认真地检查了一下行李。△	状语是单音节形容词 早来/慢走/多听/难写△ 表示时间、处所的名词；△ 介词词组；单音节副词；△ 部分情态副词不用，部分情态副词可用可不用（见右注）△ 表程度的代词：那么、这么▲	"偷偷、悄悄""渐渐""逐渐"可以加"地"

---

① 韩明《东南亚留学生汉语语法偏误研究》，广西师范大学出版社，2011 年，第 89 页。

② 表中带△的用例与说明分别选自《本科生大纲》一年级和二年级语法项目表中有关状语的说明。左栏第 6 点下例选自二年级语法项目表"多项状语的排列次序"之下。在《本科生大纲》14 页下还有一句小注：关于"地"的使用和省略问题，可根据教学需要适当介绍。

续表

状语后必须用"地"的	状语后不用"地"的	备注
3. AA/AABB＋地＋V(形容词重叠式) d. 同学们早早地来到了学校。 e. 孩子安安静静地坐在那儿。△	一般数量词组：▲ 一会儿、一个人、一下子	"慢慢、快快"可以不带"地"
4. MQMQ＋地＋VP （重叠的[数词(量词)]/时间名词)▲ AQAQ＋地＋VP▲ f. 他一步一步地走上台阶。△ 　　　（形容动作,描写性强） g. 他一天(一)天(地)瘦了下来。（变化） h. 我一次(一)次(地)劝他,他就是不听。　　（动作的多次重复） i. 看着别人大把大把地赚钱,她很羡慕。　　（动作的量大）	状语是重叠的时间名词 我天天早上吃两个面包。 他年年都被评为先进工作者。 　　（表示有规律的常态）▲	将"一天天"与"天天"对比
5. 成语/固定短语＋地＋VP▲ j. 大卫千方百计地搜集资料。 k. 爷爷无可奈何地叹了口气。 l. 他一个劲儿(地)感谢我。		
6. 多项定语中属于上面类型的也要带"地" m. 他几十年来在教学领导岗位上始终勤勤恳恳地为教育下一代忘我地工作着。△		

说明：

第 4 栏和第 5 栏的用法一般要到中高阶段才会接触到。左栏例 f 选自《本科生大纲》(77 页)"三四年级语法项目",这是大纲说明状语的语义指向时仅举的一例,未从语法结构上讲解。其实这类用法很常见,描写性很强。"一天天"和"天天"作状语,功能需要辨析,前者表示"随时间的推移"发生变化,后者表示有"规律的常态"。

3.结构助词"得"的必用与不用

表6　结构助词"得"的必用与不用[①]

补语前必须用"得"的	谓语与补语中间不用"得"的
构式1：N_0(人)＋V＋得＋D＋A 构式2：N_0(人)＋V＋N_1＋V＋得＋D＋A　（重动句） 构式3：N_0(人)＋N_1＋V＋得＋D＋A 构式4：N_0(事物)＋V＋得＋D＋A a.我们昨天晚上睡得很好。 b.他字写得不错。 c.他念课文念得很流利。△ d.这幅画画得真好。	1. N_0＋A/Vx＋极了 2. N_0＋A/Vx＋死了 3. N_0＋A＋透了 a.天气冷极了。△ b.我高兴死了。△ c.这个人坏透了。△ (补语表示程度极高)
N_0＋V＋得＋D＋A(即上构式1) e.昨天玩儿得很痛快。 f.老师讲得很明白。	N_0＋V＋个＋A/Vx▲ 昨天晚上玩儿了个痛快。△ 他有什么问题,总要向老师问个明白。
构式5：N_0＋Vx/A＋得＋不得了/很/慌 g.妈妈气得不得了。 h.现在这种计算机便宜得很。△ i.今天走的路太多了,真累得慌。△	N_0＋V＋个＋A/(没/不 V)▲ 让他发言,他就说个没完。△ 一紧张,心就跳个不停。△
构式6：N_0＋Vx/A＋得＋VP/s[n＋vp/A]△ j.大家高兴得又唱又跳。△ k.湖水清得像一面镜子。△ l.他感动得不知道说什么才好。△ m.我累得腰都直不起来了。△	
构式7：N_0＋被＋N_1＋V＋得＋s[n＋vp] 构式8：N_0＋把＋N_1＋V＋得＋A/s[n＋vp] n.他被人打得头破血流。 o.孩子把屋子搞得乱七八糟。 p.他这一句话把我高兴得不知怎么好。△ 　　　　(表致使义的"把"字句)	

[①] 表中带△的用例与说明分别选自《本科生大纲》一年级和二年级语法项目表中有关心情的情态补语和程度补语的说明。

说明：

1. 表 6 中的构式在《本科生大纲》中是作为补语语言点分散安排的，我们结合补语构式和"得"的使用与否把它们归纳到一起。

2. 构式 1—3 的"得"后的状态补语是对动作的评价。构式 4"得"后的补语是对事物(如例 d"这幅画")的评价。构式 5 概括地说明动作或状态的程度很高，构式 6 是对动作或状态的程度进行具体形象的描写。构式 7 和构式 8 是状态补语在"被"构式和"把"构式中的运用。此处参考了吕文华(1994:157)的观点和例句。例 p 见于《本科生大纲》三、四年级语法项目表的"把"字句语言点下。

3. 在助词"得"的教学中，重动句中带"得"对外国学生来说是一大难点。像下面这样动词未重复、连"得"也不用的偏误，是很常见的。

(2) a. ＊他在教室看书很认真。

　　改：他在教室看书看得很认真。

　b. ＊大卫踢球很好。

　　改 1：大卫踢球踢得很好。

　　改 2：大卫球踢得很好。

在初级阶段的汉语课上，有的教师在修改学生的上述偏误时，会特别强调要用重动句。那些重视这一规则的学生就会将这类用法过度泛化，反而产生了偏误。如下面的句子是在初级第二阶段学生的作业中见到的。

　　我每天吃早饭吃半个小时。去学校坐汽车坐 40 分钟。上午上课上四节课。中午休息一个半小时，下午上课上两节课。回家做作业做一个半小时，看电视看两个小时。每天睡觉睡七个小时。

看到这样的作文，我们都会觉得有点儿怪怪的。因为，实际上中国人在陈述每天都要做的事情的时候，用得最多的不是重动句，而是非重动句，如"坐一个小时车，上四节课，做一个小时作业"等。

在教重动句时，教师一定要了解，在现代汉语语料中，重动句出现的频率是很低的[①]。

比方说，据调查，CCL 语料库中，作为离合词的重动句"聊天聊

[①] 关于重动句在实际运用中出现频率不高的事实，笔者最早是 1996 年春在北京语言学院听吕文华老师给研究生上的语法课上听到的。此后，笔者也调查过一些语料，确实如此。如我们在给外国学生讲课时常举的"他说汉语说得很流利""他看书看得很认真"之类的例句，在 CCL 语料库中未见 1 例。但非重动句的用例如类似"英语说得很流利"的表达有 6 例，"看得很认真"有 1 例："等儿子睡了，妻子就把过去在学校念的书搬出来看，看得很认真。"

得……"只有3例。而单用"聊"的"聊得+形容词"用例有101例。所以解决像(2)这类偏误的办法要分三步走。

一是将必须要用重动句的语境交代清楚,即强调具体某个整体动作时([V+N]"看书")才用重动句。

二是让学生学会并习惯使用在实际语言中使用频率较高的"他字写得不错"这样把动作客体放在动词前的构式,即表6中左栏例b和(2)b改正后的两句。

三是凡是讲到离合词,只要该词前一语素可以作为单音节动词使用,可带"得+很+A"构式的,就应强调非重动句(如"我们聊得很高兴")比重动句更常用。

1.2.4 与结构助词"地"相关的充当状语的词语的系统教学

通过CCL语料库的调查,我们将经常充当状语且一般带"地"的词语整理如下。词语下有下划线的可以不带"地",也可以带"地"。

1. 双音节形容词状语

    很快　认真　努力　仔细　详细　细心　耐心　热烈　热心
    热情　深深　深刻　深入　迅速　严格　严厉　严肃　成功
    自觉　不断　经常　准确　专心　勇敢　真正　真诚　明显
    同样　简单　疯狂　衷心　由衷　冒昧　眼巴巴　不经意
    流利　亲切　愉快　快乐　高兴　痛苦　自豪　恳切　诚恳
    生气　客气　更好　更多　爽快　安静　客观　主观

2. 形容词重叠状语(一般带"地")

    慢慢　大大　轻轻　狠狠　匆匆　缓缓　平平稳稳　快快活活
    痛痛快快　匆匆忙忙

3. 副词状语(一般不带"地")

    渐渐　逐渐　好好　不时　偷偷　纷纷　默默　暗暗　悄悄
    非常　十分　格外　更加　万分　多么　简直　极为　极其
    干脆　尽量　暂时　顿时　一时　常常　已经　亲自　亲手
    亲眼　不时　频频

4. 动词及动词词组(包括成语)作状语(一般带"地")

    忘我　不停　满意　激动　兴奋　愤怒　感动　伤心　感慨
    无条件　半流浪　没有怨言　有事没事　不知不觉　说说笑笑
    连蹦带跳　不露痕迹　很有耐性　轻而易举　低声下气

日赶夜赶　早出晚归　不辞劳苦　不厌其烦　无微不至
不露痕迹　毫不留情　毫不犹豫　含辛茹苦　随机应变
振振有词　扶老携幼　任劳任怨　随机应变　一气呵成
尽其所能　循序渐进　迫不及待　不约而同　慢条斯理
幸灾乐祸

5. 主谓词组作状语（一般带"地"）
名正言顺　理所当然　心满意足　夜以继日　心甘情愿
二十年如一日　东家长，西家短

6. 数量词重叠和数量短语作状语（一般带"地"）
一笔一划　一天(一)天　一个个　一幕幕　一圈一圈
一代又一代　一件一件　一步一步　一五一十　一句一句
一批批

7. 名词重叠和名词短语作状语（一般带"地"）
<u>大声</u>　<u>真心</u>　真心实意　多方面　多学科　高质量　一窝蜂
很率性　更深一层　赤手空拳　<u>长年累月</u>　<u>时时刻刻</u>　<u>一股脑</u>

上面是汉语中经常充当状语的词语。教师可结合教学中要讲的词语，系联相关的成组词语向学生介绍。到了中级偏高或高级阶段，就可以将上述词语印成讲义系统地介绍给学生，使他们对汉语的状语和"地"的使用与否有一个全面的认识。

据语料调查，双音节形容词必须带"地"的只占一部分。上面词表中带下划线的词语可能是因为经常充当状语，有时可不带"地"，如"认真学习、仔细检查"等。"地"的带与不带，一方面与组配词语的韵律有关，另一方面也与语域的正式与否有关。下面带"地"的用例，大都出现在比较正式的语境。例如：

（3）a. 她认真地说："这可是大实话。"
　　 b. 我们希望能更好地为顾客服务。
　　 c. 警察十分仔细地检查了车上的货物。
　　 d. 美国疾病控制和预防中心正在积极努力地对人类和动物疾病进行综合监测。
　　 e. 他当初那么热情地给我介绍工作，都被我拒绝了。

根据对搜集到的语料的分析，我们归纳出以下规则：
① 双音节形容词修饰单音节谓语动词时，一般要带"地"，如例（3）a；

② 当"更/很＋A（单音节）"作状语时，一般要带"地"，如表 5 左栏例 b 与例(3)b；

③ 作状语的词语音节超过了 3 个音节，一般也要带"地"，如例(3)c、e；

④ 双音节形容词之后还有介词词组充当的状语时，一般也要带"地"，如例(3)d、e；

⑤ 凡是较为正式的表达，即使原本可以不带"地"的状语，一般也带"地"。

上面充当状语的 1—7 组中的词语，大部分要到中、高阶段才会学到，所以，状语与"地"的使用与否，必须在中高阶段结合词语的学习，不断复现，系统地归纳结构助词"地"的使用规则，并通过在成段短文中选择"的""地"和"得"的填空练习和改错练习等加以巩固。

1.3 动态助词的系统教学

1.3.1 动态助词"了、着、过"的偏误情况

动态助词中，"了"的偏误率最高。"了"缺词有 2572 条，"了"多用有 1941 条。"了"错词共 293 条，与其他助词相混的有 215 条，其相混类型统计分析见下表：

表 7　误作"了"的助词偏误统计

当作	的	过	着	得	地	呢	吧	啊
误作"了"	107	32	31	18	5	16	3	3

"着"的多用偏误有 165 条。"着"错词偏误共 91 条，与助词相混的有 48 条，统计见下表：

表 8　"着"与助词相混偏误统计

当作	了	地	的	得
误作"着"	29	9	7	3

"过"缺词偏误 125 条，多词偏误 140 条。"过"的错词偏误共有 94 条，其中与动词混用的较多，"过"位于动词后的错用的只有 40 例，后一情况的主要偏误类型统计如下：

表 9 "过"与助词、充当补语的动词或介词相混偏误统计

	当作	了	的	在	于	到	来/上/出/来
误作"过"		17	2	1	1	13	2/2/1/1

1.3.2 动态助词"了"的系统教学

1.3.2.1 动态助词"了"的基本用法与分类

动态助词"了"又称为"了$_1$",一般用在句中动词之后,后面常带宾语或补语。"了$_1$"一般表示一次性动作的完成。它要求动词所表示的动作的量比较具体(详见沈家煊,1995;郭继懋,2002)。因此用"V+了$_1$"后常有表示具体动作量(名量或动量)的词语,如下表中的构式1—4。不过,"了$_1$"也可以用于表示抽象动作的动词之后,如下表中的构式5。由于"了$_1$"的使用规则较复杂,所以初级阶段学了以后,到中级有必要在归纳整理基础上加以复习。下表及下一小节的说明是我们在初级阶段分别讲过之后,到中级阶段再归纳到一起向学生系统讲授的内容。

表 10 "了$_1$"的必用与不用

	必须用动态助词"了$_1$"的构式	不用动态助词"了$_1$"的构式
具体动作的完成	构式1:$N_0+V+了+MQ/A/N+N_1$ a.我买了两本书。 b.孩子吃了不少糖。	*他吃了饭。　他吃了饭了。 *我买了书。　我买了书了。
	构式2:$N_0+V+C+Rr/MQ/A/N/V+N_1$ a.他收到了那个失学少年的信。 b.风刮倒了一棵大树。	否定动作的完成 构式6:$N_0+(还)+没+V$ a.他还没走。 b.十点以前,我没有打电话。
	构式3:$N_0+V+了+Nt+(N_1)$ a.我在那儿等了五十分钟。 b.雨一连下了三天。 c.他看了一个小时电视。	
	构式4:$N_0+V+了+MQ+N_1$ 他花钱又登了一次广告。	

续表

	必须用动态助词"了₁"的构式	不用动态助词"了₁"的构式
抽象动作的完成	构式 5：N_0（施事/叙事）＋D＋V＋了＋N/V a. 我早就原谅了他。 b. 她终于获得了成功 c. 她眼里充满了失望。 d. 马克习惯了中国的生活。	构式 7：N_0＋N_1＋（还）＋没＋V a. 他没有获得成功。 b. 这里的生活我还没习惯。
	作定语的动词后有表示时间的补语,动词后要加"了"： a. 他跟生活了二十几年的老妻分了手…… b. 春节刚过三四天,只沉寂了几天的广州站又开始人潮涌动。	主谓短语、动宾短语、动词等作定语时,即使动作完成,也不用"了₁"： a. 这是他买的书。 b. 到北京后,我给家里打了个电话。 c. 开车的时候,我发现我的钱包不见了。

说明：

初级阶段在讲"了₁"的规则时,总会强调"'了₁'之后不能是简单宾语"。有的说"动词后带'了'的句子如果宾语前不用定语,必须有后续句"①。有的说,"V＋了"后宾语前没有定语修饰,句尾要跟"了₂"来完句②。其实,上述规则只适用于具体动作(如上表右栏第一栏),如果完成的动作是抽象的,带上"了₁"可以也只能带简单宾语,如上面构式 5 下的例句。

1.3.2.2 关于动态助词"了₁"使用与否的其他规则

1. 动词是不及物动词,表示动作完成的"了"只能放在句尾,其实是"了₁＋了₂"两种用法的整合。

（4）a. 他大学毕业了。

b. 马克上课迟到了。

2. 抽象动作完成时,有时"了"也能放在句尾,这是把整句表示的事件作为新信息传达给听者,表示事态出现了变化(详见下)。但有的用例(如例(5)d)不能表示事态的变化,则不能这样用。

（5）a. 我早就原谅他了。

---

① 邱军、彭志平主编《成功之路·顺利篇》(1),北京语言大学出版社 2004 年版,第 19 页。
② 刘珣主编《新实用汉语课本》第 2 册,北京语言大学出版社 2002 年版,第 56 页。

b. 她终于获得成功了。

　　c. 对这里的生活,马克已经习惯了。

　　d. ＊她眼里充满失望了。

3. 离合词单独作谓语,"了"要放在句子最后,动词的对象要用介词引入,作状语:

(6) a. 他跟妻子分手了。　　＊他分手妻子了。

　　b. 他跟他的学生结婚了。＊他结婚他的学生了。

4. 表示具体动作的"V＋了＋N"构式,有后续句是可以成立的:

(7) a. 他拿了衣服,就跑出去了。

　　b. 他亲自联系了几家小报记者,并送了礼,但也仅有两个小报登了只有一两句话的简单新闻。(《桥梁》(上),第6课)

如果这类动词是离合词,并表示完成,"了$_1$"要放在中间,常带补语或定语:

(8) a. 我睡了一会儿觉。

　　b. 他洗了个澡。

　　c. 最近她家出了件大事。

"V＋了＋N"也可以出现在对举句中的,包括离合动词。例如:

(9) a. 他吃了饭,没吃菜。(两个不同的动作前后对比举出)

　　b. 他跟生活了二十几年的老妻分了手,和比他小二十几岁的崇拜者结了婚。("分手、结婚"是离合词)

5. 连动句中的"了"

目前通用的汉语教材往往都是先学连动句,然后才学"了"。但是讲"了"时,又不讲这类构式中"了"的位置。于是成了教学中的缺环。由于有些国家学生的母语的表达形式与汉语不同(如日语和韩语与汉语连动句相应的句式中的"来、去"在动作完成时是要变形的),所以这类构式中"了"的用法必须强调加以说明。

　　构式1:N_0＋去/来＋V＋N_1＋了

(10) a. 他去买东西了。

　　　b. 她来学校了。

"来、去"后动词V带简单宾语,"了"放在句末(不能放在"去""来"的后面)。句尾的"了"是了$_2$,只表示某一新事件的发生,a例的意思是:他刚才在,现在不在,去买东西了。b例的意思是:她来学校了,刚才可能在路上或者在家。

构式 2：N_0＋去/来＋V＋了＋(定语)＋N_1

(11) a. 昨天我去看了上星期认识的朋友。

b. 老师来借了两本杂志。

"来""去"后的动词 V 如果带表示具体情况的宾语，"了"要放在 V 后，是"$了_1$"。

6. 表示完成的动词如受副词"才"(或"刚""刚刚")修饰，句尾一般不要带"了"：

(12) a. 他昨晚十二点才回家。("才"表示动作发生得晚，下同)

b. 他九点才到教室。

c. 老师刚/才上汽车。("刚""才"表示动作在不久前完成)

d. 小李刚刚离开这儿。("刚刚"表示动作在不久前完成)

7. 动作是经常性的(多次发生)，即使是过去已完成的动作，也不用"了"：

(13) a. 他过去每天早上都是六点起床。

b. 上个月，我常常去传达室看有没有你的信。

c. 她上一年级时，总是迟到。

8. "发现、听说、知道、看见、宣布、决定"等后面是小句作宾语时，"发现"等动作又完成了，动词后不带"$了_1$"。句尾带不带"$了_2$"，看小句表示的事件是否已发生。例如：

(14) a. 我听说他来学校了。

b. 他知道考试及格了。

c. 他决定去南方旅行。

d. 爸爸同意送我一件礼物了。

9. "连＋V_1＋带＋V_2"后面不带"了"，因为构式表示的是持续的状态，不是完成：

(15) ＊孩子们高兴得连蹦带跳了。

改：孩子们高兴得连蹦带跳。

10. 动词本身表示某种关系或状态时，不能加"了"，如"是、姓、好象、属于"等。像"觉得、认为、希望、需要、作为"等在带小句宾语时，也不带"$了_1$"：

(16) ＊我跟他谈话时,觉得了他有点儿怪。

　　　改:我跟他谈话时,觉得他有点儿怪。

11. "了$_1$"可以表示过去近时的完成,也可以表示将来的完成(常是假设条件),这一完成常作为另一个动作的起点:

(17) a. 你吃了饭再回家吧。(吃完了饭的时候)

　　　b. 你做了作业我才让你去玩儿。(做完了作业的时候)

1.3.3　结构助词"着"的系统教学

1.3.3.1　李蕊、周小兵对助词"着"语法项的选取与排序的研究

李蕊、周小兵(2005)对《长期生大纲》(2002)、《本科生大纲》(2002)、《汉语水平等级标准与语法等级大纲》(1996)及常见的三套汉语教材中跟助词"着"相关的语法项的选取与排序进行了较为全面的考察。他们重点研究了外国留学生对这些语法点的学习情况,包括使用频率、偏误和难度等级;同时对比本族人使用相关语法点的情况;最后提出相关语法点选取与排序的具体设想。他们在肯定上述大纲和教材在与"着"相关语法点的选取和排序的总体上比较符合教学实际的同时,也指出了不足。如:

1. 对动态意义和静态意义的区分不明确。

2. 语法点安排过于集中,阶段性考虑不够。

3. 强调"着"的否定式。实际语言中这一形式使用频率极低,是否需要教学值得商榷。

据李蕊、周小兵的研究,外国学生"着"的使用频率大大低于本族人。这和我们对 BYDT 语料库和 SUDA 语料库中与"着"相关的偏误的调查分析结果是一致的。我们基本赞成李蕊、周小兵的上述观点。与他们观点不同的是,考虑到"着"的使用频率较高,有不少用法有相近之处,而外国学生的使用频率相对较低的情况,我们主张,"着"的系统教学可本着"适当集中,分初、中阶段多次复现"的原则来进行。

1.3.3.2　结构助词"着"结合构式的教学

下面是我们结合相关构式,对"着"教学安排的构想(构式后括号内便是我们主张的教学层次和建议)。

构式1:N_0+V+着(初级二教,初级三和中级可结合新词复现)

　　　　N_0+V+着$+N_1$

(18) a. 你坐着,我站着。(祈使、并列句)

　　　b. 教室的门关着,里面的灯还开着。(据李蕊、周小兵例改)

c. 她穿着一件红毛衣。
d. 我在日本时,过着{CC了}半工半读的生活。
e. 当我该进小学时,我面临着{CC了}一个重大的问题——我不会讲韩文。
f. 我等着{CC了}妈妈的批评,反而觉得比以前心情舒畅多了。
g. 很久很久以前,在一座高山的一座庙里住着{CC了}一个和尚……

此构式中的"V+着"表示动作状态或完成后状态的持续,有动态的,也有静态的。我们主张初级阶段可将 a、b、c、g 句的用法教给学生。

例 d—g 均选自 BYDT 语料库,该语料库中类似的偏误有 32 例。仔细分析例 d—g,表示的都是过去某个时段状态的持续。学生误用"了"很可能与其母语的表现形式有关。这说明,这类构式仅在初级班教一次是不够的。另外,将"V+了₁"与"V+着"的用法进行对比,也是十分必要的。应向学生反复说明,动词后的"了₁"只是表示一次性动作的完成(详见前文),而过去动作的持续状态则要用"着"。

据李蕊、周小兵(2005)的调查,由于"N_0+V+着"出现的频率低,外国学生对它的掌握不如"N_0+V+着$+N_1$"。所以他们主张,教学语法大纲可不选这一结构简单的句式,而先选结构较复杂的句式(如例 c)。掌握好这类复杂的常用构式,遇到"N_0+V+着",学习者也可以理解并自然习得。我们的观点恰恰相反,既然简单式主要是因为出现频率低致使学生不易掌握,更应该通过教材内容的设计提高它的出现频率。所以我们主张一开始就应将简单构式与略复杂的构式("V 着"带宾语)作为构式 1 一并教给学生。如下面不少的例句出现在通用的初级第二阶段的汉语课本中:

(19) a. 你们等着,我马上就来。(祈使句)[①]
b. 大为,林娜宿舍的门开着,她躺着看电视呢。
(前一句描写环境,后一句描写人的状态)
c. 我们说着、笑着,往右拐的时候没有注意,撞到了车上。
(动词并列句)

---

① 例(19)a—c 见刘珣主编《新实用汉语课本》第 2 册,北京语言大学出版社 2002 年版,第 224、226 页。

d. 门开着呢,请进!①

e. 房间里有的人站着,有的人坐着。

(并列复句,下同,描写人的状态)

f. 她穿着一件红衬衫,戴着一副眼镜。(描写人的穿着、打扮)

g. 房间的门开着,可是里边没有人。

我们在教上述例句时,因为它们所表示的动作持续状态或动作完成后状态的持续在"持续"这一点上是比较相似的,语义上有一定关联,学生在理解上并没有出现任何障碍。所以一并教给学生是完全可行的。

不过,从上面所举用例后括号内的说明可以发现,构式1下两个小构式虽然简单,但各有自己的语用特征和语境限制。如当"N_0＋V＋着"中的N_0是人时,一般表示陈述的"V＋着"不能单用(如例(19)c、e)。因此在初教这类构式时,最好结合图片等进行直观的讲解,并结合语用进行操练。此后亦可结合不同的话题(如"描写人的打扮""描写环境""描写不同人的状态"等),分项练习,以加强学生对这类构式描写性用法的认识。

构式2:NL＋V＋着＋N_0 (初级二教,初级三和中级复现)

(20) a. 桌子上放着两本书。

b. 她身上穿着一件红毛衣。

c. 床上躺着一个人。

d. 炉子上蒸着鱼呢。

此构式是存现构式,例a—c"V＋着"表示某处动作的受事以动作完成时的状态持续存在着,是静态的。例d则是动态的。

构式3:N_0＋在＋NL＋V＋着(初级三教,中级复现)

(21) a. 他在床上躺着。(静态,下同)

b. 雷震子的画像在门背后贴着。(李蕊、周小兵例,下d同)

c. 现在我们常常看到{CJX}在公共场所写着{CC了}"禁止吸烟"{CJ-zxy的标志牌}。

d. 几个快乐的孩子在公园的草地上跑着。(动态)

这一构式中以静态用例为主。李蕊、周小兵认为,这一构式中有的用例与构式2有互换关系,可以放在一起教。而我们认为得分开教,因为它们语用功能是不同的。在教此构式时,可以与构式2相比较,说明言者

---

① 例(19)d见邱军、彭志平主编《成功之路·顺利篇》(2),北京语言大学出版社2004年版,第44页。

的视点不同,使用的构式就不一样。如:

  他在床上躺着。
      (视点在动作的主体,主体是有定、已知的)
→ 床上躺着一个人。
      (视点在处所,动作主体是无定、未知的)
  雷震子的画像在门背后贴着。
      (视点在动作的受事,受事是有定、已知的)
→ 门背后贴着雷震子的画像。
  门背后贴着一张画。
      (视点在处所,受事可以是有定的,也可以无定、未知的)

构式4:$N_0+V+着+V+(N_1)$(初级三,中级复现)

(22) a. 年轻的和尚,哭着{CC了}说:"真对不起……"
  b. 他躺着看书。
  c. 妈妈抱着孩子上了车。
  d. 小刘忍着疼站了起来。
  e. 他逼着我跟你分手。

这一构式中的"V着"后还有第二个动词或动词短语,表示在第一种动作的状态下做后一个动作。从所举的例子看,学生在不同层次学的动词均可出现在此构式中,因此也需要结合新词复现。

构式5:$N_0+(正)+V+着+(N_1)$(中级一)

(23) a. 我们正上着课呢,不能接电话。
  b. 外面正下着雨呢,别走了。
  c. 我们正吃着饭,他进来了。

这类"V着"前受副词"正"修饰时,强调主体的某个动作在说话时或某个短时段正在进行。它强调的是动态的持续和时间,或说明此时该动作不能打断,不能做其他动作,如上例a;或者提醒听话人注意某种进行状态,如例b;或者提示在某个动作进行的短时段,又发生了什么事情,如例c。《长期生大纲》把这类"V着"的构式称为"进行态"。

构式6:$N_0+A+着$(中级一)
    $N_0+A+着+N_1+……$

(24) a. 屋里的灯一直亮着。
  b. 那个座位还空着,你去坐吧。
  c. 小林红着脸,很不好意思。

少数形容词可以进入上述构式,表示某种状态的持续。

构式 7:V 着 V 着,……VP(中级一)

(25) a. 两个人走着走着,忽见一片农田。

b. 我们聊着聊着,不觉天亮了。

c. 他坐在沙发上看电视,看着看着睡着了。

d. 他拿着那本书,读着读着,突然觉得有点儿意思。

这类构式"V 着 V 着"前后是同一动词,一般表示动作者在某个动词持续的状态中,出现了另一种情况。后面表示的情况多是在前面动作主体不知不觉中发生的——或是处所发生了变化,如例 a("着"前 V 是位移动词);或是时间发生了变化,如例 b;或是主体状态的改变,如例 c;或是主体感觉发生了变化,如例 d。这一构式使用频率较高。可以进入"V 着 V 着"的动词一般是单音节的,如"走、听、看、读、念、写、说、聊、谈、侃、唱、演、想、舞、开(车)、扯、翻"等。

构式 8:N_0+(一直)+V+着+(N_1)(中级一)

(26) a. 那时候我一直看着{CC 了}他的勇敢的样子。

b. 父母的兴趣爱好、思想观念、行为举止等所有的事情一直到现在影响着{CC 了}我。

c. 这些年,哥哥总是管着我。

这一构式的"V 着"前或受"一直、总是"等副词修饰,或者有表示长时段的时间名词,表示动作在某个时段(可能是过去)中处于持续状态。例 a、b 说明有的学生会将此类"着"与"了"相混。

构式 9:N_0+V_1 着 V_2 着+VP(中级二)

(27) a. 我们几个说着笑着就把活儿干完了。

b. 外国球员都争着抢着问新教练问题。

c. 孩子哭着闹着非要跟我去。

这类"V_1 着 V_2 着"中的 V 往往是意义相关或相近的两个不同的动词,在句中实际起修饰后面谓语动词的作用,表示以前面动作的方式或状态实行后面的动作。同样带有描写性。类似的有"喊着叫着、争着喊着、唱着跳着"等。

构式 10:N_0……总是……V_1 着 V_2 着

(28) a. 有的人遇到问题总是捂着盖着。

b. 孙子刚学走路,我总担心他摔着碰着。

这一构式中前面常有一个表示某个条件的句子,"V_1 着 V_2 着"接其后,常表示惯常的做法或担心的情况等。使用频率不高,不必作为语言点重点讲授。

李蕊、周小兵(2005)论文中还列出了几个句式,主张放在中级的课文或练习中,但不主张专门讲解。它们是:

构式11:$N_0+(状+)V_1$着$+(宾),(状+)V_2$着$+(宾),……+V_n$着$(+宾)$

(29)他瞪着大大圆圆的眼睛苦恼地看着人们。

构式12:V着(吧)(表示祈使语气)

(30)你给我听着!

构式13:V着呢

(31)货我给你们留着呢。

我们认同李蕊、周小兵的主张,上述10—13构式应放在中级以上阶段加以讲解。构式11多用于描写,构式12多用于对话,构式13说明说者与听者所共知的事物的状态。

与他们观点所不同的是,我们主张,像构式12这样具有特殊语用功能的特殊构式,应该加以适当的扩展与系统说明。尽管它不像上面构式1—6那样常用,但在具体的语境中,已趋向相对固定与熟语化,可以整体教给学生,让学生整体记忆与输出。例如:

(32) a. 你们等着,我马上就来。(较客气的祈使句,关照对方)

  b. 你给我听着!(语气强硬的祈使句,命令对方)

  c. 咱们走着瞧!(语气更强的祈使句,威胁对方)

上面几个用例,从言者的主观性看,是有强弱的区别的。如学生掌握了它们的用法,可以根据不同的语境加以选用,对提高他们汉语的交际能力无疑是有好处的。

据李蕊、周小兵(2005)的调查可知,"着"的习得,初级阶段掌握较好,但从学习后1—2个月起,明显退步,到学习相关语法点1年半之后开始,又进入飞跃阶段。即:随着中介语的发展,正确使用率沿着"高—低—高"的线路前进。为了减少学生因遗忘而产生的退步,我们主张,"着"不仅应结合构式和相关的成组动词一起教,而且还应在中级阶段结合新学的动词多次复现。复现形式可采取复述课文用例、词语填空等形式,使学生达到耳熟能详的程度。

1.3.4 结构助词"过"结合构式的的教学

动态助词"过"可以表示两个语法意义。

1. 表示过去曾经有过某种经历

这是"过"的主要用法。金立鑫(2002)认为,与"V+了"表示"近时过去"相对,"V+过"表示的是"远时过去"。

构式1:$N_0+V+过+N_1$(初级二教,初级三与中级复现)

$\quad\quad N_0+V+过+Nt+N_1$

$\quad\quad N_0+V+过+MQ+N_1$

(33) a. 他曾经去过日本。

b. 这个电影我以前就看过。

c. 马克学过三年汉语。

d. 我的手机以前丢过一次。

e. 这个试验失败过好多次了。

例 a—c 中的动词是可以持续的自主动词,例 d、e 中的动词都是非持续的非自主动词,带了"过",都可表示曾经有过某个经历。这类句中经常会出现"曾经、以前"等表示远时过去时间的词语。

构式2:$N_0+A+过$(初级三或中级一教,其后复现)

(34) a. 这片草绿过,现在又黄了。

b. 我也紧张过,不过慢慢地就不紧张了。

c. 老张以前胖过,现在苗条多了。

部分形容词也可以带"过",表示曾经有过的状态。

"V+过"和"A+过"的否定形式是"没有+V/A+过"。常与"从来""还"一起用。如:

(35) a. 他上课从来没迟到过。

b. 夫妻俩从来没红过脸。

c. 警察没有怀疑过他。

d. 她还没去过长城。

因副词"从来"和"还"常与"没有+V+过"一起用,故可以以语块的形式教给学生,一起操练。因为学生常会遗漏"过"。

2. 表示行为动作的结束

构式3:$N_0+V+过+N_1$(初级三)

$\quad\quad N_0+V+过+N_1,……$

(36) a. 我吃过饭了。

b. 他给女儿打过电话之后,才明白错怪了她。

c. 看过电影我们就去咖啡馆坐坐。

这类用法并不普遍(南方人用得比较多)。动作动词中的一部分动词可以这样用,多用于两个动词的承接句。句中的"过",可以用"了₁"替换。

1.3.5 从主观性看动态助词"了""过"和"着"的差异

王海峰(2011:110-111)指出,经历完成体"—过"跟现实完成体"—了"的显著区别是,经历完成体表示的事件已经终结了,而现实完成体表示的事件已经实现但还没有终结。不过,叙述的事件已经终结了,并不表明没有现实相关性。他认为,言者用经历体意在"现时情境"。接着他又引用了刘月华(1988)、屈承熹(2006)的观点,说明经历体"过"的使用,是和当前的实际话题(topical entity)有关的。沈家煊(2002)曾指出,用"—了"后面可以加状态形容词作补语,而"—过"后不能加状态形容词,证明"—了"比"—过"的主观性强。下例转引自沈家煊(2002):

输了个精光　　＊输过个精光
打了个落花流水　　＊打过个落花流水

在对比了"—了""—过"的表现后,王海峰(2011)从"—了""—过""—着"与"现在"的关系来分析它们的主观性。他认为,"—了"表明言者从"现在"出发来看待这个事件,把它跟"现在"联系起来,它跟"现在"的关系是直接的;"—过"表示事件的终结,是言者从"现在"看过去事件对现时情境的影响,它跟"现在"的关系是间接的;而"—着"跟"现在"的关系是伴随关系(他采纳了屈承熹(1983)的观点,笔者注),"伴随"不一定对现时情境产生影响,也就是说,它可以产生影响,也可以不产生影响。因此,"—着"的现时相关性更差,主观性更弱。他以下面的示意图来说明:

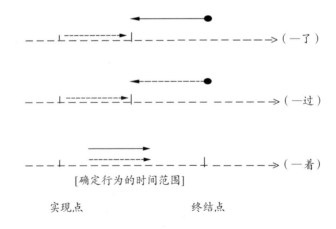

王海峰(2011:114—115)指出,由此看来,"着"跟"了""过"相比,主观性程度较低。我们可以建立一个三者主观性的连续统:

$$-了 > -过 > -着$$

我们认为,王海峰的上述分析是很有见地的。他是从主观性的角度对这三个动态助词作了系统性的分析,如果换一个观察的视角,从时的角度看,正如金立鑫所说,"—了"表示"近时过去","—过"表示"远时过去"。我们认为,"着"表示"当时"。这包括两种情况:

A. 言者说话的"现时"(粗体字为笔者所加,下同),如:

(37) a. 小李**正洗着澡**呢,不能接电话。

b. 屋里的灯**一直亮着**。

我们用下图表示"现时":

B. 或是说话前某个时段的"当时"。如:

(38) a. 外国球员都**争着抢着**问新教练问题。

b. 我走进会议室时,看见他在椅子上**端端正正地坐着**。

我们用下图表示说话前的"当时":

```
_ _ _⊥_ _ _ _ _ _ _ _⊥_ _ _ _ _ _ _⊥_ _ _ >(—着)
      实现点    当时时段   终结点      说话时
```

1.4　语气助词"了"与"的"的教学

1.4.1　构式和语气助词"了₂"的教学

语气助词"了₂"是从古代汉语语气词"矣"演变而来的,"矣"在古汉语中就是用来报告一种新情况的。"了₂"的用法与之相近,只是使用的范围较"矣"更广。

肖治野、沈家煊(2009)从"行、知、言"三域对"了₂"做了清晰、简洁的分析,本节多处分析采纳了他们的观点。

他们所说的"行"是指现实的行为和行状,跟"行态"或"事态"有关;"知"指主观的知觉和认识,跟言者或听话人的知识状态即"知态"有关;"言"指用以实现某种意图的言语行为,如命令、许诺、请求、提醒等,跟言语状态即"言态"有关。

1. 语气助词"了₂"最基本的意义是"表示事态出现了变化",即表示行域。这往往是一种新情况。

构式 1:N₀＋了(N 常为表示季节、节日、日期、时间的名词)
　　　N₀＋A＋了
　　　N₀＋MQ＋了
　　　N₀＋V/VP＋了

(39) a. 十二点了。
　　 b. 春天了,天气暖和了。
　　 c. 苹果昨天五块,今天五块五了。
　　 d. 孩子会走了。
　　 e. 小李大学毕业了,已经工作了。

肖治野、沈家煊(2009)指出:"《八百词》说'了₂'和'了₁'是'二者本来密切相关',十分正确。""'了₂'分为'了行'、'了知'、'了言',而'了₁'都是'了行'。'了₁'表示行态是'表示动作的完成',我们标为'了行₁';'了₂'表示行态,我们标为'了行₂'。标为'了行₁'和'了行₂'既能表明二者的区别,又能表明二者的密切联系。"他们认为,原来标为"动＋了₁＋宾＋了₂"的句子实际有以下三种情形:

(40) a. 我写了行₁回信了行₂。
　　 b. 她肯定喝了行₁敌敌畏了知。
　　 c. 这件拍卖品归了行₁你了言。

原来标为"动＋了₁₊₂"的句子实际也有三种情形:

(41) a. 他已经来了行₁₊行₂,不用打电话了。
　　 b. 他一定走了行₁₊知,不用等他了。
　　 c. 对不起了行₁₊言。

2. "了₂"表示言域

构式 2:N₀＋就要/快要/要＋V＋了
　　　N₀＋V/VP＋了

(42) a. 就要下雨了,赶快走吧。
　　　　　　　　　(提醒听话者某个事态快要发生了,下同)
　　 b. 快要考试了,别再玩儿了。
　　 c. 火车要开了,快上车吧。
　　 d. 我该回家了。(宣布,打招呼)
　　 e. 上课了,不要说话了。(宣布,命令)

f. 你再这样,我要对你不客气了。(警告)

这里的"了$_言$"就是把"宣布、提醒、命令"等言语行为作为一种新事态(新言态)提供给听话人。句子所表示的动作是即将要发生的。

肖治野、沈家煊(2009)还指出,"了$_言$"在"表示新言态出现"时,"新言态"的具体种类是随语境或上下文而变化的,这正是"了$_言$"的特点,拿最简单的"走了"来说:

(43) a. 走了！别挡道。(这个新言态是"命令"。)(肖、沈例,下同)

　　　b. 走了,别催了。(这个新言态是"答应"。)

　　　c. 走了,明天见。(这个新言态就是"打招呼"。)

　　　d. 吃饭了。
　　　　(妈妈看见孩子临吃饭前还在吃零食,新言态"提醒"。)

　　　e. 来,吃饭了！
　　　　(病人没有食欲不想进食,亲属叫他吃。新言态是"请求"或"规劝"。)

　　　f. 病人说:"好,吃饭了。"
　　　　(在亲属的不断请求或规劝下,这个新言态是"答应"。)

3. "了$_2$"表示知域

(44) a. 这件衣服太贵了。

　　　b. 他们的表演可精彩了。

　　　c. 你不让他参加,他当然生气了。

　　　d. 你应该知道东西放在哪儿了。

　　　e. 妈妈肯定帮儿子了。

　　　f. 能得第三名就相当不错了。

　　　g. 看样子,你是不想去了。

　　　h. 这就是传说中的千里马了。

　　　i. 5号的腿伤没有好,自然不能上场了。

　　　j. 真按你说的做,最好不过了。

肖治野、沈家煊在举了上面的例句之后,转引了张斌(2001:339)对"了"的说明:"说话双方可能都知道某个事实,可是言者对这个事实的评价,对方不一定了解。说话的人预设对方不了解自己的想法,所以仍旧属于表达新情况。"他们认为,这一见解跟他们所说的"了"表示"新知态的出现"十分接近,比如,"自己人肯定帮自己人"是言者的一个评价或一种认识,言者预设对方不了解自己的这一想法,于是"我把这一新的想法提供给你了"。

1.4.2 语气助词"的"与相关构式

语气助词"的"主要有两个功用,一是与"是"组成"是……的"构式,用来强调动作发生的时间、处所、方式、条件、目的、对象、工具、来源和动作者等,在这一构式中,"是"可以省略,我们把它称为"的$_1$"。第二种用法,也是与"是"组成"是……的"构式,是用于表示主观看法的。我们把它称为"的$_2$"。下面我们结合构式来看一下"的$_1$"和"的$_2$"各自不同的用法。为了便于让读者了解外国学生常在哪些方面发生混淆,我们有些例句是从 BYDT 语料库中选来的(有{CC}标记的)。

1. "的$_1$"与相关的构式

构式 1: N_0+是+在+NL+VP+的(视点在动作发生的处所)

(45) a. 我是在北京长大的。(不是在别的地方)

b. 我从小学到大学一直是在男女混合式学校念的{CC 了}书,因此自己没有接受男女分班式教育的经验。

(不是在男校或女校)

构式 2: N_0+是+从+NL+VP+的(视点在某动作发生的原点、来源)

(46) 1990 年是从旅游大学毕业的{CC 了},专门学导游。

构式 3: N_0+是+在+N(抽象)+上+VP+的

(视点在抽象动作的基础)

(47) 美国社会当中的所谓"个人主义"是在互相帮助的精神上建立起来的{CC 了}。

构式 4: N_0+是+(在)+Nt(时间)+VP+的

(视点在动作发生的时间)

构式 5: N_0+是+(从)+Nt+开始+VP+的

(视点在动作起始的时间)

(48) a. 我也在北京工作过四年,今年二月份才回到日本来的{CC 了}。

b. 我大学三年级的时候认识他的{CC 了}。

c. 我是从高一开始抽的{CC 了}烟{CJsd}。

构式 6: N_0+是+在+N_1(人)的+V+下+V 的

(视点在动作发生的条件)

(49) a. 但是不一定每个家庭的父母对孩子的影响很好,这是因为父母也是在他们父母的影响下长大的{CC 了}。

b. 这一成绩是在大家的帮助下取得的。

构式7：……（是）＋这样/怎么＋VP＋的（视点在动作的方式）

构式8：N_0＋（是）＋跟＋N_1＋一起＋VP 的（视点在动作协同者）

（50）a. 他这样告诉我的{CC 了}……

　　b. 这时我才明白了，奶奶的爱是什么，怎么表达出来的{CC 了}。

　　c. 我跟朋友们一共七个人一起去的{CC 了}。

构式9：是＋N_0（人）＋VP＋的（视点在动作者）

　　　　N_0＋是＋N_1（人）＋让＋N_2＋VP＋的（视点在致使者）

（51）a. 总而言之，是保姆教我怎么做人的{CC 了}，是保姆当了我的"第一任老师"。

　　b. 这事是我让他去办的。

　　由于"是……的$_1$"句所表示的都是过去发生的事情，学生很容易将这类"的"误用为"了"（参见上带{CC 了}的例句）。因此，应向学生强调："（是）……的$_1$"与"了$_2$"的最大区别在于，它的视点都不在"了$_2$"所关注的动作（包括动作的态）本身，而在与动作相关的地点、时间、方式、动作者、条件等。

2. "的$_2$"与相关的构式

　　《桥梁》（上）第十四课的"语法例释"是这样说明"是……的$_2$"的用法的："'是……的'多用来表示言者的看法、见解和态度，对主语起解释说明作用。'是'和'的'都表示语气，一般可以同时省略，或只省略'是'。"

　　目前从我们阅读的范围看，关于这一构式与"的$_2$"的作用，研究的还不多。在分析之前，我们先看一下与之相关的构式与用例。

构式1：N_0（人、事物）＋（肯定/一定）＋会＋V/VP/A＋的

　　　　N_0＋是＋A＋对＋N_1＋V＋(D＋A)v＋的

　　　　[N_0＋(这样)VP]，是＋要/会＋A/VP＋的

（52）a. 父母会老的{CC 了}，这是自然的现象。

　　b. 每天的业务不会顺利，甚至，跟别人的关系会变坏的{CC 了}。

　　c. 有的时候，亲属的几句话或邻居的行为是足以对孩子产生很重大的影响的{CC 了}。

　　d. 你这样继续搞下去，是要倒霉的。

　　e. 谎言总有一天是要被揭穿的。

根据自然规律、常规、某种道理或经验对即将出现的情况进行估计、预测或断言,最常用的就是"(是)会/要……的"。这类构式中的"是"表示确定的语气,也可省略。

构式2:N_0+会/不会+让+N_1+V+的

　　　　N_0+会/不会+对+N_1+A+的

(53) a. 我不会让你们失望的{CC 了}。

　　 b. 我会让你过上好日子的。

　　 c. 我会对你好的。

上述几个用例都是表示言域"承诺"的,"是"通常不用,用"是"则确认的语气更重。

构式3:N_0(事物、人)+是+(D)+A+的

　　　　N_0(事物、人)+是+没有什么+A/N+的

　　　　VP+是+(D)+A+的

　　　　[N_0+对+N_1+的+V]+是+(D)+A+的

(54) a. 我认为先驱者都是对的{CC 了}。

　　 b. 在小的时候,父母都会教导我们,挫折、困难是没有什么大不了的{CC 了},最重要的是要从失败中学习。

　　 c. "代沟"这个问题虽然很复杂,但解决办法是较简单的{CC 了}。

　　 d. 总是依赖父母的人是没什么出息的。

　　 e. 我觉得学汉语,多增加一种语言是很好{CC 了}的,学习越多越好,对自己有好处,也可以增加知识。

　　 f. 我的学习成绩不好的时候,他对我的批评是很厉害的{CC 了}。

这一构式中的主要谓语("的$_2$"前的成分)都是表评价形容词或惯用语。前两个构式表示的是对事物或人的看法,例如 a—d;后两个构式是表示对某个动作(包括某人的)的看法。

构式4:N_0+N_1(人)+是+可以+V+的

　　　　N_0(人)+是+能+V+A+N_1+的

　　　　N_0+是+可以+V+N_1+的

　　　　N_0+是+确实+V+的

(55) a. 老师的心情我可以理解的{CC 了}。

　　 b. 只要下功夫,老年人也是能学好外语的。

c. 这种菜煮熟之后是可以吃的。
　　d. 老马一天要记住这么多生词,困难是确实存在的。
这一组构式中前两个构式,是对某个动作或结果发生的可能性的确认;第三构式则是表示对某个动作的允许;第四构式则是对某情况的确认。
　　构式5:VP+是+必须/应该/理所当然+的
　　　　　……,(N_0)+应该+V/VP+的
　　　　　对于+N_0+的+V,N_1+是+很+V/A+的
(56) a. 我认为在公共场所抽烟者被罚款是理所当然的{CC了}。
　　 b. 早知道她这么希望见我,我就应该来看看她的。
　　 c. 对于他的帮助,我是很感谢的。
这一构式多用于言者在事情发生后对该事的看法。
"是……的$_2$"中的"是"是语气副词,它起确认、标志句子重点(焦点)的作用;"的"是纯粹的语气词,有加重句子语气的作用,提示听话人注意言者所关注的内容,有别于表示已然动作的"……了"。这类"是……的"的用例,有的句子如果去掉"是……的",句子的基本语义就变了,如:
(57) a. 我是不会开这种拖拉机的。(表明态度)
　　 b. 我不会开这种拖拉机。(说明"我"的能力)
还有的句子如果去掉"是……的"的话,基本语义尚保留,但是就少了言者所要表达的某种语气。例如:
(58) a. 他的手艺很高明。(单纯的评价)
　　 b. 他的手艺[是]很'高明的。
　　　　　　　　　　　　　("的"提醒听话人注意"高明"这一评价)
　　 c. 他的手艺'是很高明的。
　　　　　　　　　　　　　(同意并确认对方的评价,"是"有确认语气)
　　 d. 里面外面闹哄哄的。(纯粹描写状态)
　　 e. 里面外面'全是闹哄哄的。
　　　　　　　　　　　　　(说明状态外,还带言者"厌恶"的感情①)

1.4.3　结合构式比较语气助词"的"与"了"

　　由于"的"与"了$_2$"都可以放在句尾,相似的句法位置,使二者很容易

---

① "闹哄哄"带贬义色彩,用"全是闹哄哄的",使说话人的主观感情更强烈。

混淆。BYDT 语料库中当用"的"而误用"了"的偏误有 46 例(例参见上)。当用"了"而误用"的"的有 98 例。因此有必要将它们的用法加以比较。请看下面两表:

表 11　句尾"了₂"和"的₁"的比较

句尾用"了₂"例	语域与功能特征	句尾用"的₁"例	语域与功能特征
他昨天已经到了。	行域:新事态,客观地陈述与动作相关的整个事件	他是昨天到的。	言域:说明动作的时间,表主观确认
大卫去旅行了。		大卫是坐飞机去旅行的。	言域:说明动作的工具,表主观确认
马克从德国来中国了。		马克是从德国来的。	言域:说明动作的来源,表主观确认
为了学汉语,他来中国留学了。		我是为了学汉语才来中国的。	言域:说明动作的原因,表主观确认
面包已经做了。	同上	面包是用面粉、鸡蛋、牛奶做的。	言域:说明动作的所用材料,表主观确认
×		这一成绩是在大家的帮助下取得的。	言域:说明动作的凭借条件,表主观确认
行李弄丢了。		行李是他弄丢的。	言域:说明动作者,表主观确认
×		月球是从哪儿来的?不少介词是从动词发展而来的。	言域:询问或说明,事物的起源,表主观确认
我今年七月就要毕业了。	言域:宣布新事态即将很快发生	我是今年七月从苏州大学毕业的。	言域:说明毕业的时间和已毕业的学校(处所)
我不想去旅游了。	言域:宣布情况已发生改变	×	

从表 11 中的例句和分析看,语气助词"了₂"和"的₁"在功能上是各有侧重的。用"了₂"构式的用例,大都是表示行域——客观陈述与动作相关的整个新事态的发生。只有左栏最下面两例是用于"宣布",不过语义的

重点同样在动作。

卢福波(2002b)指出,用"的"的句子在于传递关于已知事件中局部未知信息,所以,"的"句的前场中一定存在这个已知的事件。

我们认为,在讲解用"的$_1$"构式时,最好把事件中的动作与非动作因素区别开来,即明确告诉学生,在这一构式中,"某动作已发生"是旧信息,所以言者不再关心动作,而是关注与事件相关的非动作要素——时间、地点、材料、条件、原因、基础、起源和动作者。因而它多用于"说明""询问"和"回答"等言域。在卢福波所做的 38 个用例调查中,90% 以上的用例都出现在对话体中,"了"句则不同,它的功能是叙述,所以主要出现于叙述的语境中。

表 12 句尾"了$_2$"和"的$_2$"的比较

句尾用"了$_2$"例	语域与功能特征	句尾用"的$_2$"例	语域与功能特征
a. 这件衣服太贵了。	知域:主观评价,情况超出主观预期	a. 这件衣服很贵的。	知域:强调客观事实(提醒对方)
b. 能收回种子就不错了,去年就没收上。	知域:对变化情况的主观评价(纵向比较)	b. 这些种子还是不错的。	知域:对事物性质或情况的评价(横向比较)
c. 他们的表演可精彩了。	知域:高度评价已演出的表演	c. 你们几个人组合在一起演出,肯定会很精彩的。	知域+言域:对将来情况的估计,鼓励
d. 你不让他参加,他当然生气了。	知域:对已有情况表示看法	d. 你不让他参加,他会生气的。	知域:根据常理对将来情况进行估计,担心
e. 妈妈自然帮儿子了。	知域:对已发生的惯常情况的认同	e. 妈妈一到场就会帮儿子的。	知域:根据常识对将来情况进行估计

续表

句尾用"了₂"例	语域与功能特征	句尾用"的₂"例	语域与功能特征
f. 看样子,他是不想去了。	知域:对眼前已出现新情况的判断	f. 看样子他是不想去的。	知域:对眼前已有事实的判断
g. 你再这样,我要对你不客气了。	言域:警告(将来的动作)	g. 你这样乱开车是要被罚款的。	言域:估计将来的情况,警告、担心
h. 上课了,别说话了。	言域:提醒、命令	h. 老师讲的是对的。	言域:肯定
i. 你的计划我批准了。	言域:宣布	i. 我会让你幸福的。	言域:承诺
j. 当然,如果影响学习就不好了。	知域+言域:推断	j. 我不会让你们失望的。	言域:承诺,表示决心
		k. 别急,孩子会找到的。	言域:安慰

从上表12中表示主观看法的"了₂"与"的₂"用例、语域和功能的比较,它们的差异主要有以下几点:

1) 从主观性看,同样表示看法或态度,句尾的"了₂"比"的₂"的主观性强。

表12左栏例a"太贵了"是以言者的主观预期为视点的,但不能说"*太贵的"。"的"只能用于像右栏例a那样"很+A+的"构式中,因为这是以客观事实为视点的。左栏例b以"不错了"评价整个事件,是以纵向的比较为视点(隐含着变化——新事态);右栏例b"还是不错的"是以当时的客观情况为标准,是经过横向比较得出的结论。从左右两栏所举例句看,不管是表示知域还是言域,都是"了₂"的主观性强于"的₂"。

2) "了₂"和"的₂"在时态上也有区别

"了₂"多用于对已发生情况的评价,"的₂"则往往用于对将来情况的估计。"了₂"只有在假设句的第二分句中才可以对尚未发生的情况作出评判或估计。这类句尾不宜用"的"。例如:

(59) a. 当然,如果影响学习就不好了{CC的}。

b. 在韩国以前的格言中有一句话"易之思之"意思是从对方的立场来想一下,就不会发生矛盾了{CC 的}。

3)"了₂"和"的₂"的视点和语气都不同

左栏例 g 和右栏例 g 同样用于警告,用"了₂"是以言者的意志和态度为视点,语气严厉;用"的₂"以他人(包括听者)为视点,警告出于善意的提醒。经对句尾分别使用"了₂""的₂"的很多用例的分析看,用"了₂"句多以言者的意志、好恶、观点为视点;而用"的₂"句则多以他人(包括听者)为视点。因此,从总体上看,用"了₂"的语气往往较强硬;用"的₂"的语气则较委婉。

1.5 从辨析看高频助词的系统特征

动态助词是表示动词的各种态的,因此,有必要从外部(与其他相关用法)和内部(相似用法)两方面加以辨析。

1.5.1 进行态与持续态的辨析

先看例句:

(60) a. 我们正在上课。

b. 我们正上着课呢,不能接电话。

例 a 和 b 差别在"着……呢"之有无。两构式有何不同? 屈承熹(2005:140)指出,"在—"是"进行貌标记","—着"是"持续貌标记"。他认为,"'在—'的参考点是一个时间,而'—着'的参考点是另外一个事件。"他分析"别走着看报"时说,它("着")的参考点是另外一件事"看报"。我们认为这一分析同样适用于上面两句。a 句的视点在时间,b 句的视点则在"上课"这一事件,排斥另一事件"接电话"。

1.5.2 存现句中的"了"与"着"的辨析

在汉语中,下面这两个句子都很常见:

(61) a. 墙上挂着一幅画。

b. 墙上挂了一幅画。

屈承熹(2005:142)指出:"'挂着'和'挂了'为什么会有同样的解释? 其实,由于'挂'是一个瞬间动词,所以其后'—着'的语法功能是将动词'挂'解释为表示其所产生的结果,而'挂了'则是由于言者与听者对该事件必然结果之共同得到的解释。"

我们认为,"挂着"和"挂了"的解释不应该一样。"挂着"的语义重心在表示动作结束后,相关事物或人等的持续状态;而"挂了"的语义重心还在"挂"这个动作的完成上。下面一个日本学生的偏误就提示了这一点:

(62) *墙上已经挂着很多照片,这张照片挂不下了。

　　改:墙上已经挂了很多照片,这张照片挂不下了。

之所以必须把"着"改为"了",是因为"着"表示持续状态,它不表示动作,所以不能与表示动作完成的副词"已经"共现;而"了$_1$"是表示动作完成的,可以与之共现。

下面再通过"端端正正"与"着""了"共现的用例来说明。

1)"端端正正地＋＄2＋着"在CCL语料库共有26条,当时性与状态性很明显。例如:

(63) a. 在黄静华的日记本扉页上,端端正正地写着两行字:"假如我是孩子""假如是我的孩子"。

　　b. 幸而那奇异的汽车上端端正正地挂着牌照,并且留在现场。

　　c. 淑贞端端正正地坐着。

与上面例句相对应的构式是:

a. 在＋NL＋上,～地＋V＋着(7例,动词V分别为:写(3)、挂、贴、立、印)

b. NL＋上＋～地＋V＋着(11例,动词V分别为:写(3)、挂(3)、刻(2)、放、摆、点缀)

c. N$_0$(人)＋～地＋V着(8例,坐(5)、站、立、注视)

2)"端端正正地＋＄2＋了"在CCL语料库共有10条,动作的完成性与结果性特征很明显。例如:

(64) a. 母亲径直走到……对面的墙前,把上面的一幅外国娘儿们的裸体像毫不吝惜地拽下来,把老头子的遗像端端正正地挂了上去。

　　b. 他走到毛泽东面前,端端正正地行了一个军礼,伸出双手接过毛泽东主席授予的一级八一勋章……("行了礼"有2例)

　　c. 张治中将军决心以死报国,在离开南京前夕,端端正正地写了一封遗书发出。("写了"共5例)

　　d. 当申涛重新看清屋中的一切的时候,秀秀已经为自己盖好头盖,端端正正地坐在了炕沿上。

从以上语例可以看出,"端端正正"在"V＋着"之前的用例,形容的是动作完成后客体或主体的客观状态——"V+着"表示动作结束后的持续状态;而同样的短语放在"V+了"之前,则都是陈述动作者通过有意识的动作使自己或客体达到"端正"的状态,动作完成及结果性很明显,主观性较"V+着"要强得多。因此,本节开头的两个构式作如下分析:

(65) a. 墙上挂着一幅画。

(表示动作结束后,"画"以何种状态存在着)

b. 墙上挂了一幅画。

(表示动作者有意的动作完成后,结果是"画"的存在)

1.5.3 "了$_1$"与"了$_2$"的差异

"了$_1$"与"了$_2$"的差异是外国学生很困惑的问题,也是词汇教学中绕不过去的问题。我们参考了郭继懋(2002)的观点和例句,并结合自己的教学实践,作了适当的补充与修正,将它们的差异归纳为下面几个表:

表13 "了$_1$"与"了$_2$"的差异

用"了$_1$"的特点	例句	用"了$_2$"的特点	例句
常表示具体动作的完成情况,或常带时量、动量补语,或动词的宾语常带具体的定语	a. 去年,他出版了他的**第一本**小说。 b. 我吃了**两碗**饭。 c. 他睡了**一个小时**觉。 d. 我给他打了**一次**电话,可他不在。	概括地说明与某一动作相关的事件,句中如有宾语大多是简单的	a'. 他的小说出版了。 b'. 山本回国了。 c'. 爸爸来信了。 d'. 老李家来客人了。

如果从系统性来看,用"了$_1$"的动词谓语句,它最大的特点是具体、详细地说明已完成的动作,谓语突出的是"怎么样——什么东西""怎么样——用了多长时间"。"V+了……"对听话人来说,属于新信息。因此,宾语有数量或其他比较复杂的修饰语,有表示动作完成所花的时间(时量补语)或次数(动量补语)等。

用"了$_2$"的动词谓语句,它最大的特点是概括地说明情状。它把动作和宾语看作一个整体事件,整个事件作为新信息传达给听者。郭继懋认为,这类事件一般属于标准化情状,是被反复认知的,人们相当熟悉。一说,听者就明白说的是什么。它回答的是"某人或某事物怎么了"。

金立鑫(2002)将句尾"了"的功能定义为"起始体",表达"进入事件结束后的状态"或者"某状态的开始",即新状态(或事件)的开始。

下面我们再通过不用"了"、用"了₁"和"了₂"三类构式的比较看一下它们的不同。

表 14　不用"了"、用"了₁"和"了₂"三类构式的比较

例句	说明
a. 违章停车,罚款 30 块。 b. 端午节,放假一天。 c. 我喜欢你。 d. 大家不相信他。 e. 这里的夏天很凉快。	左栏中的例句均不用"了"。 一是表示惯常做法或状态(如例 a、b、e)。 二是表示状态,非一次性的动作(如例 c—e)。
f. 因为违章停车,警察罚了我 30 块。 g. 这个端午节,连调休,我们放了三天假。	用"了₁"。"了₁"后有数量词。表示具体的一次性动作的完成(如例 f、g)。
h. 因为违章停车,我被罚款了。 i. 端午节,我们休息了。 j. 他看上你了。 k. 他骗了大家,大家再也不相信他了。 l. 今天凉快了。	用"了₂"。一是表示概括的动作完成,把它看成一个整体、带变化性质的事件,不详细说明(如例 h、i)。 二是表示状态的变化(如例 j—l),亦较概括。 故不带数量词。

说明:

表 8 中有关"放假"和"罚款"的用例,全都是学生提问时举的例子。他们发现,关于同一话题,汉语会有好几种表达,"了"的用与不用,"了"在句中的位置,往往使他们感到困惑。我们利用这类"有疑而问"的具体用例,通过对比,给学生辨析讲解。学生普遍反映,越是具体用例的对比,越容易理解,也提高了他们根据不同语境选用不同构式的能力。

第二节　连词结合构式的分析与教学

2.1　从总体上看连词的教学内容与偏误

2.1.1　两个大纲关于连词教学内容的安排

下表是所引两个大纲关于连词教学内容的安排(表中凡楷体的词语是两个大纲都有的连词,黑体加粗的词语就是另一个大纲所无的)。

表 15 《长期生大纲》和《本科生大纲》关于连词教学内容的安排

长期生大纲	本科生大纲
1.连接词或短语的连词： 　和　跟　同　或者　还是 [比较]"还是"和"或者" 2.连接分句或句子的连词 　虽然　如果　要是　因为　一边 　一面　但是　可是　不过　或者 　然后　还是　那　那么　所以	一年级语法项目 1.一般连接词或短语的,如： 　和　跟　同　或者　还是　**并且** [比较]"或者"和"还是","由于"和"因为"。 2.一般连接分句的,如： 　虽然　但是　因为　所以　如果 　哪怕　不但　而且　只要　要不然 　于是　即使　**不论**
初等阶段语法项目(二) **既**　接着　结果　不但　**不仅**　而且 而　既然　**因此**　由于　尽管　无论 **不管**　即使　哪怕　只有　只要 中等阶段语法项目 除非　此外　**从而**　假如　**假设** 可见　况且　何况　难怪　如　省得 要不　要么　**一旦**　以便　以至 以致　以免　**以及**　**与其**　**宁可** 于是　再说　至于 高等阶段语法项目 别管　此后　固然　或是　即便 即或　进而　任　倘若	二年级语法项目 1.连接词和短语的:而　**与**　**及**　**以及**　**并** [比较]"而""并""又"和"和";"和""跟""同"和"与";"及"和"以及"。 2.连接分句的,如: 除非　固然　假如　**假若**　万一 **虽说**　**就是**　要不　**不然**　何况 况且　**再说**　但　可见　如　尽管 要　要么　**然而**　而　虽　可　若 以便　以免　**免得**　省得　以至(于) 以致　此外 [比较]"以至(于)"和"以致";"以便"和"以免";"为了";"只要"和"只有"。

说明:

通过左右栏对照,可发现连词的教学内容,两个大纲都属列举而没有举全。左右表各有近二十个另一大纲无的连词。关于连词辨析,《本科生大纲》更加细密些。不过,从我们使用过的教材看,上述辨析内容并没有在通用教材中系统地出现。这也是外国学生在连词使用上产生混淆的客观原因之一。

2.1.2 连词偏误统计与类型分析

下表是对 BYDT 语料库中连词偏误的统计。

表 16 BYDT 语料库中连词偏误统计

"而"计 634	"和"计 403	"而且"计 305	"但"计 100
289/94/251	115/196/92	261/15/29	14/41/45
"因为"计 233	"还是"计 194	"因"计 121	"如果"计 110
85/100/48	122/33/39	18/83/20	36/41/33
"所以"计 96	"只有"计 81	"或"计 81	"由于"计 78
40/19/37	59/8/14	41/21/19	51/10/17
"并且"计 67	"从而"计 47	"只要"计 47	"无论"计 44
24/20/23	39/5/3	41/2/4	22/16/6
"及"计 43	"虽然"计 39	"于是"计 32	"还有"计 32
28/3/12	19/9/11	18/6/8	32/0/0

经对连词偏误的分析,发现大部分是与形近或用法或意义上相关、相近的连词、关联副词的混用。如"而"的错词偏误共有 289 例,与连词混用的共有 257 例,占总偏误的 88%。其中与"而且"混用的就有 48 例,与"和""并""也""反而"混用的分别有 38 例、28 例、18 例、14 例。"而且"的错词偏误有 261 例,与连词混用的共有 257 例,占总偏误的 98%。其中与"而"混用的就有 177 条。"和"的错词偏误共 115 例,其中与连词混用的共有 70 例,占总偏误的 60%。"从而"的错词偏误虽然只有 39 例,但与连词混用的就有 37 例,占总偏误的 94%,其中与"而"混用的就有 23 例。

不过,从总体上看,与助词、副词、介词的偏误相比,连词的偏误率和偏误数是相对比较低的。因此,在对外汉语教学的词汇研究中,对连词的系统研究相对较少。本节就尝试在这方面做些努力。

2.2　因形近或用法部分相近而易混的连词

2.2.1　"而且"与"而"的异同

如前所述,"而且"与"而"混用的偏误很多。下面结合构式对它们进行辨析(其中例 a—d 由 BYDT 语料库中偏误修改而成)。

表 17　从构式看"而且"与"而"的异同

用法特征	构式	用例
连接主体或客体前后意义相关、顺接递进关系的分句	S_1，～S_2 （分句）（分句）	a. 我在大学的时候参加了登山俱乐部,而且喜欢滑雪。(＊而,下同) b. 那一年我生活比较单调,而且学习紧张。
连接前后在语义上是相对或相反的,多带有转折意味的分句	S_1，～S_2	c. 家里的丈夫认为夫人不应该给别人打工,而应该给他做饭。 　　　　　　（＊而且,下同） d. 对一个外国人来说,学习汉语的苦处是写汉语,而乐处是听力。
在单句中连接目的、原因、方式与动作	为/为了/因/以 ……而＋V/VP	e. 这件事情是丈夫为了纪念妻子而做的。(＊而且,下同) f. 人不是因为美丽而可爱,而是因为可爱才美丽。 g. 深州韭黄以叶宽肉嫩味鲜而闻名。
在单句中连接形容词	A～A	h. 北极光,美丽而神秘。(177) 　　　　　　（√而且,10）

说明：

"而且"连接的是顺接的、意义相关或相似的递进分句,前后分句往往讲的是两件事。"而"连接的前后分句或短语讲的是同一话题,最终只突出一个事物、一件事或一种观点,即前后二者归一。"而"连接的前后分句语义往往是相对或相反的。"而"还可以用于单句中的一些固定构式(为/为了……而 VP、因……而 VP、以……而 VP),"而且"则没有这样的用法。

只有在连接并列的形容词方面,"而"和"而且"的用法相同,只是"而"的使用频率比"而且"高得多(详见上表例 h 后数字)。

2.2.2 "而且、并、并且"的异同

在 BYDT 语料库中当用"而且"而误用"并"的有 5 条,当用"并且"而误用"而且"的有 8 条。因此,对"并、并且、而且"有必要进行辨析。

《八百词》(2000:194、86)对这三个连词是这样解释的：

而且［连］表示意思更进一层。连接并列的形容词、动词、副词、小句。

并且［连］表示更进一层的意思。连接并列的动词、形容词、副词、小句。多用于书面语。

并［连］表示更进一层的意思。多连接并列的双音节动词。连接小句时,限于后一小句主语承前省略。用于书面。

从上面三词的第一句释义看,几乎是同义的。"并且"除了语体与"而且"有差异外,好像也没有别的什么不同。但如果结合相关构式,还是能看出它们的差异的。

表18　从构式看"而且、并、并且"的异同

用法特征	构式	用例
对同一事物或人的性质、特点加以进一步说明,连接形容词	$N_0 + A_1 \sim A_2$	a. 这个姑娘聪明而且美丽。 （√并且,极少；＊并）
表示同一主体、同一动作在程度上的进一步发展（动态）	$N_0 +$ 不仅/不但/不单/不光/不只（是）$+ V + N_1/A_1, \sim V + N_2/A_2$（前后同一主语）	b. 对教育工作不仅要抓,并且要抓紧、抓好。 （√而且＊并） c. 这机器人警察不仅能探知人的意识,并且能探知连本人也未察觉的潜意识。 （√而且＊并）
对同一主体、动作或能力加以进一步说明（静态）		d. 他不仅会说英语,而且会说汉语。 （？并且＊并）
连接带递进意义、相对静态的两种情况	$N_0 + N_1 + V, \sim + D + A$	e. 这种植物我们家乡也有,并且还很多。 （√而且＊并）
对同一动作的不同主体作进一步说明	不仅$+ N_0 +$对$+ N_2 + V + N_3, \sim + N_1 +$对$+ N_2 + V + N_3$	f. 不仅我对他有意见,而且大家也对他有意见。（＊并且＊并）

续表

用法特征	构式	用例
在单句中连接前后同一主语的、两个不同、但进一步发展的动作,动态性强	$N_0 + V_1 \sim V_2 + N_1$ $(V_1 < V_2)$	g.我们讨论并提出了解决这一问题的方法。 ($\sqrt{}$并且,*而且)
连接同一主语的、前一动作和后一动作进一步发展的动作,动态性强	$N_0 + VP_1 + N_1, \sim (在……基础上) + VP_2 + N_2$ $(VP_1 < VP_2)$	h.各级政府首先要努力使全体人民基本生活有保障,并且在此基础上不断提高人民群众的生活水平。 ($\sqrt{}$并*而且,下同)
	$N_0 + 不仅 + VP_1, \sim VP_2$ $(VP_1 < VP_2)$	i.这群孩子不仅看懂了这些书,并且爱不释手。
	$N_0 + VP_1, \sim Nt + V_2/VP_2$ $(VP_1 < VP_2)$	j.他考上了苏州大学,并于2004年毕业。 ($\sqrt{}$并且,并;*而且)

说明：

1."而且"和"并且"都可连接递进复句的前后分句。不同的是,"而且"主要连接前后分句表示静态或相对静态的情况,它的视点大多在前后分句的"相同点"。"并且"较少用于这种情况,更多地用于连接前后动态发展的递进句,即后一动作是在前一动作基础上的进一步发展。它的视点在"不同点"。"并"在连接复句时,用法与"并且"相似。

2."而且"连接的分句前后主语可同可不同,"并且"和"并"连接的前后分句只能是同一主语。

3."并"与"并且"不同的是,前者更多地用于单句,连接同一主体、有相同受事的两个动词(如例 g),连接紧凑。"并且"所连接项的关系相对松散。

4."并于+Nt(时间词)"在 CCL 语料库中有 2800 多例,而"并且于"后是时间词的只有 7 例。

2.2.3 "而且""况且"等递进连词的系统分析

"而且""况且""再说""何况""再加上"等都可以用于连接递进复句。下面结合构式和语境分析一下它们的异同。

表 19 从构式看"而且"与"况且""何况""再说""再加上"的异同

例句	构式	用法特征
a. 他**不仅**会说英语,**而且**也会说汉语。 （*再说*况且*何况*再加上,下同） b. 这个地方**不仅**风景漂亮,**而且**空气也新鲜。 c. 对于贫困学生,我们**不但**要关心他们,**而且**要帮助他们。	不仅 S_1,～S_2 前一分句用"不仅"等连词的典型递进句	连接同一主体或同一客体的具有递进关系的情况或动作,陈述事实或意愿
d. 她性格开朗,**而且/再加上**特别会讲故事,所以很吸引学生。 （*再说*况且*何况,下同） e. 这里民风淳朴,**而且/再加上**环境好,所以很多人愿意到这里来投资。 f. 王老师**不仅**关心学生,**而且**爱护学生,所以得到了学生和家长的好评。 （*再加上*再说*况且*何况）	多重因果复句 (1) S_1(原因1),～S_2(原因2),S_3(结果)	连接原因递进分句（有相同的主体、客体）,后接陈述客观事实的结果句
g. 工作负担重,**再加上**得了流行性感冒,他终于病倒了。 （？而且*再说*况且*何况） h. 这几年讲究科学种田,**再加上**风调雨顺,粮食产量有了较大幅度提高。		连接原因递进分句（可无相同点）,后接陈述客观事实的结果句
i. 这些工作他也做过,**况且/再说**还有你帮他,应该不会有问题的。 （√而且*何况,下同） j. 时间已经很晚了,没有车了,**况且/再说**外面还在下雪,今天就不要回去了。	多重因果复句 (2) S_1(原因1),～S_2(原因2),S_3(结论)	在表推理的因果复句中,连接原因句,后接结论句。 "况且"比"而且"多了补充的含义;"再说"比"而且"多了添加义

续表

例句	构式	用法特征
k. 我和哥哥都长大了,**而且/况且**都能挣钱了,您就不用这么节约了。 （？再说＊何况＊再加上）	语气委婉	
l. 世上本就没有常胜的将军,连神都有败的时候,**何况**人? （＊而且＊况且＊再说＊再加上,下同） m. 咱们盖个平房都挺费劲,**何况**造高楼呢?	S_1（原因1）,～S_2（原因2）? 反问句	在表推理的因果复句中,连接原因句或连接包含结论的原因句

说明:

1. 在陈述事实的递进复句中,"不仅/不但/不光……"只与"而且"前后搭配。"况且""何况""再说""再加上"都不行。

2. 据调查,"再加上"实际上很少用于上述递进句,它最常见的用法是表示"加合"(如"我们班的5个同学,再加上二班的3个同学,一共有8个同学报名去黄山旅游")。只是有时可以表示原因的相加,用于因果多重复句前面的原因递进句中。当表原因的递进复句的两个分句有相同点时,也可换作"而且"。当两个原因分句没有相同点时,倾向用"再加上"。这类递进原因句后接的是表示客观事实的结果句。

3. "况且""再说"主要用于表示推理的递进、因果的多重复句中,表示对原因的补充。所以,这类原因递进句中可以有两个以上的原因(如上表例j),其后接的是主观看法的结论句。当原因句中有相似点,也可以换作"而且"(如上表例k主体相同)。只不过缺少了"况且"的补充义或"再说"的添加义。

4. "何况"也常用于表示推理的递进复句中,表示对原因的补充。在构式方面,与"况且"的不同往往表现在因果句的次序排列上——它常出现在结论句先行的复句中。就这一点来说,它是"果因递进句"更为恰当。这类复句的语气比用"况且"的要强得多。

下面再分别举出各自的构式和用例进一步加以说明。

原因句$_1$,况且/再说＋原因句$_2$,结论句

原因句$_1$,原因句$_2$＋况且/再说＋原因句$_3$,结论句

原因句₁,结论句＋况且＋原因句₂

例如(例中画线部分是结论,下同):

(1) a. 小李已经向你道歉了,再说/况且这事你也有错,<u>就不要再追究了</u>。

b. 禽流感不同于一般的鸡瘟,只要能保证大家的安全,个人受点儿损失也没啥,况且政府还相应有补偿,<u>我们肯定要支持配合</u>。

c. 学校要促进学生德、智、体的全面发展。<u>因此分班时就不能仅考虑智力因素</u>,况且成绩不一定代表智力。

例 a、b 都是原因句在前,结论句在后,"况且"引出最后一个原因句,都用于言域。例 c 是第一个原因句在前,结论句在中间,"况且"引出第二个原因句作为补充。"况且"像例 c 这样的用法并不多见。"再说"和"况且"的差别是:"再说"多用于口语,"况且"多用于书面语。

原因句₁,何况原因句₂(结论隐含)

结论句,原因句₁,何况原因句₂(分句)

结论句,原因句₁,更何况原因句₂(分句)

原因句₁,结论句,更何况原因句₂(分句)

(2) a. 这么大的困难<u>尚且克服了</u>,何况那是个小小的困难呢?

(张斌(2001:239)例)

b. 我的鸡没有一点儿问题,但为了大家的健康,<u>应该作出一定的牺牲</u>,更何况政府还有补偿。

c. 病人入院时,病情十分严重,血压为0,生命危在旦夕。决定手术,<u>风险很大</u>,因为手术室连氧气都没有,更何况病人已80高龄、处于休克状态。

用"何况"的这类用例,正如张斌(2001:239—240)所指出的:"前一小句作为衬托,后一小句用'何况'把意思推进一层。全句往往是反问语气,前一小句有时用'尚且'与之搭配。后一小句有时形式上是一个名词性词语或介宾短语……有时'何况'前边还加'更'或'又'。""何况"连接的往往都是反问句。有的结论是隐含的(如例(2)a 和上表中的例 m),更多的是结论先行,由"何况"引出原因或理由加以补充。

张斌(2001:240)指出:"前一小句已举出理由,后一小句用'何况'引出追加的理由,表示更进一层,相当于'况且'。"

我们认为,如将同"何况"相关的各类构式放在一起,并结合语篇与语境加以综合考察的话,最好还是不要说"'何况',相当于'况且'"。理由主要有以下几点：

第一，"何况"以反问句形式出现的频率相当高（表示结论不言自明，无需论证），又多用于结论句在前、"何况"在后的复句中。这种语序绝不是偶然的，而是言者对自己的结论具有充分信心在语言结构上的体现。

第二，再看跟"况且"在形式上相近、而用"何况"的复句，与它相接的结论，其语气比"况且"句要肯定得多（见例（2）中划线部分，特别是粗体标出的词语）。最有意思的是例（1）b 和例（2）b 都是养鸡户在禽流感发生时对政府采取灭杀措施的表态。例（1）b 用"况且"句补充理由在前，表态在后。例（2）b 用"何况"句，表态在前，理由补充在后。从听者的感觉看，应该是用"何况"的言者的态度比用"况且"更坚决，语气更强一些。因此，可以说，"何况"的主观性比"况且"要强。

此外，还有下面两方面的材料可作为佐证：

一是"何况"和"况且"两词与强调结构的组配频率不同。据调查，CCL 语料库中，使用"何况"的复句前后，出现"连……都/也……"强调构式的共有 32 例（"连……都……"26 例，"连……也……"6 例）；而"况且"只有 1 例（即下例 a），"再说"则 1 例都没有。例如：

(3) a. 那些连火化资格都被剥夺的尸体，被裸尸运到一个运动场坑埋，<u>日后连认尸都办不到了</u>，况且肖红嘱咐要先将她埋在大海边！

b. <u>人心是个无底的洞，探之不尽</u>，人往往连自己都不了解，更何况去了解别人？

c. 要真正有所成就，还必须懂<u>历史学、语言学和考古学</u>。不然的话，就连认字也很困难，何况认字不是研究古文字学的目的。

d. 少剑波马上制止道："不！我们连俘虏都不杀，何况家属，<u>更不能杀</u>！"

二是各自使用的语境有所不同。"何况"和"况且"都常用于言域，如看各自的语境，当言者自信满满或者鼓励对方时，用"何况"；当言者表示谦虚或婉言拒绝并加以解释时，用"况且"。例如：

(4) a. 我相信自己的潜力。何况，我和我们国家队也有这个资本，自信是一方面，实力是另一方面。（自信满满，下同）

b. 萨芬在对阵本次比赛年龄最大的亨曼时自然是信心十足，更何况后者本赛季一个冠军也没拿到。

c. 古人说，一人拼命，万人莫敌，何况你们所带的全是精兵，又是

轻骑,毫无拖累,突围定能成功。(鼓励对方)

d. (王洛宾说)……如果冠以"歌王""歌圣"之类,就没有进步了。况且我只是一个民歌收集者而已。(表示谦虚,下同)

e. "病人找我是一种信任,人家有难处嘛。况且上门的病人多了对医院的声誉也有好处。"

f. (他)主动地迎向那几位小组,和蔼地解释说:"谈判还在继续,况且在私人场合,我无法向你们提供什么新闻。"(拒绝并解释)

前文已指出"况且"和"何况"主要用于"原因——结论"或"结论——原因"句中补充原因。它们极少像"而且"那样用于陈述带有表示递进关系的客观事实。

为了了解"再说"在这类表示推理的递进复句中的语用特点,我们调查了 CCL 语料库"何况、况且、再说"出现在疑问句之后的用例,分别是 189 例、179 例和 406 例。

我们又检索了"何况/况且/再说,你……"在该语料库中的用例,分别是 21 例、22 例、117 例。这说明"再说"更多地用于言域。再分析一下这两类语料,发现"再说"比起"况且、何况"来,虽然站在言者角度讲话的用例也有,如下面的例 a(没有"何况、况且"的多),但更多地用于站在他人(包括对方)的角度发表看法,分析问题。例如:

(5) a. 厂家的回答是:"肯定是你怎么碰撞了瓶子,好好的瓶子怎么会爆炸?再说,谁能证明是我们厂的啤酒瓶炸你的?要是你骑车撞伤的,再打碎酒瓶后找我们,我们怎么办?"

b. "咱这儿不是有这个规矩吗?让你们骑车去,那不委屈你们了吗?再说,要是那样做,你们、我们都不体面呀。"

c. "爸爸,别这么说,您身体有病,弟弟年纪小,我不去陪他,谁去呢?再说,他也离不开我啊!"

d. "想开点儿吧,哭也哭不活啦!""是啊,孩子们都大了,能不管你?再说还有乡亲们,有什么事你找我……"

e. "我当然了解你!全公社教师里面,你是拔尖的!再说,你这娃娃心眼活,性子硬,我就喜欢这号人。不怕!"

f. 蓝天野是重点保护对象,剧组决定派人进城为他买矿泉水,他谢绝了:"山里人祖祖辈辈喝窖水,我喝几天有啥?再说,我一人喝矿泉水,大伙该咋想?"

上面诸例中,除了例 a 是言者站在自己的立场上反驳对方的,其他用例都是站在对方或第三者的角度发表看法的。如例 b—e 是用于解释、安慰或鼓励对方的;像例 f 那样,站在他人的立场上表示要严于律己态度的用例,我们只在"再说"中的用例中看到。

"况且"和"何况"有时也可以以他人为视角发表看法,但这样的用例比起"再说"来要少一些。例如:

(6) a. 我不能扔下你一个人。况且,你的腰不也摔伤了吗?
　　 b. 老李! 我办婚事办多了,我准知道天下没有不可造就的妇女。况且,你有小孩,小孩就是活神仙,比你那点儿诗意还神妙的多。
　　 c. 看样子,你还要请一个佣人,因为,你一向不惯做家务,又何况,你现在有了孩子,应该好好休息才是。

综合上面的分析,如从主观性和语气的角度来看,"何况"最强,"况且"次之,"再说"相对弱些。现将这一组连词的异同归纳为下表:

表 20　"而且""况且""再说""何况""再加上"的异同

	事实递进句 情况1……情况2 (前后有相同点)	原因递进句 后接结果句 原因1……原因2 +(结果)	原因递进句 后接结论句 原因1……原因2 +(结论)	语体
而且	++	+ (主观性强)	+ (没有补充意味)	书面/口语
再加上	+ (较少)	+ (主观性弱)	+ (没有补充意味)	口语
何况	—	+ (极少)	+ 主观性与语气最强 有补充意味	书面
况且	—	—	+ 主观性与语气中等 有补充意味	书面
再说	—	—	+ 主观性与语气较弱 有补充意味	口语 多用于言域

2.3 对表示目的的一组连词及相关词语的辨析

2.3.1 汉语表目的的构式及相关词语

汉语表示目的的连词有很多,如"为、为了、为了……而、为的是/是为了、以、以便、用以、借以、好、好让、以免、免得、省得、以防"等。其中有表示极强目的的,也有表示一般或较弱目的的,但由于目前的教学没有对它们的差异加以重视,学生会不恰当地用表示极强目的性的表达进行过度泛化(详见绪论3.5.5节)。

本小节将从构式和语用的角度入手,分几组来辨析一下出现在目的构式中的这一组连词及相关的其他词语和构式。[①]

2.3.1.1 "为了……,……"和"……,是为了……"

表21 "为了 A,B"与"A,是为了 B"的差异

构式	例句	语义与语用特征
构式1: N_0+为/为了+NP/VP,VP 为/为了 + VP, N_0+VP N_0+为了+NP/VP 而 VP	a. 他为给孩子治病,把房子卖了。 (√为了 *为……而……) b. 为实现四个现代化而努力工作。 (√为了) c. 为了少交税,他做了假账。 (? 为 *为……而……,下同) d. 为了让大家听懂,老师讲得很慢。 e. 她把50元钱给了同学,自己却为了省5元钱而走了十几里山路回家。	"为/为了"引出目的,后一分句表示行动或结果。即先目的,后结果。结果句可以是积极的,也可以是消极的。
构式2: N_0+VP,是为了/为的是+VP	f. 我们这样做是为了帮助你。 g. 他买飞机票,为的是能早点儿到上海。	前一分句是已完成或计划做的动作,"是为了/为"引出的

[①] "为了、以免、免得、省得"的分析与用例部分参考了崔新梅等(2009:29,109)的结论与例句。关于"为了……而……"的例句、"以"的分析、"以"与"为了"的辨析和例句参考了张丽雅(2011:47-53)的论文。

续表

构式	例句	语义与语用特征
N_0+(就)是为了+VP 而+VP	h.他的这本书就是为了反驳这种论点而写的。	分句是从目的角度解释为什么这么做。即结果在先,目的在后。

从表中用例和说明看,构式1"为/为了+NP/VP,VP"和构式2"N_0+VP,是为了/为的是VP"在语用上正好是互为补充的,构式1的视点在目的,由目的到行动,行动性强。构式2的视点在结果,由行动追述目的,解释性强。"为(了)……而……""是为了……而……"是固定的书面语构式,经常构成一个紧缩句,不能出现在结构松散的两个分句中。

2.3.1.2 从构式看"以免、以防、免得、省得、以便"的异同

"以免、以防、免得、省得、以便、以"等一组连词,从构式看,是根据言者不同的视角和语用目的加以使用的。它们的异同请看下表:

表22 从构式看"以免、以防、免得、省得、以便、以"的异同

构式	例句	语义与语用特征
构式1: (N_0)+VP,以免 VP (N_0)+VP,以防 VP	应该总结一下事故产生的原因,以免再发生类似事故。 (√以防/免得*省得*以便*以,下同) 室外地下消火栓,每年要在上冻前,进行维护保养,以防冬天冻裂管道。	为防止消极结果(事故、伤害、损失等)的发生而提前做好准备。视点在"防患"。 多用于行域,也可用于言域。
构式2: (N_0)+VP,免得 VP	今天把闹钟开好,明早六点起床,免得迟到。 (?以免*以防*省得*以便*以,下同) 阿敏也陪着流了几滴眼泪,劝说道:"这已是往事,不必再提了,免得难过。"	为防止消极结果(不希望出现的事情,可大可小)的发生而提前做好准备。 主要用于言域。

续表

构式	例句	语义与语用特征
构式3: (N_0)+VP,省得VP	我每天带自做的盒饭上班,省得中午出去吃,还要排队。 (√免得*以免*以防*以便*以,下同) 你先打电话问问星期六营业不营业,省得空跑一趟。 他下决心,这几年先解决房子问题,省得老婆孩子遭罪。	本义为节约时间、人工等提前做某事,也可接消极结果句。 多用于言域,也可用于行域。
构式4: (N_0)+VP,以便VP	我必须想办法先挣点儿钱,以便能够在北京待下去。 (*免得*省得*以免*以防*以,下同) 汽车停放时,车头应朝向出口方向,以便疏散。	为事后方便做某事,提前做某个动作。 很少用于言域,主要用于行域。 说明文
构式5: (N_0)+VP以VP	李老师一边摆手让大家坐下,一边显然在寻找措辞以表达自己的感想。 (*免得*省得*以免*以防*以便)	先动作后目的,视点在前句的动作,目的性弱。 一般用于行域。 书面

从表22看,构式1—4中的"以免""以防""免得""省得""以便"的位置虽然一样,但在语义和语用上有细微的差别。从避免的消极结果看,"以免""以防"后面的消极结果,相对比"免得""省得"要重。"省得"本来的视点在省事,所以其结果的消极性相对更弱些。"以便"的视点在为了方便做某事而提前做某个动作。因此,其后不是消极的结果。"以"的动作性强,目的性弱,故不能进构式1—4,"以免"等五个连词也不能进入构式5。

从语用上看,"以免""以防"多用于行域,书面语重些,也可用于言域,较正式,往往以言者的主观看法为视点。"免得"更多地用于言域,一般是以他人为视点,出于替他人(包括听者)考虑,用于建议、规劝、提醒等。"省得"如果用于言域,一般也是以他人为视点。"以便"一般用于行域,很少用于言域,多用于说明文。

2.3.1.3 目的复句构式中的"为了"和"以"的差异

张丽雅(2011:47—53)语料调查后发现,表示目的的"以"后多带单音节书面语动词。为了弄清这类用"以"的目的构式与"为了……"构式的异同,她以常见的 10 个单音节动词同"以"与"为了"组配的构式在语料库中进行了搜索。为了节约篇幅,我们节选其中 8 个动词的调查结果,有的例句作了调整(例后括号内数字是用例数):

表 23 "以"与"为了"与 8 个动词组配例数

	以~	是……为了/为了~
求	a. 本军深入重地,环境险恶,只有向前冲锋,灭此朝食,**以求**生路。(2701)	a. 治理黄河,实质上是人类**为了求**生存、求发展与自然进行的抗争,必须动用千百万人的力量。(3)
讨	b. 弄花人对"发"的讲究,有时甚至到了迷信的程度,如 8 苗栽一盆,8 盆放一堆,**以讨**吉利。(10)	b. 我们不能**为了讨**领导喜欢,就把连队抛之脑后。(44)
示	c. 陈毓祥等数名香港同胞先后跳入海中**以示**抗议,因风浪过大,陈毓祥不幸溺水身亡。(1242)	0
飨	d. 故宫博物院除了做好接待大量游客的各种准备外,还特别推出两项特战**以飨**八方来宾。(282)	0
待	e. 据悉,北京各专业音乐院团正在重整旗鼓,**以待**来年。(188)	0
绝	f. 恳求将刘瑾等八人,进行摒弃,**以绝**祸端。(31)	0
代	g. 末附几篇回忆录和一份简历,**以代**自传。(18)	0
警	h. "逃术"还有种种,本文难以一一列举,以上仅撮其要,**以警**视听。(15)	0

通过表 23 可以明显看出"以+V(单音节)"和"为了+V(单音节)"构式的异同。

1.除了"求"和"讨"之外,其他单音节动词都只能与"以"组配而不能进入"为了"构式。用"以"的用例均带有古汉语表达构式的痕迹,书面语味道很重。"为了"不能与上面很多单音节动词组配,说明该词书面语味道弱于"以"。

2.结构相似,表述有异。对比左栏例 a 与右栏例 a,从结构上可析为:

N_0+VP(较详细)+以+VP

(N_0)+VP(较概括)+是为了+VP

从用例看,用"以"的构式的视点在行动,目的一带而过。由于行动是为产生有效结果、有计划、积极主动的行为,故加以详述,可称之为"强行动而弱目的"构式;而"为了/是为了"构式的视点都在目的,故对行动略述,对目的详讲,可称之为"强目的"构式。

上表右栏中例 b 是"不能为了……"表否定目的的用例。而同表示目的的"以"则没有这样的用例。这也说明,"以"的功能在凸显动作而弱化目的。所以,它不能用于否定目的的句中。

张丽雅还对"以……而……"和"为了……而……"的构式做了调查比对。下面是出现在这两个构式中前后部分的不同的动词与用例数(见括号内数字)。

表 24 进入"以……而……"与"为……而……"式的动词

	VP_1	VP_2
以+VP_1+而+VP_2(8)	求助、使……落马、避免	快(开心义)、造成、进行
为了+VP_1+而+VP_2(113)	实现(目标)、逃避、寻求、变成、做、表现、开源节流、追求、获得、赚钱、找(水)、取胜、脱贫致富、解救、愚弄	告别、奋斗、努力、超越、洒出、煞费苦心、沉湎于、接受、牺牲、置于不顾、参与、不择手段、提高、满足、增加

表 24 说明,可进入"以……而……"构式的动词和用例都很少,而进入"为了……而……"构式的动词和用例却很多,且多为带主观意志的自主动词。这与它的"强目的"特征相匹配;而能进入"以……而……"构式的有的动词是非自主的,这也与它的"弱目的"特征相匹配。①

2.3.2 表示目的的连词与其他相关词语的异同

所引的两个大纲都把"N_0+VP,好+VP"列为目的复句的语言点。

---

① 据调查,"用以""借以"常表示动作所凭借的事物,包括动作的方式,分析事物的观点、理论等,似乎还带有介词"用"的含义,较少用于纯粹的目的复句,况且两词主要用于书面语,故在此节不加讨论。

初级阶段就学的连动构式,在讲解时,都说"N_0＋来/去＋(NL)＋VP"构式前的"来、去"表示动作的方向,其后的动词表示目的。那么,这两种构式有什么区别呢?

据调查,在清代的白话语料中,就常见"好让"的用例。这些用例对我们了解"好"最初表目的的用法是有帮助的。例如:

(7) a. 还在这里等死么?本师今饶汝性命,汝尽管逃去,本师再也不追,好让你回山修炼功夫,再来报仇雪恨。你可速速去罢!"

《七剑十三侠》(下)》

b. 我方才竭力帮着她,早些葬了她家老太太,好让她一心去干这桩大事,也算尽我几分以德报德之心。 (《侠女奇缘》(上))

c. 他便对邓九公说:"九兄,这事情的大局已定,我们外面歇歇,好让他娘儿们说说话儿,各取方便。"(《儿女英雄传》(上))

d. 谷和金观察见了他们两个人这般情景,便故意回到席上去应酬一会,好让他们两个人细细的谈心。 (《九尾龟》(四))

上面 4 例分别出自《七剑十三侠》等 4 部白话小说,句中的"让"在表示"容许"(如例 a、b)或"避让"(如例 c、d)之义的同时,兼表"有意致使"(这在表示目的的"好让……"句中更为明显),这类用例在上面所引的 4 部小说中分别为 10 例、15 例、12 例、5 例,已是较为常见的用法。从用例看,4 例中有 3 例是动作主体出于某种好意不做某动作或采取避让的方式,致使他人获得方便,换句话说是有意给他人提供方便。所以可以把"……好＋VP"构式称为"有意致使积极结果"的目的构式。

而连动构式"N_0＋来/去＋(NL)＋VP"则是典型的"极弱目的"构式,言者的视点在动作的方向。动作的目的是隐含的。请看下面的对话:

(8) A:你什么时候来/去学校上课啊?
    B:马上就来/去。

在对话中,"来/去"后的动词可以省略。再回头看一下上面分析过的所有有标志的目的句,即使是表示弱目的的"……以……"构式,也不能省略其表目的的动词。所以我们在给学生讲连动构式时,对其目的性不必过于强调,应突出其动作的方向性。但是,当遇到学生将强目的泛化使用的偏误(如下例)时,则应问一下学生,他们到底要说什么?如强调"买东西"时,使用例(9)上面一句未尝不可;而当言者的视点在"来、去"的处所,那么应选用连动构式。

(9) ? 为了买东西,我去上海。

改:我要去上海买东西。

综合上面的分析,我们可以把这一组与目的相关的词语和构式在视点上的异同,用下表加以概括:

表 25　与目的相关的诸多构式之比较

语义与语用\词语及构式	为了	是为了	以免、以防	免得	省得	以便	以	好/好让	来/去+VP
侧重目的	++								
解释行为的目的		++							
为避免较重消极结果			+++	+					
为避免一般消极结果				+++					
为节省人工时间等				+	+++				
为方便做某事						+++			
侧重动作连及目的							+++		
为致使积极结果								+++	
动作的方向性									+++

从上表看,这一组表目的词语和相关构式,在语用上呈现出系统的分布。

2.4　关于连词系统教学的设想

2.4.1　关于连词的系统教学及层次安排

参考前面所引的两个大纲有关连词的教学内容与安排,学生有关连词的偏误分析以及我们的教学研究与实践,关于连词系统教学的内容与

层次,我们的建议如下表:

表 26 连词系统教学内容与层次

功能	例词	教学层次与内容要点
连接词或短语的连词	和、跟、同、与、及、以及;又	"和、跟、又"初级一、二教; 初级三辨析:"和"与"跟";"又"和"和"; "同、与"中级一教,"及、以及"中级二教;辨析"同、与、及、以及"
	和:连接形容词和动词及其短语的限制 而、而且:连接形容词的用法及特点 并、并且:连接动词的用法及特点	左栏内容中级一、二教,中级二辨析"和"与"而、而且、并、并且"
	或者、还是	初级二教;辨析:"或者"与"还是"
连接分句或句子的连词	虽然、但是、可是、不过、如果、要是、因为、所以、一边、一面、或者、然后、还是、那、那么、不仅、而且、既、即使、接着、结果、而、既然、因此、由于、尽管、无论、不管、只有、只要	左栏内容分别在初级二、三和中级一教; 初级三辨析:"只要"和"只有"; 中级辨析"而"和"而且";"而"与"并、并且";"而且"与"并、并且";"尽管"与"不管"
	但、可、若、哪怕、不论、不但、然而、要不然、于是、除非、此外、从而、假如、况且、何况、难怪、如、要不、要么、一旦、以便、以致、以免、免得、省得、与其、宁可、再说、至于、万一、就是、虽说、虽、不然、以致、此外、要么	左栏内容中级一、二教; 辨析:"为了"和"是为了";"由于"和"因为";"以致(于)"和"以致";"于是"和"从而";"况且"与"何况";"免得""以免"和"省得";"因此"与"因而";"可是、但是、但、然而、不过、而"
	以、别管、此后、固然、或是、即便、即或、进而、任、倘若、假若	左栏内容高级教,并辨析"而且、再说、何况、况且、再加上";"为了、是为了、免得、以免、省得、以、以便、好、来去/VP"

2.4.2 我们已做的与连词相关的辨析工作

由陆庆和(2009)主编,崔新梅、周国鹃等编著的《汉语水平步步高——关联词、量词》在连词与连词及与易混词语或构式的辨析方面做了很多工作,下面以列表的形式加以概括介绍。

表27 《汉语水平步步高——关联词》篇中成组辨析过的连词和关联副词

和、又	也、还	还是、或者	但是、却	又……又……、既……又……
此外、另外	因此、因为	由于、因为	但是、不	只要……就……、只有……才……
何况、况且	宁可、宁愿	既然、因为	纵然、虽然	而且、并且、况且
纵然、即使	虽、虽然	进而、从而	从而、因而	省得、免得、以免
以至、以致	以至、甚至	固然、虽然		

上表27一共有23组连词(包括近用的关联副词)的辨析,其中有的是所引两个大纲列为语言点的,也有未涉及的,读者可以参看。

第八章 与词汇教学有效性相关的几项调查

第一节 外国学生汉语词汇学习策略的调查

1.1 学习策略的调查目的与方法

词汇教学如何更有效,是本项研究讨论的重点之一。希望从学生汉语学习的有效学习策略中获得启示,是我们这方面调查的目的。

1.1.1 重点参考的已有的研究成果

调查前,我们参考了研究第二语言学习策略的一些成果。主要有:杨翼(1998),江新(2000),徐子亮(2000),吴勇毅(2001),赵果、江新(2002),吴勇毅、陈钰(2005),钱玉莲(2007),钱玉莲、赵晴菊(2009),丁安琪(2010),肖奚强、周文华(2012)等。

1.1.2 我们的调查与方法

吴勇毅、陈钰(2005)指出,研究第二语言学习策略可以通过问卷、内省、追思追溯访谈、观察等手段进行;可以对群体进行普查,也可以对个案进行剖析。这些调查研究的手段大致可以分为两类,一类是采用主位法,也就是让学习者本人指认自己使用的学习策略,如问卷、内省、追思等,另一类是采用客位法,就是通过观察、访谈等来客观地对学习者使用的学习策略加以考察、观察和证实(找出学习策略或对已经指认的学习策略加以确认)。

我们的调查采用的是将主位法和客位法两相结合的方法。具体做法是:

1. 让中级班的学生撰写《我是怎么学汉语》的作文。
2. 对在校的一些成功学习者加以观察,然后有针对地进行访谈。
3. 对我院汉语水平较高的本科生、硕士生、博士生或曾在我院学习汉语且目前从事跟汉语有关的工作的公司职员进行了个别访谈或利用网络进行调查。

4. 2012年6月我们对苏州大学海外教育学院在校留学生进行了汉语词汇学习策略问卷调查，调查表采取5分制Likert-type量表，"五分制"具体为：(1)我完全不这样；(2)我基本不这样；(3)我有时这样；(4)我基本这样；(5)我完全这样。接受调查的学生共分为6个班级、3个层次：一班、二班为学习汉语三个月到一年左右的初级阶段学生；三班、四班为学习一年到两年左右、已学完汉语基础语法的中级阶段学生；五班、六班为学习两年以上的高级阶段学生。调查共收到有效问卷208份，其中初级116份（男女比例为46∶70）、中级70份（男女比例为30∶40）、高级22份（男女比例为8∶14），国别有32个，其中韩国99人为最多，其次为日本46人。

1.2　学生认为有效的词汇学习策略概述

本节分两个表对学生的学习策略加以概括地介绍。表1将个别访谈和问卷调查涉及的相同或相近的方法归纳在一起，便于相互参照。表2是问卷中未曾涉及而在个别访谈中谈到的方法。

表1　个别访谈与问卷调查都讲到的词汇学习策略

个别访谈学生强调的有效学习方法	问卷调查结果
1. 阅读时先猜词后查法 　　美国学生M在阅读中文资料时，采用边看边猜的办法——通过词语的结构分析和上下文的语境，推测其大概的意思或意义范围。读完一章之后再查词典。①	学生采取"阅读中遇到生词常猜一下是什么意思"策略的均值为3.74。初、中、高级阶段学生的均值分别为3.66、3.69、4.27，高级学生与初级学生存在高度显著差异（$p=.009$）②，与中级学生的差异显著（$p=.017$）。

---

　①　该生2007年、2008年曾在我校初级班、中级班学习汉语。回国后继续学习汉语，后攻读中国政治的硕士学位和博士学位，现在是耶鲁大学博士后。在我们2012年通过网络做调查时，他已阅读了超过2600万字的中文资料。他当时的阅读速度是：500字的文章，花两分钟左右可看完，通常只有一、二处不懂的地方。

　②　由于初、中、高级三组学生的样本数不同，因此，我们使用SPSS软件采用Dunnett T3法进行事后比较，检测这三组学生在词汇策略上的差异。当检验结果中的P值小于0.05时，显示均值有显著差异；当P值小于等于0.01时，显示均值有高度显著差异。

续表

个别访谈学生强调的有效学习方法	问卷调查结果
2. 加强预习复习法 　　听写时汉字从来不写错、考试成绩优异的日本女生 T 认为,经常预习和复习是学习的好方法。美国学生 M 也说:"问题的症结在于写完作文、考完考试、发完言之后,学生能不能将这些词语牢牢记住。反复记生词、复习生词就能解决这个问题。"还有一位退休后来学汉语的日本男士,每种汉语教材他都买两本,因为他要做两遍教材中的练习。	学生采用"老师没有讲课前,提前预习生词"策略的均值为 3.47,属中等频度。初、中、高级学生均值分别为 3.34、3.51、4.05,高级学生达到了高等频度,高级与初级学生呈现显著差异(P=.022)。 　　学生采用"定期复习新学的词"策略的均值为 3.64。初、中、高级阶段学生的均值分别为 3.71、3.64、3.32,初、中级学生较高级学生更重视复习。
3. "词不离句"记忆法 　　日本女生 SC 说:"我在记忆和学习汉语词汇时,最重视的是如何使用这些词汇。所以我在学习时不是记忆生词,而是记忆包括这些生词的整个句子。这样就能学会词汇和词汇的用法。词序,这包括句子的结构、词语的搭配等等。"①	学生采用"总是把生词和句子一起记"策略的均值为 3.47,初、中、高级学生均值分别为 3.46、3.40、3.77,高级阶段学生更偏爱此方法。 　　**从总体均值看,学生使用此方法的频度并不高。**
4. 重视结构复述法 　　日本男生 T 说:"适合我的学习方法之一,为了提高口语,用'跟述'方法来训练(边听录音,边跟着说)。" 　　有几位汉语水平较高的日本学生把"跟述"作为自我训练的方法。	学生采用"听课文录音,跟着重复"这一策略的均值为 2.91。初、中、高级阶段学生的均值分别为 3.03、2.83、2.55,总体频度不高。只是初、中级学生比高级班学生更重视一些。

---

① 该生口头与书面表达都很流利,2002 年在中级班率先通过了 HSK 8 级,在苏州工作了几年。(注:2009 年 12 月国家汉办考试处推出了新 HSK(1—6 级)考试大纲,最高是 6 级。此后新 HSK 全面推开。旧 HSK 考试 2010 年结束。旧 HSK 考试 6—8 级属中级水平,9—11 级属高级水平。本项研究是 2008 年立项的,因此调查对象的 HSK 成绩(级别)大多属于旧 HSK 考试的级别。本书 38、334、337、338、353、356、400 页提到学生的 HSK 成绩同此。)

续表

个别访谈学生强调的有效学习方法	问卷调查结果
5. 语法结构分析法 　　美国学生 M 说:"语法结构的学习非常重要,在美国有的老师不讲语法,这是不对的。比如有一个同学造了一个错句'我见面老师',老师告诉他不能这么说,因为'见面'不能带宾语,可他连什么是宾语也不知道,怎么能理解这个规则呢?" 　　日本男生 T 书面与口头表达在结构上很少出错。据了解,原来他发现自己语法结构方面有问题,便专门买了这方面的造句练习册来反复练习。	学生采用"通过分析例句了解生词的用法和在句中的位置(充当主语、谓语、宾语、状语、补语等成分)"这一策略的均值为 3.66,属中等偏高频度,初、中、高级阶段学生的均值分别为 3.67、3.61、3.77,高级学生比初中级学生更重视语法结构。
6. 语法结构和词汇的多练法 　　韩国男生 SM 说:"三班的语法老师教得很系统。当时有很多练习,我到现在都记得很清楚。最近教我老婆时,我没有看课本,就能一条条地把语法的规则写出来,我没想到我居然记得这样牢。"	学生"认真做课后的词语练习"的均值为 3.66,为中等频度,初、中、高级阶段学生的均值分别为 3.67、3.61、3.77,高级班的学生比初中级学生更重视语法结构。
7. 抄写、朗读、背诵法 　　日本女学生 C 说:"我认为背诵是最好的学习口语的方法。这是我日本的汉语老师教的方法。我按照老师教的方法,一边听录音,一边跟着念课文,背下来。过了几个月,我不知不觉地记住了日常生活的对话。" 　　汉语口语较流利的韩国男生 HS 说:"我认为,学习一门外语不仅仅是学习,而是培养一种语言习惯。为了培养这种习惯,最好的学习方法是'朗读'和'背诵'。所谓'背诵'……是用嘴,即背到能'脱口而出'的程度。我的韩国老师告诉我,学习外语最后的	学生采用"注意词的正确写法"这一策略的总体均值为 4.03,属高等频度,初、中、高级学生均值分别为 4.03、4.04、4.00,这说明各个阶段的学生都比较重视汉字的正确写法。 　　采用"多读课文来记生词"策略的留学生均值为 3.41,属中等频度,初、中、高级学生的均值分别为 3.50、3.30、3.27。

续表

个别访谈学生强调的有效学习方法	问卷调查结果
目的是出去跟别人交流,所以朗读在这方面有极大的好处。我常常在自己的房间里大声朗读书上的对话,不久便感到很有效果。"	
8. 偏误改正记忆法 韩国男生 SM 说:"一班的老师在我们学了一些词语和汉字后,就要求我们写日记。这对当时的我们很困难。我记得当时写了一句'**我工作在苏州**'。老师把我这句写在黑板上,画了一个折钩,告诉大家,应该'**我在苏州工作**'。这个句子是受了英语的影响。老师在课上改了,并说是我写的,我当时觉得很丢脸,但是我记住了,以后就不这样写了。" 美国女学生 Q 凡是作业中老师修改的部分不明白的马上问老师,问完再造一两个句子给老师看。所以她的汉语提得很快,后来考上了南京大学的研究生。	学生使用"注意纠正自己的错误(错了就改,或特别记住老师改过的句子)"这一策略的总体均值为 3.71,属中等偏高频度,初、中、高级阶段学生均值分别为 3.84、3.47、3.73。 **据观察,凡是汉语水平提高较快的学生,对教师的改正都比较重视,有的会把教师改过的句子再重抄一遍,帮助记忆。**
9. 通过使用记忆法 日本女生 SC 说:"我在初级班的时候,天天写日记。除了使用学过的词语之外,也使用在词典上查到的词语,因为日记的内容一般是跟自己有关或者自己感兴趣的事情,所以这些词语是比较容易记忆的。然后自己背一下自己写的日记的句子,第二天在课间跟老师或同学们聊天时,说说自己背的内容,再看他们的反应。如果他们听不懂,那就是哪里有什么问题,比如说,使用的词语不对,或者发音和声调不对等等。反正他们马上就会帮我修改一下的,这对我有很大的帮助。" "另外,我也给老师看自己的日记,请他	学生采用"词汇要通过使用来记"的均值达到了 4.33,初、中、高级阶段学生的均值分别为 4.27、4.39、4.50,水平越高的学生越认同这一点。

续表

个别访谈学生强调的有效学习方法	问卷调查结果
（她）修改一下。然后再背修改好的句子，下午或晚上跟中国朋友聊天时再试着说出来。我是天天反复这一系列学习的。这个学法对我有很好的效果。" 　　美国学生 M 学习新课文，将所有生词都造了句子。日本女生 SP 在一班时，就常用汉语写日记，在作文比赛中多次获奖。她从此爱上了中文写作。两年半后回到日本，在日本参加 HSK 考试，通过了 10 级，作文达到了 11 级。 　　巴西女学生 T，她立志要当汉语教师。每次写作文都要花几个小时，半年后，她的汉语有了明显的进步。	
10. 多听多说、多与中国人交流法 　　日本学生 S 说："我有几位中国朋友，我跟他们一起去玩儿，互相学习。我认为跟他们交流也是学习口语的好方法。他们不仅是我的朋友，也是我的汉语老师。" 　　美国学生 M 说："在中国，我交了很多中国朋友，他们不单帮我学习汉语，更重要的是他们帮我理解中国人的世界观……学习语言是学习文化的一部分。回国后，我每天和来我校的中国老师一起吃午饭，用中文聊天，谈中国政治、历史、哲学等。这不仅有利于提高本人的口语，也给我机会运用刚刚学会的生词、语法等。"	学生运用"常和中国朋友聊天"这一协作策略的均值为 3.21，初、中、高级阶段学生的均值分别为 3.03、3.29、3.91，高级学生与初级学生有显著差异(p=.018)。 　　学生运用"注意听中国人（包括不认识的人）说话"策略的均值为 3.74。初、中、高级学生平均值分别为 3.62、3.76、4.32。高级学生与初级学生有显著差异(p=.012)。 　　学生采取"常用网络与中国人用汉语交流"的均值为 2.64，初、中、高级学生的均值分别为 2.44、2.83、3.14，高级班的学生采用此方法的更多些。
11. 阅读时注意结构法 　　美国同学 M 说："看中文报纸和著作等我十分注意语法结构，觉得语法结构可以让我这个卷发碧眼老外的汉语更地道。"	学生"学习生词时，特别注意词语的搭配"的均值为 3.67，属中等偏高频度，初、中、高级学生均值分别为 3.70、3.51、4.00，高级学生达到了高等频度。

续表

个别访谈学生强调的有效学习方法	问卷调查结果
12. 多看中文电视和电影法 　　波兰学生 Z 说:"为了提高听力,我规定自己每个星期至少看两三部中文电影或电视剧,我也去买光盘,买有中文字幕的,这样对我的汉字认读也有好处。" 　　日本学生 S 说:"老师说看电影、看电视剧是学习汉语最好的方法。我经常抽空看中文电影和电视。遇到不明白的地方,我就记下来,查词典弄清楚或者找老师问一问。" 　　还有一位日本学生 B,她要求自己每天都要看两个小时的中文电视剧或电影,并常记下典型的对话、句子和构式,然后把它们背下来。她的听力和口语能力明显比她的同学好。	学生"常看中国电视和电影"的均值为 2.92,初、中、高级学生的均值分别为 2.74、2.94、3.77; 　　采用"常看中国电视和电影,记下有意思的词或句子"策略的均值为 2.64,初、中、高级学生的均值分别为 2.39、2.76、3.59。 　　以上两个策略,高级学生与初级学生存在高度显著差异(p=.003;p=.001),与中级学生的差异显著(p=.026;p=.042)。
13. 不同阶段使用不同的词典法 　　日本学生 A、韩国学生 SM、美国学生 M 都在他们的学习方法中谈到了词典的使用。M 同学说:"我觉得在不同的阶段要靠不同的工具和方法。遇到不认识的字、词,当然要查词典。对外国人而言,查双语词典最容易。我 2007 年左右只用汉语词典。这个方法有利有弊。最初,不管查什么一直会遇到更多不认识的字、词。比方说,'专政'这个词。据《现代汉语词典》第三版,'专政'是'占统治地位的阶级对敌对阶级实行的强力统治。一切国家都是一定阶级的专政'。初、中级班的学生可能不知道'统治''阶级''实行''强力'等词语。所以还要继续查词典……这样也许是个'无限循环'。我的确花了很长时间查'定义的定义'。记得在苏州	学生"通常使用有母语注释的电子词典"的均值为 3.93,接近高等频度。初、中、高级阶段学生的均值分别为3.97、3.94、3.68。 　　"通常使用有母语注释的纸质词典"的均值为 2.48,初、中、高级学生的均值分别为 2.43、2.34、3.14。 　　"通常使用汉语注释的汉语词典"的均值为 2.47,初、中、高级学生的均值分别为 2.36、2.43、3.14。

续表

个别访谈学生强调的有效学习方法	问卷调查结果
大学我有时到深夜一点左右(还在)查词典,学生词。我觉得查汉英词典比较容易,虽然容易,但(因为可以偷懒)比较丢人。我不断鞭策自己好好学习汉语,强迫自己用汉语词典。痛苦不多,收获不少。"	
14. 大量阅读法 　　这是美国学生 M 认为提高汉语水平十分有效的方法。他对中国政治很感兴趣,学了一年多汉语,就开始大量阅读。 　　他说:"我 2007 年 12 月从中国回来,购买了《中国共产党政治思想读本》(Readings in Chinese Communist Ideology: A Manual for students of the Chinese language)。第一篇文章是《中国革命战争的战略问题》的节选。生词表包括 291 个生词。我的办法是先试图看文章,如果遇到不认识的词,查生词表。因为当时没有基础,我很快发现这个办法不行。后来,我学习了几十个生词后,回到课文,再次试图阅读几个句子。通过这个办法,一个月左右我终于能看懂那篇课文了。" 　　据统计,他从 2007 年至今,共看了 50 多种书籍,这包括《毛泽东选集》《邓小平文选》《周恩来文选》《刘少奇选集》《王明选集》和"文革"时红卫兵编的刊物《毛泽东思想万岁》,还有很多介绍中国共产党历史、土地革命历史的书籍以及翻译成中文的哲学名著(如柏拉图的《国家篇》(亦称《理想国》)、黑格尔《精神现象学》等,共计 2600 多万字。这大概是他已有阅读量的 70%。	学生采用"多看课外的汉语文章增加词汇量"的均值为 3.03,初、中、高级学生的均值分别为 3.02、2.77、3.91,高级学生与初、中级学生呈现高度显著差异($p=.005$; $p=.001$)。 　　据调查,初级班的学生能像学生 M 那样坚持看原著的较少。中级班以上的学生,除教材外,阅读中文报章杂志的学生还是有的,或者精读,或者粗粗浏览。

第八章 与词汇教学有效性相关的几项调查

表 2　只在个别访谈中提到的有效的学习方法

1. 词形结构分析法

　　美国学生 M 2006 年开始学汉语时,觉得汉字很难。为了弄清楚汉字的特点,他自学了介绍汉字的书。在初学汉语的第一年,他每天坚持练习写简体字和繁体字,并且经常看中文书报。对很难的汉字,他都会很快地拆分成部件。他主张:老师给初级班学生讲汉字,最好把它分成一个部分一个部分,比如"饭",左边食字旁,是吃的东西,右边反,是发音。这样讲,学生就能记住。光讲笔画,不知道什么意思,而且还很复杂。

2. 利用语素记词法

　　韩国男生 SM 说:"刚开始学习生词,我用的是中韩词典,比如学'学习',看看跟它有关的词,如'学、学生、学院、学校、学问……'等,不只记一个词,而是记一组词。这样到三班、五班时,看到教材上的生词我大概已经有 50% 是认识的,觉得记生词一点儿不困难。"他 2008 年通过 HSK 8 级,在苏州韩国贸易公司工作。

3. 利用语素猜词法

　　日本女学生 G 在日本学了一年汉语,在我校学了不到 8 个月汉语后参加 HSK 考试,结果通过了 9 级。她当时已可认读 7000 多词。她说,有些词是通过语素意义猜出来的。在平时查电子词典时,她经常查看与某个生词相关的同语素词,以及单语素词的意思,加上她已有的汉字知识,所以猜词和记词能力相当强。这一方法也是美国学生 M 常用的。

4. 整理归类法

　　韩国女研究生 Y 说:"到了中级班,我觉得整理已经学过的词语,把它们按不同用法归类,是很重要的。不整理的话,脑子里很乱,容易用错。"

　　日本男生 SH 退休后来我校学了两年汉语,然后开始边办公司,边在我校级别最高的班继续学习了多年,他通过经常提问、自学的方法,对很多成组词语的用法进行系统地整理,并把结果存在电脑里。

续表

5. 中英文著作对照阅读法

　　这是美国学生M介绍的方法。他回国后,每当美国大学老师要求读西方名著时,他都去找中文版的译著。他先读中文版的书,再看英文版的。他说:

　　中英对照学习方法有两个优点:第一是给我很好的机会学习汉语,第二是中文能促使我对书的内容不断产生兴趣。对照中英文本时,我很注意中文译者如何表达英文作者的想法。凭我的经验,大部分的翻译直接把原文翻成中文,不太尊重目的语读者的语言习惯。比如:But there was one issue that the Americans had to confront, over the course of the war, and that was issue was land 一句,英文原文比较啰唆,直接翻成中文应该是"但在越南战争的过程中,美国人一直面对着土地问题"。我不喜欢这个翻译,觉得不自然。于是我把它译成:"土地问题一直摆在美国人的面前"。这一句和"美国人一直面对着土地问题"意思一样,但我觉得前者更接近中国人的表达方式。

6. 经常将母语译成汉语法

　　美国学生M介绍说:"我在看书之时,经常想'我怎么把这段话翻成中文',如果有时间或读到特别有意思之处,我就会把那段话翻成中文。"他已经与中国朋友合作翻译出版了《林肯与劲敌幕僚》。在翻译中,他十分注意怎样使用地道的中文。他说:

　　英语俗语说,"One man's terrorist is another man's freedom fighter"。比较直接的翻译是"你眼中的恐怖分子是别人眼中的自由斗士"。这是强调战争中因人们观察角度的不同对事实有不同的看法。当时,我想出来的翻译是"甲方的'叛乱'是乙方的'起义'"。当时觉得我的翻译比直接翻译的好一些,但还是不够地道。后来,我在某书看到"胜者为王,败者为寇"这个成语,很高兴,因为我发现这个成语和英文俗语的意思一样。

7. 利用网络学习法

　　这是一位考过HSK 6级就去法学院攻读硕士学位的韩国男生介绍的方法。当时教过他的老师觉得他的汉语水平恐怕读不下来。但是三年后他顺利毕业了。老师问他怎么写的论文? 他回答说,写论文时,关于某个词应该和某个词怎么搭配,他在网上输入关键词,很快能找到答案。他下载了很多法学方面的论文,分析人家怎么写的,从文章的结构到句子、语段的结构,仔细分析,慢慢模仿,就学会了。他说网络给了他很大的帮助。据调查,在中高班的学生中,通过网络学习汉语的人近年来在不断地增加。

第二节 外国学生"在+NL"构式习得情况的调查与研究[①]

2.1 介词结合构式的习得情况调查研究的必要性

2.1.1 介词构式复杂易混难度大

绪论3.5.5节曾指出,因介词"在+NL"在句中有不同的位置,学生极易混淆。本节将对学生习得"在+NL"的三种不同构式情况进行调查和分析。

2.1.2 为何将"在+NL"构式作为研究对象

介词短语是第二语言习得的一个难点,Keenan、Comrie(1977:63—99)根据对许多语言的调查,排出了一个习得名词关系从句的难易顺序,从难到易共6个等级,其中介词短语被列入第三等级。在初级阶段,"在"是留学生学后使用最多的一个介词(赵葵欣,2000)。丁安琪、沈兰(2001)曾对韩国学生和王朔《顽主》的"在"的使用情况进行过对比分析,结果显示:韩国学生与母语为汉语者在使用介词"在"的时候,最常使用的都是表示处所的用法。

介词"在"介引处所名词,构成"在+NL"构式,该构式在句中有三个位置:

1. 甲式:"在+NL"置于主语前。如:
   在网上,我看过她的照片。("在+NL"表示事件发生的处所)
2. 乙式:"在+NL"置于主语后、动词前。如:
   学生们在教室里做功课。
   ("在+NL"表示(持续)动作发生的处所)
3. 丙式:"在+NL"置于动词后。如:
   两个老人坐在公园椅子上。
   ("在+NL"表示施事或受事附着的处所,下同)
   我的书放在桌子上了。

[①] 该节的作者是林齐倩,是根据作者发表在《汉语学习》2011年第3期上的论文《韩国学生"在+NL"句式的习得研究》和收入《2010台湾华语文教学年会暨学术研讨会论文集》的论文《美国学生"在+NL"句式的习得研究》改写而成。

2.2 外国学生"在+NL"构式习得情况的调查与分析

2.2.1 调查研究的问题、对象及方法

我们调查研究的问题是,"在+NL"三种构式的习得顺序,是否一种构式的习得先于另一种?考虑到不同母语的学生可能会有不同的结果,因此我们针对不同国籍的学生前后做了两次调查[①]。

第一次调查的对象是在苏州大学学习汉语的韩国留学生,其中初级水平的20人,中高级水平的20人。另外,我们还调查了20名母语为汉语的中国人,以作为参照与韩国学生进行比较。我们用看图写话的方式来获得语料,进行研究。每个受试者要根据所给的词写出8个句子来描述一张图片,每个句子都必须用上"在公园里"这个短语。从学生选用的构式以及使用的正确率,我们可以判断学生对"在+NL"构式的习得情况。

第二次调查的对象是美国东南部一所私立大学的21名美国大学生,其中初级水平的12人,中高级水平的9人。本次调查分两步走。第一步是书面测试,要求受试者完成两项书面任务:第一项是15个连词成句的题,第二项任务与第一次调查相同。第二步是口语测试,也要求受试者完成两项任务:第一项任务是回答问题,第二项任务要求受试者谈一次旅行的经历,其中必须出现至少4次"在+NL"。

2.2.2 两次调查的数据结果及分析讨论

第一次调查两组不同汉语水平的韩国学生和以汉语为母语的中国人对"在+NL"三种构式的使用频率和使用正确率统计如下(见表3):

表3 不同汉语水平的韩国学生对"在+NL"三种构式的使用频率和正确率

受试者	人数	甲式		乙式		丙式	
		使用率	正确率	使用率	正确率	使用率	正确率
初级组	20	37.7%	62.4%	25.9%	60.3%	27.9%	16.9%
中高级组	20	20.9%	80.5%	41.4%	77%	33.8%	67.8%

[①] 此两次调查均由林齐倩主持。

续表

受试者	人数	甲式		乙式		丙式	
		使用率	正确率	使用率	正确率	使用率	正确率
中国人	20	17.9%	100%	40.3%	100%	35.8%	100%

第二次调查每个受试者造出的含有"在+NL"的句子的总数不等,最少的为 33 个,最多的为 44 个。第二项任务看图写话的正确率最低,口语测试的正确率较高,由于四项任务的数据结果分布基本一致,因此我们将它们合起来统计。两组不同汉语水平的美国学生对"在+NL"三种构式的使用频率和使用正确率统计如下(见表 4):

表4 不同汉语水平的美国学生对"在+NL"三种构式的使用频率和正确率

受试者	人数	甲式		乙式		丙式	
		使用率	正确率	使用率	正确率	使用率	正确率
初级组	12	28.9%	67.2%	38.3%	49.4%	30.4%	39.1%
中高级组	9	24.2%	80.4%	45.5%	71.5%	31%	62.1%

比较以上两张表中的百分比,可看出两点。第一,随着汉语水平的提高,韩国学生和美国学生正确使用"在+NL"三种构式的比率都不断增加。第二,汉语水平与甲式句的使用频率成反比,与乙式句的使用频率成正比。也就是说,随着学习者汉语水平的不断提高,他们使用甲式的频率下降,使用乙式的频率上升,而对丙式的使用频率则变化不大。韩国学生和美国学生同样都有此特点。

2.2.2.1 三种构式的习得顺序

本实验调查研究的主要问题是,不同汉语水平的受试者对"在+NL"三种构式的正确使用率在数据统计上是否存在显著的差异。我们使用单项方差分析[①]来检验这一假设,结果如下表(见表 5):

---

① 单项方差分析(即 F-test)是检验显著误差的一种方法。作为一个显著性指标,p 值越小,显著性则越大。一般认为,$p<0.05$ 是可接受的边界水平。

表5 两组韩国学生对三种构式正确率的 F 测试结果

"在＋NL"的三种句式	Df	F 比值	P 显著水平
甲式("在＋NL"置于主语前)	1/30	2.67	0.113
乙式("在＋NL"置于主语后、动词前)	1/32	3.301	0.079
丙式("在＋NL"置于动词后)	1/37	44.796	0.000

表6 两组美国学生对三种构式正确率的 F 测试结果

"在＋NL"的三种句式	Df	F 比值	P 显著水平
甲式("在＋NL"置于主语前)	1/19	1.755	0.148
乙式("在＋NL"置于主语后、动词前)	1/19	9.026	0.007
丙式("在＋NL"置于动词后)	1/19	9.559	0.006

统计数据分析结果说明,不管是以韩语为母语的学习者还是以英语为母语的学习者,他们对丙式的正确使用率的差异最大($P<0.05$),对甲式的正确使用率的差异最小($P>0.05$),乙式都是居中。因此,实验结果表明,母语为韩语的学习者和母语为英语的学习者对"在＋NL"三种构式的习得顺序是相同的,都是:甲式→乙式→丙式。唯一不同的是,韩国学生对乙式的正确使用率的差异不显著($P>0.05$),而美国学生对乙式的正确使用率有显著的差异($P<0.05$)。这说明,韩国学生对乙式的习得要比美国学生早一些、容易一些。

2.2.2.2 三种构式的习得情况

韩国学生和美国学生对甲式的正确使用率都比较高,都超过60%,而且不同汉语水平的学生对这种构式的使用正确率没有统计意义上的显著差别。由此,我们可以认为,韩国学生和美国学生在汉语的初级阶段就能够较快、较顺利地掌握甲式句。但对丙式句的习得则难度较大,初级水平的韩国学生使用丙式句的正确率只有16.9%,虽然到中高阶段,韩国学生对丙式句使用正确率可达到67.8%,但仍是三种句式中使用正确率最低的,美国学生的情况也基本如此。可见,不管对母语为韩语的学习者,还是对母语为英语的学习者来说,丙式都是"在＋NL"三种构式中最难习得的构式。因此,我们着重研究学习者对丙式句的具体习得情况。

从我们收集的语料来看,受试者或是对丙式句的语义概念比较模糊,或是对丙式句的句法特点掌握不够,或是两者兼而有之。初级水平的受试者两者兼有,似乎更侧重前者,比如:

(1) a. ＊一个男人散步在公园里。(3名初级韩国学生)
  b. ＊在公园里三个人跳舞在湖旁边。
        (4名初级韩国学生,1名中高级韩国学生)
  c. ＊爸爸工作在银行。
        (2名初级美国学生,1名中高级美国学生)
  d. ＊两个老人在椅子上坐。
        (4名初级美国学生,3名中高级美国学生)

以上偏误说明受试者弄不清乙式与丙式有何区别。"她在湖旁边跳舞"和"她坐在湖旁边"这两个句子在韩语中的语序是完全相同的,即"主语＋处所短语＋在＋动词"。"爸爸在银行工作"和"两个老人坐在椅子上"这两个句子在英语中的语序也是完全相同的,即"主语＋动词＋处所短语"。然而在汉语中却出现了分化:当表示动作发生的处所或状态持续的处所时,采用乙式;当表示施事或受事通过动作发生位移,最后到达某处时,采用丙式,而且丙式中的动词一般含有"附着"的语义特征。

学习者在早期习得阶段,对这两种句式的语义概念、分化条件以及动词的语义特征不清楚,必然会产生混淆。学习者倾向使用乙式还是丙式,无规律可循。在中高级阶段,学习者的偏误则主要表现为对丙式的句法特点掌握不够。比如:

(2) a. ＊三个人躺着在草地上。
        (5名初级韩国学生,3名中高级韩国学生,
        3名中高级美国学生)
  b. ＊两个人坐着在公园里的椅子上。
        (10名初级韩国学生,6名中高级韩国学生)
  c. ＊妈妈坐了一会儿在椅子上。 (3名中高级美国学生)

丙式的句法特点为:"在＋NL"不能与动宾结构、动词带动态助词"着、了、过"、动补结构同现一句。只要动词后有"在＋NL",这些成分必须删除。除非把"在＋NL"移至句首(当然语用意义变了)。由于韩语中没有处所短语置于动词后的结构,再加上丙式在句法上有较多的限制,对动词又有"附着"义的要求,而"附着"这个概念本身又是很抽象的,这些因素都给母语为韩语的学习者习得丙式增加了不少困难。

而对于母语为英语的学习者来说,丙式应该是比较熟悉的结构,因为英语中处所短语就是置于动词后的,不能置于动词前,因此,美国学生受其母语的影响,习惯将处所短语置于句末,但他们并没有掌握好"状态持续"的表达形式。如"坐"和"躺"这两个动词既可以表示位移的动态过程,又可以表示动作完成后结果持续的状态,"在+NL"放在动词后突出动作性(动词单独出现),如"妈妈坐在椅子上","在+NL"放在动词前突出状态性(动词后要带上状态助词"着"、完成体标记"了"或时量补语),如"妈妈在椅子上坐了一会儿"。弱化谓语动词的动作性、增加其静止持续的状态性是将"在+NL"从动词后移到动词前的一个语用原因,而"着""了"时量补语等附加成分则是使这一转换得以实现的必要条件(林齐倩,2003)。要让学习者理解"着"、"了"、时量补语具有"增强状态持续"的语义和语用功能,并在形式语序上使用正确,需要经过一段比较长的时间。学习者要通过对大量语言的观察和运用,才能慢慢体会并掌握。这也是导致丙式句习得速度慢的一个重要原因。对乙式的习得韩国学生和美国学生的表现不同,韩国学生对乙式的正确使用率的差异不显著($P>0.05$),这说明母语为韩语的学习者在学习汉语的初级阶段就能够较快、较顺利地掌握乙式。而美国学生对乙式的正确使用率有显著的差异($P<0.05$),这说明母语为英语的学习者对乙式的习得难度较大,习得速度较慢。导致这种区别的原因可能是由于母语的影响。

2.2.2.3 "N_0(施事)+把 NP+放+在+NL"的习得情况

我们将处置受事附着式"N_0(施事)+把+N_1(事物)+V+在+NL+Nf"归并到丙式中。温晓虹(2008:53—139)研究指出,这一构式是"把"字句型中使用频率最高的。崔永华(2003)的研究显示,在外国学生的中介语中,"放"是出现在"把"字短语中频率最高的动词。故在本次实验中,我们在看图写话的第二题设计了提示语"放、自行车",目的是引导受试者使用"把"字句。结果如下表(见表7):

表7 受试者使用"N_0(施事)+把 NP+放+在+NL"的频率和正确率

受试者	人数	使用数	使用率	正确数	正确率
初级韩国学生	20	1	5%	0	0
中高级韩国学生	20	9	45%	7	77.7%

续表

受试者	人数	使用数	使用率	正确数	正确率
初级美国学生	12	0	0	0	0
中高级美国学生	9	4	44.4%	3	75%
中国人	20	12	60%	12	100%

从表 7 可以看出,虽然已经学过"把"字句,但初级水平的学生使用"把"字句的比率非常低,20 位韩国受试者中只有 1 位选择使用"把"字句式,12 位美国受试者中没有一位使用"把"字句。随着汉语水平的提高,中高级组受试者对"把"字句的使用比率和使用正确率都有明显增加,这说明"把"字句的使用频率和使用正确率与汉语水平成正比,这与温晓虹(2008)的研究结果是一致的。

2.3 对"在+NL"构式教学的启示

Ellis(2002)和 Dekeyser(2005)在分析了大量第二语言语法习得的调查结果后一致指出,造成第二语言语法习得难度的因素有三个:语言形式的复杂性,语言意义的抽象性,语言形式和意义/功能之间的透明度。本项调查研究的结果也印证了这一点。从韩国学生和美国学生习得"在+NL"三种构式的过程可以看出,语言意义越抽象,越难习得;语言形式越复杂,对句式结构和句中动词的限制越多,则越难习得;语言形式和语言意义之间的关系越复杂、越不透明,则越难习得。这些对教学的启示是,应通过一定的教学手段和方法来帮助学生在语言形式和语言意义之间建立起有机的联系。比如,当学生习得了一定量的动词以后,教师应根据动词的特征(句法、语义、语用),对动词进行归类教学。比如,能进入丙式的动词一般含有"附着"的语义特征,可以表示以下三种语义功能:

A. 施事 X(动物名词)通过动作发生位移到达一个地方 Z,如:

老师坐在椅子上。(句法结构为:主语+动词+在+NL)

B. 受事 Y(动物或非动物名词)通过动作发生位移到达一个地方 Z,如:

老师的书放在桌子上了。(句法结构为:主语+动词+在+NL)

C. 施事 X 使受事 Y 处于一个地方 Z,如:

老师把书放在桌子上。

(句法结构为:主语+把+宾语+动词+在+NL)

适用于 A 的动词都是不及物动词,从配价角度讲必须是一价动词,从语义特征来讲可以分成两类,一类如"坐、躺、站、漂、死"等,这类动词具有[+附着][±瞬间动作][+状态]的语义特征;另一类如"落、倒、掉"等,这类动词具有[+附着][+瞬间动作][-状态]的语义特征。这里所说的"状态"可以指状态的持续,也可以指状态的变化。第一类动词可以表示瞬间动作,也可以表示状态的持续或变化,所以既可以用于丙式中,突出动作性,也可以用于乙式中,突出状态性。但用于乙式时,动词后必须带上动态助词"着""了"或补语,以此来表示状态的持续或变化。而第二类动词只能表示瞬间动作,不能表示状态的持续或变化,所以只能用于丙式中。适用于 B 和 C 的动词都是及物动词,从配价角度讲必须是二价动词,从语义特征来讲应具有[+附着][+动作][±持续状态]的语义特征,如"放、搁、摆、挂、贴、写、钉、绣、扔、砸"等,这里所说的"动作",可以指瞬间动作,也可以指持续动作。

像这样结合构式将动词进行归类组配教学,可以帮助学生理清成组词的意义、所进入的构式义和句法结构间的关系,使抽象的语法、语义概念具体化,使词汇学习更加有效和系统。

本项实验调查的数据结果显示:母语为韩语的学习者和母语为英语的学习者对"在+NL"不同构式的习得是有先后顺序的,且习得顺序都是:甲式早于乙式,乙式早于丙式,丙式中处置受事附着式(即"把"字句)又是最难习得的。因此在教学中,教师应该"以学生为中心",根据学习者的习得发展阶段,在适当的时候为学习者提供合适的输入和指导。如果教学的输入和指导低于或超越了学习者中介语的现有阶段,教学就不会有明确的效果(温晓虹,2008:53-139)。故只有当学习者对一定量的动词的特征有所了解以后,丙式才易于习得;只有当学习者习得了状态助词"着"、完成体标记"了"和补语以后,才能真正掌握丙式和乙式相互转化的形式和语义功能特点;只有当学习者习得了非"把"字句的丙式句,表示位移的"把"字句才易于习得。

第三节 多义词"就"的偏误及习得情况的调查与研究[①]

3.1 多义词偏误与习得情况调查研究的必要性

3.1.1 调查研究是多义词系统教学的基础

杨寄洲(2003:15)指出:"词的多义性是任何一种语言共有的。目前,对外汉语教学界只确定了对外汉语教学的基本词汇量,划分了甲、乙、丙、丁四级词汇。但是,还没有对这些词所具有的语义进行义项等级划分。一个常用词可能有很多义项,哪个义项常用,使用频率高,先教哪个,后教哪个,哪个义项在初级阶段不适宜教,都应该调查做出规定……至今尚无对词语义项量的统计和等级划分的成果出来,目前也只能停留在凭经验定词语义项的层面。"

3.1.2 偏误高发词语中多义词占大多数

李绍林(2007)指出,学生在词汇方面的难点主要不在丁级词,而是在甲级词。BYDT语料库的调查也证实了这一点。该语料库中偏误数超过100条的95个词语中,多义词就有80个,都是甲级词,占偏误高发词的83%(详见绪论3.5.4节)。因此,对多义词的系统教学是词汇系统教学中十分重要的一环。

3.1.3 多义词用法复杂与教学处理简单化的矛盾

据观察,甲级多义词偏误高发的主要原因是这些多义词的用法相当复杂,而在教学的安排与处理上却过于简单与粗疏。这表现在目前的教学上,对甲级高频多义词,除了少数大纲明确规定的重点词之外,大多是初级阶段教过一两个意义之后,不再对其他意义继续进行有重点、分层次的讲授,更没有在复现的基础上加以归纳整理,即在大纲与教材中都缺少有计划、成系统的安排。

本节以高频多义副词"就"为研究对象,通过对外国学生中介语语料库的调查与在本院学生中所做的教学调查,尝试对它的不同义项进行难度考察与排序,从系统教学的角度拟出不同义项的教学层次。

[①] 该节内容节选自陆庆和《从"就"看高频多义词的系统教学》一文(此文收入《第九届国际汉语教学研讨会论文集》,高等教育出版社2010年版)。

3.1.4 将"就"作为研究对象的原因

"就"是初级阶段就学习的甲级词,据调查,绝大部分外国学生都不觉得它难。但在 BYDT 语料库中,"就"的使用频率(11224)和偏误率(6.74%)都是最高的。所以我们把它作为多义词教学的研究对象。

3.2 应教授的"就"的多个义项

多义词的系统教学应从三方面加以考虑:一是该教多少义项,二是义项的使用频率的高低,三是义项的难易程度。

首先看一下"就"在词汇教学中应教授的义项。

表 8 "就"的各种义项说明与例句

	所表语义或所在构式	例句	备注
表示时间	以说话的时间为参照点,说话人认为事情发生得快	我就回来。 他们马上就到。	句中无表示时间的词,下文称就1a
	以某一时间为参照点,说话人认为事情发生得早	我小时候就对历史感兴趣。 从一开始他就不同意这样做。	句中常有表示时间的词,下文称就1b
	以事件为参照点,说话人认为前后事情间隔时间短	一下课他就回家了。 进了门,他就喊起来。	"就"前应有动词短语句子,下文称就1c
强调数量	强调数量少	今天的作业我一个小时就做完了。	数量短语重读,下文称就2a
	强调数量多	在医院一住是三个月。 光语言一项,就填了英语、法语、德语、汉语(包括广东话)好几种。	"就"重读,下文称就2b

续表

		例句	备注
表示关联	如果……就	如果明天不下雨,就去公园。	下文称就3a
	只要……就	只要你努力,就能学好汉语。	下文称就3b
	既然……就	既然你不想去,就别去了。	下文称就3c
	前无连词,单独使用	你想干什么就干什么。	下文称就3d
	一旦……就	一旦发生交通事故,就马上报警。	下文称就3e
表示语气	就＋是……	我说的就是这个意思。	下文称就4a
	A 就 A(吧);表示将就或忍让	贵点儿就贵点儿吧。	下文称就4b
	就＋助动词	作为学生就应该好好学习。	下文称就4c
	就＋"认知义"动词;强调事后证实动作者的认知是正确的	我就知道他会这样说。	下文称就4d
	"就＋不＋动词";强调否定的主观意向	我就不信打不败他。 他就不愿意跟老李住一屋。	下文称就4e
表示限制	用在名词、代词、动词等词语以及句子前面,对人或事物进行排他性限制	就等明天动身了。 就玛丽一个人没来。	下文称就5a
	用在表原因、目的、范围的词语或小句前边,对"就"后内容进行限定	就因为这么件小事,他居然生气了。 就为了…… 就在于	下文称就5b

续表

		例句	备注
就（介）	表示动作的对象或范围	不要就事论事。我们就这个问题进行讨论吧。	下文称就 6a
	表示论述的出发点	就……说/来说/看/来看/而言/而论	下文称就 6b

关于"就"的义项说明，我们在参考《八百词》和张斌的《现代汉语虚词词典》的基础上做了些修改。从上表看，仅从"就"表示语义大类来看，就有 6 种，若再按所表语义和进入的构式细分的话，竟有 19 种不同的用法。从目前的通用教材看，上面 6 个义类中的"就$_1$、就$_3$、就$_4$"在一般初、中级教材中都会讲到，只是"就$_3$"不作为副词的义项来讲，而是在复句构式中连带讲一下。"就$_2$""就$_5$""就$_6$"在有的中高级教材中也作为语言点，只是不太普遍。所举构式没有上表这么全。但是不管怎样，这几个义类应该教，是可以达成共识的。

3.3 "就"的主要偏误类型分项统计与初步分析

3.3.1 "就"的主要偏误类型

下表是"HSK 动态作文语料库"中 768 例"就"的偏误在三大类偏误和在总偏误所占的比例。

表 9 "就"的三种偏误类型所占比重

	误用	占偏误比率	缺漏	占偏误比率	多用	占偏误比率
就	192	25.39%	388	51.32%	176	23%

从上表统计可知，在"就"的总偏误中，缺漏所占比例达到了 51.32%。其次是误用的，再次是多用的。下文将"就"各类偏误中涉及的义项做一统计。

3.3.2 "就"的不同义项在各类偏误中所占比

"就"缺漏的有 388 例，同类偏误有 4 次以上的有以下这些：

第八章 与词汇教学有效性相关的几项调查

表 10 从不同义项看"就"缺漏偏误的分布

误例内容特点	例数	所占比率	产生偏误学生的国别(数字为偏误数)	备注
从小就、从小时候就…… 从……开始/起就……	57	30%	日本15 韩国35 苏丹1 印尼1 葡萄牙1 新加坡1 澳大利亚1 泰国1 西班牙1	就1用法
很早/不久/以前就……	11		日本1 韩国9 泰国1	
一……就……	16		日本6 韩国5 印尼2 蒙古1 马来西亚1 越南1	
本来(原来)就……	13		日本12 韩国1	
每当每次(时)……就……	11		日本4 韩国5 毛里求斯1 新加坡1	
想起(心理活动)就(行动、心理活动)	10		日本3 韩国5 葡萄牙1 马来西亚1	
(如果)……的话,就……	77	32.9%	日本35 韩国29 印尼2 泰国3 俄罗斯2 缅甸3 奥地利1 越南1 英国1	就3用法
只要……就……	5		日本1 韩国3 缅甸1	
既然……就……	4		日本2 韩国2	
一旦……就……	7		日本1 韩国5 马来西亚1	
……就……(复句)	35		日本5 韩国20 中国2 奥地利2 缅甸3 新加坡1 澳大利亚1 俄罗斯1	
就是……	18	4.6%	日本13 韩国2 葡萄牙2 印尼1	就4用法
就……来说(而言)	12	3%	日本4 韩国7 中国1	就6用法

"就"误用的有192例,对教学有参考价值的偏误小类见下表:

表11 从不同义项看"就"错词偏误的分布

误例内容特点	例数	所占比率	产生偏误学生的国别(数字为偏误数)	备注
当用"都"而误用"就"	31	16%	日本5 韩国11 马来西亚1 印尼3 英国1 菲律宾1 柬埔寨1 澳大利亚1 泰国6 马达加斯加1	就4用法
当用"才"而误用"就"	19	11.9%	日本5 韩国6 新加坡2 印尼1 马来西亚1 中国1 泰国1 英国1 越南1	就1用法
当用"就"而误用"已经"	3		韩国2 巴基斯坦1	就1用法
当用"已"而误用"就"	1		韩国1	
当用"也"而误用"就"	13	6.7%	日本3 韩国4 印尼1 泰国4 菲律宾1	
当用"而"而误用"就"	12	6.6%	日本5 韩国7	
当用"并"而误用"就"	2		日本1 韩国1	
当用"会"而误用"就"	7		日本4 韩国3	就3用法
当用"再"而误用"就"	5		日本1 韩国2 越南1 圣马力诺1	
当用"就"而误用"那么"	4		日本3 韩国1	
当用"那么"而误用"就"	1		奥地利1	
当用"只"而误用"就"	8	4.1%	日本2 韩国3 印尼1 中国1 缅甸1	就5用法
当用"是"而误用"就"	7		日本3 韩国3 泰国1	就4用法

"就"的多用偏误共176例,情况更复杂。为了节约篇幅,我们只将频率最高的列在下表。

表 12 "就"多用频率最高的一类与所表义

误例内容特点	偏误数	所占比率	产生偏误学生的国别(数字为偏误数)	备注
当用"是"而误用"就是"	29	16.4%	日本 15 韩国 10 泰国 2 美国 2	就4用法

从上面三个表看,"就"的缺漏比例较高的是表示时间的"就1"和表示关联的"就3"。"就"的误用比例最高的是当用"都"而误用"就"的,应属于"就4"的用法(详见第六章的1.4.3节)。在多用的偏误中,偏误数最多的是当用"是"而误用"就是"的,属"就是"用法的过度泛化,也属于"就4"的用法。

3.4 外国学生对"就"习得情况的调查与分析

3.4.1 偏误统计结果是否具有普遍意义

上述统计结果反映的是外国学生在"就"用法上的普遍问题呢？还是某些人或某些国家学生的特殊问题呢？带着这个疑问,我们在我院中级班的学生中做了调查。

3.4.2 围绕"就"习得情况的调查

我们前后做了三次书面调查。第一次、第二次调查都是在我院五班(中级第二层次)的学生中进行的,第一次 21 人,第二次 17 人。第三次调查是让一个学过三年半、通过 HSK 9 级、语法学得较好的韩国女本科生做了上述两次调查的题目,然后与她面对面进行了访谈式调查。

第一、二次被调查学生的基本情况如下：

表 13 被调查学生的基本情况

序数	人数	学习汉语时间(年)			HSK 5 级及以上	学生国别
		1.5—2	2—3	3年以上		
第一	21	6人	10人	5人	8人	日本 5、韩国 9、美国 3、俄罗斯 2、印尼 1、澳大利亚 1
第二	17	6人	7人	4人	7人	日本 5、韩国 8、美国 2、俄罗斯 2

几次调查题目都是模仿 BYDT 语料库中的偏误出的。第一次调查是在期中考试中进行的。我们在附加题中出了 10 道改错题,为防止学生猜题乱改,将以下 3 个与"就"有关的试题混入其中(偏误用粗黑体标出,括号内是对调查结果的统计分析,下同)。

(1) a. 我抄别人作业的事,过了好几天,**老师就知道了**,他把我叫去批评了一顿。

(该题考察"就1"的习得。2 人将"就"改为"才",正确率 9%)

b. 我从小到大,能健康成长,有所作为,**就是我妈妈培养的**。

(该题考察"就4"的习得。无人将"就"改为"都",正确率为 0)

c. 去年他身体还很好,虽然睡得很晚,**但每天早上很早起床了**,绕着湖边要跑好几圈。

(该题考察"就1"的习得。无人在"很早"后加"就",正确率为 0)

第二次调查是单独进行的,分为改错题和填空题两类。改错题有以下 8 题:

(2) a. **我从小( )对广播、电视上的广告节目特别感兴趣**,我想做广告设计,所以我上大学时,就常在广告公司里打工。

(( )内应加"就1",改正率为 0)

b. 出门时太着急,忘了带手机,现在跟他联系不上,**我该怎么办就好呢**?

(这是"就4"与"才"的混用,应改作"才",改正率为 70%)

c. 小丽是个购物狂,常是看见什么买什么,昨天上街,**光皮鞋( )买了五双**。

(考察"就2"的习得情况,调查前刚讲过此用法,改正率为 13%)

d. 我们以前**关于人生这个话题讨论过**,她认为,我的想法很危险,不该不顾一切就去冒险。

(考察"就6"的习得情况,应将"关于"改为"就",改正率为 0)

e. 她特别喜欢视频聊天,每天晚上总要在网上跟朋友见面,**一聊有三四个小时**,所以睡眠不足。

(考察"就2"习得情况,当改为"一聊就聊了三四个小时",一个月前讲过,改正率为 60%)

f. 你已经大学毕业了,应该独立面对社会,要知道,**任何事情就有靠自己解决**。

第八章 与词汇教学有效性相关的几项调查

(这是"只"与"就5"混用的偏误,改正率为 13%)

g. 尽管妻子劝老李不要抽烟,说抽烟危害健康,可他却说"**危害健康再危害健康**,我只要现在抽着舒服。"

(应改为"危害健康就危害健康",这是刚学过的课文中的句子,属"就4"的用法但不是重点,改正率为 24%)

h. 我的朋友是个追求完美的人。他一直拼命地工作,**就可以说现在已经成功了**,可是他现在还为了扩大自己的公司继续努力工作。(这是"就3"多用误例,改正率为 60%)

例(2)a 应改为"从小就1……",且"就1"是初级班就学过的,被调查的 17 人,改正率为 0。相反,17 人中有 15 人却将后一句中的"就1"删去了,反而成了"就1"的缺漏。这说明该题对所有学生来说都是难的。例 d 改正率亦为零。有一美国学生在当场交卷时就问老师此题答案,并说他弄不清"关于"与"就4"有何区别。

填空题有以下 6 题,为了让学生不至于靠猜题来做,除了该填"就"的空,还加上了应填"如果、既然、太、真、才"的空,另外在可选择词中也提供了多个选项,有的空可填的词语不是唯一的。下面对学生每题所填词的统计,正确的均用粗体与下划线标出。词右数字为填该词的人数。

(3) a. 这孩子(**才7**/**只有1**/仅1)五岁,(就2/已经4/竟然2/都2/怎么2/可是2/但是2/也1)认识三千个汉字,(**真9**)让人吃惊!

b. 从我 15 岁时起,我爸爸(**就2**/一直2/从来1/常常1/决定1/不是1)不跟我们一起住,(而0/一直8/他2)住在国外,一年(**才7**/只5/就1)回家两三次,所以我对他感到很陌生。

c. 要说对我影响最大的一个人,相信(就0)是我的母亲了。每当看到母亲省吃俭用,把好吃的留给我和妹妹,我(就0/都1)特别感动。

d. 你(**既然1**/如果3/只要1/那么1/实在1)喜欢,(**就16**)买下来吧,贵点儿(**就4**)贵点儿吧,这样的东西难得遇上的。

e. 一旦开始工作,(**就6**)只考虑工作,不要胡思乱想,这样做(**才14**)能做出成绩。

f. 他们(**太8**)宠孩子了,孩子要什么,他们(**就14**/都2)给他什么,(**真2**/这4/这是1/好像1)有点儿过分。

"就"用于数量词前的用法,在调查前一个月教师讲过。但 a 题第二空强调数量多,只有两人填对了。b 题最后一空,强调数量少,只有那个

HSK考过9级的学生填了"就",而填"才""只"的共有12人。这说明学生对于"就2"用法的熟悉程度不如"才"和"只"。例c第一、二空没有一人填"就"的,只有一位韩国学生在第二空中填了"都",问他为何这么填,他认为与"每"呼应该用"都"。

例d第一个空填与"就"呼应的词语,真是五花八门,但都可以成立。填"如果"的比填"既然"的要多些。第二个空填"就"的最多,16人,占被调查者的88%,这说明表示关联的"就3",学生掌握得不错。第三个空填"就",表示容忍语气,即"就5",也是教师新讲过的,有4人填,占被调查者的22%。可见该用法较难。例e的填写情况略差些,也说明中级阶段学的"一旦……就……"比起"如果/只要/既然……就"要难。例f第二空填对的学生较多,占被调查者的77%。这说明学生对这类"要什么就给什么"的习语式构式是比较熟悉的。不过,该题有两名学生填了"都",问为什么,他们说因为句中有表示任指的"什么"。这与另外一名学生看到(2)d后一句"不该不顾一切就去冒险"和(2)f题的"任何事情就有靠自己解决"时,都马上将句中的"就"改为"都",问他为什么,他说句中有"一切"和"任何"。上述3位学生填"都"并说出理由的情况使我们明白了"都"和"就"为什么会混淆的原因——不少教师在讲虚词用法时,会提醒学生注意这类带标志性的词语。很多学生在记忆汉语虚词用法时,也会这么做。但却忽略了一个语言事实,单凭标志性词语作机械的判断,同样会产生错误的类推(详见第六章1.4.2.1节)。

上述调查结果说明,BYDT语料库中"就"的偏误情况,是外国学生在习得"就"这一多义词普遍存在的问题。调查结果还说明,"就"的用法很复杂,不同的义项,其难易度有所不同。有的用法(如"就1")在很多学生的母语中属于缺项,因此是有相当难度的。另外,有的意义较虚、具有主观相对性也是一个很重要的原因。而且,随着学生学习阶段的提高,学生会学到很多与"就""同构"或"近构"的其他副词或介词,这些都会对"就"的正确使用产生干扰。

3.5 有关"就"不同义项的教学层次的建议

综上所述,我们对多义虚词"就"的各个义项的教学层次建议做如下安排:

表 14　关于"就"各个义项教学层次的建议

层次	教学内容	格式或例句	教学单位	教学建议
初级一	表时间"就1a"（早） 表时间"就2a"（快）	N＋Nt＋就＋VP 我五点就起床了。 他们马上就到。	单句	与"才"辨析
初级二	表时间的"就1c"（包括承接）	一……VP……就＋VP； V＋了……，就＋VP 一下课他就回家了。	复句	复习"就1a" "就2a"，与 "才""已 经"辨析
初级二	强调数量少的"就2a"	MQ＋就＋VP 作业我一个小时就做完了。	单句	
初级二	表示关联的"就3a、就3b、就3c"	如果……就……； 只要……就……； 既然……就……	复句	
初级三	表示关联的"就3d"	（前无连词）……就…… 想干什么就干什么。	复句	与"只有…… 才""无论 ……都"辨 析
初级三	强调数量多的"就2b"	一＋VP＋就（是）＋MQ； 光＋名＋就＋V＋MQ 他一上网就是三个小时。 光皮鞋就有30双。	单句、复句	复习"就1c"， 从结构上进 行比较
中级一	表示语气的"就4a"	就＋是…… 我说的就是这个意思。	单句、复句	
中级一	表示限制的"就5a"	就＋N 就小王一个人没来。	单句、复句	
中级一	表示语气的"就4b"	A就A（吧） 贵点儿就贵点儿吧。	单句、复句	
中级一	表示语气的"就4c"	就＋助动词＋VP 作为学生就应该好好学习。	单句、复句	

续表

层次	教学内容	格式或例句	教学单位	教学建议
中级二	表示动作对象、范围的"就6a"	就＋NP＋VP 就这个问题进行讨论。	单句、复句	与"关于"辨析
	表示关联的"就3e"	一旦……就……	复句、多重复句	归纳"就"的用法,与易混的"都""才""关于"等反复进行辨析
	表示限制的"就5b"	就因为……就为了……; 就在于		
高级	介词"就6b"	就……来说/而言		
	表示语气的"就4d、就4e"	我就知道他会这样说。 我就不信打不败他。		

第九章 词汇教学有效性研究(一)

第一节 从教学和教师等角度看教学的有效性

1.1 从"学习的有效性"看"教学的有效性"

教学的有效性往往能通过学生学习的有效性反映出来。余文森(2009:4—7)指出:考量"学习的有效性"有以下三个指标:

一是"学习速度",这是指学习特定内容所花费的时间。所花费的时间越少,说明你学习效率越高。学习时间包括课上学习时间和课外学习时间。

二是"学习结果",就是看经过学习学生所发生的变化、进步和所取得的成绩。它主要表现在:从不知到知、从知之少到知之多、从不会到会、从不能到能等等。考量学习结果,不仅要考量学生的学业成绩,还要考量两个指标:一是智慧含金量——成绩是靠时间、记、死记硬背、机械操练、复制获得的,还是靠自己的思考、创造性的思维获得的? 二是学业成绩本身内含的智慧价值。即试卷里边所有的题目,是智慧性的题目,还是知识性的题目? 是学生只要凭知识技能就会解答的问题,还是必须经过创造性的思考才能解决的问题?

三是"学习体验"。"学习体验"首先看"伴随",讲的是学生以什么样的状态——是生气勃勃、喜气洋洋、其乐融融,还是愁眉苦脸、冷漠呆滞——进行学习,效果是很不一样的。其次看"生发"。学生可能觉得学习过程没那么有趣,但是学完以后觉得蛮有价值,他可能对过程不是很感兴趣,但是他对学习结果感兴趣,这个就是生发出来的兴趣。

1.2 从教学策略的角度对"有效教学"的研究

关于有效性教学,还有从教学策略方面来讨论的。M·希尔伯曼

(2005)《积极教学——101种有效教学策略》就是这方面的论著。

陆怡如在该书(1—2页)的"译者前言"中指出:"从理论上讲,有效的教学应具有如下几方面的特征:让学生明确通过努力而达到的目标,并且明白目标的达成对于个人成长的意义;设计具有挑战性的教学任务,促使学生在更复杂的水平上理解;通过联系学生的生活实际和经验背景,帮助学生达到更复杂水平的理解;适时与挑战性的目标进行对照,对学生的学习有一个清楚的、直接的反馈;能够使学生对每个主题都有一个整体的认识,形成对于事物的概念框架;能够迁移并发现和提出更为复杂的问题,有进一步探究的愿望。"

"本书的英文书名是 *Active Learning*,有人译为'主动学习''活动学习',甚至还有'自主学习'……从教师教学的角度讲,译为'积极学习'更为适切。这里积极学习的意思是:学习者是学习的主体,他们使用头脑探究观念、解决问题,并应用所学;在学习过程中学生全身心参与,智力、情感、社交、身体等全方位投入,教师是教学过程的引导者、支持者。"

"为什么要积极学习呢? 一项大规模的教育心理学研究发现,不同的教学方式产生的教学效果是大不相同的,学生对所教内容的平均回忆率为:教师讲授:5%,学生阅读:10%,视听并用:20%,老师演示:30%,学生讨论:50%,学生实践:70%,学生教别人:95%。

不幸的是,我们现在使用得最多的教学方法竟然是效率最低的方法。"她提到近年来风靡一时的自主学习、合作学习、探究性学习,认为"存在的一个问题是这些理念的可操作性不强,很难迁移到各个学科。倡导积极学习的研究者们认为,在学习某样知识时,积极学习会借助于听,借助于看,借助于提出问题,借助于与其他人的讨论。总之,要学好某样知识,学生需要'做'——理解问题,明白示例。尝试技能,及使用已掌握或必须掌握的知识做作业。我们知道,通过做能学得最好"。

M·希尔伯曼还指出:"如果我们与别人讨论信息,如果有人叫我们提问,那么我们的大脑能学习得更好。"

"更好的情况是,如果我们对信息做什么,我们就能获得有关我们的理解程度的反馈。根据 John Holt(1967)的观点,如果要求学生针对某信息或内容做下列事情,学习便会得到加强:(1)用他们自己的话陈述信息;(2)给出例子;(3)在各种形式或环境下再认;(4)找出与其他事实或观念的联系;(5)以各种方式使用;(6)预测它的某些结果;(7)陈述其相对或相反的方面。"

"我们的大脑需要联结正在教的内容与我们已经知道的内容和我们的思考方式。我们的大脑需要测试信息,重述之,或向其他人解释,以便在其记忆库中储存。如果学习是被动的,大脑便不会储存已存现过的信息。"

"当然,真正的学习绝非仅仅是记忆……要保留教过的内容,学生需要加以咀嚼……如果没有机会去讨论、提问、做乃至是教别人,真正的学习是不会发生的。"

"而且,学习不是一次性的事情。学习是波浪形的。为了理解,须得多次接触材料以充分咀嚼。它还需要多种形式的接触,而不单单是重复输入……如果是给学生呈现,那么学生的心理参与会较少。如果学习是被动的,学习者就不会对结果(也许除了对分数)感到好奇,不会提高,不会感兴趣。如果学习是积极的,学习者会寻找某些东西。他或她想要某一问题的答案,需要信息来解决某一问题,或是寻求做某一工作的方法。"

"要有效地教学,教师应该用到下列方式:小组讨论,项目,班内呈现和辩论,实验性练习,现场体验、模拟,以及个案研究。特别地,Schroder强调,如今的学生'能够较好地适应小组活动和合作学习'。"

"在他们(教师)看来,要想使学生有所收获,最好不要漏掉任何内容。然而在积极学习课堂,课程是'瘦身'的,目标也有限。指导这种课堂的老师明白,学生们忘记的远比他们记得的东西多。"(M·希尔伯曼,2005:2—5)

1.3 "有效词汇教学"对教师的要求

彭增安、陈光磊(2006:129)指出,R. Oxford 和 R. Scarcella(1994)(参见白人立,1999)提出了"基于研究的词汇教学方法",并将其与传统的词汇教学方法做出了比较:

基于研究的方法:

  教师审慎地考虑学生所需了解的词汇(从需要入手);
  教学适应不同学生的学习风格、特点、需求、目标;
  学生不断受到如何独立增强自己词汇量的指导;
  强调词汇学习策略的指导;
  词汇教学通过各种有连贯意义的上下文活动进行,孤立的词汇教学有限。

传统方法:
> 词汇教学无序,教师在教学中使用不掌握的词汇;
> 全体学生接受无差别的传授;
> 教师把词汇学习的任务交给学生,但不教给他们如何增强自己词汇的方法;
> 没有学习策略的指导。

我们十分认同上述"基于研究的词汇教学方法"。要想使词汇教学较为有效,教师应是研究者,对汉语的词汇及相关构式的语义和语用等有较系统的认识与把握,对学生的认知特点与认知策略有全面的了解与分析,对所教学生在词汇学习方面的优势与学习的难点等有较深入的调查和研究等。同时,教师也应是一个好的"引导者"——组织学生进行各种"用中学"的活动,指导他们自主建构,提高自学能力,将词汇系统知识一步步内化为自己的知识。

第二节 从方法上看教学的有效性

2.1 与词汇教学方法相关的已有成果

近年来,从第二语言教学的角度来讨论汉语词汇教学方法的著作层出不穷。除了孙德金主编(2006)的《对外汉语词汇及词汇教学研究》外,还有王建勤(2006)、张和生(2010)、李明(2011)、刘座箐(2013)等。另外,在讨论中涉及汉语词语教学方法的成果还有邵菁、金立鑫(2007),方绪军(2008),肖奚强(2008),高燕(2008),李晓琪(2009),周健(2009),毛悦(2010),李泉(2011),邢志群(2011),姜丽萍编著(2011),张和生(2012)等。在这些成果中,对具体的词汇教学方法介绍得较为全面的,当数周健(2009)的《汉语课堂教学技巧325例》。该书可以说把目前教师们采用的教学方法差不多都讲到了。[①]

因此,我们在讨论词语教学方法时,会提到不少已被学者们讨论过的教学方法,如"图示、提问、以旧带新、对比讲解、直观释义、语素释义、例句释义、利用近义词或反义词释义"等,在此一并提出,以防有掠美之嫌。不过,由于研究视角的不同,细心的读者还是能从本章、第十章、第十一章的

---

① 周健(2009:133—214)。

讨论中发现一些具有我们自己特点的观点与做法的。

2.2 从宏观角度看已有的词汇教学方法的研究

讨论词汇教学的有效性时,应从宏观和微观两方面入手。

从宏观上看,目前影响词汇教学效率的问题主要有以下几方面:

第一,词汇教学与语法教学经常脱节(参见绪论2.2节);

第二,词语教学重语义分析而轻语境和语用分析;

第三,中高阶段的词语教学虽然重视词语辨析,但往往仅就一对或一组词加以分析,未能在系统性教学上下功夫;

第四,"语素——词——词组——句子"是目前广大教师教授词汇的流程,但从语篇的角度进行词语教学尚未受到重视。

针对上述存在的问题,从宏观上看,词汇教学应该强调以下几个原则:

1. 词汇教学必须结合构式,把培养学生对构式的发现、感知、记忆和使用的能力,把学生运用构式串联词语的能力放在首位;

2. 词语讲解应突出语用分析和认知分析,培养学生对汉语语用功能的感知能力;

3. 在汉语词与母语词比较、汉语内部易混词比较的过程中,培养和加强学生的比较意识,把握对词语的多种观察视角和分析方法;

4. 词汇教学要突出系统性与综合性,让学生逐渐在头脑中建立起词汇系统网络;

5. 把学生的语段表达、对语篇的分析和组织能力作为考量教学是否有效的标准之一。

2.3 从学生的角度看教学方法的选择

我们在学生中进行了有效的词汇学习策略的调查(详见第八章第一节),另外还在教师中进行了常用词汇教学方法调查和学生对教师词汇教学方法的评价等调查。下表是将 Oxford(1990)"语言学习策略调查问卷"的主要项目与上述几项调查中的项目与结果进行了整合对照。

表1 "语言学习策略调查问卷"主要项目、学生采用策略及教师采用方法对照表①

学习策略大类		学习策略细目	学生常用的有效学习方法	教师常采用的有效的教学方法	
直接策略	记忆策略	归类	整理归类法	**整理归纳法**	
		建立联系	词形结构分析法、利用语素记忆法、系联法	**字素教学法、语素教学法、字素语素结合法**	
		把新词放在上下文环境中记忆	词不离句记忆法、背诵法	**利用语境讲词法、典型例句记忆法、背诵法**	
		运用形象和声音,使用想象、声音、声音与图画结合、动作等帮助记忆新的表达方式	多看电视与电影、表演法	**形象具体教学法、听说法、视听教学法**	
		有组织有条理的复习	加强预习复习法	**整理归纳法**	
		回过头复习以前学过的材料	同上	螺旋式复现法	
直接策略	记忆策略	反复练习	多做课后练习	反复操练法	学以致用法
		操练口头与书面系统	多听多说法	让学生多听多说多写	
		使用惯用语和句型	用生词造句②	使用构式、语块说或写	
		把熟悉的东西用新方式重新组合	用所学词语写日记	用所学词语造句写成语段、语篇	
		在不同的真实情景中操练新的语言(包括听说读写四项技能)	在教师和同学面前说出所写内容	鼓励学生用所学词语、构式等表达	

---

① 此表左栏项目,是根据吴勇毅、陈钰(2005)论文中对修改过的 Oxford(1990)"语言学习策略调查问卷"的介绍整理出来的,中栏是在苏大学生中进行调查的结果,右栏是经调查受到学生认可的教师采用的教学方法。

② 第八章1.2节"通过使用记忆法"下介绍的日本学生 SC 的体会实际上涉及"记忆策略"中的"用生词造句、用所学词语写日记、在教师和同学面前说出"三项。

续表

	学习策略细目	学生常用的有效学习方法	教师常采用的有效的教学方法	
直接策略	记忆策略	做笔记		提倡用汉语记笔记	同上
		概述		要求学生用汉语概述或解释	
		分析表达方式	注意语法结构及分析	讲词结合构式法	
		和其他语言对比分析	中英文著作对照阅读法	比较分析法(语际、语内)	
		使用参考资源	不同阶段用不同词典法；通过网络学习汉语	指导学生不同阶段使用不同词典，指导学生充分利用网络资源	
		运用一般规则推断		指导学生根据上下文分析语境、推断语义、语法与语用	
		谨慎从事词语对译和从其他语言直接迁移	翻译法(英译中)①	有条件地开设翻译课	
		找出句型，按照新信息调整你的理解		阅读时，培养学生快速找出构式的能力	
直接策略	补偿策略	利用一切线索猜测听到的或读到的新语言的意义	阅读猜词法	培养学生猜词能力	
		试着理解总的而非每一个单词的意义	大量泛读法	培养快速阅读能力	

---

① 第八章1.2节"中英文著作对照阅读法"和"翻译法"都是美国学生M认为很有效的学习方法，它们是有联系的，所以把前者放在"对比分析"一栏中。

续表

		学习策略细目	学生常用的有效学习方法	教师常采用的有效的教学方法
直接策略	补偿策略	尽管新语言的知识有限,但仍要寻找办法在说写中猎取信息	利用手势	
			短暂使用自己的语言	
			使用同义词或迂回描述	
			杜撰新词	
间接策略	元认知策略	有序安排和评价自己的学习	概述和联系已知的材料	整理已学过的词语	将所学词语构式系联起来,进行系统整理(整理归纳法)
			集中注意力,把注意力集中在特定的细节上	结构注意法	**提示注意构式法**
			设定目标,确定完成一项语言任务要达到的目的	接受访谈的学生都这样做①	向学生明确阶段的教学任务与目标
			制订完成语言任务的计划,寻找练习机会	同上②	
			注意错误并从中学习	偏误改正记忆法	**修改提升法**
			评价学习进程		

---

① 在"设定目标和完成计划"两栏中,我们填了"接受访谈调查的学生都这样做"。这是因为我们在访谈调查中发现,那些汉语水平较高的学生,一般都有自己某个阶段学习的目标和计划。

② 同上注。

续表

	学习策略细目	学生常用的 有效学习方法	教师常采用的 有效的教学方法
间接策略	**情感策略** 减轻焦虑感		注意宽严适度
	通过正面陈述自我鼓励		经常鼓励学生
	勇于冒险,自我奖励		**提出挑战性任务法**
	注意身体的紧张和压力		
	记语言学习的日记		
	告诉他人自己的感受和态度等		
	社交策略 向别人询问以求证或检验	多和中国朋友交流	**倡导主动提问法**
	请别人纠正	同上①	
	与同伴合作学习		**讨论法、辩论法**
	与新语言的流利使用者合作	和中国朋友合作翻译②	
	发展文化意识	同上③	
	了解和意识到别人的思想和感情		

上表最右一栏粗体标出的教学方法是我们下面将要讨论的,有的单立小节重点说明,有的则融入讨论过程中。只要将这些方法与中栏学生常采用的学习策略加以对照,便可看出不少方法是受到学生有效学习方法的启发。当然有的方法则是受到有效教学理论的启示而做的大胆

---

① 第八章1.2节"多与中国人交流"下,美国学生M谈到了多与中国人交流的好处,即不仅可以学汉语,而且可以了解中国文化,所以这样的学习策略也是一举多得的。

② 同上注。

③ 同上注。

尝试。

2.4 从微观的角度看词汇教学的方法

具体到一个个或一组词语应采用什么样的教学方法,这便是微观角度的讨论。由于这类教学方法相当多,我们只能从上面 2.2.2 节提出的原则出发,选择其中部分方法加以讨论。

为了让读者能有一个清晰的脉络,我们根据教学内容把下面要讨论的教学方法大致归了类,整理为下表:

表 2　与词汇教学内容相应的教学方法

教学项目	具体内容	教学方法(1)	教学方法(2)
词形	构词法、汉字书写	语素教学法;汉字教学法;语素与字素教学法相结合	整理归纳法、提问法、讨论法、利用语境教学法、比较分析法、修改提升法;自学能力培养法
词义	词语单一用法、多义词、词语子集	语义系统梳理法;利用构式串联法;内部系统辨析法	
构式与篇章	短语、单句、复句、语篇	语块教学法;构式教学法;语篇组织衔接教学法	
语用	具体的语用系统	(分散在第十、十一章中)	

第三节　语素教学法的有效性

3.1 从大纲和调查看语素教学法

3.1.1 大纲中关于构词法内容的安排

在《长期生大纲》中,构词法被安排在"初等阶段语法项目"的第二阶段:
001 附加法:老师　花儿
002 复合法:联合:国家　学习
　　　　　　偏正:工作　雪白

动宾:司机　命令
补充:说明　推迟
主谓:地震　年轻

在《本科生大纲》中,"合成词的构成及其语素义"被列为"二年级语法项目"。

3.1.2 调查与实践的启示

我们曾在我院中级班学生(包括本科生与研究生)开设过两次"现代汉语词汇"的选修课,系统介绍了汉语词汇的构词知识。在这门课结束时,曾就"你认为何时讲汉语词汇的结构知识比较好"这个问题在听课的两批学生(25名和20名)中做了调查,90%以上的学生认为,到中级阶段系统地讲授这类知识比较好。

目前通用汉语教材一般也把构词法放在中级阶段。如《新实用汉语课本》第3册就分9次全面介绍了汉语的构词法,《发展汉语·中级综合(Ⅰ)》也有汉语构词法的内容。不过,我们认为,从感性上培养学生的语素意识应放在初级阶段,即结合学生学习的词语引入相应的构词知识,让学生发现语素在汉语词汇中的作用。所以我们认为《长期生大纲》的教学安排是有道理的。

3.2 语素教学法在词汇教学中的作用

3.2.1 语素教学法的理论根据

"语素教学法"是不少专家(盛炎,1990;吕文华,1999;肖贤彬,2002)早就提出,并且为现在对外汉语教学界公认的较为有效的词汇教学方法。

根据1988年国家语委和国家教委公布的《现代汉语常用字表》的统计,用该表中的2500个一级常用字对200万字语料做覆盖率检验,可覆盖语料的99.97%。且语素义与词义关系密切,苑春法(2000)研究结果显示,以二字名词为例,词义是语素义组合的词占76.66%,词义与语素义有关,但不完全是语素义的词占7.83%,可见,构词时语素义大多保持不变。这两项调查结果说明语素教学适合汉语词汇的特点,能够经常揭示词形与词义间的关系,便于学生更多、更快地记忆词汇。

3.2.2 语素教学法在词汇教学中的优势

1. 可有效地扩大学生的词汇量

结合语素讲词汇的方法,有利于学生以语素为线索,将已学与新学词语联系起来,便于记忆、整理和联想,有效地扩大词汇量。

如在初级第二阶段的汉语课上,我们结合课文中的生词,利用语素,采用直观图示的方式,系联和补充了下面一些生词:

电~:电话、电灯、电视

~场:商场、机场、操场、广场、剧场、球场、会场

~票:电影票、车票、球票、门票

~厅:餐厅、歌厅、舞厅、咖啡厅

~吧:酒吧、网吧

学生通过图片很容易明了上面这些词的意思,在教师的引导下,还能够发现上述成组的词语在形与义上的共性。

2. 有利于提高学生的猜词能力

中级班学习"救助"一词时,教师让学生猜一下,它跟"帮助"比较,哪个词语义更重?学生看到"救"这一语素,都认为"救助"语义更重。接着结合例句,让学生猜测"协助、资助、援助、赞助"等是什么意思。有猜对的,也有猜错的。然后教师再分析这些词语的语素与其语义的关系,可加深印象。

3. 有利于对同语素逆向词语结构的关注

汉语中有一些由同向和逆向语素构成的成对双音节词。例如:

a. 两个语素是同义的:

适合、合适　生产、产生　发生、生发　到达、达到　喜欢、欢喜
唱歌、歌唱　样式、式样

b. 两个语素意义是相近的:

负担、担负　询问、问询　答应、应答　长久、久长　商洽、洽商

c. 两个语素意义是相关的:

产物、物产　地基、基地　焰火、火焰　彩色、色彩　情感、感情
爱情、情爱　中华、华中　地道、道地　气力、力气　山河、河山

姜丽萍(2011:250)把上面的词语称为"同素反序词",认为这类词是汉语词汇学习中的难点。她根据构成语素的特点分为上面3类。[①] 确

[①] 我们补充了一些词语,并在她的词语的归类上略作了调整。

实,不少外国学生由于对汉语构词语素的顺序缺乏敏感,常会将上述词语混淆。如 BYDT 语料库中,将"生产"与"产生"混用的错词偏误就有 83 例。语素教学中,如果提示学生注意这类词语结构的差异,并适当加以辨析,就可以减少混用的偏误。

4. 有利于词语微系统的揭示

在运用语素教学法时,应既注意同,又注意异。不管是生词的学习、系联,还是新旧词的归纳整理,都尽量注意通过语素分析来揭示某些词语的微系统。

如《博雅汉语·飞翔篇》(I)第一课中,"深邃"一词是作为重点词来讲的,但这个词的使用频率并不高,教师补充了更常用的几个同语素形容词,以不同的侧重点加以分析,揭示出以"深"为语素的形容词在语义上的系统性:

  a. 深邃的山洞、意义;(从空间上看,深不可测;引申为意义特别深)
  b. 深厚的友谊、基础;(从厚度上看,厚实、扎实、牢固)
  c. 深远的影响、意义;(从时间上看,久远,影响波及的时间长)
  d. 深刻的印象、教训。(从记忆的深度上看,使人深深记住的)

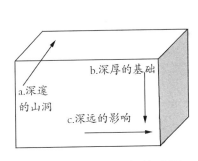

5. 有利于破解系统分析的难题

词语微系统的分析最难的莫过于几个词语的构形和用法十分相近。"觉得、感到、感觉"三词在语义与用法上多有交叉。在结合构式的用例分析的基础上,我们最后是通过三词的语素解析说明了它们的不同(详见第三章 4.2.5 节)。

本小节采用相同的方法来分析一下形式动词"予以、给予、加以"的差异。这三个形式动词在构形上很相似,而且可以与不少相同的词语组配(参见第一章 2.2.12 节)。它们的差异在于视点的不同。这与构成这三个词的语素与三词的演变有关。

"加"古代常用于君主"由上施加于下"的动作前(见下粗体字),例如:

(1) a. 夫上之所为,民之归也。上所不为,而民或为之,是以**加刑罚**焉,而莫敢不惩。　　　　　　　　　　　　　　　(《左传》)

　　b. 其政,刻上而饶下,赦过而救穷;不因喜以**加赏**,不因怒以**加罚**;不从欲以劳民,不修怒而危国;上无骄行,下无谄德……
　　　　　　　　　　　　　　　　　　　　　　(战国《晏子春秋》)

"加以+V"较早见于六朝文献,应是以上用法的"加"由单音词向双音词的发展。例如:

(2) a. 若止无可采,犹赐除署。若有不堪酬奉,虚窃荣荐,遣还田里,**加以禁锢**。　　　　　　　　　　　　　　　(六朝《全刘宋文》)

　　b. 其以隆、絜子为骑都尉,**加以赠赐**,光示远近,以殊忠义。
　　　　　　　　　　　　　　　　　　　　　　　　(《三国志》)

　　c. 毗陵道士李褐,性褊急,好凌侮人。忽有贫士诣褐乞食,褐不之与,**加以叱责**。　　　　　　　　　　　(北宋《太平广记》)

　　d. (我)每天一个念头一件事情,都写在册子上,以使随时看见了**加以克服**。　　　　　　　　　　　　(清《曾国藩家书》)

"予"作为动词的用法,较早见于战国时代,是"给"的意思,可用于一般人的动作。当与"赐"结合时,常用于君上的动作,只不过没有"加以"那么强调主动施加。例如:

(3) a. 问其名族,则不肯告,解其剑以**予**丈人,曰:"此千金之剑也,愿献之丈人。"丈人不肯受……　　　　(战国《吕氏春秋》)

　　b. 凡官府都鄙群吏之出财用,受式法于职岁。凡上之**赐予**,以叙与职币授之及会,以式法赞逆会。　　(战国《周礼》)

清代语料中常见"予以+V"的用法,V涉及刑罚、惩处、恤赐,也可是中性动词。例如:

(4) a. 将他的家产查明,被他祸害的人家分别**予以恤赐**,也是你一桩功德。　　　　　　　　　　　　　(清《八仙得道(上)》)

　　b. 所有各省本年应进民册,均展至明年年底。倘再疏舛,定当**予以处分**。　　　　　　　　　　　　　　　　(《清史稿》)

　　c. 自缚去求元帅,或者不咎既往,**予以自新**,将来也可大小博得一个功名。　　　　　　　　　　　(清《七剑十三侠(下)》)

　　d. 割让台湾一事,在威毅伯为全局安危策万全,忍痛承诺,国人自应**予以谅解**。　　　　　　　　　　　(清《孽海花(下)》)

从我们搜集到的"予以＋V"例看,其视点是兼顾动作主体(施事)与客体(受事)两方面的。如例(4)c就是这样——"予以"是主体给予受事自新之路。

"给"在古代较早的意义是"提供""供给",宾语多是生活必须之物。例如:

(5) a. 时孙坚举兵讨董卓,以南阳太守张咨**不给军粮**,杀之。

(《三国志》(裴松之注),下同)

b. 先帝爱民过于婴孩,民无妻者以妾妻之,见单衣者**以帛给之**,枯骨不收而取埋之。

c. 道依违数日,姜苦言劝之。遂解脱,**给衣粮**,使去,代为应对;度走远,乃告吏,杀之。　　　　　　(六朝《华阳国志》)

"给予＋V"的用法出现得较晚,在CCL古代汉语语料库中只找到14条用例。例如:

(6) a. 去年因为考场舞弊,皇上命令部里讨论,以后举人到京,都在二月十五复试,倘若有文理荒谬的人,**对主考官员分别给予革职、停科等处罚**,很可怕的。　　(清《曾国藩家书》)

b. 又特旨:婉姑**给予旌表建坊**。举人成都彦,准予一子入监读书,**用示体恤**。　　　　　　　　　　(清《施公案》)

c. 花子好处自己至死不忘,而花子的坏处则请她自己改正,必要时自己也可**给予帮助**,自别后**始终忘不了花子**,请花子多保重身体,云云。　　　　　　　　　　(民国《留东外史》)

从例(6)中黑体标出部分可知,"给予"的视点在动作的客体(受事)——动作是否使之受损或受益。这和现代汉语中介词"给＋N＋V"的语用特征是一致的。

通过以上对"加、予、给"语素义的考察到演变为"加以、予以、给予"的用法的分析,这3个形式动词的差异可归纳如下:

表3 "加以、予以、给予"的语用差异

	给予	予以	加以
视点	以受事为视点	兼顾施事与受事	以施事为视点
特征	主观性强	主观性弱	主观性次强

第四节　汉字教学与字素教学法

4.1　汉字教学在词汇教学中的地位

4.1.1　汉字教学在词汇教学中的重要性

我们曾在全院汉语教师中做过一个"汉字教学对词汇教学重要不重要"的调查,接受调查的20名教师全都选择"重要"。

张和生(2010:25)指出:"在汉语学习的初级阶段,汉字对欧美学习者造成的强烈困扰是学界熟知的。而我们的研究显示,汉字辨识能力对词汇量扩展的作用在汉语学习的中级阶段依旧显而易见。"

据我们长期观察,学生汉字能力(认读和书写能力)的好坏,直接影响到学生的词汇书写、记忆、理解和使用的效率。越到中高级班,这一现象越突出。在我校中级以上班级,汉语成绩较差的学生中,汉字能力较差的学生占了绝大多数,而汉语水平高的学生汉字能力都很强。

4.1.2　与词汇教学相关的汉字教学的不同安排

下面是几个大纲规定的外国学生应掌握的汉字数量。

表4　三个大纲规定的汉字量

大纲	《长期生大纲》	《本科生大纲》	《等级划分》
规定的汉字量	2605	2503	2700

2500—2700个汉字对外国学生特别是母语是拼音文字的学生来说,是一个并不容易完成的学习任务。因此,如何提高汉字的教学效率一直是教师们不断探索的问题。

李培元、任远(1986)早在《汉字教学简论》中就总结归纳了以下几种尝试:

1. 先语后文;
2. 语文并进;
3. 拼音汉字交叉出现;
4. 听说与读写分别设课。

(引自孙德金,2006:229—232)

崔永华(1999)也主张,先学听说(语文分开),再学认汉字(集中识字),再写汉字(读写分开)。江新(2005:127-128)主张"针对西方学习者(母语为印欧语的)的汉字教学模式应该要走'先语后文''先认后写、认写分流、多认少写'的道路"。

我们主张将汉字的认知、书写与汉语词汇教学有机地结合起来,这样才能起到相互促进的作用。下面主要介绍与此相关的几种教学模式。

4.2 汉字教学与词汇教学互相促进的教学模式介绍

4.2.1 苏黎世大学"汉字教学参与语词的音义认知"法

万业馨(2009)指出,半个世纪以来的汉字教学,约略可以分为三个阶段:

上个世纪 50 年代曾进行过"先语('语':汉语教学,下同)后文('文':汉字教学,下同)"……而汉字教学的主要目标始终是书写。

此后,"汉字教学应该进行独立的系统教学"这一呼声越来越高。主要内容为:"语""文"教学分头进行……着眼点主要在汉字教学的"系统性"。这是第二阶段。

第三阶段则开始注意到要对汉语教学和汉字教学的统筹安排。对"语"和"文"的分和合提出一些具体建议,但汉字教学的内容除了书写外,与汉语教学的关系主要理解为完成字词对应——认读。与以往做法相比,已有进步,但仍然未能深入到汉语与汉字关系的核心。

汉语基本单位(语词)的音节构成决定了汉字是以形声结构为主的符号体系,决定了汉字对汉语音义认知所具有的能动作用。而以往恰恰忽视了这一点。因此,要想打破汉字教学的瓶颈,必须立足于"语"与"文"的相互协调与促进。汉字教学参与汉语基本单位(语词)的意义认知。

据万业馨介绍,该大学汉语教学对"语""文"关系的处理首先通过教材的编写设计得到反映:

第一学期的汉语教材以拼音为主,汉字为辅。同时开始的汉字课则分为两个阶段。第一阶段汉字教学与汉语教学"同行不同步",以书写教学(如笔画、笔顺等)为主,适当安排汉字结构等方面的内容(如独体字、合体字、形旁、声旁、汉字简化方式等),以利于学生在了解汉字结构的基础上学习识别字形并掌握书写技能(共学习 81 个简体字以及所对应的繁体字);第二阶段"同行同步",选择部分语词代表字(175 个简体字以及对应的繁体字 25 个)让学生学习书写。两个阶段总计 256 个汉字。

第一学期结束后,安排汉字强化教学,以有关汉语、汉字的知识作为课文内容,学习汉字约 500 个。在提高阅读能力的同时,进一步了解汉字的特点以及汉语和汉字的关系。

第二学期的汉语教材以汉字为主,拼音为辅。

她指出上述安排的优点是:

首先,"语"与"文"的安排分合有度。

其次,书写与认知的安排既互相支持又各有侧重:学习书写是感知字形的过程,在得到简洁的结构分析帮助后,学生能够比较顺利地完成由简单字形到复杂字形的感知过程;而这又为第二阶段的音义认知打下了良好的基础。

再次,始终注意"语"与"文"各自的循序渐进以及两者的互相促进。例如语言教学中要求学生用电脑写作文,使学生在得到汉语学习成就感的同时,对字形的感知也得到确认;在此基础上,学生用汉字改写拼音课文、写小作文。

最后,以培养和锻炼学生分析和运用汉字的能力为主。如第一学期期末考试时,要求学生具备的能力足以完成下列要求:根据拼音写出对应的汉字;分析汉字(用已经学过的音符、意符组成没有学过的汉字);列出汉字简化方式并将具体字例归类;用简体字转写含有繁体字的句子;等等。

万业馨特别指出,汉字教学应该参与语词的音义认知,同时,认知部分又需要语言教学提供条件作为准备。在这方面,两者之间同样存在相互渗透和促进的关系。

苏黎世大学汉语教学所用的自编教材《中国话》以培养交际能力为主,采取以话题为纲的编写方式,使得学生接触并掌握了较多的汉语词汇(《中国话》上册共出现生词 720 个(仅是词,不包括"语"))。而这又为汉字教学引导学生归纳汉字意符、音符系统,揭示语词结构特点提供了操作平台。汉字教学的认知部分终于走出了举例式的知识讲授,学生的分析和运用能力也就自然而然得到锻炼,有了明显的提高。

万业馨(2007)强调了上述安排和教学过程中贯穿的教学理念。"一是一切从培养学生运用语言的能力出发,而不是一味要求学生记住他们学习过的内容。如口语课的教学是围绕着话题展开的,教材给出了一定数量的词语供学生选用而并不要求他们记住所有的词语。"在所开的书法课中,"把有关汉字符号系统的基础知识通过培养书写兴趣和提高书写能力的途径传授给学生。结果是在第一学期结束时绝大多数学生已经能够把汉字写得有模有样"。

4.2.2 北京大学中高级汉字课教学新模式

据李大遂介绍①,该新模式的汉字课突出系统性,先用 20 学时讲授汉字基本知识——汉字历史、汉字造字法,揭示汉字系统性的汉字外部结构、汉字内部结构、汉字表音偏旁及其字族、表音偏旁隐性读音信息、汉字表意偏旁及其字族等内容,为学生深入了解汉字做好启蒙工作。下半学期则集中识字。由于学生学了前面教的知识,把握了汉字的系统性,学习汉字能力自然随之提高,不但学得快,而且不易忘。新模式的中高级汉字课,在不足 40 学时之内,分别教学生学习 804 字和 648 字。调查结果显示:被调查的中级汉字短期生、长期生人均综合识字量分别提高 472 字和 572 字;高级汉字短期生、长期生人均综合识字量分别提高 674 字和 602 字。李大遂认为,汉字的系统性表现在形、音、义三个方面。汉字形音义系统是以偏旁为枢纽建立起来的,因此,紧紧抓住偏旁这个纲,把偏旁的形、音、义作为重点,把偏旁与合体字之间的形音义联系,特别是偏旁与合体字的音义联系作为重点,把一个个汉字放到整个系统中去教去学,就可以收到纲举目张的教学效果。

该新模式在集中识字阶段,除少数独体字、符号字外,都以偏旁为纲分课讲习。中级汉字的识字教学部分,除 101 个乙级独体字、合体符号字、音系半符号字单独讲授外,其余 703 个乙级字,以表意偏旁为纲,分课讲授。表意偏旁及其字族按所属义类分为人与社会、人体生理、头与头部器官、手臂与手臂动作、足与足部动作、心理与语言、衣着与饮食、居住与社区、器具、天地矿产、风雨水火、植物、动物、数位形态等 15 课讲授。每课先分别对表意偏旁进行说解,接着以表格形式列出该表意偏旁的义系字族,再摘出字族字中的乙级字进行讲解。如:讲授表意偏旁"心"及其义系字族的时候,先对表意偏旁"心"进行说解,然后一一列出"志、忘、态、念……忙、快、怕、情……慕、恭"等 110 个以"心(忄、⺗)"为表意偏旁的义系字族字,再对忍、怒、恐、虑、恋……忆、性、怜、怪、恢……慕等 26 个乙级字一一进行讲解。这种以表意偏旁带义系字族字的方法,纲目分明,有利

---

① 李大遂《中高级汉字课教学新模式实验报告》,上海外国语大学主办的"汉语独特性理论与教学国际研讨会"(2009 年 12 月 19—20 日)上的发言,未发表。

于学生根据表意偏旁这个意义线索学习记忆这些字族字的意义。高级汉字的识字教学部分,除 167 个丙丁两级独体字、合体符号字及义系半符号字单独讲授外,其余 481 个丙级字,以表音偏旁为纲,分课讲授。表音偏旁及其字族按表音偏旁读音韵母分为 13 课讲授。每课先分别对表音偏旁进行说解,接着以表格形式列出该表音偏旁的音系字族,再摘出字族字中的丙级字进行讲解。如:讲授表音偏旁"肖"及其义系字族的时候,先对表音偏旁"肖"进行说解,然后列出削、俏、捎、哨、悄、消、宵、屑、梢、销、稍、峭、硝等 13 个以"肖"为表音偏旁的音系字族字,再对削、俏、哨、宵等 4 个丙级字一一进行讲解。这种以表音偏旁带音系字族字的方法,系统性非常明显,有利于学生根据表音偏旁这个读音线索学习记忆这些字族字的读音。

单字教学与词语教学相结合,以字为本,以字带词,以词带句,振本而末从。除了以偏旁为纲系联义系字族、音系字族,一组一组地教以外,还必须把单个字与由它构成的复音词、词组甚至句子联系起来,把字放到不同的词语环境中去教,即把单字教学与词语教学相结合。中级汉字课教材用 804 个乙级字系联复音乙级词和丙级词,为这些复音词注音,然后各自给出一个使用这个复音词的句子。如:

【规】guī 笔顺:一 二 丯 丰 扣 担 规 规

    规定 guīdìng 公司最近有了几条新规定。
    规律 guīlǜ 他的生活很有规律,总是按时吃饭和休息。
    规模 guīmó 三峡工程规模巨大。
    规划 guīhuà 城市的道路建设应该很好地规划。
    规矩 guīju 这个孩子又懂事又守规矩。
    规则 guīzé 如果都严格遵守交通规则,就可以减少堵车现象。

《系统学汉字·高级汉字讲义》的丙级字、丁级字说解部分,在每个字的不同义项后,列出数个常用复音词。中高级汉字课,课上课下都有大量用汉字组词、填空的练习,如用上下两组汉字搭配组词填空。

李大遂认为,作为汉字教学的出发点,识字教学与词句教学相结合,首先是为了促使学生较好地掌握所学汉字的形音义,但其意义还不止于此。把识字教学与词语教学结合起来,还能大大促进学生汉语词语的学习。我们认为,从汉语词汇的系统教学的角度看,这种"在学字的基础上学词(这里主要指复音词),在学词的基础上学句"的方法,是切实可行的。

4.2.3 苏州大学"词语教学引入汉字系统知识法"

此教学方法的特点是在汉语词汇教学过程中有计划地引入汉字的系统知识,为促进学生对词语的音、形、义的掌握进行汉字教学,主要在苏州大学中级班中推行。

具体做法是:

1. 结合学生所学课文中的词语教学,介绍汉字的独体字、合体字、形声字知识。
2. 培养学生正确拆分汉字,利用汉字的声旁、形旁、部件等巧记汉字(关于利用部件记忆汉字,详见第五节)。
3. 教词语时结合字形说明其本义和引申义。
4. 在词语辨析时,用形、音、义综合分析的方法破解难题。

如教《桥梁》(上)第三课时,教"酸"时,写出"酉"的古字形,即像酒坛之形,所以与酒有关的字均从此旁。如"酒、醒(本义"酒醒")、醉"等。"醋"也放在坛中,故从"酉",与"酸"字意义相关,酒坏了也可说"酒酸"。《桥梁》(上)第四课遇到生词"醇美"一词,教师可以先让学生猜大概跟什么意思有关。"醇"字因从"酉",所以形容酒特别香甜可口,然后让学生回忆一下从"酉"旁的汉字,很多学生说出了前面刚教过的一串字(酒、酸、醋、醉),于是教师又补充了"酿酒、应酬"等词语。

在教《博雅汉语·飞翔篇》(Ⅰ)第一课《星光笼罩的夜空》中的生词"笼罩"时,教师可以先画一竹笼,说明过去笼子一般都是由竹子编的,故"笼"从竹龙声;"罩",从网卓声。然后画一罩在桌上的半圆形的罩,说明"笼罩"就是形容夜空像罩子一样罩在头上。在讲解该课文中的"深邃"一词时,教师可帮助学生们分析"邃"字是穴旁,遂声,本义是"洞穴深不可测"的意思。

不少学生听了上述的讲解后,对汉字的兴趣大增——原来汉字跟词的本义有这么密切的关系。有的学生特地跑来对老师说:"这么讲太好了,我特别喜欢听。这个词我下课时就记住了,而且不容易忘。"

在较难辨析的一组词语中,适当引入汉字字形分析与词源考察,亦能起到破解难题的作用。

比如学生问"像""似乎""仿佛"有何不同。经教师讲解后,学生发现它们的用法既有相似之处,也有细微的差异(详见第十章1.1节)。为什么呢?教师可以从字形分析入手,考察它们不同的词源。

许慎《说文解字》:"字,孕也。""孕者,怀子也。""🈚(包),妊也。象人怀妊。巳在中,象子未成形也。元气起于子。子,人所生也。……怀妊于巳,巳为子。"段玉裁注:"勹象裹其中①,巳字象未成之子也。"

《说文解字》:"佀(侣),像也。"段玉裁注:"各本作象也。小徐作象肖也。皆非。今正。像下曰侣也,与此互训。是为转注……相像曰相似……《广雅》曰:似,类也。又曰:似,象也。又曰:似,若也。皆似之本义也。《诗·斯干》《裳裳者华》《卷阿》《江汉传》皆曰:似,嗣也。此谓似为嗣之假借字也。《斯干》,'似续妣祖',笺云,似读为巳午之巳。巳续妣祖者,谓巳成其宫庙也。此谓似为巳之假借字也。""从人㠯声。"段玉裁注:"隶作似。"

《说文解字》:"像,侣也。"段玉裁注:"各本作象也。今依《韵会》所据本正。象者,南越大兽之名,于义无取。虽韩非曰:人希见生象也。而案其图以想其生,故诸人之所以意想者皆谓之象。然韩非以前或只有象字,无像字。韩非以后,小篆既作像,则许断不以象释似,复以象释像矣。""凡形像、图像、想像字皆当从人,而学者多作象。象行而像废矣。读若养字之养。"段玉裁注:"古音如此。故今云式样即像之俗也。或又用样为之。"

《甲骨文字典》(1990:1571)指出:"甲骨文地支之子作🈚🈚🈚🈚等形,地支之巳作🈚🈚🈚等形,实为一字,皆象幼儿之形,惟表现各异耳。🈚象幼儿头上有发及两胫之形,🈚象幼久在襁褓中两臂舞动,上象其头形,故其下仅见一微曲之直画而不见其两胫。"据此,再结合《说文》与段玉裁注,可看出"子""巳""侣""似""嗣"之间的关联是:

"巳""子"实为一字,"侣"隶书作"似"——"似"是巳、嗣的假借字。

从字形看,"侣"之右半边,㠯极像"包"字中的🈚(巳)之变形,即"侣"似当分析为"从人从巳,巳声"。巳即是"子",衍生出"(子)嗣"之义。那么,"侣,像也"即"似"当释为"子(嗣)像父母"即"孩子长得像父母"。小徐本释"侣"为"象肖也"。肖,《说文解字》云"骨肉相似也"。正是与"似"义相符的。

"像"由"象"而生。甲骨文就有"象"。《甲骨文字典》(1990:1065)指出:"象,大象之形,甲骨文以长鼻巨齿为其特征。……据考古发掘知殷商时代河南地区气候尚暖,颇适于象兕之生存,其后气候转寒,象兕遂渐南迁矣。"

由此可知,先有"象","像"是后起字。它的产生很可能因气候变化,

---

① 裹:同"怀"。

极少能见到真象的人们,听到传说中的"象",人们便会想像"象"是何种动物;或以图像之,或以言描绘之。"像"可以释为"像象",从像某动物,进而引申像某事物、图像、想像等等。

仿佛

"仿佛"是联绵字,《辞源》(第三版,2015:235)①解释为:大体相像。也作彷彿、髣髴、方物、放物等。《史记·司马相如传·子虚赋》:"缥忽乎乎,若神仙之仿佛。"

髣髴,《辞源》(第三版,2015:4591)解释为:

1. 好像,看不真切。同仿佛。屈原《楚辞·远游》:"时髣髴以遥见兮,精皎皎以往来。"宋玉《神女赋》:"目色髣髴,乍若有记。"

2. 类似。《三国志·蜀·诸葛亮传》"于是以亮为右将军"注引《汉晋春秋》:"曹操智计,殊绝于人,其用兵也,髣髴孙吴。"

3. 约略的形式。《文选》晋潘安仁(岳)《悼亡诗之一》:"帏屏无髣髴,翰墨有余迹。"

仔细看一下上举屈原、宋玉和司马相如例中的"仿佛""髣髴"均是描写神仙的。神仙是虚幻的存在,所以"缥忽乎乎,若神仙之仿佛"中的"仿佛",似应解释为"隐约、蒙胧,看不真切"。"时髣髴以遥见兮"似当释为"有时隐隐约约远远地望见"。

如果将《辞源》对"仿佛"和"髣髴"的释义"看不真切"与"大体相像"综合起来,可能更接近"仿佛"的本义。

下面是北京大学CCL古代汉语料库中找到古代较早的"仿佛"用例:

养志法灵龟;养志者,心气之思不达也……志不养,则心气不固;心气不固,则思虑不达;思虑不达,则志意不实,志意不实,则应对不猛;应对不猛,则失志而心气虚,志失而心气虚,**则丧其神矣。神丧则仿佛**,仿佛则参会不一。养志之始,务在安己;己安则志意实坚,志意实坚则威势不分。**神明常固守,乃能分之。**(《鬼谷子·本经阴符七篇》)

至令迁正黜色宾监之事焕扬宇内,而礼官儒林屯朋笃论之士而不传祖宗之**仿佛**,虽云优慎,无乃葸欤!(《后汉书·班固传下》)

李贤注:"**仿佛,犹梗概也。**"

《鬼谷子》从年代上排在《楚辞》等语料之前。"神丧则仿佛"与最后的"神明常固守,乃能分之"上下文对照,便可确定,将"仿佛"释为"两者相像

---

① 何九盈、王宁、董琨主编,商务印书馆编辑部编《辞源》(第三版),北京:商务印书馆,2015年。

而难以辨别"是比较妥当的。李贤将"仿佛"的名词义释为"梗概",这与"大体相像"的"大体"在语义上是一致的。

通过以上对"似""像""仿佛"词源的考察,我们是这样跟学生说明的:

"似",其本义是"孩子与父母相似";"像",是"动物、事物之间相像";"仿佛",古代较早的用法是"看不真切、大体相像"而"难以分辨"之义。如果从相似度的高低看,三词构成了下面的连续统:

```
相似度: 高—————中—————低
        似    >    像    >    仿佛
```

从两者相像的清晰度看,"似"和"像"较高,"仿佛"较低。

根据上述结论就可以解释,为什么在表示不太肯定的看法、推测时,"似乎"用得更多,不肯定的语气也较弱。这是因为"似"的相似度和清晰度最高。为什么只有"像……一样"用于类比评价,因为它的本义就是用于类比的。

而当表示比拟时,所比项与被比项须在"大体相像"的语境下才能自由运用;在表示主观感觉时,感觉和事实可以相差很大。这样"像""似乎""仿佛"等词原本在相似度上的差异就被忽略和模糊了,它们的用法就变得相似起来(详见第十章1.1节)。

第五节 语素教学法和字素教学法相结合的有效性

5.1 语素教学法和字素教学法相结合的理论依据

关于汉字的教法,崔永华(1997)认为,对外汉语教学用的汉字部件应该是便于发音、有独立意义的可称谓部件,如"钟"可以拆分为"钅"和"中"这两个可称谓部件,无止境地拆分下去就没有意义了。这种利用部件进行汉字教学的方法也称为"字素教学法"。崔永华还指出了字素教学法的几个原则:即重视独体字的教学,如"日、月、木、目、戈、酉"等;注重对比分析,如"牛、午""部、陪"等;注重汉字结构教学,即部件的摆布方式。

石定果、万业馨(1998)的调查结果显示,75%的英语国家的留学生赞成汉字和汉语教学同步进行,即随文识字。因此,我们主张针对英语国家留学生的汉字教学应该融入到汉语词汇的教学之中,放在精读课或读写课上进行比较合适。

林齐倩在参考了朱志平与哈丽娜(1999)、崔永华与陈小荷(2000)、施家炜(2001)、柳燕梅(2002)、何干俊(2002)等针对英语国家学生的汉语字词教学的成果后,于2008年6月10日至8月12日在苏州大学海外教育学院的一个暑期汉语强化班项目(FSIS)中对两个中级水平的平行班A班和B班进行了语素教学法和字素教学法相结合的教学实验。

5.2 语素教学法与字素教学法相结合的实验

5.2.1 实验的对象和时间

该项实验在苏州大学海外教育学院的一个暑期汉语强化班项目(FSIS)中展开。FSIS(富苏暑校)是由美国联邦政府出资,由美国富尔门(FURMAN)大学与苏州大学海外教育学院合作开设的汉语暑期强化班项目。从2007年开始,每年暑假办一期,共办了三期。每期从6月初到8月初进行两个月的汉语强化训练,实行封闭式教学。富苏暑校的学生是由美国富尔门大学的项目负责人在全美范围内招收,择优录取。该项目的目标是让学生通过在苏州大学海外教育学院两个月的暑期汉语强化训练,达到在美国一年的汉语教学效果。该项目采用小班教学,4—6名学生一个班,每周(周一至周五)每天上午开设两门语言课程——汉语阅读和汉语口语,以及一些文化选修课,每门课50分钟,每周五有一次周考,一个月一次大考。下午还有50分钟的一对一辅导课及课外活动,周末有旅游安排,所有学生都参加。参加该项目的所有学生都统一安排宿舍,而且必须签署一份语言誓约,即在这两个月时间内不说英语,只说汉语,类似明德中文暑校的教学和管理模式。这些条件保证了自项目开始以后,除实验变量以外的其他变量被控制到了尽可能一致的程度。

本次实验从2008年6月10日至8月12日(7月5日至12日学生外出旅行一周),包括考试,实际教学共八周。6月8日学院通过分班测试,将水平处于中级初始阶段的8名学生分成两个班,以下记为A班和B班,这两个班的8名学生都学过一年到一年半左右的汉语,但由于他们来自美国不同的学校,之前学习的内容肯定会有所不同,我们只能通过分班测试(包括笔试和口试)的成绩来判断,结果是这8名学生的测试成绩差不多,词汇掌握水平差不多。教师给这两个班上汉语阅读课,教材选用的是《欧美人学中文》(中级课本)(郑国雄主编,复旦大学出版社)。全书共22课,计划一周(四次课,一次课50分钟)学一篇课文。在征求学生的意见后,教师选出了其中8篇课文进行教学。每课均有生词表,每课生词大约为45~55个。该书还配备了练习本,其中的练习以词法为主。从教材可以看出,这并不是专门的阅读教材,实际相当于精读课教材。由此我们确定了三个维度来衡量这次实验的性质:英语国家的留学生、中级初始阶段、精读课。

5.2.2 实验的过程

实验过程分两部分。

第一,课堂操作。

我们将B班作为实验班,A班作为对照班,我们对这两个班的精读课教学,都采用了"生词讲练——疏通文义兼句型讲练——围绕话题自由发挥"的课堂教学顺序,一篇课文用四次课(即200分钟)讲完。

对于词汇教学,也就是我们要进行对比实验的部分,两个班则采取稍有不同的方式。对于对照班(A班),在每课的生词表中挑选几个影响课文理解、略有难度但比较常用的或承载一定句法功能的词来进行讲练。一般采用词语搭配、近义词辨析、举例、设置语境引导学生造句等教学方法。词汇讲练的时间为1课时(50分钟)。

而对于实验班(B班),除了用以上方式进行讲练以外,还会在这些词中选择一部分语义透明度较高的词,用语素教学法将词语中的语素加以离析,并把其中具有较高能产性的语素与其他已学或未学的语素再行组合。例如第17课《懦夫变英雄》中的"懦夫"一词,对全文的理解至关重要,生词表中只注明"懦夫"是名词,英文翻译为coward。教师可以告诉学生,"夫"表示"人","懦"表示"软弱的、胆小的、没有用的",学生一下子就能明白这个词的意思,以及这个词义是如何形成的,而不仅仅将"懦夫"与"coward"联系起来死记硬背。然后教师请学生列举除了"懦夫"以外"……夫"的词。B班的学生写出了"丈夫、大夫、车夫"。教师可以继续补充"船夫、农夫、马夫",学生可以根据汉字以及之前学过的构词方式,大致猜出这3个词的意思,然后教师稍加说明,学生即可融会贯通。除了语素教学法以外,我们还在实验班中实施字素教学法,如"懦"这个汉字,可以拆分为"忄"和"需"这两个可称谓部件,"需"学生已经学过,教师可以向学生说明用"忄"这个部件的原因,即"懦"是表示"心里软弱、胆小",这样便于学生记忆,不容易与其他部首混淆。又如第12课中"拐杖"一词,部首"扌"和"木"对留学生来说本来就容易混淆,这两个字放在一起更容易写错,所以教师可借此机会将这两个部首表示的意思加以区别,并总结他们之前学过的带有这两个部首的汉字,加大对这些汉字的记忆加工深度。另外,还应注重形似字的对比分析,如"史——

吏""牛——午""兑——况"等。

为了使两个班的教学进度一致,且不影响实验班的非词汇教学活动,教师给两个班安排词汇教学的时间大致相同(都是50分钟)。因此实验班在语素教学法和字素教学法上多耗费的时间,只能通过压缩其余的逐词讲练时间弥补回来。

第二,测试方式及内容。

关于测试,有听写、周考、期中考试和期末考试这几种形式。具体方式为:每篇课文讲完生词以后,第二天教师会用5分钟的时间让学生听写10个生词。每周五会对整篇课文进行一次周考,7月4日和8月12日分别进行两次大考。所以一共有8次听写、6次周考、1次期中考试和1次期末考试。

听写的内容一般为前一天上课时主要讲练的词。第一天讲第二天测,这样间隔时间短,目的是避免其他因素影响测试结果。

周考对词汇方面的测试有三种题型:

(1) 在语境中教师读词,学生听写。如:

我和大伟是在一次学校____的春节文艺晚会上认识的,我和她的____差不多。(答案:组织、年龄)

(2) 填写合适的词语(没有选择项,学生自己填写)。如:

明天的会议我一定会来参加,____我领导会不会来,我也不知道。

(3) 选字填空。如:

数不__ (情 清 请)

阴__阳错 (差 插 叉)

期中和期末考试对词汇方面的测试有四种题型:

(1) 选词填空(提供的词项超过题目的数量)。

(2) 从 ABCD 中选择一个最接近画线词语的解释。如:

刚放下电话,她就喋喋不休地讲起来。

A. 生气 B. 不停 C. 有真情实感 D. 泪流满面

(3) 从下列各组词中找出一个与黑体字意思相反或相近的词。如:

表扬 表现 赞成 称赞

(4) 将合适的搭配用线连接起来。如:

组织   别人的看法

在乎   交通规则

遵守   文艺晚会

5.2.3 测试结果及数据分析

1. 测试结果

以下我们对 A、B 两个班的学生（A 班四位学生编为 A1—A4，B 班四位学生编为 B1—B4）在 8 次听写、6 次周考、1 次期中考试和 1 次期末考试中词汇方面的准确率做了统计。

表 5 8 次听写的测试结果（每次 10 个词）

准确率＝写对的汉字数/1 次听写的所有汉字数×100％

学生 次数	A1	A2	A3	A4	B1	B2	B3	B4
一	75％	70％	60％	80％	70％	85％	75％	70％
二	80％	70％	55％	85％	80％	90％	85％	80％
三	85％	85％	65％	85％	90％	95％	90％	90％
四	95％	90％	75％	95％	90％	100％	100％	95％
五	90％	85％	60％	95％	85％	95％	95％	90％
六	85％	90％	55％	95％	90％	95％	85％	95％
七	95％	95％	70％	90％	95％	100％	90％	95％
八	90％	85％	75％	95％	90％	100％	95％	100％

周考对词汇方面的测试，每次都有三种题型，但题量稍有不同。我们将学生填写正确的题数除以词汇测试的总题数，得出准确率，详见下表。

表 6 6 次周考的测试结果

学生 次数	A1	A2	A3	A4	B1	B2	B3	B4
一	69％	63％	44％	50％	50％	69％	63％	63％
二	62％	62％	54％	57％	62％	77％	62％	70％
三	72％	67％	56％	67％	72％	83％	72％	78％
四	73％	77％	68％	77％	82％	90％	86％	90％
五	83％	80％	73％	83％	83％	87％	90％	90％
六	75％	80％	60％	75％	80％	90％	85％	95％

期中和期末考试对词汇方面的测试都有四种题型,且题量相同,都是25题。我们将学生做对的题数除以词汇测试的总题数,得出准确率,详见表7。

表7 期中和期末考试的测试结果

测试\学生	A1	A2	A3	A4	B1	B2	B3	B4
期中考试	84%	76%	60%	84%	84%	96%	88%	92%
期末考试	68%	72%	48%	76%	84%	88%	84%	88%

2. 数据分析

我们把A、B两个班在8次听写、6次周考、1次期中考试和1次期末考试中的平均准确率分列成三个表,可以更直观地看到两个班词汇测试准确率的变化情况。

表8 A班、B班听写的平均准确率比较

	一	二	三	四	五	六	七	八
A班	71.25%	72.5%	80%	88.75%	82.5%	81.25%	87.5%	86.25%
B班	75%	83.75%	91.25%	96.25%	91.25%	91.25%	95%	96.25%

表9 A班、B班周考词汇测试的平均准确率比较

	一	二	三	四	五	六
A班	56.5%	58.75%	65.5%	73.75%	79.75%	72.5%
B班	61.25%	67.75%	76.25%	87%	87.5%	87.5%

表10 A班、B班期中、期末词汇测试的平均准确率比较

	期中考试	期末考试
A班	76%	66%
B班	90%	86%

从以上7张表可以看出,在两个月的强化训练中,两个班的八名学生在词汇水平方面都有不同程度的提高,但实验班(B班)提高的程度明显高于对照班(A班)。

5.2.4 实验结论

实验班学生的词汇水平的提高明显优于对照班学生的事实说明,在

对英语国家学生的汉语词汇教学中适当运用语素教学法来分析词义、组词扩词,运用字素教学法来分析字形,可以加大学生的记忆加工深度,扩大词汇学习范围。由此也验证了在词汇教学中合理实施语素教学法和字素教学法可以提高词汇教学的效率这一假设。

5.3 中级阶段学生汉字偏误与对策

5.3.1 汉字学习的认知策略

冯丽萍(2013:78-79)指出:"就汉字学习而言,认知策略包括以下6种:(1) 笔画策略,即学习笔画笔顺并且按照笔画笔顺书写;(2) 音义策略,即注重汉字的读音和意义;(3) 字形策略,即注重汉字整体形状和简单重复;(4) 归纳策略,即对形近字、同音字和形声字进行归纳,利用声符义符学习汉字;(5) 复习策略,即对学过的汉字进行复习;(6) 应用策略,即应用汉字进行阅读和写作,在实际应用中学习汉字。"

调查结果发现这些策略在初级阶段学生汉字学习中的分布状况如下:(1) 在总体上,留学生最常用的是整体字形策略、音义策略、笔画策略、复习策略,其次是应用策略,最不常用的是归纳策略;(2) "汉字圈"国家的学生比"非汉字圈"国家的学生更加经常使用制订计划和设置目标的元认知策略。

5.3.2 如何有效地提高中级班学生的汉字认知能力

关于在中级班如何结合汉语教学进行汉字系统知识与语素教学,前面4.2.3节已经介绍了。本节主要介绍如何提高中级阶段的学生的汉字认知能力。

有人认为,汉字教学应是初级班教学的任务,所以在中级汉语课上不重视学生汉字认知能力的培养。但是据我们观察,中级班的学生中,不少人对于汉字的认知策略与初级阶段相比,并没有多大提高。有的学生因初级班是在本国学的,所以汉字基础知识缺乏。有的汉字能力还不如我校初级班的学生。因汉字认知水平低而严重影响了词汇学习效率的学生并不少见。如有一位吉尔吉斯坦的公派学生,平时很努力,因为汉字差,记不住词语,考试成绩很差。她说:"我在国内学汉语时,老师对我们汉字没有要求,想怎么写就怎么写。到了中国才发现,这样不行。"

还有一名新加坡的学生听、说、读的能力都很强,但就是汉字常出错。教师问她平时怎么写和记汉字,她拿了一个上面密密麻麻写满了汉字的本子给教师看,说每次遇到生词就拼命地抄,但有的抄好多遍也记不住。教师告诉她,可以通过先辨认一个汉字的组成部件来记。她摇头说:"我不会这样记。"

因看到不少中级班的学生为汉字难写难记所困扰,我们认为,为提高词汇教学的效率,针对中级班学生进行有效的汉字教学是非常重要的。

我们最初的做法是,教师在汉语精读课上讲新词中的重点词时,一方面结合词语的形体结构进行语义分析和字形分析(详见 4.2.3 节),另一方面,每一篇课文讲完后都要进行听写。每学期期中和期末考试都有根据拼音写汉字的试题(30~35 个生词)(句子是从课文中挑出来的)。尝试了几个学期后,我们发现,光是强制性要求学生记后听写,对学生的汉字认知能力的提高并没有多少帮助。

中级阶段学生汉字学习的难点究竟在哪些方面呢?为搞清这一点,我们对 2009 年两个学期学生在学习《桥梁》(上)时的听写与期中、期末试卷中的错字做了统计,发现以下一些汉字(括号内的除外)是相对错误率较高的:

a. **颤**抖 德(行) 戈壁 融洽 窟窿 弄虚作假 拂 疑(心) 崇拜 灌溉 (时)髦 恳(求) 遥(远) **挽** (团)聚 (晚)餐 膝盖 麻痹 旋律 耀(眼)淹 毅(力) 缘(分) 招聘 (自)卑 (新)疆 藏(族) 惬(意)

b. T**恤**(衫) 弥(漫) **污染** 协(会) **嗜**(好) 羡慕 幽默 颁(发) **牧**(民) (不知)所措

c. 豪华 孝道 违背 竭(力) 诉讼 (红)薯 怀孕 (语无)伦次 (黑)黝黝 (深)**邃** 饶 拾金(不)昧 **蹉跎** 磨蹭 模糊 硬朗 (公)寓 瘾 诈骗

仔细分析一下上述易错汉字,发现有以下一些特点:
a 类易错的汉字多是由"成字部件"和"不成字部件"构成。
b 类汉字是由两个以上的成字部件组成,但与汉字的读音没有关系,很难借助语音的因素来记。

c类汉字虽是形声字,但有的是省声形声字,如"豪"(学生有误作"毫"的)、"孝"(有学生写了下面的"子"却想不起上面的部分);有的汉字使用频率较低,如"讼",很多学生不会写,或写作"松"。还有就是有的构字部件学生还未学,如"竭、饶"等。

据李银屏(2011)通过在学了半年汉语的初级阶段的欧美留学生中所做的实验发现,外国学生成字部件构成的汉字的错误率远远低于不成字部件构成的汉字。

上面a组(包括c组省声形声字)易错汉字说明,对已学了一年半以上汉语的学生来说,不成字部件构成的汉字是汉字习得中的难点。如何教会学生分析记忆这类汉字应是中级汉字教学的任务之一。

施正宇(1999)在《论汉字能力》一文中指出,所谓汉字能力,指的是用汉字进行记录、表达和交际的能力,包括写、念、认、说、查等5个要素,其中写、念、认各以汉字形、音、义为理据依托,是成就汉字能力的基础要素,属本体范畴;说和查是以汉字的形、音、义为基础,以熟练掌握本体范畴内的各个要素为前提,来称说和使用汉字,是写、念、认诸要素在应用理论领域里的延伸,属应用范畴。

她对"说"作了如下定义:"说即称说,指用已知的有关汉字形、音、义的知识来称说未知的字形,简言之,就是把字说给你听。"她把称说分以下几种方式:

1. 笔画称说,一般限于笔画较少的汉字。
2. 部件称说,一般限于结构清晰、部件数少的汉字。
3. 整字称说,多假同音字来完成。

从汉字的组合层次来看,称说还有以下几种不同的方式:

1. 用笔画和部件共同称说,如"包"字头里加一点是"勺子"的"勺"。
2. 用部件和整字共同称说,如"公园"的"园"是方框里面加一个"元旦"的"元"。
3. 用笔画和整字共同称说,如"元旦"的"旦"是星期日的"日"下面加一横。
4. 用笔画、部件和整字共同称说,如"夏天"的"夏"上面一横,中间是"自己"的"自",下面是"冬"字头。她把这种称说叫作多元称说。

关于说汉字,有韩国学生问:"为什么我的中国朋友都知道怎么说,而我们不知道?"施正宇认为,这与以往的汉字教学是以临写摹写为目的、只写不说有关。她主张课堂教学在教给学生书写的同时,讲授必要的基础的汉字知识,并进而训练学生的称说能力。

受到施正宇观点的启发,我们在中级阶段的汉字教学中,将指导学生学会拆分汉字,用称说法来析记汉字作为重点。主要方法有:

一是教师示范,教会学生如何称说复杂的、由成字部件构成的汉字。

比如教"赢"时,教师可以告诉学生,这个复杂的汉字可以拆成"亡、口、月、贝、凡",应边说边写,先写上面的"亡",然后中间写"口",下面按次序从左到右,依次写"月、贝、凡"。在遇到"噩梦、咒"两词时,教师可以先讲意思,即"噩梦"就是做了很可怕的梦,吓得大叫,所以是一个"王"里带了四个"口";"咒"是用口诅咒别人,即两个"口"下加一个"几"字。

结果听写时,"赢"100%的学生都写对了。后两个字90%的学生写对了。

二是让善于记汉字的学生教其他学生如何巧记汉字。

汉字能力高的学生往往都善于把汉字拆分成易记的部件。如教师在讲解"竭力"一词时,举了例句,让学生临下课前听写。结果25名学生中,只有1名斯洛文尼亚的学生写对了。问其他学生为什么写不出,他们说,这个词太陌生,一点儿也不好记。于是教师让这位写对的学生说说她是怎么记的。她说:"我看见这个汉字,想到这个字的右边是"喝水"的"喝"的一半,把"口"字换成"立"字,于是我就记住了。"其他学生听了,都很佩服。

三是听写后发现学生多有写错的汉字,教师和学生一起讨论如何析字、称说。

比如a组的"颤"字,左边可析成:一点一横在"回"上,下面是"旦"字,右边加个"页"。很多学生把"德"中间的一横丢了,于是教师可分析称说为:"德"是双立人加十、四、一、心。"戈壁"的"戈"析为"找东西"的"找"的右半边。

四是边析字称说,边结合词义解说。

如b组的"默"可析解为"黑色的犬""蹲着不出声"。c组的"豪"是"高"的上半边加上"家"的下边。"豪"下的"豕"是野猪的意思,所以"豪"有"大"义。而同音的"毫",是"高"的上半边下加"毛","毫"是春天动物换毛长出来的小毛毛,所以表示"小"。"孝"为"老"字头在上边,儿子的"子"

在下边,子尊敬老人即为"孝"。"讼",是因为要打官司,都要各自说理由,所以"从言从公"。

　　汉字称说法让学生觉得汉字这样记很有意思。当学生习惯了这种方法后,教师常从生词表中选几个较难拆分的汉字,让学生试着说一说。经过这样训练之后,学生认记汉字的能力普遍有了提高。在后来几个学期期中与期末考试中,学生的汉字错误率大大降低。全部正确的学生人数在增加。当然也有少数学生因为原有汉字能力较低,汉字写错的仍较多。全体学生的汉字平均正确率由原来的 82%～85% 提高到 89%～93%。

第十章 词汇教学有效性研究(二)
——基本教学法的有效性

第一节 促进思考的教学方法

余文森指出:考量"有效学习"的标准之一是要看学生的学习结果是否"靠自己的思考、创造性的思维获得"。M·希尔伯曼指出:"如果我们与别人讨论信息,如果有人叫我们提问,那么我们的大脑能学习得更好。"(详见第九章1.1—1.2节)本节将重点讨论能促进学生积极思考的有效的教学方法。

1.1 要求学生提问法

此方法是把"要求学生提问"规定为教学中不可缺少的、重要的环节。

具体做法是:对于初级班的学生,每节课一定要留出时间让学生提问;对于中高级班的学生,除了教师讲完让学生提问外,要求学生"未讲先问",即学生在认真预习的基础上,找出不懂的地方,在教师讲前提出来;如果学生没有问题,教师会准备几个问题让学生回答。这是为了促使学生去发现问题。

"要求学生提问法"有几个好处:一是能培养学生发现问题的能力,提高自学能力;二是能使教师的教学有的放矢,使教学"瘦身"(学生明白的可少讲或不讲);三是能引起学生的兴趣,特别是当某学生提出的问题也是大多数学生的问题时。有时,某学生提出的问题有的学生可以回答(可能答案就在课本上),教师可以请这个学生回答。这样既提高了讲解者的表达能力,也使提问者看到了自己的差距。

当所教的学生比较习惯听教师讲、不爱提问的话,这一方法实行起来会有一定的困难。不过,只要坚持下去,就会使学生逐渐把主动发问作为一种习惯,并从中体会到主动、积极思考对学习的好处——在质疑中发现深层次的问题。

下面举一例说明。

《桥梁》(上)学到第 8 课时,有学生问:"'像、好像、仿佛、似乎……似的(地)'这几个词的用法一样吗?有什么不同?"

这个问题提得很有水平,因为所学教材前后出现了十几个与这些词相关的句子,该学生注意到了它们的相似之处。教师表扬了这个学生,说她提了一个很难的问题,得课下调查研究后才能回答。课后教师花了很长的时间,结合构式对它们进行辨析,做成讲义发给了学生。下表是在原讲义的基础上修改补充而成。用例后括号内的数字是该句所在课数,未注数字的是根据 CCL 语料库改写的例句。词前注√的,表示该词可以替换进入同一构式,注＊的表示该词不能进入(粗体字为笔者所加,下同)。

表 1 用于比拟的"像、好像、仿佛、似的"

构式	用例	语体
像……一样＋VP 像……似的＋VP	a.这六个字[**像**火**一样**地]燃烧着我……(第 1 课) 　(作状语,下 b、d 同)(√仿佛√好像＊似乎,下同) b.(妻子)…就[**像**小姑娘**一样**]地跳起来。 　　　　　　　　　　　　　　　　　(第 6 课) c.跟在陈静后面的姑娘说话像是放机枪。 　　　　　　　　　　　　　　　　　(第 4 课) d.花白的头发就[**像**故意跟随他开玩笑**似的**],一根不少地长在那里。　　　　　　(第 8 课)	口语
好像……一样＋VP 好像……似的＋VP	e.我**好像**突然被人推进了冰水中……(第 3 课) 　　　　　　　　　　　　(√仿佛、就像)	口语
仿佛＋V 着＋N＋VP 仿佛(像)……一样 仿佛……似的＋VP	f.邮包上的字歪歪扭扭,[**仿佛**跳着舞]在向我讲述……　　　　　　　　　　　　　　(第 1 课) 　(作状语,下同)(√好像＊像……一样＊似地) g.然而时至今日,他们**仿佛**忘记了似的,谁也没提这件事。	书面
VP＋似的(地)＋VP N＋VP＋似的＋N	h.她找到了我,把一封信往我手里一塞,[做贼**似**地]逃走了。　　　　　　(第 3 课)(作状语) i.录音机里发出猫叫**似的**怪声。(第 8 课)(作定语)	书面

说明:

表 1 的例句说明,"像、好像、仿佛、似的"4 种构式都可以用于比拟(即 A 像 B 一样)。"似乎"不能用于比拟。"像"等 4 种构式都常作谓语,

有时也可作定语,只是在后带助词"地"作状语时,用例数相差很大。下面是对这类带"地"构式在CCL语料库中作状语的用例统计:

表2　带"地"构式在CCL语料库中作状语的用例统计

……似地	像……似地/一样地	好像……似地/一样地	仿佛……似地/一样地
2553	1470/564	59/13	82/2

表3　用于表示主观感觉的"好像、似乎、仿佛"

构式	用例	所用语体
好像+VP……	a.哪一天不见到她,我就觉得**好像**丢了些什么。（第3课） b.那是早在我7岁那年的事,但是有时我觉得**好像**就发生在昨天。	口语
似乎+VP…… 似乎+N+VP…… 仿佛+VP……	c.我**仿佛**看到这满地的葵花子已长成一片片竹林,是井冈山上的竹林。（第1课） d.空气中,也**仿佛**有种醇美的甜味。（第4课） e.在她眼里,偶像**似乎**长高了许多。（第6课）	书面

表3的例句说明,"好像""似乎""仿佛"都可以表示主观感觉。这类感觉有的是想像,如例c;有的是在感情的作用下使主体产生恍惚的、与现实不符的感觉,主观性强,如例d、e。

表4　用于不太肯定的判断、推测等的"好像、似乎、仿佛"

构式	用例
N+好像+A N+似乎+A	a.这些问题**好像**挺复杂,实际是并不难解决。 　　　　　　　　　　（√似乎＊仿佛,下同） b.这个看来**似乎**很简单的游戏,却含有非常奥妙的数学原理。 c.这事**好像**不大对头。
(觉得)似乎…… (觉得)好像…… (觉得)仿佛……	d.他听了儿子的话,觉得**似乎**也有些道理。 e.能参加一个座谈会,或者少数几个人约好到一个地方聚聚……消磨一两个小时,精神得到满足,**似乎**我还活在人群中。（第5课） f.小李太累了,我觉得**好像**应该减轻一下他的负担。 g.他觉得**仿佛**自己想离开的一闪念都是一种罪过。

表 4 的例句说明,"似乎""好像"和"仿佛"都可以用于表示不太肯定的判断。"像"和"似的"没有这种用法。《八百词》指出,"好像"在表示推测看法时,"有时表示某一情况或事物表面如此或某人这样认为,但实际情况或说话人看来并不是如此"。语料证明,"似乎"也有类似的用法(如例 b),但未见"仿佛"有这样的用法。

据调查,在 CCL 语料库中"觉得似乎……"共有 80 条,其中表示主观看法或判断的有 33 条,占总语例的 41.25%。"觉得好像……"共有 189 条,其中表示主观看法或判断的有 48 条,占总语例的 25.39%。"觉得仿佛"共有 93 条,其中表示主观认识看法或判断的只有 7 条,占总语例的 7.52%。所以,在表示人的主观看法方面,"似乎"的使用频率最高。

需要指出的是,表 4 例 a—c 中的"似乎"与"好像"带有"实际情况或说话人看来并不是如此"的意思。而例 d—g 的用例,则没有这种意思,"似乎""好像""仿佛"则只起使肯定判断的语气变得委婉的作用。

受到例 d 的启发,我们检索了 CCL 语料库中"似乎""好像""仿佛"与"有……道理"相组配的用例,分别得到 77 条、9 条和 1 条。分析发现,"似乎……有……道理"中有 40 例用于议论文或说明文(如下例 a、b),其他的用于记叙文;而只有 9 条"好像……有……道理"与 1 条"仿佛……有……道理"则都用于记叙文。请看用例:

(1) a. 少吃饭,多吃菜,因为饭没有营养,营养都在菜里。从表面上来看这似乎很有道理,但从科学营养的角度来看,其实不利于健康。

b. "懒比贪强",这是眼下时常能听到的一句话。此话猛一听,似乎有点儿道理:"反腐败,反的就是贪官嘛",但细一想,懒同样为害不浅。

c. 叶美兰听弟弟这么一说,感到似乎有些道理。反正,该劝的都劝了,她已经尽到了为人姐的责任。

d. 她点一点头说:"你的话,似乎也有点儿道理,他的确是这种人。"

e. "我们家老头子常说,一个人知道的事越少,活得就越长,他说的话好像总是很有道理。"

f. 韩云程感到钟珮文的话简短有力,好像很有道理,仔细想想,又觉得道理不多,不能说服他,可是又驳不倒钟珮文。

g. 管秀芬听得大家说的仿佛都有道理。

从"似乎……有……道理"有一半用例是用于议论文和说明文的事实看,比起"好像""仿佛"来,"似乎"更多地用于较为正式的书面说理文章。因为从语源看,"似(乎)"的相似度比"好像""仿佛"高(详见第九章4.2.3节),它的不确定语气更轻。

表5 可表示类比评价的"像……一样＋A"

构式	用例	所用语体
像……一样＋A	他工作还像以前一样认真。 （＊好像＊仿佛＊似乎＊似的,下同） 她像她姐姐一样漂亮。	口语

表5的例句说明"像(动词)……一样＋形容词"构式可以表示对事物较肯定(与事实相符)的类比评价。这是"好像、仿佛、似乎"都没有的用法。

综合上面的分析,再结合第九章4.2.3节对"似、像、仿佛"的本义的分析,我们把"像""好像""仿佛""似乎""似的"的异同归纳为下表:

表6 "像""好像""仿佛""似乎""似的"用法的异同

	比拟	类比评价	与现实不符的感觉、想像	不太肯定的判断或推测
像(是)	＋	－	－	－
像……一样	＋	＋	－	－
……似的	＋	－	＋	－
好像……	＋	－	＋	＋语气不太肯定
仿佛……	＋	－	＋	＋(较少)语气很不肯定
似乎……	－	－	＋	＋＋(最多)不确定的语气轻

1.2 讨论提升法

"讨论提升法"与一般的课堂讨论法有所不同,它强调教师在讨论中的引导、指导和提高的作用。这一方法最好与"学以致用法"一起用。就是在学生"用中加讨论"。这个"用"包括学生使用词语和构式围绕某个问题发表意见、口头造句、书面造句、当堂练习和作文等。因为在"用"的过程中,出现一些不够到位的表达是很自然的,此时,教师引导学生讨论,在适当处加以点拨和提高,可以提高教学效率。在此举以下几种做法。

1.2.1 话题讨论后的提升法

比如,学生在讨论"你怎么看待学生打工的问题"时,有学生说:"我觉得学生打工,**有好处,也有不好处**。比如我吧,我高中时打工,可以挣很多钱,去旅游。打工有时很累,第二天上课睡觉,**对学习不好了**……"还有的学生说:"打工**可以有工作经验**,我觉得好处很大。"在学生发表看法的过程中,教师把学生说的不同观点择其要点写在黑板上。讨论结束时,教师有选择地对其中有的说法(上面粗体标出部分)作了补充和修改,以清晰的板书展示给学生。

学生的说法	教师补充并板书
有好处和不好处	好处和坏处;利弊;有利也有弊;利大于弊;弊大于利
可以有工作经验	可以取得工作经验
对学习不好了	影响学习

最后,教师做总结,在谈论这个题目时,可以这样说:

<u>我觉得学生打工有利也有弊</u>。好处是,比如……通过打工,可以认识社会,了解社会,<u>取得工作经验</u>……坏处是……打工太多会<u>影响学习</u>……比如……所以总的说来,我觉得打工是<u>利大于弊</u>。

教师的指导表现在几个方面:一是从语段表达的层次清楚、结构完整方面给学生做了示范;二是将学生原来低水平的说法提升到高级的水平。这样做,顺应了学生的表达需要,很容易为学生所接受。

我们在学生中进行的有关教学方法是否有效的调查中,有一项是"当你用汉语发表时,不会说或说不好,老师做了补充,你觉得……",85%的学生选择了"有用"。有的学生还附上说明:"因为老师补充的正是我要讲的,觉得有收获,记得住。"像上面关于"打工的利弊"的讨论课后,就有一位学生把教师的修改加上自己的看法,整理成了一篇很有水平的小作文。

1.2.2 练习讨论法

学生在做练习时,有时会出现多种答案(特别是中高级班)。哪种答案对?哪种答案更好?如果都对,它们有何区别?这些都可以作为讨论的内容。

如绪论 3.5.5 中所举的"同构异词"现象(辨析见第四章 5.3.3 节),就是练习中出现的。

  a. 只要你努力,你就可以成功。
  b. 只要你努力,你就会成功。
  c. 只要你努力,你就能成功。
  d. 只要你努力,你就可能成功。

再如,《桥梁》(上)第 29 页就有这样一个组词成句的练习:

  准备 我 去 上海 火车 搭 明天 的

结果学生组配出了四种句子,先让学生讨论对错,当知道都是合法的句子时,再讨论有何差异。括号内是教师的说明,粗体标出句中最关键的词。

  明天我准备搭去上海的火车。(强调时间"明天")
  我明天准备搭去上海的火车。(强调"我"的打算)
  我明天准备搭火车去上海<u>**的**</u>。
    (可能有人让"我"做什么,"我"说明明天原来是有安排的)
  我准备搭<u>**明天去上海的**</u>火车。
    (说明搭什么时间、什么方向的火车)

像上面这样这么多相同的词语,能组成多个合法的构式,属于比较少见的"同(多)词异构"。它们的差异主要在语用上。

1.2.3 偏误讨论提升法

第八章 1.2 节曾指出,有的学生对老师给他改正的偏误几年后仍记忆犹新,说明这样的教学方法是十分有效的。实践证明,在偏误修改时,能让学生讨论,效果会更好。有学生在评价教师教学方法的调查表上写道:"我们造的句子有错误,老师从来不说错了,而是让我们讨论,错在哪里,为什么会错,然后再改,这样的修改,我们特别记得住。"

边讨论边修改的好处是,作者在场,教师可以问他为什么这么说。因为学生有的偏误有部分的合理性或理据性,特别是不止他一个人有这种想法时。改正时,尽量做到符合或基本符合学生的原意。[①] 如果有几种

---

 ① 我校曾有一位教师非常认真地修改某个挺爱造句写作的学生的作业。但后来发现那位学生拿到作业本很不高兴。仔细一问,那位学生说:"老师改的根本不是我要说的意思。"

改法,就都写出来,说明改正的原因,不同的句子有何细微差异等(详见下"偏误纠正对比法")。

1.3 自学能力培养法

把培养学生的自学能力作为教学的任务之一,"教是为了不教"。让学生在没有教师指导的情况下,也能自行解决学习中的问题,这是提高教学有效性的重要一环。

1.3.1 不同阶段让学生使用不同词典

词典是学生在汉语学习时必不可少的工具,特别是现在电子词典十分普及时。有的学生一直只用有母语注释的电子词典。从调查和观察看,凡是学能比较高、汉语水平提高得较快的学生,在中高级阶段都能自觉地同时使用汉语注释的词典。因此,中高级班的教师有必要提醒学生应该学会使用中国人编的有权威性的词典。

1.3.2 未讲自学造句法

这便是第九章提到的"提出挑战性任务法"。教师要求学生"未讲自学造句法"。对学生来说,这是较具有挑战性的。我们在中级第二个层次的班级(一般学过两年以上汉语的学生)多年使用《桥梁》这套教材的过程中,一直坚持采用此方法。

采用此方法的前提是,所用教材是便于学生自学的:对于重点词语和语法点的讲解比较详细,举例充分且全面。具有一定学能的学生可以通过自学教材上的说明,对词语或构式有一个初步的认识,可以尝试着造句。

此方法有几个好处,一是能大大锻炼学生的阅读理解、分析判断和创造能力;二是教师讲前可以摸清情况——通过学生所造的句子,可知哪些词对学生来说不难(一般不出错或很少错误),哪些词是比较难的(往往会出现一些偏误)。有时,对词语的讲授方式的调整都会有启发(详见第十一章4.2.2节)

当然,有些学生觉得太难或太花时间,不愿这样做,但总有部分学生愿意这样做。据统计,数年之中,凡是坚持这样做的学生,汉语水平提高得较快,中高级 HSK 考试的通过率比不肯采用此方法的学生平均高出 60%。

1.3.3 集体修改作文法

这样的练习一般在中高班的作文课上进行。围绕着作文课的讲课内容,比如,衔接词的运用、代词的正确使用(人称代词、指示代词)等。先讲理论,然后将收集到的比较典型的作文(低年级或以前学生的作文)印发给学生,先让学生回去修改,然后在作文课上集体讨论。学生反映这样的修改,锻炼了他们发现问题的能力,加深了对词语使用的印象。

1.3.4 自做 PPT 讲解法

让学生就教师布置的任务,有意识地使用刚学过的句式、词语等做 PPT,然后在课堂上边演示边讲。这对学生来说,也很具有挑战性。这一方法在我院初级第三层次以上的口语课和视听课上采用得较多。有的汉语精读课老师布置任务让学生下课后在中国人中调查(如"你业余生活都做些什么"),上课边看 PPT 边用汉语向全班同学汇报。不少学生反映,这样做过之后,所用的词语和构式记得特别牢。

1.3.5 利用网络查找法

中高级班学生现在很多人都会利用中文网络解决实际生活中的问题。教师就向他们介绍了北京大学的 CCL 语料库,建议他们充分利用中文的网络资源来做练习,特别是遇到困难时。

1. 通过上网查找词语搭配

词语搭配是初、中、高学生都要做的练习。从目前来看,很多学生求助于自己手中的词典,但由于语料十分有限,有些词语搭配在词典上是找不到的。

如桥梁(上)151 页练习要求为下面的词填上状语:

_____赚

很多学生想不出该填什么词,讨论之后,才想到"拼命、努力"几个词。为了教会学生利用网络资源,教师告诉学生,在 CCL 语料库中检索一栏,输入"……地赚"就可以查到其他的搭配。第二天上课时,学生们把他们查到的状语告诉了教师,主要有:

大把大把、一分一分、不断、很辛苦

稳稳当当、轻轻松松、合理合法

靠种地实实在在、靠工作踏踏实实

这样做过几次后,学生便学会了如何利用中文网解决难题,增强了自信。

2. 通过上网查找构式的用法

到中高阶段,学生会接触到很多复杂而陌生的构式,有的构式语义抽象或适用范围很广,在课上往往讲不透。如果有学生希望做更深入的了解,教师可提示他们通过上网搜索,找到更详细的语料。例如:

　　我仍然没能从痛苦中解脱出来。

教师在讲解此例时,学生问能不能用"解放"。教师说明了"解脱"和"解放"的差别,并提示学生,这个构式使用范围很广(详见第十一章1.2.3节)。要想知道得更多,可以在CCL语料库中查找"从……中解脱出来/解放出来"。几天后,有学生对教师说,"我查了CCL语料库,'从……中解脱/解放'可以用于很多方面啊!真是很有用的结构。"

据调查,凡是知道如何利用中文网络的资料解决汉语难题的本科生和研究生,都觉得这种能力的培养对他们汉语水平的提高很有益处。

1.3.6　偏误自行修正法

当学生用新学的词当堂造了一个句子,只有一点儿小毛病,教师可以把句子写在黑板上,提示学生,这个句子大部分是对的,只有一点点小问题。让大家改正。有时,造句的学生自己就会把它改正过来。这一方法在中高级班的课上可以更多地使用。

第二节　系统归纳整理法

2.1　系统的整理才高效

"归纳整理法"是教师普遍采用的方法,也是学生普遍认为较有效的教学方法。问题是,如果归纳整理只是就词论词,所讲内容零碎分散,缺乏系统,教学效果是十分有限的。

所谓"系统归纳整理法",强调对词汇的"归纳整理"必须是系统的。这就要求教师对汉语词汇无论从宏观、中观还是微观都有一个比较清醒、全面的认识。具体到对一组组有语义、语法和语用关联的词语的整理归纳,也应该重视对它们的系统性特征加以定位。

本书从第一章到第七章的讨论分析重点就是放在词汇的中、小、微系统的整理归纳上。如第二章对整类使役动词的整理就是着眼于中系统,"让、叫、使、令"的辨析归纳的是微系统,这四个使役动词与其他动词(如

"促进、导致"等)的比较整理就将范围扩大到小系统。我们在第一章就指出,仅就动词的分类来讲,常引的两个教学大纲的处理比较粗疏,不够系统。这种情况在名词、形容词等数量较多的词类中同样存在,主要表现在缺少对词汇的中、小系统的分类整理。词语的辨析,多侧重分析,归纳不够。或者说,对微系统的揭示关注不够。

我们认为,词汇的系统归纳整理重点应从下面几方面入手:

(1) 多义词语义系统整理;

(2) 词语子集的整理。

下面分节述之。

2.2 多义词的系统整理与教学

2.2.1 多义词是词汇学习和教学中的难点

我们常引的两个教学大纲,对多义词的教学没有也不太可能做出较为科学的安排,因为数量太多了。因此,目前的多义词教学全靠教师自行处理。这就使多义词的教学基本上处于无计划的状态。如李慧等人(张博,2008:41)调查发现,有 65 个多义词留学生在使用时主要集中在某一个义项上,占他们所调查的 118 个多义词的 55.8%。也就是说,不少学生把很多多义词当成单义词在学习。这在某种程度上说明,多义词教学中多个义项的归纳教学是不尽人意的。

2.2.2 从整体上看多义词的系统教学

2.2.2.1 多义词难易有别

多义词按照义项的多少、使用频率的高低、难度的大小等,可以大致分为四类。不同类别的多义词应采取不同的的教学方法。

第一类,多义词的义项难度较低的,可以结合课文中几个义项一起教。如陈灼主编的《桥梁》(上)第四课课文中就出现了"怪"的两个义项:

到处是一片片黑黝黝的怪影。(形容词)

微风吹着陈静的长发,拂到脸上,怪痒痒的,又很舒服。(副词)

于是,我们补充了下面的例词和例句:

形容词:怪影、怪人、怪事

副词:怪难为情的

这孩子怪可爱的。(与程度副词"很、挺"比较辨析)

第二类，多义词的义项虽多，但有的义项不太用，可以选择常用义项教授并归纳。有的多义词的用法初级阶段不会接触到，到中级阶段才会出现，特别是与抽象词语的组配，如"能力很强"（详见第五章 2.1.4.2 节），教师必须加以强调，否则学生不易掌握。

第三类，多义词的义项多而且都很常用，但学生的偏误主要集中在其中的少数义项。第五章 2.1.3.2 节对多义词"好"的偏误统计分析说明，"好"混用误例数较多的只有两个义项，一是作为副词"好"与"很"的混用。二是用在动词后作补语时与"完"的混用。对这类多义词，在教学中应突出难点义项，适当与易混词进行辨析。

第四类，多义词的义项多而且都很常用，且误用的现象在多个义项中都有表现，如我们第八章第三节讨论的"就"。对这类多义词，应加大难点义项的复现与练习，有计划地分层次加以讲授。

2.2.2.2 注意多义词语义归纳和偏误收集

对于那些义项较多的高频多义词，学生学了几个义项之后，应及时加以归纳。对于学生感觉难以掌握和记忆的高频多义词应采用词义网络整理的方法加以归纳。

注意收集学生多义词方面的偏误，并加以分析。在偏误分析的基础上有针对性地就某个多义词制订分义项、分层次教学计划。这方面的工作主要有：

一是教学重点的确定。如果一个多义词既有表示具体意义的义项，又有引申义项，且后者也是高频义项，教学中应把重点放在后一类义项上。如果教材只教前一种用法而忽略了后一种用法，教师可视学生的汉语水平的程度，适当加以补充。

二是如果看到某多义词的某个义项有与其他用法相近的词语混用的现象，应及时加以辨析。

多义语素目前尚未引起人们的重视，但是当学生已习惯运用语素系联的方法增加词汇量时，应适当提醒学生注意，有的语素看起来一样，实际上语义是不同的，如"严重"和"严密""严谨"，虽有共同的语素"严"，但分属两个不同的意义，所以学生猜词时很容易猜错。

总而言之，针对目前多义词的教学现状，我们首先应该做的是，在对现代汉语语料和外国学生中介语语料调查的基础上，为一批高频常用多义词制订分义项、分层次教学计划。平时教学，应有多义词意识，对那些高频常用多义词应结合课文对其数个义项作出安排。

2.2.3　以多义实词"做"和"作"为例

在第八章我们讨论了多义虚词"就"的习得与教学,在本节以多义实词"做"和"作"为例,讨论一下多义实词的教学。

2.2.3.1　"做"和"作"的偏误统计

"做"是一个多义词。在 BYDT 语料库中,它是单音节多义动词中偏误数最多的[①],所以我们把它作为研究重点。

"做"有 8 个义项,《现代汉语词典》(2005:1830)的释义是:

① 制造:～衣服｜用这木头～张桌子。

② 写作:～文章。[②]

③ 从事某种工作或活动:～工｜～事｜～买卖｜～生意。

④ 举行庆祝或纪念活动:～寿｜～生日。

⑤ 充当;担任。～母亲｜～官｜～教员。[③]

⑥ 当作:树皮可以～造纸的原料。

⑦ 结成(某种关系):～亲｜～对头｜～朋友。

⑧ 假装出(某种模样):～样子｜～鬼脸｜～痛苦状。

"做"是初级第一或第二阶段就要教的多义词,在《等级划分》中被列为普及第一层次的词。

"做"的错词情况是,当用其他动词而误用"做"的偏误共有 95 条,占总偏误的近 72%,其中混用例从多到少依次排列为:"有"(14 条),"是""过""种"各 5 条,"犯"4 条,"作""尽""开""成""织"各 3 条,"当""担任""上""学""下""抽"各 2 条,下面的动词都只有 1 条误例:

弄、搞、帮、打、算、建、坐、出、到、付、去、履行、用、成为、考、修、堆、捉、说、看、听、起、发展、写、给、想、得、生产、打、产生、规定、对、制定、创造

上面都是当用其他动词而误用"做"的,这说明外国学生泛用"做"的现象很普遍。其中有 50% 的动词学习的时间晚于"做"。再看一下用例

---

① "到"的错词例数虽然高于"做",但主要是补语方面的偏误。

② 有当为"写(论文、文章)"而误用"做"的偏误。

③ 有当作"做(推销员)"而误用"担任"的偏误。《现代汉语词典》(2005:264)释"担任"为"担当某种职务或工作"("担当"为"接受并负起责任")。

较多的偏误：

(1) a. 四个人都{CJX}毕业后有{CC 做}工作。

b. 虽然年龄不同,但是我们都是{CC 做}好朋友。

c. 连小孩子都会有{CC 做}这些行为。

上面三例中,a、b 的偏误应属于"同构异词"的偏误,因为"有"和"做"都可以与"工作"组配,"是"和"做"也都可以与"朋友"组配,例 c 则属于当用"有"而误用"做"的。如从以上"做"的几个义项的释义看,可以发现,上面混用的"作""弄""搞""当""担任""写"等很可能是受到释义的影响而产生的偏误。

当用"做"而误用其他动词的有 37 条,其中混用例从多到少依次排列为："作为"(8 条)、"当做"(4 条)、"做为"(3 条)、"对付"(3 条)、"当作"(1 条),下面误用的动词误例为 2 条或 1 条：

担当、搞好、进行、工作、行为、行动、帮助、关理(疑为"管理"之误)、照顾、面对、处于、实施、经验、下

例如：

(2) a. 我认为做{CC1 作为}父母亲是最难的任务。

b. 因此对于做{CC1 做为}一位表达力强的导游,我有信心能胜任。

c. 如果你们认为我不能做{CC1 当作}服装模特的话,我当推销员也可以。

"做"的义项⑥为"当做",这一释义也可能是学生将"做"与"当作"混用的原因。例 a、b、c 中的"做"和误用的动词都是可以与其后的宾语组配的,同样是属于"同构异词"的混用("做为"是"作为"之误)。这些均是由于语内干扰而产生的偏误。

在 BYDT 语料库中,"作"的错词偏误高达 119 例。先看一下统计。

表 7 "作"的偏误统计

当作	做/写/生产/当/有/用/花/赚/建/负/考/拿/收获/搞/下/办/织	误作	作为/生为/当作
误作"作"	93/3/3/2/1/1/1/1/1/1/1/1/1/1/1/1/1	当作"作"	2/1/1

"作"《现代汉语词典》(2005:1826)共列出了 6 个动词义项：①起；振～｜日出而～｜一鼓～气｜枪声大～。②从事某种活动：～孽｜自～自

受。③写作:著~│~曲│~书(书信)。④装:~态│装模~样。⑤当成;作为:~保│~废│认贼~父。⑥发作:~呕│~怪。

"作"上面多个义项的释义和"做"的义项相同,很容易混淆。加上发音相同,当用"做"而误用"作"的有93次,占总误例的78%。其他当作"写"而误用"作"的可能是受义项③释义的影响,当用"作"而误作"作为、当作"的,应是受义项⑥释义的影响。据查,"作"这个词在所引两本大纲中都未见。据对CCL现代汉语语料库的调查,本来应用形式动词"作"而用"做"的非常普遍,在这一用法上,中国人也分不清"做"和"作"了。所以,吕叔湘(1981)认为,"作、做"两个字声音一样,意思也一样,写乱了是难免的,因而主张"可不可以一概写'作',不再写'做'呢?我看可以"。

2.2.3.2 多义词"作""做"的语义网络的梳理

"作",甲骨文就有。《甲骨文字典》(1990:888):"作,象作衣之初仅成领襟之形",释为"治作"义。甲骨文中有"作大邑、作册"的用法;有"为、起"义,如"其作蛊、不作艰"。《说文》:"**作,起也**"。段玉裁注:"《释言》《谷梁传》曰:'作,为也'。"由此看来,"制作"应是"作"的本义。现代汉语中不少用"做"的,在古文中均用"作"。CCL古代汉语语料库中有"**作是诗也**"(《诗·国风·二子乘舟》毛传)、"**作车**""**作舟**"(《周礼·冬官·考工记》)、"**作大事**"(《左传·昭公六年》)、"**作俑者**"(《孟子·梁惠王上》)、"**作酒**"《战国策·魏二》)、"**作饭食**"(东汉《佛经选》)、"**作衣服**"(北宋《史书》)、"**作生日**"(北宋《太平广记》)。"做生日"在CCL语料库中,最早见于元代《朴通事》;"做衣服"见于明代的《今古奇观(上)》。可见"做"晚于"作"产生,逐步承担了"作"先前的一些用法。因此,"做"和"作"的语义网络的应该放在一起整理。

现将"作"和"做"的语义网络作为一个关联体梳理如下([ ]内黑体加粗标出的是"作"从古至今的用法,楷体字是"做"的用法,两者并列的即是用法相同或相关的。宋体字是《现代汉语词典》的释义):

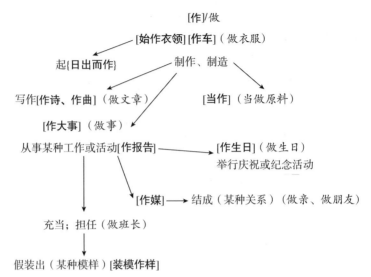

《现代汉语词典》"作"的①"起"义由它的"始作衣领"而来。"做"的第①义"制造"我们修正为"制作"（因"制造"现代多与"轮船"等大型机械组配），这是"作"较早的意义。"作"和"做"的"从事某种活动"，"写作""当作"与"装"等义也是重合的。"写作"是用文字的"制作"。"从事某种工作或活动"从"制作"义泛用抽象而来，"举行庆祝纪念活动"是为特定的对象搞活动，是从一般到特殊的演变。"当作""当做"（"当做……原料"），与"制作"义相关。进而可以用于抽象，"当作/当做朋友"。"做"的"结成某种关系"，《现代汉语词典》举的是"做亲，做朋友"，这一用法可能从"作媒"发展而来。"从事某种工作或活动"要有组织者，由此产生了"做"的"充当，担任"义。如果充当的角色是假的，就引申出"假装出（某种模样）"之义。

从语义演变的分析看，"作"和"做"的语义大部分重合，且不易分清，从简化汉语词汇教学的角度看，吕叔湘主张将"作、做"一概写作"作"是很有道理的。对外汉语词汇教学大纲应采纳此意见。

2.2.3.3 多义词"作""做"的系统教学

通过上面的分析可知，像"做"这样义项多、使用频率高的词语，学生因为相当熟悉，所以容易泛化，用它来代替不会的或不知道的、级别较高的词语。此外，受到词典近义词释义的影响，因语义、用法相近而产生的词语干扰的概率也很高。因此，像"做"这样的高频常用多义词，在汉语教材中应该从初级到高级阶段，不断有计划、分层次地螺旋式复现。

下表是我们对刘珣主编的《新实用汉语课本》一到四册中关于"做"的

用法的统计。从表中的词语组配和构式看，该教材是比较注意"做"的教学内容的螺旋式复现的。括号内数字是出现的次数。

表8　关于《新实用汉语课本》"做"的用法的统计

第二册(7)	第三册(13)	第四册(52)	第五册(25)
做衣服 做妻子 做丈夫	这样做、做操 叫做、做什么 做不到 想怎么做就怎么做	做菜/饭；做妻子、做工作、做工；做广告、做礼物、做生意/家教；做操、做到；做客、做调查	做工作、做什么 做馅饼/饭/菜/汤 做大衣/窗帘；做大事 做到自己养活自己

高频多义词的系统教学其实是很复杂的一项工作。教学设计时，不仅应考虑到其内部系统的几个义项和用法应该结合学生的日常生活，从易到难，分层次、分阶段进行，而且应该结合学生的偏误，关注它的外部系统——会跟哪些近义或近用的动词或构式发生混淆，在适当的教学阶段加以辨析。

下表采纳吕叔湘的观点，以"作"替代"做"，将它的多义教学设计如下，仅供参考(表下说明仍沿用目前通用的"做朋友/工作/文章/生日")：

表9　"作"(做)的多义义项教学

学习阶段	教学内容涉及的构式	备注
初级二	作(做)作业、作(做)衣服	
初级三	作(做)操、作(做)饭/菜/饺子、作(做)客、作(做)妻子/丈夫 这样作(做)、作(做)……工作、作(做)家教、作(做)辅导	辨析： 作(做)……工作：有工作
中级一	作(做)手工、作(做)礼物、作(做)广告 作(做)朋友、作(做)父亲/母亲 作出……样子	辨析： 作(做)父亲：当作父亲 作(做)班长：当班长
中级二	作调查/研究/分析、作报告/讲座 作(做)生日、说到作(做)到、作(做)得到、作(做)不到	辨析： 作：制作：制造：～制 是朋友：作朋友：交朋友
高级	作(做)论文、作(做)文章、作(做)大事、作秀、装模作(做)样 你去作作(做做)他的工作、工作作(做)到一丝不苟、作怪	写文章：作(做)文章 作(做)校长：担任校长职务

1. "做朋友、是朋友、交朋友","做工作、有工作"等是属于组配词语相同,但构式语义有一定区别的。它们的使用频率较高,辨析宜结合具体语境放在中级第一阶段。遇到学生出现相关偏误时,也应及时辨析。

2. 像"做文章、做生日"的用法可能要到中级第二阶段才学,可以适当将它们与用来释义的"写、纪念、庆祝"等加以辨析。因为"做"的使用范围窄,若受释义影响,很容易致误。

3. 至于那些既义近,又有相似组配的近义动词,如"当、担当、担任"等到高级阶段再辨析——需要说明其同与异,需要结合语境说明其用法的微小差异,还应配些练习加以操练。

2.3 词语子集的系统整理与教学

2.3.1 从词语运用的角度看两种系统关系

词汇是一个大系统,作为该系统中的一个个的词语,都以各种方式与其他词语发生着联系。在词语的使用中,这种联系主要以以下两种方式出现:

1. 纵向的组合关系

所谓组合关系,是词语通过构式串联、组合到一起表达一个较为完整的意思。我们以陆俭明、沈阳(2004:3)在讨论动词与其所联系的论元时所举例句为例。

    小王 星期天 在家里 用洗衣机 洗 衣服。
(N 施事)(N 时间)(N 处所)(N 工具)(V)(N 受事)

2. 横向的聚合关系

根据词语的语义与语法功能的相似点,将词语联系起来。上面这个例句中每一个论元都有自己的聚合:

  施事:小王、小李、爸爸、妈妈、阿姨、工人、服务员……
  时间:星期天、早上、昨天……
  处所:家里、外面、村里、公司、学校……
  动词:洗、打、写、玩、吃、喝、睡、开、学……
  受事:衣服、球、字、饭、水、车、汉语……

词语就是通过上述这样的一个个义类,聚合成为一个个词语子集。本节要讨论的就是与横向聚合关系相关的词汇教学法。与纵向关系相关的词汇教学在讨论诸多构式时已多有涉及。

2.3.2 词语的义类在词语语义系统中的地位

张和生(2010:39)指出,"义类"是指语义的分类。语义分析要求解决三个平面上的问题:词汇意义、句义、环境意义(包括语言环境,即上下文、全篇主题等;也包括非语言环境,即情景、常识等),其中词汇意义占很重要的位置,是驾驭整个语义系统的基础。因此我们所说的"义类"特指根据词义划分出的类别。

据调查,外国学生在表达过程中,遇到的困难之一是有想法而不知道该用什么词语来表达。如果此时教师猜出了某学生想要说的,给他提供恰当的词语,往往就能帮助他把要说的话说出来。因此,词语的义类研究和运用也为不少对外汉语教师所关注。

张和生(2010:47)将郑林曦(1959)主编的《普通话三千词常用词表》一书的体例,略概括为下表,这对目前的对外汉语的词汇教学是有启发的。

表 10 《普通话三千词常用词表》示例

词类	词语分类举例	词语释例
名词	天象	太阳、月亮、晴天、阴天、风、雨、雪、霜、雷
	房屋、公共场所	屋子、房子、房间、办公室、图书馆、电影院
	社会关系、称谓	同志、先生、师傅、同事、教授、主席、上级
动词	胳膊、手动作	拿、取、抓、捏、握、摸、抬、打、摇、搂、抱
	日常生活活动	洗澡、洗脸、刷牙、漱口、理发、化妆、收拾
	心理活动	感到、觉得、喜欢、佩服、生气、害怕、满意
形容词	形容形状、情况	大、小、高、低、长、短、热闹、清静、整齐
	形容事物性质	好、坏、对、错、真、假、糟糕、贵重、便宜
	温、味、香等感受	热、冷、温、凉、暖和、凉快、甜、酸、苦、辣

仔细看一下上面的词表,除了少数词语外,大多是我们初级阶段教授的词语,如果我们也能像上面词表这样,有计划地教,定期复习归纳,学生按照义类来学习和记忆词语的效果就会更好。若是汉语教材有这样按词语义类整理出来的词表,估计会比较受欢迎的。

我们注意到,在不少来华的外国学生手中,常随身携带并经常翻看从其国内带来的小册子。这些小册子有的是为来华留学的汉语初学者写的,有的则是为到中国旅行的人编写的。小册子中除了有交际中常用的短句、语块外;就是有类似上面郑林曦词表的、按照义类整理出来的成组的词语,旁边注上学生的母语。有的学生告诉中国老师,这样的小册子很有用。这类小册子与赵金铭(2010)论文中介绍的日本明治之前的汉语教材很相似。这些都说明,在学生掌握了基本构式之后,按照义类对词语加以整理或集中教学是符合学生需要的。

2.3.3 词语子集教学方法的介绍

2.3.3.1 利用义类的词语教学法

所谓"利用义类的词语教学法"是学生按照词语的语义类别加以归类记忆的方法。下面是张和生(2007:73-74)对这一教学方法的运用与实验的介绍。

我们首先在两天内对实验组与对照组各进行两次词汇教学,每次用时约 10 分钟,教授 30 个生词,两次课堂词汇教学的方法相同。具体步骤是:向被试发放词表,请学生朗读一遍词语,每个学生朗读 2 至 3 个词语,用时约 3 分钟;老师带读一遍,特别提示实验组和对照组分别注意词语编排是音序编排或义类板块,用时约 2 分钟;请被试按教学方法提示自行默记生词,不得抄写,用时约 5 分钟。课堂词汇教学结束,回收词表。

我们在第二次词汇教学后,另用 3 分钟复习全部 60 词,然后随堂测试学生掌握情况,作为即时记忆效果考查;一周后复测,为延时记忆考查。即时记忆考查采用的方式是请被试写出自己刚学过的生词,要求能写汉字最好,其次写拼音,再次写母语。测试用时 15 分钟。延时记忆效果考查则采用测试卷方式进行,用时 15 分钟。复测内容涉及词义选择,加注拼音、选词填空,也包括在给出义类或音序提示的前提下写出自己一周前学过的生词,测前无复习。要求仍是能写汉字最好,其次写拼音,再次写母语。本实验由同一教师操作,以保持两组生词教学步骤的一致性。

试验结果是:采用义类学习方法指引的实验组的记忆效率平均得分为 48.29,而对照组的记忆效率平均得分为 31.75。结果显示包括对照组在内的被试都有将同类词集中共现的现象。

上述实验说明,采用义类学习方法记忆成组的词语,是较为有效的教学方法。

2.3.3.2 多角度词语系联方法

据调查,现在很多较注意词汇教学方法的教师都会有意识地采用系联的方法教授词汇。下面介绍几种较常用的。

1. 利用词语的上下位关系进行系联

汉语中表示具体事物的名词,往往会以种属的关系,形成一个个词语的子集。在初级阶段,教师就可以结合日常生活所需,围绕某个"种"概念,集中介绍一批"类属"名词。如:

学习"饮料"时,可以集中介绍一些常用的"啤酒、红酒、白酒、葡萄酒、可乐、雪碧、果汁、橙汁"等。

学习"电器"时,可集中介绍"电视、电话、电冰箱、空调"等。

学习"地方"(处所)时,可以集中介绍"食堂、图书馆、饭店、咖啡馆、操场、超市、小卖部"等。

学习"汽车"(交通工具)时,可集中介绍"自行车、摩托车、电瓶车、火车、飞机、轮船"等。

上述教学法,在初级班(包括短期班)的教师中使用得较为普遍。因为这个阶段学生词汇量不足,不这样教,学生开不了口。而中级班的教师可能是因为要教的词汇比较多,对与该阶段学生水平相应的名词子集的教学就注意不够(详见下)。

2. 利用常用构式进行系联

词语子集的教学,仅通过教师的整理归纳配合构式的练习是不够的,最好让有一定词汇量的学生主动参与到成组义类词的整理活动中。

如在中级第二层次的班级,课文中出现了"V(穿/戴着)+N(衣服/帽子)"构式,教师说明:"穿着"的事物常常为了遮住身体的某个部分(头部除外);而"戴着"的事物多是起装饰、保护作用,那个部位多是露着的。然后问学生,你们想一想,用"穿/戴+着"后面还可以带什么宾语?

有学生赶快摸着耳朵上的耳环说"耳环",有学生查了电子词典回答说"戒指""项链",也有学生用手在手腕上比画了一个圈,问:"老师,这个怎么说?"教师便在黑板上写下了"手链、手镯"两个词,教师用手在脖子下做了一个向下捋的动作,问:"男人常常戴什么?"很多学生不约而同地说"领带"。再指一下眼镜和手表,问学生:"用什么动词?"学生答:"戴"。于是,教师在黑板上写下了两组与穿戴类动词分别组配的名词。

穿:衣服、裤子、裙子、鞋、袜子、T恤、衬衫(服饰类)

戴:耳环、戒指、项链、手链、手镯(首饰类)

领带、帽子、手套、眼镜

我们在第一章2.2.6节表10中整理出来的动作兼状态类动词就是为了让学生学了有关构式后,能够成组成类地记忆相关的词语。在第一章到

第七章中与各种构式相组配的各小类词语的整理,目的也在于此。

中级班可以向学生提供类似上述的词表,便于他们课下记忆。但是,如果不采取相应的措施,也未必是有效的。下面是我们在提供"穿、戴"词表后采用不同方法的效果。

表 11 提供词表后采取不同方法的效果

提供词表后	未提要求,一周后测试	当堂用5分钟强记并测试	测后说明一周后再测试
回忆正确率	55%	72%	80%

上面与穿戴组配的名词,我们在第一个学期讲后未提要求,一周后让学生看着"穿、戴"写出名词,学生平均回忆率只有名词表的55%,且基本上是初级班教的词语。在第二个学期再这样讲时,讲完后让学生用5分钟来强记,当堂测试,回忆率提高到72%。下课时,教师告诉学生,一周后检查。结果回忆率又提高了,平均达到80%,有少数学生回忆率达到100%。

3. 词语组配双向系联法

所谓双向系联就是既可由动词向名词系联相关的名词子集,也可以由名词反向系联相关的动词子集,上面在中级班进行词语教学的教师在最后问"手表""眼镜"该用什么动词时,用的就是反向系联法。据调查,有不少学生的词汇量虽然已达到了一定的数量,特别是知道很多表示具体事物的名词。但他们有时感到困难的是,不知道该用什么动词。这种反向系联就是针对这种词汇学习中的缺环的。这一方法同样适用于"形+名""形+动""副+动""副+形"等构式的双向系联。

4. 利用近义、反义关系系联法

此系联法应该从词语扩大到构式乃至句子。为的是让学生学了就能说句子。下面是讲"穿、戴"时扩展的内容:

穿上衣服 ←→ 脱下衣服　　戴上帽子 ←→ 摘下帽子

她围着一条围巾。(系着一条丝巾) ←→ 把围巾摘下来

他腰里系着一条皮带。←→ 把皮带解开、解下来

中级班讲"拆"时,由于它的反义构式很复杂,有必要加以讲练:

拆开信/纸箱 ←→ 把信/纸箱**封起来**(把打开的东西封闭起来)

拆开衣服/包裹 ←→ 把衣服/包裹**缝起来**

(把分开的东西用线连成整体)

　　　　拆开机器⟷把机器**安装起来**、**组装起来**

　　　　　　　　　　　　（将分散的零部件等整合为一）

　　　　把门拆下来⟷把门**安上去**

　　　　　　　　　　　（把需要安装的东西安装固定到某处）

　　　　拆房子、拆掉房子⟷盖房子；把房子**盖起来**

　　　　　　　　　　　　　　（把房子从平地往高处盖）

　　汉语的动补结构是一大难点,利用这类构式对动词加以系联是教授和复现成组动词的好方法。由于上述反义动词比较难,教师在第二天、第三天都用提问法加以复习,第四天小测验,让学生为"把＋N"构式组配动补短语,平均正确率达到了83%。

　　这类为动补构式组配成组动词的方式在初级阶段也可以常用,例如：

　　　　买到、找到、租到、借到；搬到、走到、拿到

　　5. 多种方法综合法

　　1）语素系联与语义系联结合法

　　中级阶段比起初级阶段来,更适合动词、形容词的成组学习。在学生已学词的基础上结合新词,通过语素加以系联与补充,可以较快地扩大学生的词汇量。

　　如学习"坚强"时,就可以让学生联想与之相关、相近的词语。在学生发言的基础上教师把这一组词语整理如下：

　　　　　　　　语义系联

　　　　语素系联：坚定→←动摇

　　　　　　　　　坚决→←犹豫

　　　　　　　　　坚强→←脆弱、软弱

　　　　　　　　　坚持→←放弃

　　2）语素系联与词语结构系联结合法

　　高级班在教"笑眯眯"时,以"笑"为中心系联了相关的词语、构式和成语等：

　　　　笑嘻嘻（笑时嘴咧开）　笑眯眯（笑得眼睛眯起来）

　　　　笑哈哈（张大嘴笑）　　眉开眼笑　笑逐颜开

　　　　脸上笑开了花　　　　　笑得嘴也合不拢了

　　　　笑得眼泪也笑出来了　　笑得肚子都疼了

　　3）义类系联与词语结构系联结合法

　　关于汉语颜色词,冯英、唐建立(2009:95－101)提出了如下系统教学

构想：①

先教基本颜色词(如"黑、白、红、黄、绿"等)，再教具体颜色词(如"苹果绿、苹果色、玫瑰红、玫瑰色")和模糊颜色词(如"大红、深绿、淡黄、浅紫")，然后教词形特殊的颜色词(如"黑乎乎、白茫茫"(XYY 式)，"黑不溜秋"(X 不 YZ))。

这是将义类系联与词语的结构系联相结合的方法。我们对此方法很认同。

不过，从目前通用的汉语教材看，颜色词的出现是没有什么规律和系统的。教师可以通过自己的归纳整理，将这部分词逐步地系统化，尽量向中高阶段的学生呈现一个较为系统的颜色词词群框架。

如《桥梁》(上)出现了下面一些颜色词：

  昏黄(的路灯) 黑乎乎的怪影(第四课)
  嫩绿 灰黄 黑乎乎的污水(第十一课)
  天昏地暗(第十三课)

因为我校学习这本教材的学生大都已学过 2—4 年汉语，有了一定的词汇量和理解能力，于是在教这本教材时，教师在讲三篇不同的课文时，分别较系统地介绍了下面的一些颜色词(因为内容很多，都印成讲义发给学生，便于他们复习)。

第一次教：

第四课在教"昏黄、黑乎乎"(课文中出现的生词用粗体标出，下同)之前，通过师生互动的方式讲了以下颜色词：

(1) 基本颜色词

  白、黑、红、绿、蓝、灰、橙、紫

(2) 汉语颜色词最常见的几种结构

A. 名词＋基本颜色词，大部分可解释为"像 A 那样的颜色"(讲"**昏黄**"时，用 PPT 图片显示)。以下这些词，配上显示其颜色的图片。如：

  雪白、漆黑、碧绿、蜡黄(可以重叠为 ABAB)

  昏黄、金黄(色)、银白(色)、乳白(色)、奶黄(色)、土黄(色)、玫瑰红、苹果绿、橘红(色)

  东方露出了鱼肚白。

---

① 据该书说明，该部分内容的作者是李顺琴。据她统计，XYY 式颜色词共 62 个，X 不 YZ 只有 8 个。

B. 形容词＋基本颜色词

　　通红、惨白、洁白

再讲"昏黄"之"昏",本义是黄昏(天刚黑的时候)。黄昏时,光线暗,看不清,所以有"模糊、黑暗"的意思。相关的组配与词语有:

　　昏黄(的路灯)(亦用图片向学生展示何种状态为昏黄,下同)

　　昏黑:夜色昏黑;昏黑的小屋

C. ABB、A 不 BC 颜色词

因为课文中有"黑乎乎",所以补充了跟它相似结构的一些词语与相关组配。

　　黑乎乎:～的怪影;屋子里～的(光线很暗,有点儿可怕)

　　　　　　两只手～的;河里的水～的(很脏)

　　黑糊糊:～的芝麻糊

　　黑黝黝:～的土地(较肥沃的土地)｜～的皮肤(健康的皮肤)

　　红扑扑、红通通:脸红扑扑的

　　黄灿灿:黄灿灿的稻子

　　白乎乎、灰乎乎

　　黑不溜秋、白不溜秋、白不拉擦、黑了巴叽

讲(2)中几类词时,提示学生掌握学习汉语颜色词的基本方法:一是注意词的结构特征,如果不查词典,仅凭词中的基本颜色语素猜出它的基本色;二是注意该词和其他词组配,并从上下文体会它们的意义。

第二次教:

第十一课因有"灰黄",讲了下面的内容。

复习汉语的基本颜色词,然后教了下面的内容:

A. 基本颜色词＋色

　　白色、黑色、红色、绿色、蓝色、灰色、橙色、紫色

B. 颜色词＋颜色词(结合"灰黄",用PPT图片显示其颜色)

　　灰黄、灰青、苍白、紫红、青绿

　　天空一片灰黄。(空气被污染的天空)

　　脸色苍白。(白里带青,紧张或病人的脸色)

C. 形容词＋基本颜色

　　通红、惨白、洁白(复习第四课讲过的)

　　脸色惨白。(没有血色,白得吓人。紧张、害怕或生病时的脸色)

　　满脸通红。(运动后的脸色或紧张、激动或害羞时的脸色)

再讲新词(用 PPT 显示下述词语颜色的照片)

嫩绿、嫩黄

教师说明:"嫩+颜色词","嫩"是草、叶刚长出来时的颜色。

D. 汉语模糊颜色词最常见的几种结构

  大+基本颜色词:大红、大绿、大紫(很显眼的颜色)

  深+基本颜色词:深红、深蓝、深灰、深绿

  浅+基本颜色词:浅黄、浅绿、浅红、浅紫

  淡+基本颜色词:淡蓝、淡黄

第三次教:

到第十三课,先复习一下"昏黄""灰黄""嫩绿"等,再发下面的讲义讲新词:

  天昏地暗:白天就暗得像黄昏或黑夜一样。(本义)

     这里一刮沙尘暴,就变得天昏地暗。

课文中例:作为公司总经理,我常常忙得**天昏地暗**。(引申义)

      (形容忙极了,不知道是白天还是黑夜)

补充近义词:

  昏天黑地:①形容天色昏暗:到了晚上,～的,山路就更不好走了。

    ②形容神志不清:当时我流血过多,觉得～。

    ③形容生活荒唐颓废:你可不能跟这帮人～地鬼混了。

    ④形容打斗或吵闹得厉害:吵得个～。

    ⑤形容社会黑暗或秩序混乱。

6. 利用同一构式系联词语子集且辨析法

我们在第一章到第七章结合常用构式整理归纳了很多词语子集。这些词语子集不仅有利于学生系统地学习汉语词汇,而且便于发现需要成组辨析的词语。例如"(很)有+N"构式可以系联出 70 多个抽象名词,"才能、才干、才华、才气、才智、才学"都能进入此构式,它们都有相同的语素"才",对这一组词的比较辨析就能帮助学生根据需要选择合适的词语(详见第五章 1.3.2 节表 3)。

第三节 比较分析法

比较分析法是词汇教学时教师们普遍采用的方法。从视角看,一般分为语际比较与语内比较两类。

3.1 汉外比较法

汉外比较法,即语际比较法,就是在教学中将汉语词与学生的母语词进行比较。而且,教师在用此方法进行教学时,应注意培养学生具有汉语词与母语词往往是不一样的意识,这样做比单靠教师的对比讲解更加有效。

3.1.1 从汉外对译看词语的难度

邢志群(2011:39－41)从汉英词语的对译情况将词语分为五种(表11中1－5),跨语言干扰等级分为四个等级。表中 A 为汉语词,B 为学生的母语词。(楷体加粗标出的是我们补充的例词和说明)

表 12　从汉英词语的对译情况看干扰等级

邢的评级		例词	我们的评级
零级 无干扰	1. A 跟 B 的用法完全一样	书 book	(0)
	A 和 B 的语义并不完全重合	忙 busy	(1)
	2. A 在学生的母语中无	咱们、走后门、吃醋	(1－3)
第一级 干扰小	3. A 的用法比 B 的广	笑 smile/laugh/giggle/chuckle	(1－2)
第二级 有一定干扰	4. A 的用法比 B 的窄	old:老/旧/大	(2)
	A 和 B 的语义和用法是交叉关系	help:帮/帮忙/帮助 meet:见/见面/遇见 can:能/可以/会	(3)
第三级 干扰很大	5. A 与 B 用法有同,亦有异	去:go	(3)

邢志群发现学生在学习汉语词汇(A)时,跟他们的母语(这里指英

语)对比的情况可分为上面几种。我们将她的分析及例子放在表中,经对中介语相关语料的调查,发现她的对比还不能充分反映汉外词语对比的复杂性,所以又补充了一些词语和说明(见楷体加粗部分)。

先谈零级的词语。邢志群认为"书"这类词无干扰,这一观点,我们很认同。不过,"忙"表面看起来用法一样,但语义并不完全重合。姜丽萍(2011:249)指出:"有些词语与外语(英语)没有准确的一一对译关系,很难准确翻译。比如'忙'(busy)汉语主要意思是'要做的事很多',而英语(busy)的主要意思是'正在集中精力做某事',两者意义接近,但不是等同关系,而只是一种交叉关系。"

邢志群认为"咱们、走后门",这类词不会受学生的母语(如英语)干扰。据我们的调查,将"咱们"与"我们"混用的偏误并不少见。汉语"咱们"使用时,是把听话人包括在内的,这里有认知因素的参与。母语中没有对译词的学生,缺乏这种认知概念,有时会把它与"我们"等同起来,产生偏误。这类偏误的产生其实是受到了英语 we 的语义范围的干扰。

"走后门"是惯用语。而惯用语有使用时常参照动宾关系的规则,又是隐喻词,它有很多变体,带有文化词的一些特性。像下面的对话,外国学生就很难听懂:

A:你是从后门进来的吧?

B1:不是,是从前门进来的。招聘考试我考了第一名。

B2:不是,是从窗户进来的。

B1 的回答,是否认 A 的说法,外国学生听了会不解,"从前门进来"跟"考试"有什么关系。B2 的回答,是调侃,听者如果是外国学生同样不会明白。我们补充的表示嫉妒的"吃醋"一词也是如此。该词的使用对外国学生来说并不难。但它有很多变体,如"醋坛子、心里酸溜溜的、心里那股酸劲儿"等。我们曾在中级班上系统介绍过这类用法,但是,到考试时,学生对"吃醋"的用法能做解释,但对上述变体,90%的人都忘了是什么意思。所以我们认为这类词对外国学生来说,认知上有很大的干扰。

再谈第一级词语,汉语词比学生的母语词用法广。确实,初学时不难。但仅就"笑"来说,到中高级阶段,学生接触到"笑眯眯、笑嘻嘻、笑呵呵、笑哈哈",需要加以区分,这时就需要更准确的对译。

第二级词确实有一定干扰,如我们就曾在初级班的课上听美国学生说"我的车很老"(实际是想说"旧")。

再如,汉语的"菜",不包括"饺子、炒饭"类主食。而日语和韩语的对译词"料理"是包括的。所以,当教师问学生:"你喜欢吃什么中国菜"时,即使是中高班的学生也常回答说:"我喜欢饺子和蛋炒饭。"

第三级词是干扰很大的。因为汉语词和学生的母语词的用法有同亦有异。这类词确是最难的。而且,从对译的角度看,情况比邢志群讲的要复杂。对译词的不对应,是难点之一。

周健(2006)指出:"汉语教材生词表上'看'的注释是'see',其实这两个词往往不对应。"他根据汉语"看"的各种用法,找出了10种英语对译,并指出"see 译作'看见'可能更妥当"。又如"讲究"的英语对译词还含有"挑剔"义,也会产生误导。"help、meet、can"是邢表中无而我们补充的。这类词在初级教材中往往被用来对译汉语的一个生词,学到后来,学生发现还有别的汉语近义词也可用它对译,于是就觉得可对译的这几个汉语词用法差不多,但实际上并非如此。这几组汉语词与学生的母语词在语义和用法上是有交叉的,其复杂情况不是一两句话能讲清楚的。再加上"帮、帮忙、帮助""见、见面、遇见"还有同一语素形似的干扰,所以很容易相混。在中介语语料库中,这三组词语相混的偏误很常见。

3.1.2 汉外对比词汇教学法

3.1.2.1 差异提示法

在适当的时候,向学生说明汉语词与他们的母语词的差异,是很有必要的。所谓适当的时候包括以下几个时机:

1. 在学生可以接受的情况下,初教时,就讲清楚汉语词与学生母语词的差异。

2. 在学生出现偏误时,补充说明。

例如:

(1) a. ＊他没告诉。

改1:他没说。

改2:这件事他没告诉我。

b. ＊我从小很讲究吃,很多东西不吃,妈妈很生气。

改:我从小很挑食,很多东西不吃,妈妈很生气。

例 a 是一个韩国学生的偏误,因为汉语的"说"和"告诉"在韩语里是同一个词。这时教师最好问学生,到底是要说改1还是改2,如要说改2,就须强调"告诉"后要带宾语,而"说"在否定句中不用带宾语。

例 b 是苏州大学中级班的美国学生和澳大利亚学生在用"讲究"一词

造句时先后出现的相同的偏误。一问,原来教材对"讲究"的译词"be particular"有"挑剔"的意思。而汉语的"讲究"则没有此义。

3. 在归纳汉语词的微系统时,进行系统的汉外对比。

英语的 meet,从"二人相见"的角度看,汉语有三种对译方式,形成了一个微系统:

1) 双方相约见面:咱们下午两点在咖啡馆见面吧。A↔B
2) 单方要求跟某人见面:我要/想见他。A→B
3) 双方不期而遇:我在大街上遇到了她。A→←B

所教学生如果全是英语为母语的学生,可以直接附上英语翻译,要是学生中还有其他母语的学生,就附上右边的简单标示。还可让学生讨论,分析比较一下汉语的"见面"与英语的 meet 以及自己母语对译词的不同。

3.1.2.2 成组词翻译对比法

在运用汉外比较法讲词时,较简单的做法是一对一翻译。但有时可以根据表达的需要成组地对译比较。下表是周健(2006)所做的评价相貌的汉英常用词的对比表(表中语体风格亦据他的分析加上的,原表汉语词后有拼音,现略去)。这样的对比对学生对照英语记忆汉语词很有帮助。

评价词语	近义词语	英文	适用性别
美丽(书面)	美	beautiful	女(F)
漂亮(口语)	好看(口语)	good-looking	女/男(F/M)
帅(口语)	英俊(书面)	handsome	男(M)
一般(口语)	普通	ordinary	男/女(M/F)
难看(口语)	丑(书面)	ugly;plain	男/女(M/F)

当然,为防止学生将同一英语词汇的两个近义对译词不至于混淆,应该对"美、美丽"、"漂亮、好看"(动作漂亮、干得漂亮)、"帅、英俊"、"难看、丑"(脸色难看)加以辨析。

3.2 语内比较法

这主要是指针对学生易混淆的词语,就它们在汉语本身的语义、语法和语用等方面进行的多角度比较。我们在第二章至第七章中对很多词语微系统的内部比较都属于此类比较。总结前几章已采用过的语内比较方

法,主要有以下几种:
1. 结合汉语的构式对词语进行比较辨析;
2. 结合语用、语境对词语进行比较辨析;
3. 结合词语的构成语素进行比较辨析;
4. 结合词语的语义演变进行比较辨析。

3.2.1 结合构式比较词语法

这是以前词语辨析极少采用、而在本项研究中主要采用的方法。具体做法是,当用一般语义分析、词语搭配的方法难以说清词语在语义、语法与语用上的差别时,就从词语各自能进入的不同构式来说明。换言之,通过语料分析,尽量找到甲词能进入,而乙词不能进入的构式(常是较具体的语式),通过分析该构式的语义与语用就能比较容易地把词语的特征找出来。

比如,韩国学生常问"办法"和"方法"有何不同,因为韩语的对译词是同一个词。经调查,CCL语料库中"想想办法"有201条,没有用"方法"的。"讲究方法"有27例,没有用"办法"的。还有两词各自能进入的组配或惯用构式也有不同。据此,我们制成了下面的对比表。

表 13 "办法"与"方法"典型构式用法对比表

语义特征	典型构式
针对某个具体事情的解决手段	a. 这事该怎么办啊?你帮我想想办法。(＊方法,下同) b. 真拿你没办法。
为解决某一类事情所采取的带普遍指导意义的方式和手段	c. 做什么事都要讲究方法。(＊办法,下同) 学习方法、工作方法、教育方法、研究方法、领导方法、分析方法、归纳的方法、推理的方法、方法论

像上述利用具体语式、构式来比较词语的异同的表格讲解,我们经常采用,很受学生的欢迎。我们在分析"喜欢""喜爱""爱好"和"感到""觉得""感觉"差别也是采用上述的方法(详见第三章3.3.1节和4.2.1节、4.2.2节)。

同可表示被动的"被"和"受到、遭到","被"侧重表示被动的动作结果,"受到、遭到"则侧重表示动作的方式,这一特征,也是通过它们所进入的不同构式归纳出来的(详见第一章3.2节)。

3.2.2 结合语境与语用加以分析

当几个词语都能进入某个构式(即"同构异词")时,外国学生最易混淆(详见绪论3.5.5节),且教师难以辨析。在这种情况下,把"同构异词"

之句放到具体语境中,结合认知、语境与语用来分析,较易破解难题。例如,我们对出现在同构中的"得、该","应当、应、应该、该""能、会、可以、可能"的分析就是如此(详见第四章 4.1.3 节、4.1.4 节和 5.3 节)。还有对使役动词"使、让、叫、令"前同是事件的用法的辨析也是采用的此方法(详见第二章 2.2.2.3 节)。

3.2.3 结合词语的构成语素加以分析

这一方法我们多是作为词语辨析结论的佐证来加以运用的。如当我们通过大量语料说明了"觉得、感到、感觉"的差异后,本着辨析要"知其然,亦知其所以然"的原则,对这三个词语的构成进行了分析,说明它们各自的本质特征的根源所在(详见第三章 4.2.5 节)。对形容词"深邃""深厚""深远""深刻"以及对形式动词"加以、予以、给予"的分析也是如此(详见第九章 3.2 节)。

3.2.4 结合词语的语源及语义演变加以分析

结合词语的语源及语义演变轨迹对易混词语进行分析,可以使辨析更加科学而准确。我们在辨析助动词"会、能、可以",抽象名词"上、下、中、里",介词"对、向、跟、给",近用的"似、像、仿佛"的异同时,都是这样做的(详见第四章 5.2 节、第五章 1.5.3.1 节、第六章 2.4 节、第九章 4.2.3 节)。

第十一章　词汇教学有效性研究(三)

第一节　语块教学法的有效性

1.1　语块教学与构式教学的区别

关于语块教学的理论与优点,绪论2.2节已做了介绍。从构式语法的角度看,"构式"也包括语块,但我们还是把"语块教学"单独作为一种教学方法来加以讨论。

第八章1.2节介绍了学习较为成功的美国学生M认为有效的学习方法之一就是"重视语法结构"。他所说的语法结构,有句式方面的,也有不少是语块。我们从他所举例中选择了一些语块用例(用方框框出的部分),在阅读中,他关注并把它们作为整块来记忆。

　　土地分配不均 因省而异 ;……充分证明……
　　众议员每年 向美国的政府 提出土地改革 政策 。
　　越南的"老百姓" 对政治思想毫无兴趣 ……
　　美国人的这个理论…… 表面上有一定的逻辑 。

他说:"我觉得注意语法结构可以让我这个卷发碧眼老外的汉语更地道。"这也是我们强调语块教学所要达到的目的。

这一教学方法要求教师在教学中,引导学生在阅读、理解、记忆和输出时,把注意力放在多词语构成的"语块"上,学习时整体输入,表达时整体输出。实践证明,这种教学方法比传统的成分分析法更为便利和有效。

1.2　语块教学应注意的几个问题

下面是我们数年来进行语块教学时,比较重视的几个原则。

1.2.1　语块教学要突出语用和系统

语块教学要尽量突出课文中具有语用功能或反映词汇系统的部分教

授之。特别是新异的、特征明显、实用价值高的语块。

冯丽萍(2013:20)指出:"影响注意的主要因素之一是刺激本身的特点。新异的、特征明显的刺激容易引起注意,因此在教学中教师就要根据教学目的和学生的特点来精心设计教学内容的呈现方式。"

如在讲《桥梁》(上)第十课时,我们将下面两句(教材未列为语言点)写在黑板上,用方框框出其中的语块:

(1) a. 服务小姐 忙里忙外 ,一分钟也 闲不住 。

b. 小姐, 麻烦你 上一份饭。

教师让学生讨论怎么理解"忙里忙外",学生回答:"里"是指厨房,"外"是客人吃饭的地方。教师肯定了他们的说法,告诉学生,"里"还可以指"家里","外"指"家外",即社会上、工作场所等。有时还可用"内"表示"里"。接着举了两个例句:

(2) a. 她特别能干,大家都称赞她是" 里里外外一把手 "。

b. 中国传统的说法是" 男主外,女主内 "。

学生马上兴奋起来,有日本和韩国学生说:"我们国家也有这种说法。"之所以对"里、外、内"这类方位词特别提出来加以讲授,主要是从方位词系统着眼的。因为这类用法在《本科生大纲》中被列为三、四年级方位词的教学内容。

当问"闲不住"是什么意思时,有学生说:"闲"是空的意思,"闲不住"是忙得没有空。好几个学生同意这种观点。教师纠正说:"闲不住"不是表示没空,而是说某人自己不愿意闲下来。一般用于两种语境:一是赞扬某人特别勤快,爱劳动,爱活动。比如,"我妈妈是个闲不住的人,一天到晚干这干那,把家里收拾得特别干净。""他退休了也闲不住,还到中国来留学。"二是用于某些爱动的孩子,例如:"我儿子总是闲不住,放下这个玩具,就拿起那个玩具,让他坐一会儿也不肯。"

不久,我们在不少学生的书面造句中看到了上面用方框标出的语块的身影。也有外国太太在口语课上谈家里的孩子时,用了"闲不住"。之所以把"闲不住"提出来教,一是它已成为较固定的语块,二是学生理解上会有偏差(事实证明如此),三是交代了该语块的使用语境,很好用。

在讲"麻烦你……"时,教师说明,这是中国人向别人提出某个要求时常用的结构,这比"请+VP"还要客气。后面只要加上表示要求的短语就可以。比如说"麻烦你关一下门"。接着,让学生自己用"麻烦你"造了几个句子。不久,该班教师听到办公室的老师反映:"你们班的学生现在说话比以前更有礼貌了,跟我提要求,会用'麻烦您……'了。"

1.2.2 语块的简单与复杂

语块有简单与复杂之分。赵金铭(2010)指出:"当我们把汉语作为第二语言教授学习者说话时,是按照时间先后顺序一个词一个词说出来的,所说出来的话是一串词,也叫词串。这种词串并不是一次性组合在一起的,也不是按照线性排列组合在一起的,而是按照一定层次组合起来的。于是又有了'简单词组'和'复杂词组'之分。所谓'简单词组'是指两个或两个以上的词在一个层次上组合而成的词组。所谓'复杂词组'是指三个或三个以上的词在两个以上层次上组合而成的词组。这就是所谓层次,即一些句法单位在组合时所反映出来的不同的先后顺序……因此在教学中要注重词组的组合规律的教学……在教学中要特别注意在什么样的条件下词组可以实现为句子或句子的组成部分。"

此外,随着汉语水平的提高,学生希望自己的表达更复杂、更地道,如果教师能利用语块教学,指导学生如何将简单语块组成复杂语块,就能大大提高教学效率。

1.2.3 通过语块教学化难为易

语块教学教得好,既有利于理解、记忆和输出,也有利于复杂语块和句子的组配。

众所周知,汉语的动补构式对很多国家的学生来说都是难度较大的,而有些学能很高的学生在学习动补构式时,会采用语块记忆法巧记。

有一位日本女学生,她在口头和书面表达时,动补语块很少出错,教师问她是怎么学的,她说,把动词和补语一起记,先知道这个结构是表示什么意思的,知道它的日语意思后,让自己记住,跟这个日语意思相当的汉语就是用整个动补结构一起表达的,比如"学会",译成日语是 masuda,凡是想说这个意思时,就说"学会",不再把它拆分成"学+会"。

受到这位学生的启发,我们在教动补结构时,再三向学生强调,把动词与补语作为一个语块来记。另外还要注意与它相关的语块。下面是《桥梁》(上)第三课语法例释(四)中的例句:

我仍然没能 从痛苦中 解脱出来 (从……中+解脱出来)

教师为此例做了这样的语块切分,并提醒学生注意两个语块之间的语义和组配关系。当然最有效的方法是连同例句一起记。这样训练之后,学生在选用动补构式填空时,错误就少多了。

1.2.4 通过语块教学举一反三

以语块为单位进行教学,就是要让学生的注意力放到语块上,这样做很容易使他们产生近义词语的联想。教师顺势进行词语辨析,可起到举一反三的效果。

仍以"我仍然没能 从痛苦中 解脱出来"为例。

教师做了上述语块切分加以讲解后,就有学生提问,"解脱"能不能换作"解放"? 教师回答,因为前面是"从痛苦中",用"解脱"表示"摆脱痛苦,得到自在"。而"解放"主要是表示"解除束缚,得到自由",所以用"解脱"更好。要用"解放"的话,前面的语块也应相应做一些改动。如:

洗衣机把家庭妇女 从繁重的家务劳动中 解放了出来。

又有学生提问,句子主语如果是"解放军",能不能用"解放"? 教师想了一下,在黑板上写下例句,说明后面的语块最好用"解救":

解放军把我们 从苦难中 解救了出来。

讲完之后,我们让学生最好把这几个例句按照语块的组合整体记忆。第二天就有学生在口语课上说:"家用电器把我们从繁重的家务劳动中解放了出来。"口语教师很吃惊学生能说这么复杂的句子。

1.2.5 利用语块教学纠正偏误

中高阶段的具有挑战精神的学生,往往会尝试造复杂的句子,发生偏误在所难免。在修改这类偏误时,也可用语块分析的方法来处理。例如:

(3) *我送爸爸领带生日礼物。

改:我把领带作为生日礼物送给爸爸。

教师把"(3)*"写在黑板上,让学生讨论对不对,有的学生觉得没有问题,有的学生觉得好像哪里有点儿不对,但不知道该怎么改。教师把它改成了"把"字句,并以语块为单位对它做了切分:

我把领带作为生日礼物 送给爸爸。

教师问学生:"'把……作为……'学过没有?"大家回答:"学过。""'送给爸爸'学过吗?"回答:"也学过。"教师告诉学生:"这个句子就是由两个大家都学过的语块拼起来的。家里人或朋友过生日时,你给他买了礼物,你要告诉别人你特地送的是什么,就用这种'把'字句。现在请大家用这种拼合语块的方法试试看。"学生们纷纷发言:"我把丝巾作为礼物送给妈妈""我把珍珠项链作为生日礼物送给朋友""我把这本书作为生日礼物送给妹妹"。在期末考试时,教师把上面的这种套叠"把"字句设计成"组词成句"的试题,结果有90％的学生做对了。

1.2.6 语块教学的层级性

所谓语块教学的层级性,第一个层级是指语言上的层次(详见前第2点下赵金铭所说)。

从组合的角度看,生词特别是重点词、难点词的展示,尽量结合课文,以语块的形式出现。语块的列举,最好以能成句为目标。下面以"打折"为例：

  词———词组———句子
  打折 打五折 商场里正在打折。(课文中的句子)
  衬衫 一件衬衫 这件衬衫很适合她。(根据课文句子改写,下同)
  收银台 商店的收银台 他在收银台付钱。

在讲生词时,紧扣课文内容展示词、词组和句子。既复习了课文,又利于学生整体输出词组和句子。一般来说,凡是能说出词组或句子的,学生往往对词语的使用颇有信心。用得多,就更容易记住。

层级的第二个方面是指不同的学习阶段学习不同的语块。如：

  初级阶段:不见不散 哪里哪里 不敢当
  中级阶段:麻烦你 为你感到高兴 从痛苦中解脱出来
  高级阶段:把领带作为生日礼物送给爸爸

到了高级班,学生常会接触到很多、很复杂的句子。如果教学上不做处理,学生往往看得懂,却说不出,而且有些在高级班中学习的本科生和研究生都将面临用汉语写论文的艰巨任务,也很需要学会一些较复杂的书面语构式帮助他们表达。像下面这样"把"字构式与形式动词语块复杂的套叠句,较常用于论说文。考虑到学生已学了形式动词"予以、加以、给予",我们同样用语块组合的方式向学生介绍这"把"字句套句。例如：

(4) a. |学校、社会都把英语看做一种相应的能力| |予以重视|。
  b. |许多大专院校和科研院所都把它列为重大项目| |加以研究|。
  c. |从中央银行角度讲|,也是|把上海作为金融中心| |给予支持|的。

层级的第三种情况是,以某个常用词为中心,与之相关的语块和构式往往是分层次学习的。细心的学生到了中高阶段,会发现与该词相关的语块(实际上是构式)有很多,放到一起则较难分清它们的差异。而粗心的学生往往忽略了它们的存在,这就影响了他们对该词用法习得的深度与广度,也影响到他们组词成句的准确度。因此,到中高级阶段,以某个常用词为中心,整理出有代表性的词语的多个语块和构式,并进行内部比较,对学生全面掌握某个词或某类词的语块和构式是比较有效的(详见本章3.1节)。

1.2.7　特定构式中的固定语块

汉语中有很多相对固定的语块,结合构式让学生注意这类语块,对他们掌握包含这类语块的句式是非常有帮助的。例如:

(5) a. 那人气得 满脸通红 。(浑身发抖/话也说不出来)

　　b. 小李累得 腰也直不起来 了。

　　c. 他说得 口干舌燥 。

　　d. 老李急得 像热锅上的蚂蚁,团团转 。

　　e. 那人瘦得 像个麻杆 。

这是中级阶段学习"N_0＋V＋得＋VP/S(n＋p)"时教师举的例子。举例之后,让学生分析,这个构式中"得"后面都是什么样的结构?学生发现,多是成语、熟语、固定的构式(如"(连)＋N＋也＋动补结构否定式")。教师说明,这类语块比"(气)坏了、(累)极了、(急得)不得了"在描写状态方面更具体、生动和形象,所以中国人很喜欢用,久而久之,说法就比较固定,如"急得"与"像热锅上的蚂蚁、团团转"就成了固定的组配。在你们的国家遇到这种情况怎么表达?学生纷纷发言说自己的母语中也有类似的说法。有韩国学生看到例e说,我们会说"他瘦得像根筷子"。

讲完后,教师要求学生最好把整个语块都记住,如能整块地说出,中国人听了觉得你的汉语很地道。并告诉学生,这类用法以后考试将作为一项。期末试卷中出了五道用"V得……"完成句子(不能用"V得不得了/得很")的试题。结果参加考试的21名学生中,答案正确率为100%的学生有18个。

1.2.8　根据语境选择恰当的语块

教材的课后练习中常有让学生用指定词语完成句子的练习。当学生不了解所提供的语境应该选择什么样的语块组句时,就会出现语法上虽正确,但不符合语用要求的句子。如《桥梁》(上)第四课课后练习有这样一道题目:

　　听说你考上了大学,＿＿＿＿＿＿＿＿＿＿＿＿＿＿。(打)

这里的"打"是表示"从"义的介词,有的学生是这样做的:

(6) 听说你考上了大学,打什么时候开学?

听说你考上了大学,打什么时候去大学?

以上两句都合法,但不太符合中国人在这种语境要说的话。于是教师告诉学生,中国人在听说别人考上了大学,一般都会说:

我打心里为你感到高兴/骄傲。

当时教师讲完就过去了。到考试再出此题,把前一句改成了"听说你比赛得了第一名",要求学生用介词"打",没想到有 40% 的学生未做此题。有人即使做了,也有做错的,正确率只有 36%。后来教师问学生为什么这道题不会做。有学生说这种情况下不知道该说什么,还有的说,"为你感到高兴"不记得讲过。

第二个学期,同样做上述练习时,教师在讲完答案时,作了下面的语块切分:

打心里 ＋ 为你感到高兴

同时,教师告诉学生"为……感到高兴/骄傲"是一个很常用的结构,常用来向别人表示祝贺等,并举了几个例子。教师还建议学生最好把这个句子记下来。或者把下面的复杂语块记下来(即将小语块变成大语块),以便日后向别人表示祝贺时用。在考试前的复习,又将此语境提出来,让学生用下面的语块复习了一下:

打心里为你感到高兴

这样讲了之后,期末出了同样的试题,学生的正确率达到 71.2%。

第二节 "词不离句"法的有效性

2.1 "词不离句"法的心理学依据

第八章 1.2 节介绍了学习较为成功的学生"词不离句"记忆法。我们在教学中强调学生在学习新词时,最好连同例句一起记。这一方法是有心理学的依据的。

桂诗春(1992)指出:"陈述性与程序性知识往往是互相依存的,在以英语作为外语的条件下(即学生在课堂外自然接触英语的机会不多,难以习得），程序性知识往往以陈述性知识为基础，然后通过练习达到熟巧。在运用过程中，陈述性与程序性知识的相互作用亦至为明显……程序性知识对在熟悉环境中进行有效率的工作十分必要，而陈述性知识对找出适当的程序以对付新的环境也十分有用。"

例句是陈述性知识。学生通过强记例句，可以熟能生巧，一看到某个新学的词，马上能说出句子来，这样对该词就达到了初步掌握的程度。当然，前提是学生对该例句使用的语境比较了解，这也为日后提高程序性知识的运用打下了基础。

2.2 例句要典型

教学中强调"词不离句"，所举例句最好比较典型。所谓典型，应注意以下两点：

2.2.1 举例要正误鲜明

教师在教某个新词，而且知道学生在使用该词很容易出现某种偏误时，最好正误皆举，防患于未然。①

先看《成功之路·起步篇》(2)（16—17页）语言点的注释：

助动词(1)想、要、能

助动词的共同特点有：

经常用在动词前，不能直接用在名词或代词前。

可以受副词修饰。例如：

> 我很想去看电影。
> 我要复习汉语，他也要复习汉语。

否定词用"不"。（例略，下同）

可以用正反疑问式提问，可以单独回答问题。

"想"表示希望、打算。例如：

> 我想去中国学习汉语。

"要"表示有做某事的意愿，否定式是"不想"。例如：

---

① 有的教师认为一上来就举错句，学生容易发生混淆，主张只讲正确的句子。但是实践证明，只要让学生记住正确的句子，防止错句的发生，这类担心是不必要的。

下午我要给妈妈打个电话。

今天是周末,我要去玩儿,不想学习。

上述注释,有点儿小问题:"想"可以受程度副词修饰,"要"不能。教材把"也要"的用法同"很想"的例句放在一起,把它们放在同一规则"受副词修饰"之下,好像两句用法一样,容易产生误导。

我们的做法是,把课本上比较典型的例句利用板书或 PPT 提出来,并补上反例,进行对比讲授:

我很想去看电影。√

我很要去看电影。×

今天是周末,我要去玩儿,不想学习。√

今天是周末,我要去玩儿,不要学习。?

教师说明,"想"和"要"后面都带动词,"要"的意愿比"想"要强,所以,"很"不能修饰"要",却可以修饰"想"。而否定式一般用"不想",不用"不要"。接着就可以围绕这两个典型句通过问答、替换、造句等方式加以巩固。最后让学生记住上面标√的例句。

2.2.2 为防止混用选择典型例句

第三章 3.1 节曾指出,BYDT 语料库中,"了解"错词偏误共有 100 例,其中与"理解"相混的有 67 例;"理解"的错词共有 52 例,其中与"了解"相混的有 35 例。混淆率如此之高,在教这两个词时,如果能举出比较能反映"理解"与"了解"各自特征的典型例句(不能两词互换的),就能在日后学生要求辨析时,较为容易地讲清它们的差异。下面是通过语料调查后拟的例句:

a. 这事情是怎么回事,你去了解一下/了解了解。

(*理解,下同)

b. 我了解他,他是个老实人。

c. 他为什么这样做,我真不理解。(*了解,下同)

d. 他对大家的担心表示理解。

e. 从心理上理解孩子,方法上适应孩子,是家庭教育的一门学问。

"了解"的视点在认知的客体——"事实、情况(包括人)是什么样的",因此,所"了解"的都是可以通过视觉或听觉感知到的事物,即主体可以通过有意识的动作,调查收集或接收到的信息。所以,"了解"常用于"V+

一下""VV"构式。

"理解"的主体不是信息的接收者,而是信息的观察者或解析者,弄清楚某事物、情况、现象等"为什么会这样"或"应该怎么解释、看待"。像上面的例 c、d 就比较典型。

2.2.3 从系统性角度补充典型例句

目前通用的汉语教材,在讲重点词语时,都会举出一些例句。但一般来说,教材上的例句总会有不尽人意之处。如果教师对所教词语和相关构式以及学生容易产生的偏误比较了解的话,往往会发现举例方面的不足,这时,补充更为典型的例句是很有必要的。

《桥梁》(上)第一课的"宣布"是重点词。教材举了下面两个例句:

  a. 今天宣布了出国访问人员的名单。(宣布了+N)

  b. 大会刚刚宣布结束,他就走了。(宣布+V)

因为觉得这两例不够典型,我们补充了下面一例。

  毛泽东向全世界宣布:"中华人民共和国成立了,中国人民站起来了!"

此例比上面的例 a、b 更典型,因为它的结构是:

$N_0 + 向 + N_1 + 宣布 + (小句)$

其典型性表现在:

1)"宣布"常用于较为严肃、正式的场合,要用"向"引入对象名词。

2)"宣布"的内容(宾语)可直接用小句(甚至是比较复杂的句子)表示。

3)带小句宾语的"宣布",即使动作已经完成,也不用"了"。

这一例的补充,是由于多次看到日本和韩国学生课后作业中的偏误,"*他向我们宣布了他们的结婚"。所以在讲了上面所补充的例句后,又补上偏误加以说明。

第三节 词语与构式结合整理法的有效性

3.1 "同词异构"系统整理法

所谓"同词异构"系统整理法,是以某个高频常用词为中心系联出很多构式,然后从各自的语用特征入手,揭示其系统性的方法。现以心理形

容词"激动"为例(例句后括号内是构式特征分析):

(1) a. 我很激动。(以动作主体为视点)

b. 看了这篇文章大家都感到很激动,也很气愤。

(以引起"激动"的客体为视点)

c. 她显得很激动。(以观察的客体为视点)

d. 她看起来很激动。(以观察者为视点)

e. 她变得很激动。(以变化为视点)

f. 他激动极了。(概括地陈述,"激动"达到最高点)

g. 他激动得不得了。(概括地陈述,"激动"得无法形容)

h. 他激动地跳了起来。(详细、具体地陈述"激动"的程度)

i. 他激动地说:"……"(描写动作进行时的状态)

j. 在盛大的欢迎仪式上,李静和高礼泽表现得很激动。

(视点在主体表现出的状态)

k. 能为车队赢得总冠军,这让他很激动:"这是我们努力的结果……"(表示事件致使被致使者出现的状态)

l. 令人激动的时刻到了……

(表示多人、普遍的心理状态,作定语)

上面与表示心理的形容词"激动"相关的构式有 12 个之多。它们一起构成了一个从不同视角表示"激动"的语用系统。如果学生能把这些构式的细微差异都搞清楚了,并能熟练地运用,那么他们对于"激动"一词的习得深度和广度都会比分散地学习这些构式要有效得多。正是出于这方面的考虑,第五章 2.3 节把上述多个构式列为应教的、与形容词相关的构式。

如果以"激动"的上述这 12 个构式为标准,将下面一组词语逐个代入,看看能进入多少构式(下面词后带 * 号的是该词不能进入的构式),那么这类构式的使用范围又可以扩大数倍。这便是以构式为中心,对义类或用法相近的词语展开的"系联比较法",它在教学上可达到事半功倍的效果。

兴奋、痛苦、得意(* l)、轻松(* k * l)、开心(* j * l)、伤心(* j)

3.2 "同构异词"系统整理法

3.2.1 以"同构"观察词语子集分析法

如果以心理动词"尊敬"为中心来考察它的表达微系统的话,必然要涉及以下几个语义因素：尊敬者、受尊敬者、"尊敬"的动作与动作的程度。以"尊敬"一词为中心，可系联出以下几个典型构式：

构式 1：$N_0+很+V+N_1$
构式 2：$N_0+受到+N_1+的+V$
构式 3：$N_0+很+受+(N_1+的)+V$

(2) a. ′学生们都很尊敬刘老师。
　　　(重音在"学生们"，以动作主体(敬人者)为视点)
　　b. 学生们都′很尊敬刘老师。
　　　(重音在"很"，以主体的动作程度为视点)
　　c. 刘老师一直受到学生们的尊敬。
　　　(以受事为视点，强调受事的影响力)
　　d. 刘老师很受学生们的尊敬。
　　　(以受事受尊敬的程度为视点)

上面用例后的分析说明，"尊敬"常进入的这 3 个构式因言者视点的不同，在语用上体现出系统的分布。如果我们在教常用词时，都能从常用词可以进入的构式系统出发，举出典型例子加以说明，这对于学生根据自己表达需要选择与词语匹配的最准确、得体的构式是有帮助的。

同时，我们也主张，在中高级班上进行词汇教学时，在学生可以接受的情况下，注意利用像"尊敬"这样的常用词语的典型构式系联更多的词语，并对所系联的词语小类进行简单的系统整理。这便是"同构异词"系统整理法的作用。

下面是我们将第一章 3.2.2 节表 26 一栏中的一组动词移至此，这组词大都可以进入上面的构式 3：

　　a. 欢迎、喜爱、喜欢、青睐、珍爱、珍视、好评、赞誉、称赞、称道、推崇、追捧
　　b. 启发、启迪、启示、教育、影响、感动、鼓舞、触动、震动、刺激
　　c. 尊敬、尊重、敬重、敬佩、尊崇、爱戴、拥护、拥戴、钦佩、怀念
　　d. 赏识、器重、宠爱、怜惜、赞赏、欣赏、重视、注意、关注
　　e. 排挤、打击、折磨、限制

尽管上面这 5 组 45 个词语都可以进入同一构式，但它们用法并不完全相同。因此，有必要作进一步的分析。

1. 根据语义的积极还是消极，可以分为两类：a—d 是积极意义的；e 是消极意义的。

2. 根据 N_0 与 N_1 有无地位差来看，a、b 类使用时不必考虑二者的地位差；c、d 类则需要考虑二者地位差。c 类动词是 N_1 把 N_0 看得比自己高（包括地位高）时用，d 类中的"器重、赏识、宠爱"是 N_1 十分看重 N_0 时用；"赞赏、欣赏、重视、注意、关注"既可以用于 N_1 与 N_0 有高低差别时，也可以用于一般无差别的场合。在构式的使用上，b、d 类多以"很受＋V"的形式出现，a、c、e 类词既可进入此构式，亦可进入"很受＋N_1 的＋V"构式。通过这样的整组辨析，学生一下子可以系统地掌握 40 多个词语的用法，并能以整句的形式输出。教学效率同样比分散的教学要高得多。

3.2.2 以"同构"和"异构"辨析词语法

上面所列 a—c 五组词中的 c 组动词则是以"尊敬"为代表的一组词。这一组动词内部还应分组进行辨析。下面是邵菁（2011）为辨析"尊敬"和"尊重"所做的对比表。请读者注意两词可以进入构式的异同。

表 1　辨析"尊敬"和"尊重"的有效语料

A. 尊敬	B. 尊重
1. 尊敬的来宾，女士们，先生们…… 　　（大会致辞）（＊尊重） 尊敬的夫人、尊敬的老师（＊尊重）	
2. 这家的孩子非常尊敬长辈，非常孝顺。	1. 这家的孩子非常尊重长辈的想法，他们父母退休后去农村办学校，孩子们非常支持。　　　　（＊尊敬）
3. 我中学的这位老师，我非常尊敬他，因为他是一个敢说真话的人。	2. 我中学的这位老师，我非常尊重他，因为他是一位教学经验丰富的老教师。
	3. 我中学的这位老师非常尊重学生（的选择/人格）。（＊尊敬，下同）
	4. 夫妻之间应该互相尊重。
	5. 要尊重少数民族的风俗习惯。
	6. 要尊重知识/事实/科学/人才/历史

邵菁指出，由上表 B 栏例句可以看出，"尊重"隐含了尊重别人的想法、选择、人格等意思，而"尊敬"则没有。如 A 栏例 2 的"尊敬长辈"是孩子对

长辈的礼貌、孝顺。B栏例1"尊重长辈"则倾向于表示尊重长辈的做法,这也可以解释为什么"尊重"可以用在上对下,如B栏例3,因为地位高的人可以尊重地位低的人的选择、想法等,而"尊敬"却只能用在下对上的情况。再看A栏例3,在通常情况下,一个人敢说真话要比教学经验丰富更可贵,用的是"尊敬",而B栏例2用的是"尊重"。在这样具体的语境中,让学生体会"尊敬"比"尊重"程度更深。这比凭空告诉学生一个结论要有效得多。

3.2.3 以同一构式结合反义关系系联词语子集法

第一章2.2.3节指出,汉语双及物动词很多,相关构式又是很常用的,整体教授有一定难度,因此我们主张,最好结合学生交际的需要,分不同语境把这类动词分层次地教给他们。教授时最好以反义、成对出现的构式形式出现。如:

(3) a. 他要了我两毛钱。→←我给了他一块钱。
　　 b. 我卖(给)他一台电脑。→←我买你一箱苹果。
　　 c. 他借给小李一本辞典。→←小李还(给)他一本辞典。
　　 d. 政府奖(给)他五千元。→←警察罚他五百元。
　　 e. 我收你三百元。→←我付(给)你四百元。
　　 f. 他交给老师两本作业。→←老师发给我一份讲义。
　　 g. 我赚了他两千元。→←他赔了我一千元。
　　 h. 甲队输给乙队两分。→←甲队赢了乙队三个球。

以上用例都是双及物动词用于同一构式(因动词不同,构式有些微小的差异)。由于动词有难易,教学应分层次进行。这些动词和用例都学过之后,可归纳到一起加以复习。这样教的好处是,学生能根据不同语境自如地使用不同的动词。目前这类动词的讲授往往较为零散,所以学生并不能很好地加以运用。如《桥梁》(上)第四课课文中有"我们又不是开业修车的,哪有帮帮忙就要钱的"一句,课后练习中要求对文中"陈静打心里希望这小伙子多收她点儿钱"中的"收"用汉语加以解释。班上学了两三年汉语的学生几乎没有人知道应用"要"来解释。如果教学中常采用上面的方法,可能学生会较早、较快地将这类双宾语动词成组地系联起来,在脑中逐渐形成双及物动词的网络。

3.2.4 "同构异词"偏误改正比较法

当偏误的修改不止一种时,要充分利用它,就词语与构式的选用作深入的说明。下面是BYDT语料库中的一例偏误:

(4) 我和她是好朋友,所以我平常对她说:"如果你这样下去的话,{CC 应该}影响到你的学习。"

我们曾将此偏误放在课堂上让学生讨论改正,发现有四种改法。它们的不同之处请看表 2 右栏的分析:

表 2　四种修改句比较表

a. 你要是这样下去的话,**会**影响到你的学习的。	主观推测并提醒听者,语气略强
b. 你要是这样下去的话,**可能会**影响到你的学习的。	主观推测,语气较上一句弱
c. 你要是这样下去的话,**会不会**对你的学习产生影响呢?	用疑问句表示推测,语气较委婉
d. 你要是这样下去的话,**该**影响你的学习了。	推断并带主观感情,为对方担心

上面表中的四句话,哪一句最得体,得根据言者与听者的关系和语用目的是什么来判断。对同一偏误的几种不同改法,实际上给学生展示的是在相同的语境下,言者根据与听者的关系和交际目标进行表达的不同的语用系统。修改时让学生共同参与讨论,会大大提高学生的兴趣,引起他们的思考。学生反映这样的修改和说明"最有意思",也"最有用"。

第十章 1.2.2 节从"同构异词"角度对练习的不同答案"只要你努力……"的讨论,形式和作用同此。

3.3　同语块异构比较法

根据"在＋NL(处所名词)"在句中的位置,有五种构式。这五种构式是学生在初级到中级阶段一个个学习的。全学完了之后,有必要将它们整理到一起,加以辨析。

这样做的主要目的有三个:一是这五种构式实际上围绕着处所的表达,构成了一个语用微系统;二是通过比较讲解,让学生不仅从结构上而且从语义与语用上弄清它们的区别;三是因为这几种构式中的"在＋NL(处所名词)"对很多国家的学生来说都是一大难点(详见第八章第二节)。

下面举例对这五种构式加以系统分析。

1. "事件发生处所式"的特征
(5) a. 在家里,小张跟父亲说起了张鸣岐的事。
    b. 在家里,妻子说了算;在外面,丈夫说了算。
    c. 在网上"过年"早已成为我们年轻人过节的新方式,既时尚又省钱。
    d. 在这所校规严明的学校,学生过去在家里的娇气不复存在。

"在+NL"在句首的构式,是以处所为视点的。这一构式一般是根据语用上的某种需要,用于语段表达的开头,以新信息引起话头,引出后续句。谓语动词既可以是动作动词,也可以是动作性很弱的动词,而且要求谓语不能是简单形式。这一构式中的"在+NL"表示的是整个事件发生的处所。有时表示的是一个具体事件的处所,如例(5)a;有时表示的是事件主体活动的范围,如例b;还有则是强调某个事件或情况发生的特定场所,如例c、d。

这一构式由于是以处所为视点的,故经常以前后处所对比的形式出现,例(5)b与下面(6)中的例句就是如此:
(6) a. 郭玲华在工厂是个称职的好工人,在家里却算不上一个称职的妻子和母亲,她常常在丈夫和孩子面前感到内疚。
    b. 随着小区网络的发展,居民尤其是年轻居民扩大了交往范围,在网上认识,网下成为朋友,过去冷漠的邻里关系正在改变之中。

例(6)说明,在处所构式前后对比的句中,第一句的"在+NL"的位置也不一定必须置于句首。其后的谓语决定了它们仍属于"事件处所式"。

2. "施事动作处所式"的特征
这一构式的使用频率比前一构式要高得多。"在+NL"位于施事主语后,动作动词前,表示动作持续发生的处所或动作持续的处所。谓语可以是单个动词也可以是复杂形式。例如:
(7) a. 爸爸在银行工作。("工作"是一贯的动作)
    b. 小明在屋里做作业。("做作业"是持续动作)

如果说进入前面"事件发生处所式"的动词不受什么限制的话,"施事动作处所式"对动词有一定要求,林齐倩(2006)认为不能进入该构式的动词有四类:
1) 表示属性或关系的部分动词,如:当作、作为、符合、好像等。
2) 表示心理状态的动词(处所是"心里"的时候除外),如:爱、恨等。

3) 表示动态和位移的趋向动词,如:来、去、上、下、进、出、进去等。

4) 只能与动作行为的起点连用的动词和一些动趋结构,如:出发、来源、跑来、溜出去、送回等。

3."施事附着式"的特征

这一构式表示施事(人或动物等)动作完成后,身体附着于某处。"在+NL"位于谓语动词后。例如:

(8) a. 他坐在椅子上。
　　b. 小狗趴在地上。

可进入这一构式的动词是表示主体(身体)"附着类"动词(详见第一章 2.2.6 节)。

4."受事附着式"的特征

这一构式表示动作完成后,动作的受事被放置在某处。"放置、存留、挂贴、穿戴、栽种、写画"类动词大多可进入此构式(详见第一章 2.2.6 节)。

(9) a. 书放在书架上。
　　b. 画挂在墙上。

5."处置受事附着式"的特征

可进入这一构式与"受事附着式"的动词相同。此构式的特点是:由于使用了"把",更强调了人通过有意识的动作,使受事附着于某处。

(10) a. 把空调安在墙上。
　　 b. 把邮票贴在信封上。

上述辨析可以归纳为下表:

表3 与"在+NL"相关的五种构式用法的辨析

构式类型	语义概念	句法特点	适用动词	语用功能
1.事件处所式 在+NL,N_0+VP	整个事件发生的处所	谓语动词一般为复杂式	几乎所有的动词	多用于语段表达之首,以新信息引起话头,引出后续句
2.施事动作处所式 N_0+在+NL+VP	动作一贯发生的处所,动作持续的处所	谓语动词形式有简单的,也有复杂的	非位移、动作性强的动词	强调动作的持续性或持续状态

续表

构式类型	语义概念	句法特点	适用动词	语用功能
3.施事附着式 N_0（人）+ V + 在+NL	施事动作完成后的附着之处	动词可单独出现	含人"身体附着"义的动词	强调施事通过动作最后位移至某处（终点）
4.受事附着式 N_0（事物）+V+ 在+NL	动作完成后受事附着之处	动词可单独出现。若带宾语，必须是带（数）量词的、表不定义的宾语	"放置、存留、挂贴、穿戴、栽种、写画"类动词	强调受事通过动作发生位移至某处（终点）
5.处置受事附着式 N_0（人）+把+N_1 +V+在+NL	有意识通过动作使受事附着某处			强调受事经人有意的动作发生位移至某处（终点）

表 4 上述 5 个构式不同视点的比较

构式 1	构式 2	构式 3	构式 4	构式 5
事件发生的处所	持续动作的处所	施事附着的处所	受事附着的处所	有意处置受事

从上面两表可以看出上述 5 个构式在语用表达上的系统分布。

第四节 语篇组织衔接法的有效性

4.1 语篇与语言系统

我们在绪论 4.1 节曾指出："词汇教学的最终目的，不只是看学生学了多少词，而是要看他们能否正确地运用所学的词语配成词组，结成句子，进而组织成语篇，进行正确、得体的表达。"因此，从语篇的角度来反观词语与相关构式的教学，应该说最能发现词汇系统与构式系统之间的关联。

在谈语篇的生成时，我们首先应该了解言语是如何产出的。"对于这个过程，不同心理学家区分出不同的阶段。例如 Fromkin(1973)区分出 7 个阶段：选择需要表达的意思，确定句子的句法结构，将内容插入句法结构，确定词的句法形式，指定表达分句的音素，选择言语运动要求，将分句分出来。但 Garrett(1976)区分出 5 个阶段：决定要表达的思想，确定句法结构,选择相应的内容词,选定词缀和功能词,实际说出话来。Moates(1980)区分出与 Garrett 相似的 4 个阶段。"(王甦、汪安圣,1992:358)

胡壮麟、朱永生等人(2005)指出,韩礼德倾向于叶尔姆斯列夫的观点:结构是过程的底层关系,是从潜势中衍生的,而潜势可以更好地用聚合关系来表达。这就是说,韩礼德系统的思想是把语言系统解释成一种可进行语义选择的网络,当关系系统的每个步骤——实现后,便可产生结构。这就是说,系统理论是在使用中演变的,离开语言使用者的实践,它不会存在。系统理论应当是做事之道,我们用以考虑和研究语言之道(Halliday,1993:185)(转引自胡壮麟等,2005:15)。他们还指出,韩礼德不接受这样的结论:语篇用来作为系统证据以后语篇可以不要了。他认为这个错误在 20 世纪的大部分时间里统治着语言学,在牺牲语篇的基础上执迷于系统。这样的系统理论说得如此美妙,却无大用处。它不能解释是如何产生语篇的(Halliday,1994:XXII)。

张华(2007)指出:"词汇是构成语篇的基本要素。从语篇的表层结构上看,语篇之所以称之篇,是因其经历了集字成句——集句成段——集段成篇的构造过程,在这个过程中,没有词汇,整个篇章便无从谈起(赵永青,2000)。然而,这种过程并非是词汇的简单聚集过程,而是词汇间、语段间的语义选择、组织和聚合过程。词汇通过重复、同义、反义、上下义、同现等语义关系衔接着和维系着语篇的逻辑关系。语篇是意义关系的网络。"

"学生词汇量大,不能说明他们阅读理解能力就强。理解是个复杂的心理活动。"2006 年 9 月,张华在"实用英语词汇学"课上对 75 位选课学生进行了两次词汇测验。就测验中的词汇推理题目的结果做了统计和分析,从而看出词汇和阅读教学中教师输入词汇语义推理概念的必要性。他认为:"这种知识的介绍不仅能够帮助学生提高语篇阅读理解的深度,同时也能理解语篇内在的逻辑关系和推理思想。""学习单词不仅是把意义与形式对应,同时也是一个建立语义网络的过程。学习者在加深对词汇语义理解的同时,也不断地弄清该词汇与其他词汇的语义关系即同义、反义、上下义关系;这些关系在语篇中得到辨别和确认。Henriksen(1999)将上述复杂、多层面和多状态的过程称为语义化过程(semantization process),并将语义网络的建立作为词汇能力获得的一个重要标志。"[①]

[①] Henriksen,B. 1999. Three Dimensions of Vocabulary Development, *Studies in Second Language Acquisitions* 21.(转引自张华论文)

根据上述的观点,我们主张,在学生已有一定的词汇量,并接触了一定数量的汉语语篇的中高级阶段,汉语精读课的词汇教学应以语篇作为词语与构式教学的背景。即把根据语篇组篇的需要,选择合适构式与词语的能力,作为中高阶段词汇教学的重要内容之一。

4.2 以语篇为背景的词汇教学

4.2.1 从语篇角度讲清衔接词的功用

把语篇作为词汇学习的背景,首先应特别重视那些在语篇中起重要作用的衔接词。对于衔接词的讲解,应将它在语篇中的衔接作用讲透。但目前通用汉语教材在有的衔接词的说明上,对它的语篇功能强调得不够。

实例1:

岑玉珍编著(2011)《发展汉语·高级综合》(Ⅰ)第二课的"词语注释"中有这样一条:

5. 鉴于同名同姓带来的麻烦,起名字还是要费点心思。

注释:

"鉴于"是介词,后面跟一个名词性短语或一个句子,引出做某事的依据、缘由,含有"考虑到、注意到"的意义。"鉴于"通常要用在句首,前面不加主语,后面的分句提出结论。

从语篇的角度,我们作了如下补充:"鉴于"一般放在带总结性的句子的句首,在文章中起承上启下的作用,即根据前面说的情况,得出某个结论。

实例2:

陈灼主编《桥梁》(上)第二课语法例释(七)是这样讲"从此"的:

"从此",副词。意思是从说话人所指明的时间起,表示某事或某种情况从某时开始发生或出现。

这段注释同样没有讲"从此"的衔接功能,我们补充说明如下:"从此"常用于表示两件事的后一句句首,表示后面的事情是从前一件事发生的那时起开始发生或出现的。主要起衔接作用。

4.2.2 多个衔接词语比较法

要教会学生将单句连接成复句,除了成对的构成因果、假设、条件、目的、让步、递进、转折等复句的连词和关联副词外,表示承接的衔接词也很多,也很重要。

有的教材教的词语是学生平时很少接触的书面语词,较难理解,因而使用上也会出现一些问题。为了提高这类词语的教学有效性,可以采用让学生边看例句,边联想熟悉的旧词,讨论能否以旧释新,以旧代新,然后将这些词加以归纳和比较。在归纳比较时,同样应注意其系统性。

下面是在教《桥梁》(上)第四课语法例释(九)的"随即"时所做的尝试。课本的说明是:

"随即",副词。表示某一件事是紧跟在另一件事之后发生的。用于书面语。例如:

(1) 骑在马上的战士说完后,随即轻快地跳下马。
(2) "好,就这么办吧。"刘良同意了,随即转身离开了。
(3) 宋胜站起来喊了一声,那个人影随即消失了。(前后两句主语不同)
(4) 张班长看到这种情况,随即带着我们跑上山去。
(5) 突然,他清醒了似的,随即又不知道了。

（后一句是自然发生的、无意识的）

(6) 他望望远处,随即拉住小王的手说:"我扶你走吧!"
(7) 主任亲切地把他带进屋里说:"你先看看这本书吧。"随即递给他一本《可爱的中国》。

教师启发学生讨论,上面例句所陈述的动作是过去已完成的,还是将来就要做的?句中的"随即"能换成他们以前学过的哪些词?

经观察,学生发现,"随即"应该用于已经完成的动作之前。

下面是学生在讨论例句时联想到的可替换的旧词(括号内是教师认为学生提出的替换词语不太准确或不合适的)

(1) 随即 → 就;便
(2) 随即 → 就;便;马上
(3) 随即 → 一下子;就;便(？一会儿)
(4) 随即 → 立即;立刻
(5) 随即 → 紧接着(*然后,后一动作自然发生)
(6) 随即 → 然后;接着
(7) 随即 → 然后;接着

教师提示学生注意:这7个例句中,只有第(3)例前后是不同的主语,后一句是说明客观发生的事情。用"一下子"突出后一事件与前一事件相隔的时间特别短。"就"和"便"虽然也可表示后一事件很快发生,但比

"一下子"略长些。如用"一会儿"则表示"宋胜"喊完后,又等了一会儿,那人影才消失。比起"随即"来,速度慢了一点儿,用在这里不太合适。课后教师将学生提出的可以替换的词语整理出了一个简表,把这10个词的用法做了一个比较归纳,第二天发给了学生。学生拿到此讲义后,觉得很有用。

表5 前后动作承接词语的比较

	前后事件相隔时间	主要作用	常使用的语境和语体
一下子	非常短	表示动作快	口语,多用于**已**发生的、无意识的动作前;动作**有意识的少**
就	很短	表示动作快	口语,用于**已**发生和未发生动作前,前后同一主语时,后一动作**多是有意识的**
便	同上	同上	
马上	可很短,也可稍长	表示动作很快发生	
立即	很短	视点在前一动作,表示动作快	书面语,用于**有意识或无意识的、已发生或未发生**的动作前
立刻	很短	同上	书面语,其后**有意识**动作的主**动性没有"立即"后的强**
接着	不关注时间	视点在前一动作;连接前后动作	口语,用于**已**发生的动作前。后一动作**既可以是有意识的,也可以是无意识的**
紧接着	说话人主观认为前后动作接得紧		
随即	比较短	视点在前一动作;连接后一动作	书面语,用于**已**发生的有意识或无意识的动作前
然后	不关注时间	视点在后一动作;连接后一动作	口语和书面语均用,用于**已发生或未发生、有意识**的动作前

说明:

1.《现代汉语词典》(2005:839、909)"立刻:表示紧接着某个时候;马上","立即:立刻","马上:立刻",从释义看不出差异。根据语料分析,从语体看,"立即"一般用于书面语和正式的场合,"立刻"书面语和口语均可用;"马上""就"主要用于口语。在有意识动作的主动性方面,"立即"强于"立刻"。如下例a、b、d,"立即受理、打击、攻击"分别有9、3、6例,而"立刻"无前两种组配例,唯一的一例"立刻攻击"还是用于否定句,即例(1)c。同样用于命令,"立即"的语气最重,"立刻"次之,"马上"较轻。例如:

(1) a. 这正是马歇尔求之不得的机会,他立即受理了此案。

b. 发现假冒伪劣商品立即打击。

c. 索兰尼亚骑士剑拔弩张地缩小包围圈,但却不急着立刻攻击。

d. 无线电耳机传来地面指挥员的通报:"敌 F-84 正在你们附近,发现目标立即攻击!"

e. 选秀当天凌晨两点,我接到了陈主席的传真。马上我就给章明基打了电话。

f. 他悄悄地对我说,他马上要拍一部 20 集的电视连续剧,而我最有希望做女主角。

g. 元旦一过,春节马上就要到了。

从动作发生的快慢看,当"马上"在已完成的动作动词前,表示很快,与"立刻"义近。当"马上"在还未发生的动作动词前,常跟"要、就"一起用,表示动作在"短时间内很快发生"。这类"马上"比"立刻"要慢得多,有时可以是好几天(如(1)例 g)。

综合所述,"立即"等副词的视点均在——前一动作完成后,后一动作很快发生。根据二者时间间隔的长短,构成了下面的连续统:

前后动作时隔:最短──────→较短

立即 ＞ 立刻 ＞ 就/便 ＞ 马上

2. "紧接着""接着"的视点不在时间,而在前一动作,表示后一动作或事件与之连接紧密,不中断。如:

(2) a. "双条落"是一个歌手先唱两个字或四个字,另一歌手紧接着再唱下去,这是中国民歌演唱中稀有的形式。

b. 他第一个走向后舱,接着另外几个乘客也走向了后舱。

c. 写了这本畅销书后,他紧接着又出版了另一本小说。

(前后事件相隔时间应该不短。说话人主观上认为前后相接)

3. "随即"应是"随后＋立即"之义,表示前后动作或事件连接紧凑,时间短。因此它的视点也在前一动作,兼有表示连接和后一动作发生得快的两个特征。

4. "然后"的视点也不在时间,以后一动作或事件为视点,重在表示前一动作或事件之后发生了什么。

5. "就、便、立刻、立即"只能放在主语之后,后接动词。"随即""马上""接着"和"然后"既可位于动词前,也可位于主语前,起连接前后句的作用。

从视点上看,上述这一组词在"表示前后动作的连接"方面形成了以下的微系统。

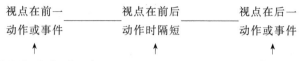

紧接着、接着、随即 | 立刻、立即、一下子、就、便、马上 | 然后

在词语教学中,用一两个旧词来解释新词是一般教材和教师经常采用的方法。但这种方法往往会产生误导——使学生误以为新词与用来解释的旧词差不多。我们这里介绍的方法与上述教法的不同之处在于:以某一中心概念("前后关联动作与事件")将一串新旧词语串联起来,对它们的语义、语用和认知等方面的异同进行了全面辨析,归纳整理出其微系统的连续性与层次性。实践证明,这样的做法不仅对复习、整理学生已学过的相关词语有好处,而且也可以减少因分不清差异而产生的偏误。如下面的偏误是学生在教师未讲前造的句子,他将"马上"与"随即"的用法混淆了。这也是教师决定为什么要采用上述以旧释新,加以辨析的动因。

＊赶快准备好,我们随即要出发了。

("随即"不能用于表示将来的动作)

4.2.3 利用学生作文教授语篇知识

语篇知识还可以通过修改学生的作文来讲授。下面是初级第二阶段一名韩国学生当堂宣读的小作文。

我昨天晚上吃晚饭以后,去超市买东西,我买了很多东西。①<u>在收银台</u>的时候,②我<u>知道</u>我的钱包丢了。售货员、服务员(③)一起找,④找到了。(⑤)<u>我坐沙发的时候</u>,⑥<u>在沙发上,丢了我的钱包</u>。④<u>半个小时找到了</u>。③售货员很热情。

我们的做法是,学生一边读,教师一边板书。将需要修改的部分用线画出,缺漏词语用括号标出。教师首先表扬了这位学生,即只学了几个月汉语,文章能写成这样,已经相当不错了。但教师同时指出,文章还要做些修改。修改后的作文是这样的:

我昨天晚上吃晚饭以后,去超市买东西,我买了很多东西。①<u>到收银台付钱</u>的时候,②我<u>才发现</u>我的钱包丢了。售货员③<u>很热情地</u>(<u>帮我</u>)一起找,④<u>找了半个小时终于</u>找到了。(⑤<u>原来</u>)我坐在沙发上休息时,⑥<u>把钱包忘在沙发上了</u>。

教师说明:①"到……的时候"可以把前面的动作与后面的动作连起来。②一开始不知道,后来要用钱包时才知道,该用"才发现"。③原文"售货员很热情"放在文章最后,不如作状语,放在中间。"一起找"前缺

"帮我"("帮"刚学过)。④"找了半个小时"也是刚学过的。用"原来"把"找"的动作和后来发现的结果连起来了。"把钱包忘在沙发上了"还没有学,但根据语境,必须要用"把"字句(以后很快要学到)。当东西不是有意"放在某个地方",而是"忘了",应该用"把……忘在……"构式(很多中级班的学生都不会用这一构式)。这是利用语境,把该用的构式和词语在语篇中的作用都讲到了。文章的六处改动,绝大部分与语篇的衔接与结构的完整有关。只有"终于、原来"和"把"字句是学生没有学过的。从当时的讲授看,学生也都能理解。有的教师考虑学生的学习层次低,像这样的作文基本不改,就发给学生。学生反映,如果教师不改,就认为是对的,这类偏误会不断重复。

4.2.4 利用课文讲解语篇的衔接和照应

目前通用汉语的教材中有不少范文,教师应充分利用这些课文,在讲解词语和语法结构的同时,稍带着把语篇的布局、衔接、照应等知识讲一下,培养学生的语篇意识,从整体上把握课文。

在一般情况下,我们采用的是"提请注意"的方法。

以《桥梁》(上)第一课《我的"希望工程"》为例(凡粗体字标出的部分,是我们提示学生注意的词语和构式):

1989年10月30日,中国青少年发展基金会召开新闻发布会,正式宣布:"建立我国第一个救助贫困地区失学少年基金会。"①**此项工程**定名为"希望工程"。

②**几年来**,"⑤**希望工程**"救助了成千上万的失学青少年,**使**他们重新回到了校园。

一位北京的大学生收到了⑤**井冈山少年的一封信**,③**由**①**此引出下面**一个感人的故事——

……人们常说,男子汉是轻易不掉眼泪的。可①**此时**,我控制不住自己了。

④**邮包上的字歪歪扭扭**,仿佛跳着舞在向我讲述:在①**那**遥远的山沟里,有多少孩子想读书,想学写字啊。他们恳求自己的父母……

②**六个月前**,②**当一封印有"希望工程"字样的信从北京一条小胡同寄到我手里时**,命运就安排了我要认识你。

②**收到我寄的钱后**,你回信了。④**信里既没有感激的话,也没有表示什么决心,只有六个字**:"叔叔,我上学了。"①**这六个字像火一样**

地燃烧着我……

①②**此后几个月**,没有你任何消息……叔叔心里很不安,总担心你家里出了什么事……②**今天**总算盼到了你的信……我急忙打开信……

④**信还没读完**,我的泪水已经打湿了信纸。我仿佛看到①**这**满地的花子已长成一片竹林,是⑤**井冈山**上的竹林。

……

……你给了叔叔希望。你,是叔叔的⑤**"希望工程"**。

从上面粗体标出的词语看,表示衔接的主要有以下几种词语或构式:

① 指示代词(7次)
② 表示事件发生的时间词和短语(6次)
③ 衔接构式(1次)
④ 话题句(3次)
⑤ 语篇关键词(4次)

说明:

1. 指示代词(包括代词)在语篇中的主要作用是衔接"前指"或后指。在这篇课文中就使用了多次。据我们对 SUDA 语料库中指示代词(包括代词)偏误的调查,发现其中与语篇相关的误用,多用和缺漏占了大多数。不结合语篇来讲,这类词的用法是无法讲清楚的。

2. 在叙述句,以时间为线索陈述事件的发展是很常用的,所以表示时间的词语和结构在语篇中的衔接作用也不容忽视。

3. "由此引出下面",在语篇中起到承前启后的作用,不讲,学生就会忽略过去。

4. 话题句对外国学生来说,是一大难点。其实它的最大功用是衔接。

5. 语篇关键词往往是跟语篇叙述中心有关的词语。上面所标的,一个是点题之语"我的'希望工程'",另外是与关键人物相关的"井冈山"。关于这一点,教师向学生介绍了汉语语篇喜欢采用"点题"的方式。

上面几类词语,我们是整篇课文讲完后,让学生分批找的。如找一下这篇课文中有哪些指示代词,它们有什么作用;为什么用话题句;时间词的作用是什么;等等。这样的训练多了,就能发现有些学生作文中指示代词、时间词语、衔接构式等的使用越来越到位了。

除了语篇中的连接外,语段中衔接的范例也要抓住。如同教材第四

课中有这样一段描写心理变化的内容:

> (小伙子好像关心陈静的自行车)"是车子坏了吧?"……她低着头,心里升起**一线希望的光**。"那我也帮不了你的忙了。没工具,谁也拆不开大链套牙呀。"陈静心里又是**一片黑暗**。
>
> "……哎呀,真是车铺!"陈静觉得**周围一下子亮了起来**。

教师把上面黑体加粗标出的部分写在黑板上,让学生讨论这些句子表示的是什么意思,在句中起什么作用,学生们你一言我一语,讨论得很热烈。很快,教师就在学生的作文中看到了类似的用法。

从语篇角度分析课文,应根据学生的接受能力,从文章的整体结构和词语、构式的选用等画龙点睛地加以说明。由于篇幅的限制,在此就不再展开了。

参考文献

[美]Adele E. Goldberg，吴海波译、冯奇审订(2007)《构式：论元结构的构式语法研究》，北京：北京大学出版社。
曹先擢、苏培成主编(1999)《汉字形义分析字典》，北京：北京大学出版社。
岑玉珍(2011)《发展汉语·高级综合》(Ⅰ)，北京：北京语言大学出版社。
常敬宇(2003)《汉语词汇的网络性与对外汉语词汇教学》，《暨南大学华文学院学报》第3期。
车　竞(1996)《"使"字句的语用分析》，《辽宁教育学院学报》第3期。
车　竞(1998)《论"使"的词性》，《沈阳师范学院学报(社会科学版)》第2期。
陈昌来(1999)《现代汉语空间系统研究的新突破——读〈现代汉语空间问题研究〉》，《世界汉语教学》第2期。
陈昌来(2003)《现代汉语语义平面问题研究》，上海：学林出版社。
陈长虹(2011)《现代汉语"使""令""让"字句比较研究》，苏州大学硕士学位论文。
陈传锋、董小玉(2003)《汉字的结构对称特点及其识别加工机制》，《语言教学与研究》第4期。
陈　绂(2002)《浅析日本学生学习助动词的难点与误区》，载《第七届国际汉语教学讨论会论文选》，北京：北京大学出版社。
陈满华(2009)《构式语法理论对二语教学的启示》，《语言教学与研究》第4期。
陈若凡(2002)《留学生使用"能""会"的偏误及教学对策》，《语言教学与研究》第1期。
陈贤纯(1999)《对外汉语中级阶段教学改革构想——词语的集中强化教学》，《世界汉语教学》第4期。
陈小英(2005)《带兼语的"使"与"让"之比较》，《广西社会科学》第2期。
陈　灼主编(2000)《桥梁——实用汉语中级教程》(上)(下)，北京：北京语言大学出版社。
程　娟(2011)《L2学习者汉语易混淆词与汉语同义词比较研究——以心理动词为例》，北京语言大学博士学位论文。
程琪龙(1997)《Jackendoff "致使概念结构"评介》，《国外语言学》第3期。
储泽祥(2010)《汉语空间短语研究》，北京：北京大学出版社。
崔　健、孟柱亿(2007)《汉韩语言对比研究(1)》(第一届汉韩语言对比国际学术研讨会论文集)，北京：北京语言大学出版社。
崔　健、孟柱亿(2010)《汉韩语言对比研究(2)》(第二、三届汉韩语言对比国际学术研讨会论文集),北京:北京语言大学出版社。
崔希亮(2005)《欧美学生汉语介词习得的特点及偏误分析》,《世界汉语教学》第 3 期。
崔希亮主编(2007)《汉语教学:海内外的互动与互补》,北京:商务印书馆。
崔希亮等(2008)《汉语作为第二语言的习得与认知研究》,北京:北京大学出版社。
崔希亮等(2010)《欧美学生汉语学习和认知研究》,北京:北京大学出版社。
崔希亮主编(2011)《认知语法与对外汉语教学论集》,北京:北京语言大学出版社。
崔永华(1997)《汉字部件和对外汉字教学》,《语言文字应用》第 3 期。
崔永华(1999)《基础汉语教学模式的改革》,《世界汉语教学》第 1 期。
崔永华、陈小荷(2000)《影响非汉字圈汉语学习者汉字学习因素的分析》,《海外华文教育》第 1 期。
戴曼纯(2012)《语块学习、构式学习与补丁式外语教学》,《外语界》第 1 期。
戴耀晶(1997)《现代汉语时体系统研究》,杭州:浙江教育出版社。
丁安琪、沈 兰(2001)《韩国留学生口语中使用介词"在"的调查分析》,《语言教学与研究》第 6 期。
丁安琪(2010)《汉语作为第二语言学习者研究》,北京:世界图书出版公司。
丁 薇(2008)《现代汉语心理动词相关问题的研究》,上海师范大学硕士学位论文。
丁 薇(2013)《基于概念结构理论的把字句研究与偏误分析》,苏州大学博士学位论文。
董秀芳(2009)《〈词汇语义学〉导读》,载[英]D. A. Cruse《词汇语义学》,剑桥:剑桥大学出版社、北京:世界图书出版公司。
渡边丽玲(2000)《助动词"可以"与"能"的用法比较分析》,载《第六届国际汉语教学讨论会论文选》,北京:北京大学出版社。
[法]Eric Laporte(2004)《句法知识的可接受性》,《语言文字应用》增刊。
[法]Eric Laporte、郑定欧(2004)《〈"词汇—语法"学术演讲译文集〉前言》,《语言文字应用》增刊。
范 晓、杜高印、陈光磊(1987)《汉语动词概述》,上海:上海教育出版社。
范 晓(2000)《论"致使"结构》,载《语法研究和探索》(十),北京:商务印书馆。
范 晓(2011)《句式的应用价值初探》,《汉语学习》第 5 期。
方绪军(2008)《对外汉语词汇教与学》,北京:北京师范大学出版社。
冯光武(2006)《语言的主观性及其相关研究》,《山东外语教学》第 5 期。
冯丽萍(2013)《认知视角的对外汉语教学论》,北京:北京大学出版社。
冯 英主编(2009)《汉英语分类词群对比研究》(一),北京:北京语言大学出版社。
冯志伟(2010)《双语语料库的建设与用途》,《现代外语》第 4 期。
冯志伟(2011)《计算语言学的历史回顾与现状分析》,《外国语(上海外国语大学学报)》第 1 期。
高 燕(2008)《对外汉语词汇教学》,上海:华东师范大学出版社。

顾安达、江　新、万业馨主编(2007)《汉字的认知与教学》,北京:北京语言大学出版社。

桂诗春(1992)《认知与外语学习》,《外语教学与研究》第4期。

郭继懋、郑天刚(2002)《似同实异——汉语近义表达方式的认知语用分析》,北京:中国社会科学出版社。

郭志良(1990)《表示存在可能性的"能"和"可以"》,载《第三届国际汉语教学研究会论文集》,北京:北京语言文化大学出版社。

国家对外汉语教学领导小组、办公室北京语言学院汉语水平考试中心(1992)《汉语水平词汇与汉字等级大纲》,北京:北京语言学院出版社。

国家汉语水平考试委员会办公室考试中心(2001)《汉语水平词汇与汉字等级大纲》,北京:经济科学出版社。

国家对外汉语教学领导小组办公室编(2002a)《高等学校外国留学生汉语教学大纲》(长期生)》,北京:北京语言文化大学出版社。

国家对外汉语教学领导小组办公室编(2002b)《高等学校外国留学生汉语言专业教学大纲》,北京:北京语言文化大学出版社。

国家汉办、教育部社科司《汉语国际教育用音节和汉字词汇等级划分》课题组(2010)《汉语国际教育用音节和汉字词汇等级划分》,北京:北京语言大学出版社。

韩　明(2011)《东南亚留学生汉语语法偏误研究》,桂林:广西师范大学出版社。

何干俊(2002)《对英语国家留学生汉语教学中的词汇问题的探讨》,《江西师范大学学报(哲学社会科学版)》第8期。

何九盈、王宁、董琨主编,商务印书馆编辑部编(2015)《辞源》(第三版),北京:商务印书馆。

何元建、王玲玲(2002)《论汉语使役句》,《汉语学习》第4期。

洪　炜(2012)《汉语二语者近义词语义差异与句法差异的习得研究》,《语言教学与研究》第3期。

洪　炜、陈　楠(2013)《汉语二语者近义词差异的习得考察》,《语言文字应用》第2期。

胡明扬(1997)《对外汉语教学中语汇教学的若干问题》,《语言文字应用》第1期。

胡明扬(2002)《语言学习散论》,北京:北京语言大学出版社。

胡云晚(2002)《带兼语的"使"和"让"之比较研究》,《松辽学刊(人文社会科学版)》第1期。

胡壮麟、朱永生、张德禄、李战子(2005)《系统功能语言学概论》,北京:北京大学出版社。

黄瑞红(2008)《英语程度副词的等级数量含意》,《外语教学与研究》第2期。

黄正元(2009)《认识系统与系统认识——谈系统论视域下的认识论》,《兰州学刊》第4期。

江蓝生(2000)《汉语使役与被动兼用探源》,载《近代汉语探源》,北京:商务印书馆。
江　新(2000)《汉语作为第二语言学习策略初探》,《语言教学与研究》第1期。
江　新(2008)《对外汉语字词与阅读学习研究》,北京:北京语言大学出版社。
江　新(2008)《第二语言的认知习得研究》,载崔希亮等著《汉语作为第二语言的习得与认知研究》,北京:北京大学出版社。
姜丽萍(2011)《汉语作为第二语言课堂教学》,北京:北京大学出版社。
金立鑫(2002)《词尾"了"的时体意义及其句法条件》,《世界汉语教学》第1期。
金立鑫、于秀金(2013)《"就/才"句法结构与"了"的兼容性问题》,《汉语学习》第3期。
匡鹏飞(2010)《"地位"和"地步"的词义演变及相互影响》,《语文研究》第2期。
兰盖克、牛保义、王义娜、席留生译(2013)《认知语法基础》(第一卷:理论前提),北京:北京大学出版社。
黎锦熙、刘世儒(1959)《汉语语法教材》(第二编:词类和构词法),北京:商务印书馆。
李大忠(1996)《"使"字兼语句偏误分析》,《世界汉语教学》第1期。
李临定(2011)《现代汉语句型》(增订本),北京:商务印书馆。
李　明(2011)《对外汉语词汇教学与习得研究》,北京:中国大百科全书出版社。
李泉主编(2011)《汉语综合课教学理论与方法》,北京:北京大学出版社。
李荣宝、彭聃龄(2001)《双语表征研究的理论与实验方法》,《当代语言学》第4期。
李　蕊、周小兵(2005)《对外汉语教学助词"着"的选项与排序》,《世界汉语教学》第1期。
李绍林(2007)《对外汉语教学基础词语的难度分析》,《语言文字应用》第3期。
李绍林(2010)《对外汉语教学词义辨析的对象和原则》,《世界汉语教学》第3期。
李文山(2013)《也论"都"的语义复杂性及其统一刻画》,《世界汉语教学》第3期。
李晓琪(2004)《关于建立词汇—语法教学模式的思考》,《语言教学与研究》第1期。
李晓琪主编,金舒年、陈　莉编著(2004)《博雅汉语准高级·飞翔篇Ⅰ、Ⅱ》,北京:北京大学出版社。
李晓琪主编(2009)《对外汉语综合课教学研究》,北京:商务印书馆。
李银屏(2011)《欧美留学生部件难易度调查及部件成字性的实验研究》,载邢红兵主编《汉语作为第二语言习得的认知探索》,北京:世界图书出版公司。
林齐倩(2003)《"VP+在L"和"在L+VP"》,《暨南大学华文学院学报》第3期。
林齐倩(2006)《"NP+在+NL+VP"与"在+NL+NP+VP"》,《暨南大学华文学院学报》第1期。
林齐倩、金明淑(2007)《韩国留学生介词"向、往"使用情况的考察》,载崔健、孟柱亿主编《汉韩语言对比研究(1)》,北京:北京语言大学出版社。
林齐倩(2011)《韩国学生"在+NL"句式的习得研究》,《汉语学习》第3期。
刘晓玲、阳志清(2003)《词汇组块教学——二语教学的一种新趋势》,《外语教学》第6期。

刘　珣主编(2002、2003、2004、2005)《新实用汉语课本》第1—5册,北京:北京语言大学出版社。
刘英林、马箭飞(2010)《研制〈音节和汉字词汇等级划分〉探寻汉语国际教育新思维》,《世界汉语教学》第1期。
刘永耕(2000a)《使令类动词和致使词》,《新疆大学学报(哲学社会科学版)》第1期。
刘永耕(2000b)《使令度和使令动词的再分类》,《语文研究》第2期。
刘月华等(1983、2001)《实用现代汉语语法》,北京:商务印书馆。
刘月华(1988)《动态助词"过$_1$""过$_2$""了$_1$"比较》,《语文研究》第2期。
刘月华(1989)《汉语语法论集》,北京:现代出版社。
刘正光主编(2011)《构式语法研究》,上海:上海外语教育出版社。
刘座箐(2013)《国际汉语词汇与词汇教学》,北京:高等教育出版社。
柳燕梅(2002)《生词重现率对欧美学生汉语词汇学习的影响》,《语言教学与研究》第5期。
卢福波(2000)《对外汉语常用词语对比例释》,北京:北京语言文化大学出版社。
卢福波(2002a)《"不"与"没"的差异》,载郭继懋、郑天刚主编《似同实异——汉语近义表达方式的认知语用分析》,北京:中国社会科学出版社。
卢福波(2002b)《表时意义的"了"与"的"的差异》,载郭继懋、郑天刚主编《似同实异——汉语近义表达方式的认知语用分析》,北京:中国社会科学出版社。
卢福波(2010)《汉语语法教学理论与方法》,北京:北京大学出版社。
鲁　川主编(1994)《动词大词典》,北京:中国物资出版社。
鲁晓琨(2001)《可能助动词"可以"的语义与"能"的对比》,《汉语学报》第3期。
陆俭明(2000)《"对外汉语教学"中的语法教学》,《语言教学与研究》第3期。
陆俭明(2004)《增强学科意识,发展对外汉语教学》,《世界汉语教学》第1期。
陆俭明、王　黎(2006)《开展面向对外汉语教学的词汇语法研究》,《语言教学与研究》第2期。
陆俭明(2007)《词汇教学与词汇研究之管见》,《江苏大学学报(社会科学版)》第3期。
陆俭明(2008)《构式语法理论的价值与局限》,《南京师范大学文学院学报》第1期。
陆庆和(2003)《关于"把"字句教学系统性的几点思考》,《暨南大学华文学院学报》第1期。
陆庆和(2004)《引进动作对象的介词"对"与"向"分析》,[日]《中国语研究》第46号。
陆庆和(2006)《"接受"和"施予"——也谈被动句的不同类别》,《语言教学与研究》第1期。
陆庆和(2006)《实用对外汉语教学语法》,北京:北京大学出版社。
陆庆和(2009)《从韩国学生的偏误看汉语助动词的研究与教学——以"会、能、可以、可能"为中心》,苏州:第四届韩汉语言对比国际学术研讨会。
陆庆和、黄　兴主编,曹晓燕、车玉茜、陆庆和编著(2009)《汉语水平步步高——副词》,苏州:苏州大学出版社。

陆庆和、黄　兴主编,崔新梅、茅磊闽、周国鹃、季　艳、陈明美、季　静编著(2009)《汉语水平步步高——关联词语、量词》,苏州:苏州大学出版社。

陆庆和、黄　兴主编,陆庆和　等编著(2009)《汉语水平步步高——句型与句式》,苏州:苏州大学出版社。

陆庆和、黄　兴主编,邵传永、杨　慧、林齐倩　等编著(2009)《汉语水平步步高——动词、助动词》,苏州:苏州大学出版社。

吕叔湘主编(1980、2000)《现代汉语八百词》(增订本),北京:商务印书馆。

吕叔湘(1981)《关于"的、地、得"和"做、作"》,《语文学习》第3期。

吕叔湘(1984)《汉语语法论文集(增订本)》,北京:商务印书馆。

吕叔湘(1987)《句型和动词学术讨论会开幕词(代序)》,载中国社会科学院语言研究所现代汉语研究室编《句型和动词》,北京:语文出版社。

吕文华(1991)《关于对外汉语教学语法体系》,《中国语文》第5期。

吕文华(1994)《对外汉语教学语法探索》,北京:语文出版社。

吕文华(1997)《试论句首短语"在/O＋处所"》,载中国语文杂志社编《语法研究和探索》(八),北京:商务印书馆。

吕文华(1999)《建立语素教学的构想》,载中国语文杂志社编《对外汉语教学语法体系研究》,北京:北京语言文化大学出版社。

M·希尔伯曼著,陆怡如译(2005)《积极学习:101种有效教学策略》,上海:华东师范大学出版社。

马清华(2008)《唯频率标准的不自足性——论面向汉语国际教育的词汇大纲设计标准》,《世界汉语教学》第2期。

马庆株(1988)《自主动词和非自主动词》,《中国语言学报》第3期。

马　真(2004)《现代汉语虚词方法论》,北京:商务印书馆。

毛　悦(2010)《汉语作为第二语言要素教学》,北京:北京大学出版社。

孟庆海(1987)《动＋处所宾语》,载中国社会科学院语言研究所现代汉语研究室编《句型和动词》,北京:语文出版社。

孟柱亿(2006)《汉语教学语法描述的新构思》,载周小兵、朱其智主编《对外汉语教学习得研究》,北京:北京大学出版社。

闵星雅(2007)《助动词"能"和"会"的认知研究》,上海师范大学博士学位论文。

牛津大学出版社编(2013)《牛津现代英汉双解大词典》(第12版),北京:外语教学研究出版社。

牛顺心(2007)《普通话中致使词的三个语法化阶段》,《社会科学家》第5期。

彭利贞(2007)《现代汉语情态研究》,北京:中国社会科学出版社。

彭利贞(2011)《从语义到语法》,北京:中国社会科学出版社。

彭增安、陈光磊主编(2006)《对外汉语课堂教学概论》,北京:世界图书出版公司。

齐沪扬(1998)《现代汉语空间问题研究》,上海:学林出版社。
齐沪扬(2000)《动词移动性功能的考察和动词的分类》,载中国语文杂志社编《语法研究和探索》(十),北京:商务印书馆。
齐沪扬(2010)《带处所宾语的"把"字句中处所宾语省略与移位的制约因素的认知解释》,《华文教学与研究》第1期。
齐沪扬主编(2010)《现代汉语虚词研究与对外汉语教学》,上海:复旦大学出版社。
钱玉莲(2007)《韩国学生汉语学习策略研究》,北京:世界图书出版公司。
钱玉莲、赵晴菊(2009)《留学生汉语输出学习策略研究》,北京:世界图书出版公司。
邱　军、彭志平主编(2004)《成功之路·起步篇》,北京:北京语言大学出版社。
邱　军、彭志平主编(2008)《成功之路·顺利篇》,北京:北京语言大学出版社。
屈承熹、纪宗仁(2005)《汉语认知功能语法》,哈尔滨:黑龙江人民出版社。
屈承熹,潘文国等译(2006)《汉语篇章语法》,北京:北京语言大学出版社。
任海波等(2013)《基于语料库的现代汉语近义虚词对比研究》,上海:学林出版社。
邵　菁、金立鑫(2007)《认知功能教学法》,北京:北京语言大学出版社。
邵　菁(2011)《"认知功能教学法"在词语辨析教学中的应用》,《汉语学习》第5期。
邵敬敏、周有斌(1993)《汉语心理动词及其句型》,《语文研究》第8期。
邵敬敏(2000)《汉语语法的立体研究》,北京:商务印书馆。
邵敬敏、赵春利(2005)《"致使把字句"和"省隐被字句"及其语用解释》,《汉语学习》第4期。
邵敬敏、石定栩主编(2011)《汉语语法研究的新拓展》(五)(21世纪第五届现代汉语语法国际研讨会论文集),北京:北京大学出版社。
邵敬敏主编(2012)《现代汉语通论精编》,上海:上海教育出版社。
邵敬敏(2013)《〈汉语虚词框架词典〉编撰的创新思路》,《语言文字应用》第3期。
沈家煊(1995)《"有界"与"无界"》,《中国语文》第5期。
沈家煊(1999)《"在"字句和"给"字句》,《中国语文》第2期。
沈家煊(2001)《语言的"主观性"和"主观化"》,《外语教学与研究》第4期。
沈家煊(2003)《复句三域"行、知、言"》,《中国语文》第3期。
沈家煊(2009)《汉语的主观性和汉语语法教学》,《汉语学习》2009第1期。
盛　炎(1990)《语言教学原理》,重庆:重庆出版社。
施家炜(2001)《来华欧美留学生汉字习得研究实验报告》,载《中国对外汉语教学学会北京分会 第二届学术年会论文集》,北京:北京语言文化大学出版社。
施正宇(1999)《论汉字能力》,《世界汉语教学》第2期。
石定果、万业馨(1998)《关于对外汉字教学的调查报告》,《语言教学与研究》第1期。
石毓智(2006)《语法化的动因与机制》,北京:北京大学出版社。
束定芳、庄智象(2008)《现代外语教学——理论、实践与方法》(修订版),上海:上海外语教育出版社。

苏丹洁、陆俭明(2010)《"构式—语块"句法分析法和教学法》,《世界汉语教学》第4期。

苏向丽(2012)《词价研究与汉语国际教育基础词汇表的优化——以〈词汇大纲〉与〈等级大纲〉为例》,《语言教学与研究》第4期。

孙德金(2006)《对外汉语词汇及词汇教学研究》,北京:商务印书馆。

孙德金主编(2006)《对外汉字教学研究》,北京:商务印书馆。

孙晓明(2007)《国内外第二语言词汇习得研究综述》,《语言教学与研究》第4期。

[日]太田辰夫,蒋绍愚、徐昌华译(1987)《中国语历史文法》,北京:北京大学出版社。

田延明、王淑杰(2010)《心理认知理论与外语教学研究》,北京:北京大学出版社。

陶炼(1991)《现代汉语助动词探讨》,《第四届对外汉语教学研讨会论文集》,北京:北京语言文化大学出版社。

陶炼(1997)《表示"或然性"的助动词"可能""会""能"之差异研究》,载复旦大学国际文化交流学院汉学研究室编《汉语论丛(第一辑)》,上海:汉语大词典出版社。

[希腊]Tita Kyriacopoulou(2004)《核心句结构》,《语言文字应用》增刊。

万业馨(2003)《从汉字识别谈汉字与汉字认知的综合研究》,《语言教学与研究》第2期。

万业馨(2007)《试论汉字认知的内容与途径》,载顾安达、江新、万业馨主编《汉字的认知与教学》,北京:北京语言大学出版社。

万业馨(2009)《谈汉语教学与汉字教学的相互支持——兼议苏黎世大学汉语教学与汉字教学》,《世界汉语教学学会通讯》第3期。

王东海、王丽英(2007)《词汇语义系统的研究方法》,《广西师范学院学报(哲学社会科学版)》第1期。

王海峰(2011)《现代汉语离合词离析形式功能研究》,北京:北京大学出版社。

王建勤主编(2006)《汉语作为第二语言的学习者与汉语认知研究》,北京:商务印书馆。

王骏(2005)《在对外汉语词汇教学中实施"字本位"方法的实验报告》,《暨南大学华文学院学报》第3期。

王甦、汪安圣(1992)《认知心理学》,北京:北京大学出版社。

王伟(2000)《情态动词"能"在交际过程中的义项呈现》,《中国语文》第3期。

王寅(2011)《构式语法研究》(上卷:理论思索、下卷:分析应用),上海:上海外语教育出版社。

温晓虹(2008)《汉语作为外语的习得研究——理论基础与课堂实践》,北京:北京大学出版社。

文雅丽(2007)《现代汉语心理动词研究》,北京语言大学博士学位论文。

吴继章(1994)《含介词"把"的连动式》,《逻辑与语言学习》第3期。

吴丽君 等(2002)《日本学生汉语习得偏误研究》,北京:中国社会科学出版社。

吴勇毅(2001)《汉语"学习策略"的描述性研究与介入性研究》,《世界汉语教学》第4期。

吴勇毅、陈钰(2005)《成功的汉语学习者的学习策略分析》,载赵金铭主编《对外汉语教学的全方位探索——对外汉语研究学术讨论会论文集》,北京:商务印书馆。

吴中伟主编(2009)《当代中文》,北京:华语教学出版社。

吴中伟、郭鹏(2009)《对外汉语任务型教学》,北京:北京大学出版社。

吴　琳(2008)《系统化、程序化的对外汉语同义词教学》,《语言教学与研究》第1期。

吴　霞、王　蔷(1998)《非英语专业本科学生词汇学习策略》,《外语教学与研究》第2期。

《现代汉语常用词表》课题组(2008)《现代汉语常用词表》(下),北京:商务印书馆。

项开喜(2002)《汉语的双施力结构式》,《语言研究》第2期。

肖奚强 等(2008)《汉语中介语语法问题研究》,北京:商务印书馆。

肖奚强、周文华(2012)《第二语言习得研究纵观》,北京:世界图书出版公司。

肖贤彬(2002)《对外汉语词汇教学中"语素法"的几个问题》,《汉语学习》第6期。

肖治野、沈家煊(2009)《"了$_2$"的行、知、言三域》,《中国语文》第6期。

邢志群(2011)《国别化:对英汉语教学法》,北京:北京大学出版社。

熊学亮(2009)《增效构式与非增效构式——从 Goldberg 的两个定义说起》,《外语教学与研究》第5期。

徐　丹(1990)《评介〈介词问题及汉语的解决办法〉》,《中国语文》第6期。

徐桂梅、崔娜、牟云峰编著(2011)《发展汉语·中级综合(Ⅰ)》,北京:北京语言大学出版社。

徐中舒主编(1990)《甲骨文字典》,成都:四川辞书出版社。

徐子亮(2000)《外国学生学习策略的认知心理分析》,载《第六届国际汉语教学讨论会论文选》,北京:北京大学出版社。

(汉)许慎撰,(清)段玉裁注(1981)《说文解字注》,上海:上海古籍出版社。

杨德峰(2008)《面向对外汉语教学的副词定量研究》,北京:北京大学出版社。

杨惠元(2003)《强化词语教学,淡化句法教学——也谈对外汉语教学中的语法教学》,《语言教学与研究》第1期。

杨惠元(2007)《课堂教学理论与实践》,北京:北京语言大学出版社。

杨寄洲编著(2003)《〈汉语教程〉教师用书》(第三册),北京:北京语言大学出版社。

杨寄洲、贾永芬(2005)《1700 对近义词用法对比》,北京:北京语言大学出版社。

杨凯荣(2000)《"也"的含义与辖域》,[日]《中国语学》第247期。

杨凯荣(2003)《"量词重叠+都+VP"与"每+量词+名词+(都)+VP"的差异》,[日本]《中国语学会53回全国大会预稿集》。

杨文惠(2009)《轻松教汉语——汉语课堂教学实用技巧72法》,北京:世界图书出版公司。

杨　翼(1998)《高级汉语学习者的学习策略与学习效果的关系》,《世界汉语教学》第1期。
于　康(1996)《命题内成分与命题外成分——以汉语助动词为例》,《世界汉语教学》第1期。
余文森(2009)《有效教学十讲》,上海:华东师范大学出版社。
俞志强(2007)《美国高级汉语班的教学策略》,载崔希亮主编《汉语教学:海内外的互动与互补》,北京:商务印书馆。
郁　梅(2009)《对外汉语教学中虚词"就""也""都"的研究》,苏州大学硕士学位论文。
苑春法、黄昌宁(1998)《基于语素数据库的汉语语素及构词研究》,《语言文字应用》第3期。
苑春法(2000)《汉语构词研究》,《语言文字应用》第1期。
张　斌(2001)《现代汉语虚词词典》,北京:商务印书馆。
张伯江(1999)《现代汉语的双及物结构式》,《中国语文》第3期。
张　博(2007)《同义词、近义词、易混淆词:从汉语到中介语的视角转移》,《世界汉语教学》第3期。
张　博(2008)《基于中介语语料库的汉语词汇专题研究》,北京:北京大学出版社。
张　博(2008a)《外向型易混淆词辨析词典的编纂原则与体例设想》,《汉语学习》第1期。
张　博(2008b)《第二语言学习者汉语中介语易混淆词及其研究方法》,《语言教学与研究》第6期。
张　博(2011)《二语学习中母语词义误推的类型与特点》,《语言教学与研究》第3期。
张　博(2013)《针对性:易混淆词辨析词典的研编要则》,《世界汉语教学》第2期。
张和生(2006)《外国学生汉语词汇学习状况计量研究》,《世界汉语教学》第1期。
张和生主编(2006)《汉语可以这样教:语言要素篇》,北京:商务印书馆。
张和生(2010)《对外汉语词汇教学研究——义类与形类》,北京:北京大学出版社。
张和生主编(2012)《对外汉语课堂教学技巧研究》,北京:商务印书馆。
张　华(2007)《词汇认知宽度与词义联想之间相关性初探》,《大学英语(学术版)》第2期。
张俊萍(2007)《汉语不及物动词小类的数字化教学》,载程爱民、何文潮、牟岭主编《对美汉语教学论文集》,北京:外语教学与研究出版社。
张丽雅(2011)《现代汉语书面语词"以"与相关词语的异同》,苏州大学硕士学位论文。
张明辉(2008)《认知类动词及相关句式研究》,苏州大学博士学位论文。
张旺熹(2006)《汉语句法的认知结构研究》,北京:北京大学出版社。
张谊生(2002)《助词与相关格式》,张斌、范开泰主编《现代汉语虚词研究丛书》,合肥:安徽教育出版社。
张志毅、张庆云(2001)《词汇语义学》,北京:商务印书馆。

赵　果、江　新(2002)《什么样的汉字学习策略最有效?》,载中国对外汉语教学学会编《中国对外汉语教学学会第七次学术讨论会论文选》,北京:人民教育出版社。
赵金铭、张博、程娟(2003)《关于修订〈〈汉语水平〉词汇等级大纲〉的若干意见》,《世界汉语教学》第3期。
赵金铭(2006)《从对外汉语教学到汉语国际推广(代序)》,载《汉语教学专题研究书系》,北京:商务印书馆。
赵金铭等(2008)《基于中介语语料库的汉语句法研究》,北京:北京大学出版社。
赵金铭(2010)《汉语句法结构与对外汉语教学》,《中国语文》第3期。
赵金铭(2012)《现代汉语词中字义的析出与教学》,《世界汉语教学》第3期。
赵葵欣(2000)《留学生学习和使用汉语介词的调查》,《世界汉语教学》第2期。
赵淑华、张宝林(1996)《离合词的确定与离合词的性质》,《语言教学与研究》第1期。
赵永青(2000)《词汇同现在语篇中的作用》,《外语与外语教学》第11期。
郑天刚(2002)《"会"与"能"的差异》,载郭继懋、郑天刚主编《似同实异——汉语近义表达方式的认知语用分析》,北京:中国社会科学出版社。
郑云霞(2013)《基于"HSK动态作文语料库"的外国学生"使"字句回避类偏误研究》,载崔希亮、张宝林主编《第二届汉语中介语语料库建设与应用国际学术讨论分论文选集》,北京:北京语言大学出版社。
中国社会科学院语言研究所词典编辑室编(2005)《现代汉语词典》(第5版),北京:商务印书馆。
周　红(2005)《现代汉语致使范畴研究》,上海:复旦大学出版社。
周　健(2006)《英汉对比分析在基础汉语教学中的作用与价值》,载周小兵、朱其智主编《对外汉语教学习得研究》,北京:北京大学出版社。
周　健(2007)《语块在对外汉语教学中的价值与作用》,《暨南学报(哲学社会科学版)》第1期。
周　健主编(2009)《汉语课堂教学技巧325例》,北京:商务印书馆。
周上之(2006)《汉语离合词研究——汉语语素、词、知语的特殊性》,上海:上海外语教育出版社。
周文华(2011)《现代汉语介词习得研究》,北京:世界图书出版社。
周小兵(1989)《"会"和"能"及其在句中的换用》,《烟台大学学报(哲学社会科学版)》第4期。
周小兵(1997)《介词的语法性质和介词研究的系统方法》,《中山大学学报(社会科学版)》第3期。
周小兵、赵　新等(2002)《对外汉语教学中的副词研究》,北京:中国社会科学出版社。
周小兵、吴门吉(2007)《培养猜词技能的教学设计》,载崔希亮主编《汉语教学:海内外的互动与互补》,北京:商务印书馆。
周小兵、朱其智(2006)《对外汉语教学习得研究》,北京:北京大学出版社。

周有斌、邵敬敏(1993)《汉语心理动词及其句型》,《语文研究》第 3 期。

朱德熙(1999)《朱德熙文集》(第一、二、三卷),北京:商务印书馆。

朱　琳(2011)《汉语使役现象的类型学和历时认知研究》,上海:学林出版社。

朱学锋、张化瑞、段慧明、俞士汶(2004)《〈汉语高频词语法信息词典〉的研制》,《语言文字应用》第 3 期。

朱志平、哈丽娜(1999)《波兰学生暨欧美学生汉字习得的考察、分析和思考》,《北京师范大学学报(社会科学版)》第 6 期。

朱志平(2003)《汉语双音词的属性测查与汉语第二语言教学》,北京师范大学博士学位论文。

朱志平(2013)《汉语二语教学中词汇计量的维度》,《语言文字应用》第 2 期。

DeKeyser, R. M. (2005) *What Makes Learning Second-Language Grammar Difficult? A Review of Issue*, Language Learning.

Ellis, R. (2002) *The place of Grammar instruction in the second/foreign language curriculum*, In E. Hinkel and S. Fotos (Eds.), *New Perspectives on Grammar Teaching in Second Language Classrooms*, New Jersey: Lawrence Erlbaum Associates.

Keenan, E. L. & Bernard Comrie (1977) *Noun Phrase Accessibility and Universal Grammar*. Linguistic Inquiry I.